广东省国学教育促进会　广东省文化传播学会 推介
广东省社会科学院国学研究中心审定　广东华文国学研究院国学教材
柯可主编《中华国学经典教育丛书》

中华国学经典教育丛书编审委员会
（排名不分先后）

唐明邦　张磊　李本钧　田丰　邸振兴　刘小敏　李庆新　李敏生
柯可　江海燕　李飔　刘介民　阮纪正　冯立鳌　殷广斌

柯可 ◎ 著

中国出版集团
世界图书出版公司

图书在版编目（CIP）数据

老子道经/柯可著. —广州：世界图书出版广东有限公司，2015.5
ISBN 978-7-5100-8908-4

Ⅰ. ①老… Ⅱ. ①柯… Ⅲ. ①道家 ②《道德经》—研究 Ⅳ. ①B223.15

中国版本图书馆 CIP 数据核字（2015）第 105887 号

老子道经

策划编辑： 陈名港
责任编辑： 韩海霞
责任技编： 刘上锦
出版发行： 世界图书出版广东有限公司
（广州市新港西路大江冲 25 号 邮编：510300）
电　　话：（020）84451013
　　　　　　http://www.gdst.com.cn　　E-mail：pub@gdst.com.cn
经　　销： 各地新华书店
印　　刷： 三河市华东印刷有限公司
版　　次： 2019 年 4 月第 1 版第 3 次印刷
开　　本： 787mm×1092mm　1/16
字　　数： 405 千
印　　张： 22.75
ISBN 978-7-5100-8908-4
定　　价： 65.00 元

版权所有　侵权必究

导 论

中华民族，志在文化复兴，实干兴邦；根在国学教育，培德育才。

"国学"是以中华传统思想为指针，有利于中国发展的中国特色的理论。它以自强不息、厚德载物、阴阳和谐、天人合一、道法自然、利乐有情为魂，以易学、道学、儒学和中国化佛学为核，以文学、史学、中医学、兵学、艺学、农学、生态国学等为用，引领中华民族创造了灿烂辉煌的古代文明，建构包括国德、国魂、国法、国学、国艺、国俗、国技在内的中华文化传承体系，是一个博大精深而与时俱进的开放性理论系统。

习近平主席2013年底考察山东孔子学院时指出："一个国家、一个民族的强盛，总是以文化兴盛为支撑的，中华民族伟大复兴需要以中华文化发展繁荣为条件。对历史文化特别是先人传承下来的道德规范，要坚持古为今用、推陈出新，有鉴别地加以对待，有扬弃地予以继承。国无德不兴，人无德不立。必须加强全社会的思想道德建设，激发人们形成善良的道德意愿、道德情感，培育正确的道德判断和道德责任，提高道德实践能力尤其是自觉践行能力，引导人们向往和追求讲道德、尊道德、守道德的生活，形成向上的力量、向善的力量。只要中华民族一代接着一代追求美好崇高的道德境界，我们的民族就永远充满希望。"

此后，中共中央办公厅印发了《关于培育和践行社会主义核心价值观的意见》，根据党的十八大精神，申明"培育和践行社会主义核心价值观，是推进中国特色社会主义伟大事业、实现中华民族伟大复兴中国梦的战略任务"、"这与中国特色社会主义发展要求相契合，与中华优秀传统文化和人类文明优秀成果相承接，是我们党凝聚全党全社会价值共识作出的重要论断"，并依据"中华优秀传统文化积淀着中华民族最深沉的精神追求，包含着中华民族最根本的精神基因，代表着中华民族独特的精神标识，是中华民族生生不息、发展壮大的丰厚滋养"的价值判断，明确提出了要"发挥优秀传统文化怡情养志、涵育文明的重要作用"，加紧"建设优秀传统文化传承体系，加大文物保护和非物质文化遗产保护力度，加强对优秀传统文化思想价值的挖掘，梳理和萃取中华文化中的思想精华，作出通俗易懂的当代表达，赋予新的时代内涵，使之与中国特色社会主义相适应，让优秀传统文化在新的时代条件下不断发扬光大"的要求。

从党中央这一重要文件与国学的关系看，"富强、民主、文明、和谐"这一国家层面的价值目标，"自由、平等、公正、法治"这一社会层面的价值取向，"爱国、敬业、诚信、友善"这一公民个人层面的价值准则，既是五四运动以来中国人善于吸纳西方先进文化的表现，更是继承中华传统易学的和谐思想，包括道家、儒家、佛家、法家的道德、爱国、仁义、慈悲、法治思想的升华。为此，国学促教，引经化西。文化上开民智，铸国魂；经济上创新意，强国本，济民生；政治上扬国威，坚国基，和万邦；社会上修身齐家，和谐小康；生态上天人合一。美丽中国，将不仅为构建中国社会主义核心价值观寻来源头活水，还能伴随着时代进步不断吸收人类先进文化成果，为炎黄子孙奉献从孙中山的"三民主义"、毛泽东思想、邓小平理论、科学发展观直到中国复兴梦的"新国学"。

"国学"为政府、社会、校企所提出的"智力运动强省"、"绿道生态文明"、"佛禅文化传播"、"环保再生资源"等战略决策服务的实践，充分说明了"面对世界范围思想文化交流交融交锋形势下价值观较量的新态势，面对改革开放和发展社会主义市场经济条件下思想意识多元多样多变的新特点"，以学校、社会、自我教育相结合的方式推进国学教育，培养德智体美全面发展的优秀人才，大力弘扬中华优秀传统文化，所具有的增强文化软实力、复兴中华的不可估量的重大战略意义。故唯有同心同德，因势利导，颂读精研圣哲经典，完善中华文化传承体系，方可造就国之栋梁，达致民族伟大复兴，实现亿万人民建构精神文明、物质文明、政治文明、社会文明、生态文明的伟大中国梦。

然我中华文库满箱盈架，皓首穷经也难读尽，究竟如何才能依循现代育才规律，学以致用？这是社会各界不得不深思的。本丛书在回顾汉唐盛世、宋明文功、康乾武治的天朝气象，检讨自鸦片战争、五四运动直到文化大革命的历史教训，总结改革开放以来的各地经验和学术成果后，以《国学教纲》提出"易为学纲，儒为理纲，佛为心纲，道为总纲"，以《中华颂经》、《周易德经》、《老子道经》解经释义，以《国是策论》、《珠江新语》、《创意兴国》、《国德立企》、《生态国学》、《雄辩圣哲》综述国学兴邦理念，以《大学》和历代著名的启蒙读物《弟子规》、《三字经》、《百家姓》和《千字文》等传经诵典，将圣贤的超绝智慧、黄帝的天机奥义、儒释道之真知灼见，发扬光大，以循正道，索真理，兴中华。

为此，丛书一方面努力恢复《易经》作为"修身学道妙典，审时通变明鉴，为人处世指南，精神文明规范，知往察来神卷，明哲保身真经"的中华文化百科全书崇高地位，全面阐析老子的恒道、玄德、清静、真知、无为、贵身、安民、用兵、治国诸观组成的哲学体系，及其炳耀千古的东方智慧的伟大现实意义，以推进马克思主义中国化；一方面以生态国学、孔子"六艺"、珠江文化等濡染先贤悠然自怡的生活艺术，以人类理想筑金塔，中华国艺修玉阶，循道培德，弘毅精进，养花格物，品茶致知，绘画正心，习书诚意，练武修身，抚琴齐家，诗教治国，博弈天下，鼓动民族正能量和雄辩风，培养青少年静思善谋、自信亲和的良好品质。

展望未来，国学教育将以修身治国平天下之优良传统与优美国艺，启发国人放眼世界、胸怀祖国、立足当下、安邦济世、为社会主义核心价值观之推行，复兴强国之实践，创意文化之星光，民族奋进之生命力，为人类文明的伟大进程，做出更伟大的贡献。

张磊　柯可

2014 年 3 月 13 日

大 道 重 光

人类赖宗教传道贵德维生已久。在当今佛教悲叹末法时期，儒教痛惜改朝换代、基督教强国与伊斯兰教穷国苦于混战之际，人类何往？以人类理想文化的建构方略论，惟老子之"道"。因为只有道，才不会绝对排斥人类历史上以至于未来的任何有益的学说、主义和文化，乃至所有激进极端、至高无上、尖锐对立的宗教和偶像，才具有挫其锐、解其纷、和其光、同其尘的伟大包容力、强大凝聚力和巨大牵引力，才能把人类的所有理想精华都纳于那大象无形、大音希声、大器晚成、无始无终、恍惚飘渺、却真实可见、须臾不离的恒道中，放射出照耀人类极乐园的万丈光芒！

这一结论来自有着精深内涵、伟大实践和理性光芒的老子学说。众所周知——

正是老子，借助人文始祖伏羲仰观俯察的慧眼，发现了视而弗见、听而弗闻、揩而弗得、无状之状、迎而不见其首、随之不见其后的道，最早将人类从迷信天地、迷信法物、迷信偶像乃至迷信万物有灵的思想囚笼中彻底解放出来，以改良"损不足以补有余"的人之道的"天之道"，树立起能包容乌托邦、太阳城、桃花源、君子国、天堂净土、空想社会主义、共产主义乃至大同世界的合理因素的恒道理想！

正是老子，以其尊道贵德，真知贵身，当其无有，柔弱胜强，行无行，攘无臂，执无兵，天网恢恢，疏而不漏，无敌天下，高度重视软实力，后发制人的超绝睿智，建立起世界最早最深刻最完整的恒道、玄德、清静、真知、无为、贵身、安民、用兵、治国的九观哲学体系，并以修身立德，清静无为，守中不偏，烹鲜甘食，美服乐俗之法，引导历代有为之君创建了汉唐盛世，延续了中华文明那雄视千古、彪炳史册的万代基业。

正是老子，以"善人，善人之师；不善人，善人之资"的博大胸怀和教育方针，以"圣人常善救人，故无弃人。常善救物，故无弃物"的大慈无疆和俭朴美德，以及"不敢为天下先"的谦虚涵容和谨慎谋略，教导人类要最大限度地挽救并利用地球之上宝贵的人力资源和环境生态资源，防范遭致那党同伐异，生灵涂炭，人祸天谴的灭顶之灾！

正是老子，继承与弘扬了奠定中华文化根基、厚德载物的易学美德，以上善若水重积德无不克的"道"，孕育了诞生于神州本土，令横跨欧亚的蒙古帝国奠基人成吉思汗松开握剑的铁拳，挽救了百万生灵，引导替天行道推进社会进程的中国道教，深刻影响了长期居于社会上层的主流儒教，借鉴并包容了中国化的西来佛教，最终构建起中华儒释道文化铁三角核心价值观，培植起足以繁茂世界上任何宗教与主义吉枝善叶的东方文化巨树，屹立于世界民族文化之林。

故此可说，老子真乃天下哲圣第一人。他既有"陵行不避兕虎，入军不被甲兵"的大无畏精神，又有"深根固柢""不敢为天下先"的贵身谨慎；既有"致虚守静"的中正操守，又有"无为而无不为"的超然自由；再加上"治大国若烹小鲜"的豪气胆识，"小国寡民"、缩小国家机器、不争无尤的大政方针，指导中国道教开枝散叶的大智大慧，怀报"无弃人无弃物"的慈俭之心，所采用的无行、无臂、无兵的软实力至胜手段，确实令其学说成为中华百经之首《易经》的智慧之花，诸子百家的道德升华，独具了无碍圆融佛经、儒经、圣经、可兰经等诸多教义信仰的玄德道根。

博古览今，无可怀疑，正是老子最早发现了万物归往而任其自然而然发展的"道"，创立起吸收了中华文化大百科全书《易经》之智慧的太极和谐思想，发扬了其厚德载物的坤道精神，补益了其自强不息安邦治国的乾道儒学，哺育了与西来佛教联袂导人向善的中土道教，构建起以道修身、以道治国、以道化生的大道哲学体系，并以其道法自然的旗帜，通过大汉盛唐雄风永在的伟大社会实践，振兴了中华文化，健全了国民人格，开辟了全球文化融汇途径，奉献了涵盖政治、经济、文化、艺术、教育、宗教各领域的济世良方，至今仍深刻地影响着世界文明进程。

然而，苦于时代久远，兵荒马乱，辗转传抄，版本各异，注家蜂起，各执一词的困境，当今世人要想寻得老子真本，瞻仰古圣真貌，感悟老学真谛，实为不易！更何况晚清国势衰颓，列强侵凌，解放后文革动乱，市场经济等所引起的中华文化断裂，导致当下的浮躁腐化、败德积弊、人心困惑，时代之声更是强烈呼唤老子，热望其清静无为、返朴归真的慧识卓见，重燃和光同尘的道家智光，开创福益万民、利在千秋的恒道伟业！

有鉴于此，为满足自中国五四新文化运动以来，遍及海内外规模最大影响最深的中华国学热，重温老子、构建和谐世界与和谐中国的大众强烈需求，笔者秉承"唯古元典化、唯真现代化、唯美诗意化"的原则，既存《老子》最古通行本王弼本的哲思，亦葆道教最重视的河上公本的深邃，兼取迄今最古郭店楚墓竹简本的精义，吸纳最权威的汉帛书甲乙本的真谛，佐以汉唐以降近百名家注本的卓见,详勘纳萃,终于在拙著《老子九观正义》的基础上,扬弃察世观、审美观,新编成以恒道观为纲,玄德观为范,清静观为鉴,统领真知观、无为观、贵身观、安民观、用兵观、治国观,名为龙年三唯版的《老子道经》,以期精准揭示老子一以贯之广博深湛的道学体系。

  国学重经典,文化赖传播。联系国际国情,审视今古未来,尊道贵德,提纲挈领,汇通中西,可以让我们建构文化,追索真理,揭示出老子伟大思想的深刻的现实意义。感谢编审为本书付梓所付出的辛劳。诚愿此书能为弘扬中华文化优秀传统,构建中国特色社会主义与新世纪的和谐世界而尽绵薄之力!

作 者
壬辰龙年冬至于洽乐斋

序 言

老子研究的新突破

冯立鳌

　　作为对中国传统文化影响极为深远的经典之一，《老子》的思想研究领地一直是一片肥沃的文化领地，人们对此似乎已经习以为常。但如何在这万紫千红的色彩当中，萌发出殊于众艳的奇丽花朵，使人们更加感觉到这片文化领地的深土沃壤和丰富内涵，为我们的中华国学研究和民族文化振兴注入新的活力，却是一个值得深思的问题。广东省社会科学院柯可教授，集十余年潜心研究之功，在《老子九观正义》一书基础上，勘校新编出版的《老子道经》，无论就其思想内容、表述形式，还是就其研究方法，都为我们思索并求解这一问题，提供了一个创新的参照系。

　　首先是如何确立创新的研究思路。洋洋五千言的《老子》共有八十一章，大致是用语录体的韵句形式阐发思想的。历来的思想研究都在于挖掘其特定语句的思想内涵，揭示相关思想间的内在关系，使人们观瞻到《老子》思想的无比精深和异常博大。《老子道经》一书吸取了这一特点，同时进一步提炼各章的中心要旨，概括《老子》全书的所及论域，把八十一章按九九划一法归纳为宇宙论的恒道观，伦理论的玄德观，社会论的清静观，认识论的真知观，行为论的无为观，生命论的贵身观，以及政治论的安民观、用兵观和治国观。这样的归纳，第一次给人们展现了《老子》内含的完整思想体系。论著的"九观"之意也正源起于此。不仅如此，作者还进一步揭示了以恒道、玄德为总纲的"九观"间的内在逻辑关系，借用中国传统的文章法则表述说："恒道、玄德是起篇，清静、真知是承篇，无为、贵身是转篇，安民、用兵、治国则是合篇。"按照这样的划分和认识，《老子》五千言成了一个具有严密层次结构的思想体系。这一研究思路无疑是《老子》思想探索上的重大创新，它使人们对《老子》获得了一种从未有过的完整观感，也为后来的研究开拓了一片巨大的空间。

　　其二是如何拓展宽广的文化视野。《老子道经》将玄德视为恒道在社会领域中人格道德的最高范畴，并将道家的玄德观与易家的易德观、儒家的仁德观视作中华民族深厚道德观中鼎立的三足,在深刻分析和三相比较中揭示道家玄德观的深邃与浑厚,使人们对《老子》思想的德性特质能有更深一层的理解。同时,作者又详实地分析了老子《道德经》对于《易经》的文化承继,认为九观思想与易经有着密切的承传关系,明确指出:《易经》中的乾卦、坤卦,井卦、蒙卦、无妄卦、颐卦、泰卦、师卦、临卦,分别是老子九观的思想源头;而九观思想又分别被庄子、列子、鹖冠子等后代思想家不同的篇章所发挥。《老子道经》的作者是把《老子》放在中华文化源远流长、影响广大的历史背景中,经过横纵比较,发现和揭示九观思想的来龙去脉,执着的求真探索与宽广的文化视野互相支持,相得益彰。

其三是如何运用精到的探索方法。《老子》一书版本杂多,各种版本差异不小,许多地方的断句和人们对其中字、词的理解一直分歧较大,《老子道经》的作者精心选定了理论背景深广的五个版本,相互参阅而择优,使全书的立论更为踏实。对某些关键字、词,如"无"、"道"、"民"、"生"、"为"等,运用了电脑统计法,计算出其出现的章数和总次数,以求得出一个更为准确、全面的把握。这样的统计,既能看出各个概念范畴在全书中的被看重程度,又有助于对某些分析观点的断定。如在探究"无为"之意时,《老子道经》指出:"无为"一词在《道德经》中累计出现于7章共9次,而"为"字则累计出现于47章共105次,"为"在字数上远比"无为"多,由此可见老子对"为"的重视远超过"无为"。《老子道经》因而扬弃了罗尚贤先生的观点,认为老子的"无为"与其说是"无违",实质还是"无妄为",与《易经》的"无妄"卦有内在的承传关系。这一认识一改人们关于老子哲学消极无为论的判断,在老子思想研究领域应属独竖之帜。另外,由于历史记载的缺乏,人们对老子其人的真实面目也一直捉摸不清,甚至认为他是子虚乌有的人物。《老子道经》的作者则另辟蹊径,根据《老子》书中的自我表白、所思所虑、所忧所爱,去勾勒描摹,合成了一幅生动鲜活的老子自画像,使人们更清晰地看到老子的真实面貌,这些是以精到的方法探索独到结论的实例。

其四是如何采用新颖的撰述结构。为了把老子其人及其思想理论完整地展现出来,并为人们容易接受,《老子道经》一书采取了异于寻常的表述方法,除首篇着力介绍老子的圣人风采,后篇挖掘老子的美学思想外,在作为全书重心的第二篇中分九章逐一论述了老子的"九观",篇目清晰,思想鲜明;而在各章的每"观"论述中,一律分为上、中、下三节,上节对所论之"观"作全面系统的介绍,中节对相关原文作详尽的注释翻译,下节则以问题作答的形式表达一些重要的观点。这些问题看似孤立,实则有着内在的逻辑关联，如对真知观的六个问题，就牵扯到真知的内容、标准、获得真知的方法和途径等认识论的系列论点。而每章的三节看似相分，实则相合，分别是从论点、论据和答疑三个不同角度，相互映证，加强对"观"的论述，使人们既有对原文的深透理解，又有对各"观"主旨的全面把握，更有对相关疑难问题的明辨。整个九章系统地论述了《老子》九观的全部内容，使人们对全书的论旨一览尽观，了然于胸。《老子道经》的这种构架和体系并不刻意追求前后各篇的分量与形式对应，而是以机动、灵活的方式追求内容的表达，一改齐整严肃的书卷之气，可能更易于为读者所接受。另外，作者还曾在《老子九观正义》里，将艰涩的《老子》原文按其大意，改写为章章对应的《老子诗韵》附于书后，如将第66章原文"江海，所以能为百谷王者，以其善下之，是以能为百谷王"改为"滚滚长江海茫茫，能为千溪万谷王；善处小河谷下游，故而能成百谷王。"这种包含作者理解的简易韵文安排，既在原作的理论结构之外，又在作者对《老子》的普及推广计划之中，这在一定程度上反映着作者一心为普通读者计的良好心意。

其五是如何保持积极的现实性态度。一般人认为，《老子》是避世者的著作，它也常常成为历史上归隐士人的精神家园，因而被人们认为是消极无为的哲学思想。《老子道经》的作者不仅通过对"无为"的重释试图再现老子思想的有为，不仅用政治论中的安民观、用兵观和治国观展现老子思想经世致用的现实功能，而且在论著中有专章目论及"老子与企业文化"、"老子看世界"，并且论及"无为而无不为"的现实意义，贵身论的现代转化，以及用兵之道中的"软实力"，治国理想中的和谐社会等等极为现代和现实的问题。以致用的眼光看待老子的古典理论，引导人们对九观及其思想延伸作出现实的思考，发掘其对当代社会经济建设、道德建设、政治建设及文化建设的借鉴与指导，是《老子道经》一书的一个重要着力方向，也构成该书的显著特点。

《老子道经》的"九观"之论是对老子思想的新体认，新概括，凝结着一代学人对道家经典的创新理解。然而，任何创新都必然引出创新中带来的后续课题。由于《老子》许多警句韵语的多义性，以及各章理论观点的杂糅性，要把81章按九九归一的方式均衡地划分归结为九个要旨，实在不是一件简单易成的事情。如《老子》第48章原文："为学者日益，闻道者日损。损之又损，以至于无为。无为，而无不为。"这是讲无为无不为的，自然应归入无为观，但其中也讲为学的态度与方法，却含有真知观的内容。如要保持各章本来的完整面貌，那划分结构上的严密与各观内容的交叉必然同时并存。

在人类思想的发展历程上和对道家经典的解读上,《老子道经》做了开创性的工作之后,又进一步拓展了研究的新天地,全书秉承"唯古元典化、唯真现代化、唯美诗意化"的原则,力求"既存《老子》最古通行本王弼本的哲思,亦葆道教最重视的河上公本的深邃,兼取迄今最古郭店楚墓竹简本的精义,最权威的汉墓帛书甲乙本的真谛,同时佐以汉唐以降近百名家注本的灼见",在《老子九观正义》的基础上,最终新编成名为龙年三唯版的新编《老子道经》,以期更精准地揭示老子一以贯之广博深湛的道学体系。

可以预想,这也像其他各种创新成果一样,会继续引出不少新的研究话题,将构成《老子》思想研究的新基点。观赏当代文化田园里这枝奇丽的花朵,我们希望它绽放蓓蕾,释出无尽的蕊香。

(作者为广东省社会科学院哲学所长、研究员)
2012 年 12 月

参考文献:冯立鳌.《老子》思想研究领地的一朵新奇之花[J]. 文艺报,2009.10

编 者 导 读

　　人类文化的发展经过了艰辛漫长而辉煌如歌的岁月。以其壮观宏伟的金字塔建构看，绝非一直由对立排斥的成分所构成，且大致可分为"塔基"层物质文化，"塔身"层制度文化，"塔顶"层精神文化和"塔尖"层理想文化等四部分。为了把握人类和谐文化的构建发展规律，本书的作者，自1994年在自著《新珠江文化论》书中提出这一命题以来，一直在努力论证："塔基"层物质文化，通常以物质生产方式创造巨大的物质财富，从而满足人类生存需要；"塔身"层制度文化，是培育人、保健人、抚慰人、护卫人、管理人，使物质文化和精神文化保持相生互利关系，协调国家、社会和公民利益关系的综合文化；"塔顶"层精神文化，是建立在社会经济基础上的国家意志的产物，所满足的是人的知识增长、思想道德、审美标准的精神需求；"塔尖"层理想文化，则应是为实现马克思所说人的全面自由发展，建立和谐幸福社会，综合了人类历史上各家各派所有合理的美好理想，为全人类所认同所追求的未来文化。

　　从此四者的内涵性质看，他们是缺一不可，相辅相成的。只有坚固物质文化"塔基"，才能生衍人类；只有修建制度文化"塔身"，才能维持社会运行；只有耸立精神文化"塔顶"，点亮"塔尖"理想文化明灯，才能和谐全球，融汇百家，照亮人类理想方向。而老子学说，正是来于人类精神文化源头，植于中华民族文化根系，对人类理想文化的构建，具有深刻意义的伟大的思想文化资源。作者相信，只有通过对包括老聃、孔丘、释迦牟尼、耶稣、穆罕默德、马克思等在内的诸多伟人的思想研究和精华吸收，在意识形态领域鼓励百家争鸣，百花齐放，允许丰富多采、健康蓬勃、富有创意和希望的精神文化追求，不让马克思所反对的划一的僵化标准去框死它的自由发展和个性，才可能让中华传统道德精华得以延续升华，激发起人类文化的精神活力与道德生命力，建立起全人类普遍认同的尊重人、激励人、完美人的理想文化，为创建中国特色社会主义，为人类和谐世界服务。

　　本书的引论——**老子圣人风采**，作为全书绪论，旨在说明，老子是创立中国纯粹哲学第一人。他的思想高深奇奥，闪耀着辩证法的光芒，深刻影响了东西方哲学几千年。作者在比较老子多部古版本和创意解读之后，由老子的绝妙自画像入手，广采众说，独辟蹊径，简要阐明了"老子天下第一"的道理，清雅的玄德风采，博大精深的思想以及和东方文化的渊源关系，进而以老子慧眼看世界，揭示其伟大的现代意义。

作者认为，在老子看来，古代和谐社会的圣人，方正伟大而不分裂偏私，兼容并蓄而不尖刻伤人，正直循道而不受缚越度，光明正大而不令人惊颤斜视。就像大海能成为千百条河谷的主宰一样，他不与人争，所以天下没有人能与他争。天道无亲，恒与善人。这是老子对人民的祝福，也是他的圣人自画像。作者从自己对《易经》和《道德经》的比较研究中发现，老子九观思想与易经有着密切的承传关系。如恒道观与至大至久变化不息的"乾"卦，玄德观与厚德载物的"坤"卦和上善若水的"坎"卦，真知观与启蒙除昧的"蒙"卦，清静观与净水凌冽的"井"卦，无为观与反对妄为的"无妄"卦，贵身观与养生饮食的"颐"卦，安民观与力主交融和谐的"泰"卦，用兵观与兴师讨伐的"师"卦，治国观与君临天下保民无疆的"临"卦等，都有关联。这正是老子著作树大根深，流传久远的文化基因。

因此，老子的伟大，首先是因为他继承中华易文化，第一个认识和阐述了"道"理。所谓"道"，原本指路。自然界、人世间、思维中的路很多，却并不都是正路，它们并不都能引导人们到达理想的境界，因而也不是老子心目中的理想之路。他的理想之路，不是人们因贪欲，逼迫而走的不归路，而是对万众有益的常走的"恒道"。作为首次从中华易经的"总道术"中，发现了恒道并阐其深意的道家始祖，老子是世界上第一个自成博大精深体系的哲学家，是第一个以其深邃思想塑造了中国人乃至深刻影响了世界进程的东方伟人。这从他著作的译本发行数量居全球第二，仅次于圣经就可以看出。

本书的正论——**老子九观奥义**，是全书主体。作者从中国源远流长的数文化入手，跳出千百年来解老著作逐章研读、摘段择句、纷繁少序的传统格局，将81章《老子》按照九九归一之数，分为恒道、玄德、清静、真知、无为、贵身、安民、用兵和治国等"九观"，抓其精要，阐其正义，在中国哲学史上全面揭示了老子博大精深、完整一贯的思想体系。

这就是：老子以效法自然的恒道观作为立论总纲，以其人格化的尊道贵德的玄德观作为最高规范，统领了信言不美的真知观，有欲不居的清静观，不争无尤的无为观，守柔知常的贵身观，谨终若始的安民观，柔弱胜强的用兵观以及重为轻根的治国观。它高瞻远瞩地将道论和社会现实结合起来，指导人们为人处世和修身建业，以实现恒道积德的道家理想，意义十分深远。

老子恩泽万物的玄德观认为，玄德是恒道的功能和运用，恒道是玄德的本质和根据。建树伟业者不离恒道，抱持玄德者品高纯真。他不刺激物欲，而是自然而然地化生万物，以玄德畜养人们，使之茁壮生长，弱化贪志，强健筋骨，以期达到不敢胡作非为，天真无欲的境界，开创利在千秋，功在万民的恒道事业。

作者认为，老子发现了作为精神人格力量的玄德，要服从恒道才可获得持久生命力的道理，描绘出柔进恒常、无私平和、思精虑净、明达事理、增益和谐真气、脱俗超凡的玄德理想图。这就为人们反朴归真，探虚就实，循道渐进，修德识道，追求光明，建立人类理想文化提供了可能性。而老子在心志"清静"，以求"真知"基础上得出的无为观，其真义只能是"无妄"。

"无妄"何义？这可从易经同名卦中得到启示。"无妄"卦的卦德是"无妄为"。"妄"对老子说来就是指背离恒道玄德的一切错误行为。而他所说的"无为"也正是易经的"无妄"，即"无妄为"。老子认为，只有这样的"无为"才能实行"有为"的道。不破不立，不塞不流，不止不行。这历来是有悠久历史的中华文化的辩证法传统，不独老子。可惜的是，有些学者往往忽略此点，把老子"无为"等同于"无所作为"。其误解在于只孤立地抓住了老子"无为故无败，无执故无失"的一句话，而没有将这句话与老子思路和整个哲学观体系联系起来，没有看到老子的"无为"其实是"无妄为"，是为了更有效、更有节、更迅速、更有利的实现"有为"，实现"无不为"，取得恒道大业的光辉胜利——建设一个太平无事、风正民富、和谐淳朴的理想社会！也正是在这一意义上，老子不仅不是一个消极无为的懒汉和愚人，而且是一个积极有为的勇者和智者！

本书的余论——**老子恒道美学**，作为全书补充，还论述了老子开创的道家美学思想真谛。认为其虚以致静的审美心境、涵纳万物的审美态度及"和光同尘"的审美理想，是老子倡恒道、消纷争、求至美的大和玄同理想在美学领域里的表现，有着东方文化博大精深的哲学思想基础。它与西方强化和渲染矛盾、鼓吹争斗、拒绝调和、喧嚣浮夸、只重人为技巧、不重天人合一和自然的创作风格是大不一样的，在美学领域自有其卓绝的贡献。

综观《老子道经》全书各篇，其论述要旨主要运用了如下方法：

（一）三唯优选法。依照"唯古元典化、唯真现代化、唯美诗意化"的原则，根据老子文辞古奥，版本不一，歧义甚多的特点，首先选取各种有代表性的老子原本，既存《老子》最古通行本王弼本的哲思，亦葆道教最重视的河上公本的深邃,兼取迄今最古郭店楚墓竹简本的精义,吸纳最权威的汉帛书甲乙本的真谛,佐以汉唐以降近百名家注本的灼见,详勘纳萃,优选老子古韵佳句,加以创新意译,以忠实表达老子真意。

（二）批判继承法与逻辑思维法。老学研究历代不绝,在通读、批判、总结、继承、吸纳古今老子研究的丰厚成果基础上,将老子的哲学思想概括为恒道、玄德、清静、无为、贵身、真知、安民、用兵、治国等九个观点,并建立其内在的逻辑联系。

（三）归纳重组法。针对以往对老子的研究,只注章段失之琐细的偏颇,奋力跳出千百年来解老著作只有道、德两篇81章的传统格局,以老子九观为纲,化繁为简,阐其正义,揭示出老子逻辑严密的思想体系。

（四）典籍印证法。以古籍名著印证老子九观。如《汉书·艺文志》早就指出:"道家者流,盖出于史官,历记成败存亡祸福之道,然后知秉要执本,清虚以自守,卑弱以自恃,此人君南面之术也。"如对应老子一书,恰好是"真知"历记成败存亡祸福之道;"恒道"知秉要执本,"玄德"、"清静"清虚以自守;"无为"、"贵身"卑弱以自恃,"安民"、"用兵"、"治国"阐明人君南面之术。

（五）有的放矢法。以老子九观哲学为明镜,从国际关系、政治军事、企业文化、审美艺术各个方面,观照现实世界的种种现象,针砭时弊,汇通中西,建构文化,追索真理,揭示出老子恒道玄德和谐思想的伟大而深刻的现实意义。作者的这些探索自成一家之言,对研究老子的思想是有启发引导和参考作用的。

目录 CONTENTS

导论 …………………………………………… 张 磊　柯 可
大道重光 …………………………………………………… 柯 可
序言　老子研究的新突破 …………………………………… 冯立鳌
编者导读 …………………………………………………… 柯 可

引论　老子圣人风采

一、老子的绝妙自画像 …………………………………………… 2
二、老子"天下第一"的道理 …………………………………… 7
三、老子的玄德风采 ……………………………………………… 8
四、老子博大精深的思想 ………………………………………… 13
五、"老子犹龙"与"九宫图" ………………………………… 19
六、老子与东方文化 ……………………………………………… 24
七、老子与企业文化 ……………………………………………… 35
八、老子看世界 …………………………………………………… 42
九、老子古书之"谜"解 ………………………………………… 46

正论　老子九观奥义

一、老子的恒道观·道法自然 …………………………………… 52
二、老子的玄德观·上善若水 …………………………………… 81
三、老子的清静观·致虚守静 …………………………………… 115
四、老子的真知观·信言不美 …………………………………… 151
五、老子的无为观·不争无尤 …………………………………… 176

六、老子的贵身观·守柔知常 ………………………………… 205
七、老子的安民观·慎终若始 ………………………………… 238
八、老子的用兵观·柔弱胜强 ………………………………… 263
九、老子的治国观·重为轻根 ………………………………… 292

余论　老子恒道美学

一、恒道玄德的美学观 …………………………………………… 324
二、虚以致静的审美心境说 ……………………………………… 325
三、超功利的美学追求 …………………………………………… 328
四、返朴归真的审美观 …………………………………………… 329

附　录 ……………………………………………………………… 334
《道德经》 …………………………………………………………… 334
《道德经》九观表 …………………………………………………… 342

后　记 ……………………………………………………………… 343

引论
老子圣人风采

盖闻善摄生者,陵行不避兕虎,入军不被甲兵。兕无所投其角,虎无所措其爪,兵无所容其刃。

——老子

一、老子的绝妙自画像

老子在民间，人称太上老君，是一位整日呆在天宫里炼丹的老好人。他银髯飘须，仙风道骨，和蔼慈祥，被道教尊为圣祖。但在长期争论不休的学术界，他的面目却一直模糊不清，甚至被说成是子虚乌有的人物。这倒也情有可原，因为根据司马迁《史记·老庄申韩列传》记载，老子姓李名耳，字聃，又名老聃，是楚国苦县厉乡曲仁里人，今属河南省鹿邑县东。而近邻的安徽省涡阳县的学者，在对典籍记载、历史沿革、地理方位、河流水系、出生年代、姓氏源流、独特景观、文物考证、道教经典、宫观碑刻，名人专著等逐一研究，互为参证后，则确认老子是春秋时期被楚国吞并的宋国相人，出生在今涡阳县闸北镇太清宫的流星园址。从鹿邑涡阳同饮涡河、古时同属安徽亳州，均有老子史迹看来，如今要确指老子故里究竟在哪，似乎已成了我国文化史上的千古之谜。而相对于争辩老子出生地，当前把主要精力致力于老子思想的研究上，显然更为重要。故学术界可达成共识的是，老子出生于涡水河畔，原是周朝史官的遗腹子，子承父业当上了周朝的"守藏室之史"。后来眼见周朝衰亡，退隐而去，不知所终。这就难怪后世难以得识其庐山真面目了。

这位被司马迁称为隐君子的老子，生卒年月如今早已因年代久远而不可考。而根据先秦典籍中，关于老子与孔子多次会面并表述各自主张的描述看，孔子确实向老子问过礼，并得到过老子的告诫。在孔子的描述里，老子像龙一样见首不见尾，是一位玄秘高深，谈吐不凡，无法揣摩的高人。他们这两位中国思想先哲各有主张，一个贵柔重道，一个崇仁讲礼，旗帜鲜明而境界高低不同。这些史实都表明，老子比向他求教过的孔子年长的说法较可信，因此，有据不详史料而认为老子晚于孔子的说法，显然有误，多数人都相信老子的生年约为公元前571年，比孔子（公元前551—前479年）年长20岁。

老子的两个名字，大概都与他小时候的大耳朵有关。"李耳"之得名，据说是纪念母亲生他于盛开李花的树下，而"聃"就是耳朵大而垂的意思。至于为什么又沾上了"老"姓，有人说是因为他的直系祖先是黄帝之后的老童，有人说因为他崇敬西周史官伯阳甫的为人和学问，而自号老阳子的缘故。也有人说老子就是著述15篇，言道家之用的楚人老莱子的。还有人认为老子就是战国中期人周太史儋的。这几种说法虽然不同，也都说不清他的得名，到底是否因耳大或家传或自号的缘故，而又名老聃（儋也是聃的一音之转）。但这一切已不重要，重要的是其中几种互相矛盾的说法都点明了他的史官、著者身份，点明了他的存在，学问的精深，而被后人尊称为老子的事实，也说明他是真人而非后来的道教神仙谱里流传的，位列三清大帝之一，又称玉清元始道德天尊的太上老君。

　　早慧的老子生于士大夫家庭。父亲在他出世前就死于宋国内乱，母亲也在他出世后不久离他而去。少年老子得名师商容等的指点，好学勤思，进步很快。他浸润于楚文化之地，公认为长江文化的道圣，与黄河文化的儒圣孔子、珠江文化的禅宗六祖慧能，并称"东方三圣"，却也长期生活在黄河流域周天子所居国都，成人后又承继父业，掌管了周室丰富的文史典籍，饱览之余，常常与各门派的代表人物面对面的沟通，交流切磋，养成了豁达而沉静的性格。这使得他在王朝更迭与官场斗争中，无论被贬还是复位，都始终保持着睿智的头脑和明锐的目光。根据《庄子》、《礼记》等典籍记载，老子时而在陈，时而在楚，时而在周，时而在沛，时而在宋，时而在鲁，时而助葬在巷港，时而在秦，有人甚至认定他可能是个四处奔走呼号的奴隶！此说未必确切，但可以肯定的是，由于老子游走四方，深入民间，更经历了周景王去世后，周悼王被王子朝杀，周敬王借助诸侯驱赶王子朝，最后临朝称孤的周王室血腥大动乱，对当时天下大势及弊端，可谓感同身受，了如指掌。

　　这一丰富的社会阅历，对老子苦心完成五千言《道德经》这部不朽经典是十分重要的。这部影响世界的名著，绝非一时一地一气呵成的专著，倒更像是一位智者讲学多年的心得结晶。它的每一章都恰好可作为一天授课的研讨题目，向弟子讲解或与人辩论。这也正是我们今天需要将其按九观予以系统梳理的缘由。

　　如今记载老子生平的竹简，早已残缺难寻。要想收罗更多关于他的故事，也不太可能的了。但还有一个办法可以尝试，那就是根据他自己在书里的自我表白，所思所虑，所忧所爱，去勾勒描摹，合成一幅生动鲜活的老子自画像，从而更清晰地看到他的真貌，更接近和了解这位两千年多年前，生活在周朝国都天子脚下的东方智者的博大心胸。

　　在老子生活的春秋末年的战乱岁月，强盛周朝的和平局面早已不复存在。那些当年因为祖先的军功显绩，获得封侯的大大小小的国家，分疆裂土，各自为政，传了十几代后，早已形同路人，彼此或者互相猜忌，或者野心膨胀，互相攻伐征讨，好一派战火狼烟，生灵涂炭的悲惨景象。

　　睿智的老子，不禁为周室失去中央控制力，王朝政权岌岌可危，为天下战乱，心中理想国的无法实现而痛心疾首。他沉缅在古远社会那天民同乐的纯真融洽时代里，自感与眼下天子都城里那些眼光短浅，正闹嚷嚷、乐悠悠的争相参加各种隆重的庆典和祭祀活动，沉醉于太平幻象之中的众人们格格不入，于是就像一个还不会咳嗽发声的天真婴儿，陷入了忘我的独自冥思中……

他苦苦深思着：在这人欲横流，战火连年的时代，人们自出生之后大都先后遇难，算起来，最多只有三分之一的人，能苟延残喘于乱世！那么，究竟怎样才能逃出这沉沉苦海呢？老子认为，人民遭受饥荒，是上面吞食的税收太多。老百姓之所以很难治理，是因为他们上司的贪欲妄为。解决的办法，只能是推行"恒道"，建立道德之邦。

然而，老子的主张却不为列国纷争，弱肉强食的时代所理解，这不能不让他感到深深的悲伤。他不由感叹地对弟子说：幸亏我很早就有了三件宝贝，并一直珍藏和爱惜它们，才有幸活到今天。这就是"慈爱"，"俭朴"和"不敢为天下先"！老子想向百姓宣讲这些珍爱生命的道理，推行"损有余而益不足"的恒道，可是眼看当时老百姓的文化水平很低，简直没法想象能让他们理解自己的政治主张，而高高在上的掌权者，又往往因为自身的贪婪短视而根本听不进他的意见。老子不由得心凉地说，我的话，原是很容易明白，也很容易实行的，可为什么人们竟不能明白，而且也不能实行呢？我的恒道主义这么美好，他们完全是因为无知啊，所以才不了解我，才迷信那些歪门邪说的骗人鬼话！人人都责怪我，极力推崇"大道"，而不贤能。可是，惟有不贤能，才能成长壮大啊！

万般无奈之下，老子只好自我解嘲道，看来，知道我的人稀少了，那我就更高贵了吧。那古往今来的独思独行的圣人，不总是披着粗布衣，怀抱着美玉，不被人所知吗？愚人的心也真蠢啊，好像只有商贩子才明察秋毫！我独自一人就像昏了头啊，看世上那潜藏深微的万物，就像是漫无止境！众人都好像有准则啊，独有我最顽劣而鄙陋！我想独立特行以有别于愚人，追寻那伟大的道理！

从此，老子再也不愿将自己的口舌，无谓地花费在劝说周朝各国统治者的改弦易张上。他苦读藏书，跋涉考察，精思竭虑，沉浸于那似乎虚无缥缈，却又无处不在的决定人类的命运的深奥道理的思索中，终于在一个清澈湛明的早上，发现了那深刻影响了中华文化和世界文明进程的伟大恒道！

看！它是多么的神奇奥妙：内涵不荒谬无稽，外形也不恍惚虚无。可你追随时却看不见它的龙尾，迎面却又看不见它的龙头。你的视觉、听觉、触觉都不能精确感觉到它的存在，反而又让它复归于无物无形之中……老子简直无法追摹这藏而不见，"没有状态的状态"，"没有实物的物象"，所以只好把它称之为"一"。

根据对这一对"道"的揣摩和体悟，老子从古代丰富的典籍和初民社会美妙的传闻中发现，古时那些尊崇推行恒道的先人，个个思虑微妙而精深通达，深不可测。如果你要勉强的描绘他，那就像是冬天涉水过河一样小心翼翼，就像畏惧四周强邻一样周密谋划，就像招待尊贵客人一样严肃恭敬，就像冰凌消融一样涣散融化，就像粗朴原木一样混沌无知，就像污水浊浪一样水深沉沉，就像幽深山谷一样宽旷深广。满怀对先人的景仰，饱读史书，善察今古的老子，如此这般地描摹了他心目中的圣人形象：

他澄清浑浊的使之澄净，他推动安滞的使之萌发生机。他不追求盈满，自甘凋敝而不急于求成，他调和万物争奇斗艳的光芒，使之混同于祥和红尘之中，消弭一切矛盾的敌对锋锐，解决它们的纷争冲突。他提倡玄德大同，不因贪得而亲近谁疏远谁，不因贪得而增益谁危害谁，也不因贪得而尊贵谁轻贱谁，因而能成为天下的贵人。

他善于行动而不留下痕迹，善于雄辩而不让人抓住话柄，善于计数而不需要筹码，善于开关而无锁不开，善于结绳而无结不解。他善于挽救人而不废弃人才物，永生追随光明而不懈怠。他把善良的人作为好人的老师，把不善良的人，也当成了好人的借鉴资源。他尊重老师，爱惜资源，识人善任，知足长乐，富有自知之明，能战胜自己，是真正的坚强者，是自强不息的矫健行动者。

他以老百姓的心为天地良心，一向没有私心。对于良善的人和物，他善意地对待他们，对于不良善的人和物，他也同样善意地对待他们。对于守信的人们，他非常信任他们，对于不守信的人们，他也同样信任他们。他就像天地一样，不讲假仁假义，将万物和百姓当作用之即弃的草狗。因此他甘愿做别人所不愿做的，而不看重难得的货物，甘愿学习别人所不愿学习的，而巧妙修复补救众人的过失。他辅助万物的自然发展，而从不敢胡作非为。

他认为天下的恒道，是福利万物而不是危害万物，人类社会的道理，是有所作为而不要争强抢夺。因此他没有过多的积存，他把自己的所有献给别人越多，他所拥有的东西也就愈多。

他知道听到的东西太多太滥，出路反而没有了，还不如坚守中正而不偏。他明白"少则得，多则惑"的道理，深知只有不厌恶人民，人民才不厌恶你。因此自尊自爱而不自大，不喜欢自我表现，他懂得自己有所不知，懂得如果不知道自己有所不知，这就要出毛病了。

他非常良善，如同水一样，利万物而无为，善于选择有利的地方，居住在众人所厌恶的低洼潮湿处，保持深渊般恬静的心情，像天一样宽厚地施予。他说话信守诺言，公正平和，治理作事，讲求效能，顺应时机，不与人争利,所以不会有过错怨尤。

他无论怨言多大,都以善良德行来报答怨恨者。他要做的难事常常从容易处开始,要抓的大事往往从细小处着手。他始终不自以为大,因而能成就伟大的事业。他从不轻易向别人许愿,总是在谋划难以成功的事,所以反而始终没有什么困难了。

他知道安稳的容易维持,没有先兆的容易谋划,脆弱的容易折断,细微的容易消散,因而在事情还没有发生的时候就着手,在局势还没有混乱的时侯就治理。他不崇尚武力,不轻易动怒,常以谦下的态度待人,保持无争玄德的极高境界。

他为承担天下重任,虚心接受天下人的责难。他将富余的财富奉献天下,清静无为,大功甚伟而不居功自傲,人民甚至不自知是他所为。他捂住耳朵鼻子眼睛,终身不受外界毒害。他重视国家大事,终身不被繁杂事物所困扰。他不贪婪不生事惹祸,注意时时减损心志,以至于达到自然无为而接近于伟大恒道……

从圣人上述的所作所为中,老子真切体悟到生命的无价和尊道贵身之理,成为东方具有赤子之心的最伟大人道主义者。他奉劝那些要财要权要名不要命的糊涂人,要知道适可而止才可以长久平安。

遵循以上处世的准则,老子一生中虽没获得显赫的官职,但也没遭到致命的惩罚。这在政局混乱,阴谋诡计,刀光剑影,人命危浅的当时是很难得的。老子深知,就如草木初生时很柔脆,死亡时就枯槁了一样。人要柔弱处世,才能生命兴旺,而坚强好胜者,则属于终将灭亡一族。这就是"勇于敢者杀,勇于不敢者活"的道理啊。所以能爱护身体而献身于天下的,才可以把天下的希望寄托给他,能爱惜自身而甘为天下做奉献的,才可以鼓动天下人民都追随他。

由此生发开去,老子产生了与争强好胜、舍命夺位的时尚完全相反的无为尚柔的主张。他痛惜天下很少有人达到这一境界,因而高度赞扬那些善于坚执生命的人,他们上山不躲避犀牛猛虎,入阵不披挂盔甲兵器,却以博大慈爱的人道之心,使得犀牛尖角、猛虎利爪、兵器锋刃、均无用武之处!

其实,这些清静无为者,善执生者,赤子之心者,甘为天下奉献者,正是老子心目中的圣人。正是在追忆、描摹、学习圣人的过程中,老子与圣人心心相印,浑然一体了。他借圣人之口说,我无所作为,而人民自然开化自由;我好静不争,而人民自然正直无私;我不无事找事,而人民自然富裕幸福;我不贪欲奢望,而人民自然淳朴敦厚。

在老子看来,这样的圣人,方正伟大而不分裂偏私,兼容并蓄而不尖刻伤人，正直循道而不受缚越度，光明正大而不令人惊颤斜视。就像大海善于处在众多河谷的下游，所以能成为千百条河谷的主宰一样。正因为他不与人争，所以天下没有人能与他争。

天道无亲，恒与善人。这就是老子对人民的祝福，也是他那慈祥睿智，豁达开明的圣人自画像。

二、老子"天下第一"的道理

"老子天下第一"，常出于那些学识浅薄，不知天高地厚，自以为了不起的狂妄之徒口中。这无疑是正确的。然而，"老子"如果指的就是生活于两千多年前的春秋战国时代的中国伟大哲学家老子，可就另当别论了。

老子本人，当然从来也没有说过自己"天下第一"的话，这首先就不符合他"不敢为天下先"的信条。但就所有精研和崇敬老子的学者和专家看来，老子所言的哲理又确是当之无愧的"天下第一"。他的学说深入人心，流传久远，在国外的译本除圣经外数量最多，远超过孔子的儒家著作，可称为是世界上第一个自成博大精深体系的哲学家，第一个从中国总道术中发现了恒道并阐述其奥秘深意的道家始祖，第一个以其深邃的思想塑造国民性创建汉唐盛世促成中华文化大繁荣的精神导师，第一个能以大道理想涵容向善的学说主义宗教，最终实现世界大同愿景的东方伟人。

老子的伟大，首先是因为他第一个认识和阐述了"道"的道理。所谓"道"，原本指的是路，路径。正如鲁迅所说，世界上本来没有路，走的人多了就成了路。但自然界、人世间、思维中的路很多，却并不都是正路、大路、平路，而有许多歪路、邪路、险路甚至于绝路，它们并不能引导人们到达理想的境界。显然，这些都不是人们喜欢的常走的路，因而也不是老子心目中理想的路。

老子理想的路，不是人们因贪欲、逼迫、欺骗、诱惑而走的崎岖险路，更不是偏激狡智、假仁假义、胡作非为者万载不覆的不归路，而是对大家有益，人们甘心自愿地走并且经常走的路。经常即恒常，所以常道又叫做"恒道"。恒久畅通的"恒道"，正是老子心目中人们所要走的正道，光明之道。

然而，"道可道，非常道。"人类所期盼的正道，光明之道，虽然可以说道，跟人们每天所走的大道虽不无关系，但毕竟不能直接划等号，否则老子就降为筑道工,称不上哲学家了。老子所说的"恒道",只是关于人类正道的象征,其实是他对宇宙观幽察微的思考结晶,是他对无状之状,无物之象世界的精研结论。它既不是偶像、上帝和神,也不是主观臆想、学说与主义,而是天之道自然而然的过程与升华。他承认自己无法命名它,难以把握它,才只好姑且把它叫做"道"。

这个"道",从时间看,比化生万物的天地还要远古而且无始无终;从空间看,它无边无际,包容万物;从作用看,它是精神和物质的源头,是永不枯竭的原始生命力。这就打破了神创造人和世界的神话,在人们心目中树立起恒道无时不有、无所不在、无所不能的绝对权威,树立起人类统一了物质与精神的理性丰碑。这对人们脱离蒙昧的原始思维状态,无疑起到了解放的作用,推动着人类的思维向追寻认识"恒道",而不是顶礼膜拜神灵、偶像的光明前景发展。

就道本体论和本源论的哲学意义而言,正如德国古典哲学集大成者黑格尔所说,"道"就是指一般的道路、方向、事物的进程、一切事物存在的理性与基础,"就有'理性'本体,原理的意思",就是"原始的理性,产生宇宙,主宰宇宙。就像精神支配身体那样。"(《哲学讲演录》),其多重意义超出了古希腊哲学家群中,写下西方哲学史上第一部哲学专著《论自然》的阿那克西曼德所说的"无限",或另一位几乎与老子同时出生,创立"一神论"的色诺芬尼所说的"一",或是赫拉克利特归结了对立统一规律的"逻各斯"等。因此,可以毫不夸张地说,老子所阐述的道理,即"恒道",确是极其宝贵,"天下第一"的道理,是值得我们深刻领会,证之实践的道理。

三、老子的玄德风采

老子出生在流经豫皖的涡水河畔。面对清清涡水,滚滚黄河,俯察千般世象,人生沧桑,他终于在悟道之后豁然开朗,决心像水一样以柔克刚无坚不摧,像百谷王大海一样虚心接纳各派有益见解。就这样,他通过消化贯通,提炼升华,形成了自己"上善如水"的玄德观。

老子所阐述的玄德观,是他联系幽深恒道和理想圣人的红线。它无论是内容和形式,都只服从于恒道本体。它非常圆满而又非常隐蔽,和道一样,潜藏而不分明,其中却有壮观的大象。只要仔细观望,潜心探究,就会发现它内有实情,包含自然规律,从古到今,都没改变。可以说,就二者关系论，恒道是玄德的本质和根据，玄德是恒道的功能和运用。

老子所创立的这一玄德观，在中国哲学史上树立了与易家易德，儒家仁德、佛家佛德四足鼎立的道家玄德，意义十分深远。综观这四家道德观，各有所侧重，总和而成了中华民族伟大深厚的道德观。

易家的易德观，出自中华文化最早的百科全书《易经》，属于古老全面宏观的易文化系统，其源头可追溯至远古的伏羲，实际上是庄子所说的天下"总道术"的古本。

笔者在《周易宝典》一书中指出，易经文化现已经成为内涵丰厚，精思善辩，包含东方哲学、中华国艺学、中国美学、中医学、兵学、有机建筑学（风水学）、武术学、气功学等在内的大文化系统，发展起以易理派、象数派为代表的，分化成科学派、气学派、心学派、理学派乃至于奇门遁甲等众多的学派和学说，它深刻影响了中国从官方到民间的思维方式、道德心理和风俗习惯，对世界文化做出了巨大贡献，成为中国文化和历史所不可或缺的精神支柱。这里仅从《易经》的卦辞、卦义、卦象、卦德等四大符号系统中，择要介绍其卦德所体现的"易德"，以揭示老子"玄德"的渊源。

易家倡导的"易德"主旨，是以乾坤为代表的"自强不息"和"厚德载物"的民族精神，与西方的圣经文化系统比较，东方的易经文化系统显然要悠久而伟大得多，只是由于易经的简古深奥，文化大革命极左思潮对中华优秀传统文化的排斥，以及江湖骗子的丑恶表演，才使得一些人以为学易经，就是算八字，观风水，看面相，骗钱财，这是十分错误的。它也说明，在学习易经中，正确把握"易德"才是最根本的，如果背离了易德的根本，将误入歧途，害人害己。

归结起来，所谓易德，其实就是由健强之德的"乾"，和顺承之德的"坤"两卦为主导的总计六十四个卦德。它是易学针对世界万象、人间百态等各种错综复杂的情势所做出的价值判断和道德选择，含有包罗万有的丰富的多元信息，引导人们趋利避害、解难排忧、养德获吉。可以说，学易者只有抓住了"易德"这一易学精髓，才可能在学易中登堂入室，应用自如，无往不利，逢凶化吉。

对"乾"德的意义，《文言》的定义是"众善的尊长，嘉美的会萃，正义的总和，办事的准则"。据此，我们便不难理解《象辞》关于乾者"天行健，君子以自强不息"，关于坤者"厚德载物"学说的深刻含义，以及组成大易诸德的积极意义。简而言之，乾德代表了强健的原始动力，象征着自强不息的奋斗精神，是推动易卦周转的生命源泉，也是君子在各种时义和境遇中，富贵不能淫，威武不能屈，修养美德，成就伟业的原因。从乾坤分化而出的 64 卦 384 爻变化里,我们可以看到易学线象思维结合自然与社会的演化,提倡易德,推出人生潜伏腾达各时段命运哲理的科学预测的丰富启示。

佛家的佛德观,来自西方印度,创始于释迦摩尼佛祖。经过汉代以降的汉传或藏传方式传播中土后,终于在华籍高僧大德"援易入佛"的说经布道中逐渐中国化,认同孝道,推行王道,辅助皇权,净化人心,导人向善,最终以禅宗六祖的《坛经》这第一部由中国人完成的佛经问世为标志,将庄严国土、人间佛教、普渡众生、行善成佛的佛德,增益为中华道德的组成部分。且不说道祖老子西行后的"化胡说"是否成立,他的清静说、无有说等,确实与同时代佛祖的六根清净说、四大皆空说等非常接近,而在安民、用兵、治国说方面,则更为具体深邃,具有更强的现实指导意义。

儒家的仁德观,深受孔子等为阐析弘扬《易经》所作的"十翼"的影响,进而从易家的易德观中分化出来,形成了以伦理道德为特色的儒家道德观,主导了中国封建社会的传统道德承传。一方面,儒家直接把《易经》作为自家"五经"之一,奉为人生经典,弥补了自己缺少哲学原理,只重视伦理道德的不足,承续了易经的某些道德传统,尤其是乾卦尊天重阳,自强不息,中孚卦中正诚信的精神。另一方面,儒家更强调"礼"和维护统治阶级的尊卑等级次序,建立起中华文明的礼仪文化,被尊为官学,维护封建统治数千年。

我们之所以说儒家只承续了易经的某些道德传统,是因为儒家自身的保守性和局限性,如易家关于革故鼎新的"革德"和"鼎德",就被保守派儒家很大程度的扭曲淡化了,以致长期处于儒家文化统治下的中国道德,日益走向繁琐、因袭、保守甚至虚伪。以鲁迅为代表的五四新文化运动,喊出了打倒吃人的旧礼教,旧道德,首先就是针对儒家的封建伦理仁德论的保守落后而发的。

当然,儒家以民族伦理道德为核心的仁德观,并非一无是处,其一些主张还是有积极意义的。如"仁者爱人","苛政猛于虎","幼吾幼,以及人之幼"等等。中国历史上的许多志士仁人,名贤儒将,能自强不息,忠贞不渝,为民请命,爱民如子,为国捐躯,杀生成仁,舍身取义,很大程度上均得益于儒家的仁德教育。

不过,在老子看来,孔子以周朝"郁郁乎"的礼制文化为参照,加以"礼"性等级制改造的儒家仁德观,实际上已经背离了易家易德观的根本方向。所谓"丧失了恒道才讲仁德,丧失了道德才有仁爱,丧失了仁爱才有义气,丧失了义气才有礼仪。"的现象,就是因为儒家不讲恒道的仁德,只能是假道德,其所谓的仁爱、仁义等,其实是假仁假义,其精心炮制来维护统治阶级的所谓礼仪,是"忠诚信义"的所在,是国家动乱的祸首,是最愚蠢的主张。这就是老子对儒家仁德论的尖锐批评。

老子沉痛地控诉道,好战军队的驻扎地,荆棘遍生,粮仓空虚,田地荒芜,而各国的小朝廷却在忙于封官,大肆奖赏掠地杀人的军官;贵族们更是穿着华丽衣服,佩带长长利剑,饱食终日,欲足意得而家产富余。这不是在公然夸耀强盗的行径吗?

在老子的脑海里,还依稀记得远古史书的记载。在那太平无事,恒道大行的时代,讨伐暴君的军队放下了染血的军刀,卸下了疲惫的军马,以马粪给庄稼肥田,老百姓过着和平的生活。那时国家机器不庞大,人口数量不多,人们看重生命而不四处飘泊,虽有车马舟船而无须乘坐,持有兵器无须使用,人人都朴实地结绳记事,甘甜地品尝粗食淡饭,以朴素的服装为美,以淳朴的风俗为乐,安住在简陋的居所里。邻国的村庄可以对望,鸡犬之声也能听见,村民们直到老死,也从不互相往来争斗。而眼下天下战乱频繁,母战马的小驹竟然生到了荒郊野外,这都是统治者的贪婪所造成的。看来,天下的罪恶啊,没有比贪得无厌更大的了。只有知足尚柔,无为守常才可复归恒道!

这一看法成为老子"玄德"的基础。他的玄德观,与易德尤其是具有总纲作用的坤德,以及守信的坎卦水德的关系密切。坤德主张为阴,为弱,为后,与主张"知其雄,守其雌,为天下溪。为天下溪,恒德不离","不敢为天下先"的老子主张相合,与上善若水的坎德接近,与主张为阳,为强,为先,"敢为天下先"之乾德正相反。如果说,乾德主要在儒家鼓励士人建功立业的学说中得到发扬,反映出先民面对开天辟地的伟大而艰难的事业,义无反顾,勇往直前的精神和道德风尚的话,那么可以说,老子创立的以水般柔弱为主调的道家玄德观,主要发扬了力主顺承随时、上善若水、厚德载物的坤德精神。

坤德和玄德都主张服从大道,反对好强争胜、高傲自大,提倡随和俯就、因势利导,其美质之一的"谦"德,就是明证。易家的谦德,以及有关天道益谦恶盈的忠告,见于"谦卦"有关"谦受益,满招损"的古训,今天已经成为中华民族所特有的处世和道德准则。它影响中国历史五千年,成为中华民族最为显著的民族性格之一,与西方民族以好胜争强为美德恰形成了鲜明的对比。按照卦序,谦德随"大有"之卦而来,是大有丰厚之人有德有识、不骄不躁、虚己待人的表现,也是易经对天道地理规律损盈益谦的深刻认识,体现出古人洞察万物消长规律的伟大哲学思想。而老子关于"天之道损有余而益不足"的道家学说,也正由此而申发出来,成为道家贵柔尚谦的理论根据。

老子据此主张，承受全国人的诟骂的，这才叫作国家的君主；承受各国不祥灾祸的，这才叫做天下的君王。要尊贵就需以低贱为根本，要高升就必须以下层为基础。诸侯王公都自称为"孤家"、"寡人"、"不谷"，就是自我轻贱的本意。因此宁可不要像玉石那样稀少珍贵，也要像粗陋大石那样平凡坚实。联系程颐关于"有其德而不居谓之谦"的说法，以及朱熹关于"谦者，有而不居之义"的解释，我们当可看出易家谦德对道家和儒家的共同影响，就是要培养有功不居、满而不盈、贵而不骄的谦谦君子。

同时，我们也要看到，易经自强不息的乾德，即使在更多强调坤德和水德的道家那里，也不是弃之不顾，而是有所发扬的。如乾德的强大生命力，在老子那里就表现为"执大象，天下往"的执着，以及"谷神不死"，"不避犀虎"，充满阳刚精神无惧危险不死不灭的生命意志，它绵绵不绝亿万年，化生万物于宇宙，永无穷尽！

在老子看来，要保持玄德的生命永不穷尽，关键上要坚守恒道，知足长足。金玉堆满了屋室，不可能让它留住。暴富尊贵而骄傲，自己种下了祸根，事业成功抽身自退，是天下自然的道理。善于建树伟业者不拔离恒道，善于抱持玄德者不脱离自然。以玄德修养自身，他的品德就会高洁纯真。而在推行玄德的方法上，老子比其后孔子倡导的"修身，齐家，治国，平天下"更先一筹，即先以玄德修养自家，使之富余充实；继以玄德修养乡里，使之成长发扬；再以玄德修养全国，使之丰美盛壮；最后以玄德修养天下，使之广阔博大！

而玄德修养的关键，是不崇尚贤良，使人民不争名夺利；不看重难得的货物，使人民不当强盗；不刺激物欲，使人民不心乱骚动。这与儒家鼓吹仁德礼仪，法家鼓吹杀敌立功，重奖封爵，颇不相同。老子认为，恒道的规律，也正是玄德所崇尚的，所以不要去尊崇什么爵号虚荣，而要保持自然而然。让恒道化生万物，让玄德畜养人们，使他们茁壮生长，阔容内心，充实才学，弱化贪志，强健筋骨，以期达到童真无欲的境界，不敢胡作非为，这才能治理好天下，开创利在千秋、功在万民的恒道事业。

老子的玄德观，具有文化学者赵军等曾指出的，以"与时偕行"为中心的中国文化的伟大超越性，它以道的恒常为特色，揭示了儒家礼乐文化的异化恶果，对重视伦理道德的儒家文化产生了深远影响，启发董仲舒以宏伟的宇宙论提升了儒家的思想境界，启示宋明理学借鉴道家的世界观和超越精神，将儒学变得更为精致完备，主导了中国哲学思潮数百年。

然而，由于易德古奥难解，已在历史传承中渐渐消解于玄德、仁德之中，光芒为外来的提倡舍身饲虎普渡众生的佛德所掩，而儒家又长期占据了官方道德文化的主导地位的历史背景，以及玄德神秘性和老子"正言若反"的独特论证方法等原因，使得老子玄德的丰富内涵和深刻意义，直到现在还没有为人所充分了解。在继承中华优秀传统文化的民族复兴伟大事业中，肯定老子玄德观在人类道德建设中，与中华易德观、仁德观、佛德观和东西方道德观融汇合流的源头地位和积极影响，是十分必要和有益的。

四、老子博大精深的思想

老子发现了恒道和玄德，其书被道家称为《道德经》，并以"道"和"德"作为上下篇名，这就很容易给人一种假象，以为《老子》就是一本只讲道德的经书，这显然是不对的。其实，通读老子就可发现，无论是最早的楚墓竹简本，还是汉墓帛书本，以及更晚的通行本和其它古本，都有一个显著特点，那就是语录式的分章法。它颇像是老教授每天的选修课教学提要，言简意赅，精辟深旨，各有主题，不多生发，一天一个内容，隔天一个论点，不讲究形式的一气呵成和连贯性，更注意思辨的哲理性和穿透力。这不仅使一些人怀疑老子是否同出一人，还给初学者造成了一种迷惑，老子究竟是不是有完整体系的哲学家，他这五千言的81章究竟有无主要观点，如有又该如何梳理和把握呢？

看来，要想从道经中有德，德经中有道，似乎是随意排列，散乱无章的《老子》中理出头绪，只分述各章，或只在各章间的衔接上作些小移位是不能从哲学体系上根本解决问题的。我们不妨把眼光放长，试从中国源远流长的数文化入手，下点功夫。

中国的数文化把"九"视为阳数和最大的个位奇数，易经的阳爻就分别用"初九"至"上九"来命名，而九的自乘又恰好是阳数之极八十一！即老子的总章数。老子以此数分章，是否意味着其内在结构的九九重阳之数呢？九九而无极，九九而久久，九九而归一，这对强调道的包罗万象，恒常久远以及"一"统天下，并曾长期担任周朝图书馆官员，熟悉中国总道术和神秘文化的老子，自然是心领神会的。更重要的是，假如我们按照九章分篇结构细分老子81章的话，则不仅恰好可分为恒道、玄德、清静、真知、无为、贵身、安民、用兵和治国等"九观"，而且其九观的第一章与最后一章都可暗合道德经原章数字。当然，由于老子各章的互补性和包容性，特别是恒道观、玄德观的贯穿性，要将81章按照九观内容精确划分是不大现实的，故只能是模糊划分，大致如此。而划分后各篇中的章次排序，也很难按照思维逻辑的结构来调整,只能在导读中加以理顺。

那么,这种模糊划分到底有无意义?回答是肯定的。首先,老子的古典哲学本身就有模糊和神秘意义,而现今上下篇的排序,与帛书甲乙本或通行本原来就不同,与郭店楚墓竹简本的甲、乙、丙三分法更不类,所以我们虽不能以今人的精确明晰的哲学概念和逻辑性来强求古人,但基本观点的划分即便不很准确,毕竟聊胜于无,因为它有助于我们对老子哲学体系的全面把握。其次,也是最重要的一点是,老子本身就具有九观哲学思想,这与学者侯才依据郭店楚墓竹简本归纳的"甲书——圣人篇、乙书——修身篇、丙书——治国篇"的精神相通,但因依据了帛书老子而更显准确全面,可见并非外在的臆造强加。

《汉书·艺文志》很早就总结说:"道家者流,盖出于史官,历记成败存亡祸福之道,然后知秉要执本,清虚以自守,卑弱以自恃,此人君南面之术也。"如对应老子一书,那就是:"真知"历记成败存亡祸福之道;"恒道"知秉要执本,"玄德"、"清静"清虚以自守;"无为"、"贵身"卑弱以自恃,"安民"、"用兵"、"治国"阐明人君南面之术。下面先择要论之,详尽的阐析则可参见本书的"引论"、"正论"和"余论"。

关于老子的恒道观和玄德观内容,如前所述。而就逻辑关系看,它们可谓老子一书总纲,其精髓是中华道家文化的理论基础。在老子看来,"道"是万物的本原,是认识万物奥秘的根本门径。要想打通它是极为不易的,因为它是极细微极难辨的物本体。老子以其高度的智慧解释了恒道的本原"一",并由此而联想到道和宇宙生成的密切关系,揭示了恒道至大无比,反复而至,循环不已的秘密。

老子从恒道宇宙观的高度,对人类社会统治者与被统治者的社会矛盾,做出一种化解的努力,具有很高的政治实用价值和永久的文化价值。根据损有余补不足的恒道,老子大胆绝智弃偏,彻底否定了美化剥削阶级的伪道德主义,坚持了原道家的"玄德"主义。

老子的"玄德观"以东方哲学特有的顿悟、直觉的格物方式,发现作为精神人格力量的玄德,要服从恒道及其展示的各种规律,在内容和形式上都与恒道保持一致,从而获得持久的强大生命力。他发现玄德虽然"玄奥",却从古到今基本的形态都没改变。这就为人们探虚就实,循道渐进,修德识道提供了可能性。他从玄德与人和社会的关系出发,制定了谦让柔顺、反朴归真、追求光明、选贤任能的玄德观基本原则,在哲学上第一次明确划分了重实质轻形式的"崇尚道德",和只重形式忽视实质的"轻视道德"的本质区别,描绘出柔进恒常、无私平和、思精虑净、明达事理、增益和谐真气、脱俗超凡的修身之道和一幅玄德理想的太平世界图。

老子的"清静观"即社会观、察世观，体现了他的恒道思想的人民性、人道性和理想性，从属于他的恒道观，服务于他的玄德观，提出了"清虚守静"这一事关玄德修养的心态与环境状态的根本问题，是他在社会上推行恒道主张的有力论证。在老子所生活的春秋战国时代，天下大乱，民不聊生，旧式生产和分配方式，已经不适应新兴地主阶级私有经济的发展需要，不适应天下经济文化大融合的发展需要。而老子举目观察尘世时却发现，人们在动乱时为求免祸，宁可祭神也不愿意按照恒道的规律去行事。他还看到了儒、法、墨、兵各家末流的学贩子的谬误，得出少说为佳、贵精勿滥、防暴修德、致虚守中的思想，主张作事遵从规律，尊奉恒道，归依玄德，以免失道失德，失助失势。他还发现恒道永远，因而要想办法抓住人类本真的基因"朴"，让人民回归到善良的天性中，消除以强凌弱、以智诈愚、以富压贫的不合理社会现象。老子对当时的黑暗社会现实强烈不满，将恒道理想社会的实现，寄托在清虚无为、得民爱戴的圣人身上。

老子的"真知观"，在百家争鸣的时代回答了究竟谁占有真理，以及学习的对象、内容、途径、态度和标准等问题。它立足于恒道体悟和玄德修养，从认识论的角度，设喻论理，由浅入深地阐明了道家的真理观、学习观。他认为，从自然和人类社会的历史和现状看，多知多惑，民贫邦昏，远不如知一，执一，以免偏离和肢解了总道术这个"一"！老子强调，在求知方面，真理只有一个，而众多的歪门邪说却不是什么好东西。学习的基本内容，就是独一无二的"恒道"。

在学习态度上，老子提倡实事求是的精神，尊重指引恒道的老师，注意吸取正反两方面的教训。在学习的途径和实践运用方面，老子主张闭门凝思，无为聚神，探幽入微，深入本质，追求哲理，通达恒道，反对走马观花，蜻蜓点水式的肤浅学习。老子还特别强调在特殊时空条件下具有极高价值的"无"，并在真理的标准上，提倡一种与恒道相符合，不以一般的圆满、丰富、正确、灵活、鲜明、雄辩、激情为准则的价值标准，表明了一种包罗万有、天包海涵、消除偏见、不以学派和意识形态的不同别亲疏、谋私利，以达到玄德的大道境界的博大胸襟。

老子的"无为观"是行为观。它在全书中起到过渡和桥梁的作用，将全书最为抽象，最具原则性的恒道玄德总纲，引向了具体实际的社会行为。通读老子全书，他的无为实践哲学所要否定的，是不符合恒道与玄德的行为。他的无为是为了有为，无为与有为是辨证的统一，而不是所谓消极倒退哲学、懒惰哲学、庸人哲学、没落奴隶主贵族的反动哲学。

老子认为，胆大妄为是背离恒道玄德的错误行为，而无为则是依恒道玄德正轨行事的正确行为。因此只有不妄为，才能实行有为的道，完成治国、安民、用兵等施政大计。这也正是"无为"思想在老子思想中极为重要，贯穿始终的原因。因此，老子不但不是一个消极无为的懒汉和愚人，而且是一个积极有为的勇者和智者！

在老子看来，不断走向更高文明的人类，智虑聪明，所欲甚多，故此最需要的往往不是要教会他们如何去取得什么，而是要教会他们不要去妄取什么。这正是老子否定式逆反思维的无为观的精髓。无为不仅有利于圣人自己的修养，而且有利于吸引弱小和强大的同盟军，一起建设恒道的大业。对于普通老百姓说来，无为正是上善如水，利万物而恬静，施予宽厚，说话守信，公正平和，顺应时机，以柔克刚，无为自化。这在当今世界已经进入知识经济时代的时候，确是有益启示。

老子的"贵身观"是道家的生命观和价值观，是他哲学思想的重要组成部分。从消极的一面看，它可以明哲保身，避祸远害；从积极的一面看，它可以洁身自好，养生拒腐，保存实力，从而更好实现恒道理想。若就东方文化科学推论，它还可以和人们的身心观，养生观，长寿观等联系起来。

老子的贵身观的重要哲学意义在于：人自身是世界上第一个可宝贵的。在诸子百家中，还没有像老子这样把"身体是恒道的本钱"的辨证道理阐析得如此深透，把身体和事业的关系处理得如此和谐的。它确是世界最有人道主义光辉的以人为本的先进观念，是保证恒道玄德于无为境界中完全实现的实践论，是指导人类身心健康的宝贵总结。

首先，老子把自己的贵身观建筑在对恒道的体悟，对玄德的修养以及无为的实践上。对于奢侈的统治者，老子从贵身观的角度对他们进行劝谏批判，并明确将"慈爱"，"俭朴"，"不敢为天下先"当作护身的宝贝。老子的"慈爱"是恒道之本，玄德之魂，贵身之基。有爱才有恨，有勇敢。其"俭朴"是修德之要，护身之甲，是避免声色财货诱惑，增广学识，保证身心健康的秘诀。其"不敢抢先于天下"，则是他拒绝名利，谦让平和，脚踏实地，得以成就长久伟业的高明策略。

老子的"安民观"，与其治国观、用兵观相辅相成，是其恒道玄德哲学体系在政治、文化、军事领域的实践论。他的安民观重点，一是虚心实腹，弱志强骨，二是绝智弃偏，见素抱朴。在老子看来，只有把统治者那一套表面鼓吹道德仁义，智慧聪明，奇巧淫技，实际上为了维护统治，满足私欲的说教和做法通通去除，人民才可不受欺瞒，回复到原始公产社会的理想境界。在这里，人民生活虽艰难却淳朴浑厚，安闲自在，没有勾心斗角，尔虞我诈的事情发生,这正是老子向往的理想安民政治。

老子既反对对人民的过度苛察监控,也提醒统治者要防患于未然。在经济文化建设方面,老子强调要遵循恒道,切忌妄为,主张"小国寡民"的安民思想,反对不顾人民的利益和宝贵生命,拼命开疆扩土,要求保留各地人民"甘其食,美其服,乐其俗,安其居"的民俗文化个性,以避免民族文化的单调抽象和苍白乏力。

老子的"用兵观"是东方文化战争观的精华,世界和平主义的基石,对人类和平幸福具有深远的启示意义。它主要包括了和平主义的战争观,无为不争、以柔克刚、以退为进、哀兵必胜、后发制人的军事战略观,以及积德克敌的正义无敌观等三个组成部分。

站在恒道的人民立场,老子反对称霸逞蛮,恃仗武力强大先发制人。从战争的反复性和所造成的严重后果看,好战和贪得是兵家大忌,越是要显示强大就会越早衰亡。从反战的和平主义出发,针对当时"春秋无义战"而造成人民伤亡惨重的悲凄情景,老子认为战争的罪恶本质,就是人类的贪欲。正是从坚持恒道,止贪息战的和平主义战争观出发,老子建立起中国道家无为不争,以柔克刚,以退为进,哀兵必胜,后发制人的军事战略思想。在具体的战略战术方面,富有辩证法智慧的老子,则提出了"深藏利器"、"欲擒故纵"等许多高招。并告诫战争的指导者不可离开对自己有利的地形,不可过早暴露自己的秘密武器,以防敌人觉察防备而失去应有的威力。

最重要的是,老子认为"重积德则无不克",道德正义的力量才是最大的力量,无形的行动,才是最有效的行动,无形的武器,才是最厉害的武器,道德正义的胜利,才是最终的胜利。而哀兵必胜的原因,正在于其作为受害者和被侵略者,勇敢复仇的伟大道德力量和坚持恒道的正义性。

老子的"治国观",是实现其恒道理想的施政大纲,其基本要义一是遵循恒道,二是修养玄德,三是谦柔无为,四是睦邻通好。其施政主体则是明道修德的圣人、王公诸侯等。在人类千百年来的政治实践和学术总结中,老子的治国观不仅为统治者重视,在汉初唐初的治国安民实践中取得实效,包括唐玄宗、宋徽宗等君主,还从权谋角度注释研究,使之随历史演进正越来越闪现出伟人的智慧光芒,成为人类不可多得的宝贵思想财富。

老子向为政者提出的第一要务,不是设置高级官员并给予他们优厚的待遇,而是让他们首先明白如何循道修德,爱惜国力,不害民生。这表明了老子并非否定人类的道德建设,毁仁弃义的哲学家,而是一个以恒道玄德为根本准则的伟大政治思想家。他所看重的是国家的立国之本,长治久安,而不是用美言尊行堆砌起来的虚假道德、虚假政绩!

老子告诫统治者要小心谨慎的循道施政,就像烹炒易碎的小鲜鱼一样,万万不可草率妄动,酿成大祸。至于鬼神之类,只要修德也可以"两不相伤",无须顶礼膜拜。这和各类宗教的有神论以及某些统治者一味迷信鬼神而荒废政务,是大相径庭的。老子还提出了"重为轻根,静为躁君"的治国之道,要统治者抓住根本问题,保持冷静,避免急躁失误。并从哲学的高度,阐明了尊贵与低贱的辨证关系,强调了下层人民在治国之道中的基础地位,这是比儒家孟子的重民轻君思想更早的民本思想。综上所述,老子的九观哲学的逻辑结构,可以图示如下:

老子九观哲学体系图

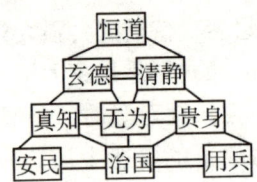

1. 本体论,宇宙论
2. 道德论、3. 修养论、社会论
4. 认识论、5. 实践论、6. 生命论
7. 民生论、8. 政治论、9. 军事论

由上图可见老子"九观"哲学的内在逻辑,那就是,恒道观是老子全书的最高哲学范畴。它以至高无上,无时不有,无所不在的"道"贯串于九观之中,成为全书立论的主脑和理论基础。玄德观则是恒道观社会化的结果,人格化的中介:它将虚无缥缈的恒道引向社会,化为玄奥高深的道德规范,成为以圣人为楷模的全书主干,以恒道为核心统领了社会论的清静观,认识论的真知观,行为论的无为观,价值论、生命论的贵身观,政治论的安民、用兵、治国诸观,形成了一个完整的老子哲学体系。

从论证过程看,清静、真知两篇主要是以"恒道""玄德"为指导思想,通过对自然、社会的细致观测,得出符合恒道玄德理念并可进一步论证其正确性的结论。从无为和贵身两篇看,主要是为保证恒道实现,对玄德行为准则的阐述,体现出道家以人为本的生命价值和处世精神,进而实践老子充满辩证法和民主思想的安民、用兵、治国理论。如果借用中国传统文章法则来形容老子全书架构,恒道、玄德是起篇,清静、真知是承篇,无为、贵身是转篇,安民、用兵、治国则是合篇。老子的起篇以恒道宇宙观、玄德人生观为全书立纲,高屋建瓴;清静、真知则承上立论,将恒道理论和社会现实紧密结合起来,论证了推行恒道修养玄德的必要性,势不可挡。无为和贵身则笔锋一转,由哲学、认识论、伦理观、社会学的宏观范畴转到为人处世和保养身心上来,为合道的"有为"奠定人格基础。安民、用兵、治国诸观,三位一体,合而论政,说的都是治国大事,有为之举,属于道家政治学范畴,恰恰击破了老子的"无为"就是消极无为的陈说。

五、"老子犹龙"与"九宫图"

孔子曾经对学生说:"老子犹龙。"在他的描述里,鸟知道它能飞,鱼儿知道它能游。至于老子呢,他就像是"龙"一样的见首不见尾,莫测高深的伟大智者[①]。的确如此,不仅道祖圣哲老子的最终去向,至今无人能够确指,留下了鹿邑、陕西楼观台、甘肃、新疆等处的飞升处、隐身洞之谜,就连老子留下之书,也是那么的版本繁多,句式不一,真伪难辨,却又偏偏能令人百读不厌,越读越透,受益无穷。

自拙著《老子九观正义》出版,老子《道德经》全书81章,暗合"九九归一"的中华数文化,又与万物(九九)归道(一)的老子道家思想吻合,早已广为人知。然而,继续深入研读之后,我却发现自己当初仅用"察世观"明之的粗疏,以及突出老子"清静观","清静以为天下正"的极端重要性!

壬辰龙年,老子生日(阴历2月15日)的阳历对应生日(阳历2月15日),当我根据古人早已论之的老子清静无为的观点,以"清静观"梳理老子九观全书,使之更为贴近老子本义后,蓦然想起了老子的家乡人——河南省社会科学院安研究员有关应以"九宫图"反映老子九观的重要提醒,于是尝试以横直斜八线相加,均为十五,奥妙无穷,世界公认体现出中华数文化精华的"九宫图",结合中华龙文化,与老子"九观"相匹配,终于发现其内涵的许多有趣奥秘,可使我们借助中华九宫龙文化,增进对老子思想深度的理解。于是请著名篆刻家琴石先生,以篆体创制出《老子九宫印》,并配以数字成《老子九宫图》如下:

老子九宫印　　　　老子九宫图

从以上《老子九宫印》可见，站在人本位的立场看，人探求真理、永不满足、永不停息的强烈求知欲，及其所探知对象世界的真理，即"真知"，是老子哲学的中心和出发点，它围绕道形成对四面八方的发散性思维，最终建立起老子的九观哲学。

再从《老子九宫图》可见，人所欲探知的最为幽玄微妙的上层为——"形而上之道"。其主体为"恒道"，主修为"清静"，表现为"化"，规范为"玄德"。天地之间动多静少，证之于八卦之象，即天、风、雷、水、火都主动，占多数，只有地、山、泽主静，占少数，故天地重清静，上善若水，方可道法自然，玄德归道。

《老子九宫图》的下层为天地人三才在其互动过程中，世界万物所构成的"形而下之器"，多见于"物"、"制"、"民"、"国"、"兵"等实体，其主体为天地万物之灵即"人"，主修为"治"，规范为"法"，落实于"用"。用之则动，动以静安。故用兵必动，安民宜静；治国利民，当动静结合，方能重积德而无不克。

《老子九宫图》的中层为上下层的中介——人的"形而中之性"。它不像上层的"道、德、静"那么虚无缥缈，也不似属于"实践"范畴的下层的"民、国、兵"那么物质实在，而是属于中层的"虚践"范畴的人的认识、心性的思维状态与心理结构。"形而中之性"，本原于心，其主体为"思"，主修为"知"，规范为"理"，以贵身无妄为为原则，这才能与守中执一、知行合一的老子思想相符。

综合而论，以道法自然的人的知识体系为中心，"老子九宫图"的形而上、形而中、形而下三者的内在关系，其一，可简示如下：

1.【形上之道：天动地静，玄德归道】
2.【形中之性：无妄贵身，真知灼见】
3.【形下之器：用兵安民，重本国治】

其二，若我们从横向、纵向或斜线的连接点，去理解《老子九宫图》时，还可以将其内涵精意，概括如下——

1. 九宫横排解：恒道清静修玄德，无为贵身获真知；
            安民治国慎用兵，道法自然成大器。
         之二：恒道通玄德，清静无为身；
            安民真知兵，治国功大成。
2. 九宫竖列解：玄德无为安斯民，恒道真知治强国；

　　　　　　清静贵身积德久，用兵自然天人和。
　　之二：玄德无为安亿民，恒道真知善治国；
　　　　　　清静贵身重积德，何须用兵天人和。
3. 九宫斜线解：清静真知安民策，用兵方晓玄德高；
　　　　　　循道治国成伟业，千古悠悠赞黄老。
　　之二：清静安民真知机，玄德用兵谋略深；
　　　　　　伟业千秋尊黄老，无为更知贵真身。

其三，令人赞叹不已的，还有《老子九宫图》的9个数字，并非无意义拼凑，其中还"有信"，内含着与《易经》象数、儒家学说、佛教义理的许多相通之处，试略解如下：

1. "恒道"之"一"，与老子道本体论的道生一、太一、归一、执一相契。以佛教的"归依"谐音（归一）而殊途同归。

2. "玄德"之"八"，与《易经》八卦之"乾坤震巽坎离艮兑"等八德即乾德之自强不息，坤德之厚德载物，震德之警惕自省，巽德之随风齐物，坎德之守信闯险，离德之灿烂光明，艮德之坚贞不移，兑德之欢饮鼓舞等相应，与儒家之"正心、诚意、格物、致知、修身、齐家、治国、平天下"之"八目"相配。

3. "清静"之"六"，与老子谨防五音、五色、五味、心狂的干扰，保持清静说，与佛家主张"六根"清净，摈弃色、香、声、味、触、法"六尘"干扰的心性修养相合。

4. "无为"之"三"，与老子创始论的"三生万物"，实践论的"开始、发展、终结"，教育论的"学习、巩固、提高"，以及时间论的"早中晚"三段论相配。

5. "真知"之"五"，与儒家格物论的"金木水火土"之"五行"说，佛教的"肉眼、天眼、慧眼、法眼、佛眼"等"五眼"说相符。

6. "贵身"之"七"，与生命论的"七律说"、"节律说"，与遵循世界作息规律的"七天一周"制，与音律学的"七音"养生等等，都有某种内在的联系。

7. "安民"之"四"，与民生论的四时顺利、四季平安、四方和谐、四体自如，佛学的"四大"地火水风，以及"成住坏空"四阶段相关。

8. "治国"之"九"，与老子九观治国的政治论，与建构论的九层之台说相连，与长治久安的"久"谐音。

9. "用兵"之"二"，与一阴一阳之为道，与攻守、进退、虚实、强弱、攻心与攻城、伐谋与伐兵，与老子军事论的奇正用兵、阴阳莫测等有关。

此外，如何理解九宫图的"十五"之数，与老子九观的联系，也有待探讨。总之，老子九观与九宫图，正如中国道教协会任法融会长与本人相会楼观台，详论之后所达成的共识那样，有太多的未解之谜，值得深入探讨，以弘扬老子大道！

另如之前所言的"龙"，在中华文化传承体系的国教之中，历来地位很高。儒家把龙视为神秘崇高之物，认为万物中只有龙才是封建帝王威权的象征，只有帝王及其所用之物才能以"龙"称呼。在儒释道均视为经典之本的《周易》中，龙为君子自喻，具有刚健有为，一往直前的伟大力量。只有乾龙，才是万物的创世者、天的统帅、光明的太阳，他驾御六时如飞龙运行，从潜伏、露头、活跃、发奋、腾飞到收敛，象征着君子一生应势而变，展现的潜龙、田龙、惕龙、渊龙、飞龙、亢龙的精彩人生。其中对中华龙强大生命力和人生不同阶段生存智慧的赞颂，对人生具有普遍性的指导意义，深堪玩味。

佛教也喜欢在庙宇塑龙饰龙，有"九龙护法"和"龙象"之说，将龙象作为高僧代称。至于道教的龙文化更为丰富，它认为，龙可载成仙者升天，沟通天人，是施雨福民的神灵，青龙是与白虎、朱雀、玄武并称的四神兽之一。同时，道教还根据四海八方职守的需要，尊奉白龙神义济王、黄龙神孚应王、黑龙神灵泽王、青龙神广仁王、赤龙神嘉泽王，以及东海广德龙王、西海广润龙王、北海广泽龙王、南海广利龙王等。

道教的"九龙"说影响所及，使得民间的龙文化大为盛行，历久不衰。如仅在2012年的壬辰年里，国内就有许多根据四方、五行、色彩、动态、吉祥等意义，发展出东海龙、南海龙、西海龙、北海龙；金龙、水龙、火龙、土龙、木龙；紫龙、赤龙、黄龙、黑龙、白龙；至尊龙、镇宅龙、如意龙、招财龙、行运龙；卧龙、团龙、坐龙、游龙、飞龙；旺龙、禧龙、福龙、寿龙、祥龙、禄龙、玉龙等众多名目，还将其制作成金银币、工艺品、邮票等，生动展现了中华国学与龙文化的源远流长，深入人心。

因此，如果我们从领会、传播老子道家文化思想，复兴中华，走向世界的迫切需要出发，将老子九观论与中华龙文化相结合，对于点燃中华文化产业的创意，增强中华软实力，无疑有重要文化意义。下面，就是笔者根据易理、五行、八卦、道教、民俗文化等，将"老子九观"与中华龙文化结合后，所创制的《老子九观龙宫图》：

老子九观龙宫图

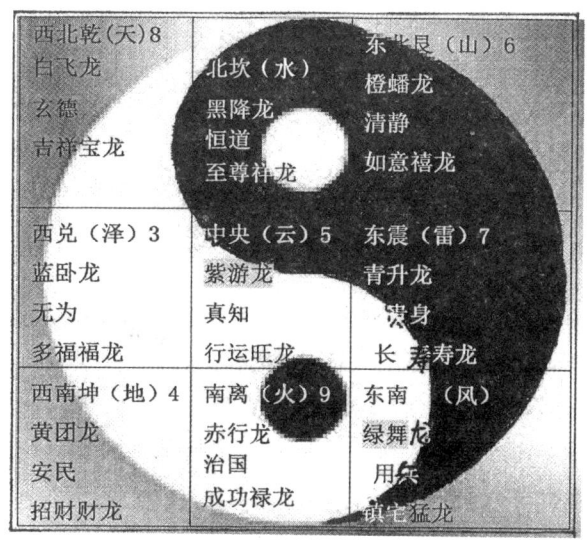

当然,由于老子九观的深刻性、龙文化的丰富性,组合后自可以有多样性的解释。以下是"老子犹龙"的诠释之二。

老子犹龙观(一)

姿色	品格	能力	胜景	八卦
1 黑降龙	恒道	至尊祥龙	怒海翻腾	水流
2 绿舞龙	用兵	镇宅猛龙	双龙戏珠	风卷
3 蓝卧龙	无为	多福福龙	湖泊蛰伏	泽静
4 黄团龙	安民	招财财龙	田野露头	土镇
5 紫游龙	真知	行运旺龙	紫云缭绕	云腾
6 橙蟠龙	清静	如意禧龙	幽岭深渊	山止
7 青升龙	贵身	长寿寿龙	挺拔秀竹	雷闪
8 白飞龙	玄德	吉祥宝龙	青天白日	天晴
9 赤行龙	治国	成功禄龙	朝霞楼阁	火烧

注:"云腾"在天地、雷风、水火、山泽等八卦外

以下是"老子犹龙"的诠释之三。

老子犹龙观（二）

方位质色	神态	九观龙名	乾卦	道教参照系	西游记
西北乾金白	飞龙	恒道至尊祥龙	飞龙	白龙神义济王	
中央坤土黄	团龙	玄德吉祥宝龙	田龙	黄龙神孚应王	
正北坎水黑	降龙	清静如意禧龙	潜龙	黑龙神灵泽王	
正东震木青	升龙	真知行运旺龙	亢龙	东海广德龙王	敖广
正西兑泽蓝	坐龙	无为多福福龙	渊龙	西海广润龙王	敖闰
东南巽风绿	卧龙	贵身长寿寿龙	惕龙	青龙神广仁王	
东北艮山橙	蟠龙	安民招财财龙	（山龙）	北海广泽龙王	敖顺
正南离火赤	威龙	用兵镇宅猛龙	群龙戏珠	南海广利龙王	敖钦
西南云海紫	行龙	治国成功禄龙	（云龙）	赤龙神嘉泽王	

【注释】

①司马迁．老庄申韩列传．史记［M］．北京：中华书局，2014．（孔子拜会老子后谓弟子曰："鸟，吾知其能飞；鱼，吾知其能游；兽，吾知其能走。走者可以为罔，游者可以为纶，飞者可以为矰。至于龙，吾不能知其乘风云而上天。吾今日见老子，其犹龙邪！"）

六、老子与东方文化

老子思想源于中华易文化，在东方文化中占有重要地位，并通过道教的传播，在日本、韩国、东南亚各国影响深远，甚至远及欧美。而在东方道教和佛教的创立者老子与如来之间，至今还存在著名的"老子化胡"公案难断，不知究竟有无师生关系的故事。千百年来两派教徒为此而争论不休，甚至惊动过魏孝文帝、唐高宗、武则天、唐中宗、元世祖等五朝皇帝出面调解，当庭辩论，也终不得其解。

幸运的是，新世纪之初，这个曾引发东方圣坛唇枪舌剑的史实之争，如今终于有了一个大胆而新奇的解释，这就是罗尚贤教授爬梳史料并赴新疆实地考察后，所给出的答案。原来，老子当年出函谷关，经秦国后所到的西流沙，正是穆天子当年和西王母会面之处——位于莽莽昆仑和天山环抱下的塔里木盆地。那时塔里木河汇聚雪山溪流由盆地中流过，河下游是比洞庭湖还大两倍的罗布泊，许多一望无际且水源充足的绿洲，就散布于湖边和盆地周边。而位于连接东西方著名的玉石之路交通要道上的三教圣地，邻近如来故乡尼泊尔的和田古城,就是镶嵌在这片绿洲上的宝玉。据罗教授考证,道教圣地"西仙源",老子当年出关西游,建立起藏文献所说的"李耳国"的故址,正是在这里。在唐朝著名道士司马承祯所著的《天地宫府图》典籍里,名列道教118处洞天福地中的"十大洞天"之三,当年就已不知确处的"西城山洞",也恰是这和田"西城"之外"约特干"近郊的山洞遗址!附近洛甫县的国家重点保护文物"热瓦那"陵园中,那下方上圆的土塔,也很可能是代表了中国天圆地方宇宙观的道家老君公墓。

  罗教授认为,正是在这片至今充满活力的和田河畔的古老土地上,老子曾和他的三个最重要的弟子——文子、鬼谷子、鹖冠子一起"立政施教",创立起由道教弟子、逃亡奴隶共建的人间乐园。它后来被庄子称为道家理想国的"建德之乡",受到西方古希腊诗人品达尔热情的吟诗歌颂,并为西去取经路上在此留驻七个多月的唐僧赞不绝口。而它也正是令当年离宫出走的释迦牟尼,一到之后,永记难忘的佛家西方"极乐世界"的生活原形。在当时和田位居中印、西域各国与大秦——西方交通中枢,经济文化均很繁荣的历史背景下,这两位东方思想的巨人,完全有可能走到一起,共同探讨人生的哲理和佛道真义。从唐僧在《大唐西域记》中详述的佛祖如来在和田的行迹介绍,从后来西渐的佛教在中国迅速传播,佛老并称,儒释道兼容,不少地方同庙共祭,佛德与玄德、仁德、易德共为东方文化增光的史实看,老学和佛学在善德、正道、空无、戒律等教义哲理方面的相似,吸收了道家思想的儒家的援佛入儒等,均非偶然。

  当然,老子既受益于中华文化源,又以其开创的道学,成为日后东方文化的源头之一。这主要体现在中华易文化、古代母系社会文化以及政治文化方面,所受到的深刻影响。

  首先,就老子所受的中华文化影响而论,主要是比他所处的时代更为久远的古代文化的集大成体系——总道术文化,即易文化。晚于老子,精研老子,对老子十分仰慕的老庄学派的掌门人庄周,在认真研究了道法儒墨兵名阴阳各派学说后认为,天下学问本出于一家,这就是"无所不在"的道术。他在《天下》篇中指出,古之所谓道术者,是完备的学问,足以"配神明,醇天地,育万物,和天下,泽及百姓,明于本数,系于末度,六通四辟,小大精粗,其运无乎不在。"因而是"以天为宗,以德为本,以道为门"的圣人所要研修推行的真学问。所谓"圣有所生,王有所成,皆原于一。"正说明了道术的博大精深和统一性。在庄周看来,只有像老子这样的智者,才配称"古之博大真人",只有他的恒道学说,才是最接近古代完备统一的真道术的。

由于古代文化传播手段原始古朴，先秦经典散失损毁，我们已经很难看到庄子当年所说的古代总道术文化的丰神全貌，只能从《尚书》之类的古奥珍稀的先秦残存典籍中的零碎记载，从相传早于老子的诸子言论，如鬻子所说的"故君子之谋，必能用道"等，去清晰我们的模糊印象。而古代幸存至今唯一能将所有这些零碎记载的古代总道术合为一体的，只有古老的《易经》。

《易经》的源头可追溯至远古"人头蛇身"（纹身），创制八卦的伏羲，它集中了庄子所说的天下总道术文化的精华，由古代巫史医不分的全能型知识分子，以"卜者"的身份，以占辞卜告的神秘形式记录下来，继而通过夏朝的《连山》、商朝的《归藏》，周文王再加工的《周易》等经典的修定，得以在历经五千年演变甚至更久远的时间后流传下来，成为中华文化最古老最伟大的百科全书，为熟读古书通晓人文的老子和今人所了解。

从老子全书及其"九观"看，无不与《易经》有着密切的承传关系。如前所述，恒道观与至大至久变化无穷的"乾"卦有关，玄德观与厚德载物孕育众生的"坤"卦有关，清静观与净水清凉造福民众的"井"卦有关，真知观与因人设教启蒙愚昧的"蒙"卦有关，无为观与反对妄为坚守正道的"无妄"卦有关，贵身观与讲究养生饮食的"颐"卦有关，安民观与力主上下交融和谐安泰的"泰"卦有关，用兵观与兴师动众出兵讨伐的"师"卦有关，治国观与君临天下保民无疆的"临"卦有关，等等。至于老子全书其他论述得益于易经的地方，更是不胜枚举。

所以说，正如儒家可以从"乾"卦、"家人"卦中得到启示，法家可以从"噬嗑"、"讼"卦中得到启示，兵家可以从"师"卦中得到启示，道家可以从"坤"、"泰"卦中得到启示，农牧家可以从"大畜"卦中得到启示，医家可以从"剥"卦中得到启示，气功家可以从"艮"卦中得到启示，旅行家可以从"旅"卦中得到启示，当今各流派各学科也均可以从易经诸卦中得到启示一样，老子也从易经诸卦中得到了许多宝贵启示，其中最根本的，应数从以"坤""谦""泰""损""益""坎""井"卦所得到的宽厚、谦让、天人损益之道、水善利万物的教益。而从易经演化今已失传的各版本看，老子最推崇的，当为以"坤德"为首的商代《归藏》版，而不是夏代以"山德"（艮）为首的《连山》版，或周代以"乾德"为首的《周易》版。《归藏》以坤为首，就是老子发挥的以阴柔，无为、朴实为首，它更体现出古代总道术的原始状态及其从母系社会带来的尚柔文化取向，具有女性独尊社会的审美文化和道德文化意蕴。它与更为古老的，标志着人类还没有从深山老林走向广阔平原的大山崇拜——《连山》版易经比较，已有着质的飞跃！

　　从老子的精神取向看，他的思想轨迹，与相传由孔子通过"十翼"加以阐释，于周朝定型的周易和夏易等很不一致。老子所强调的不是周易自强不息的乾刚奋进，也不是夏易封闭深邃的的艮止坚守，而是商易无为守静的坤柔和谐，其时代精神更像是原始公产主义的母性社会的谦让美德，而不是私有制父系社会的强取豪夺。明乎此，我们就可以找到老子思想所受影响的又一中华文化源头，原始母系社会的美好回忆和传说——以及其中所包含的永远哺育和启迪人类良知的天之道。此即老子念念不忘，设喻宣讲，谆谆诲人的恒道理想！

　　至于老子这一思想源头的确切的地理因素，则难以作绝对的定论。一般认为，老子生于楚国，属于楚文化的代表。但具体方位则说法不一。除了前述根据《史记》而来的河南鹿邑说外，还有其它许多说法。如安徽省涡阳县的学者，历尽艰辛，在对典籍记载、历史沿革、地理方位、河流水系、出生年代、姓氏源流、独特景观、文物考证、道教经典、名人专著等逐一研究，互为参证后，确认老子是春秋时期被楚国吞并的宋国相人，出生在今涡阳县闸北镇太清宫的流星园址。但也有人认为他出生在今属河南杞县，曾有杞人忧天的周朝杞国，属于夏文化的代表的。此外，还有人考证出他的出生地就在三次被楚国吞并的陈国，故他还是楚文化代表的。笔者认为，涡水源于河南而流入安徽，老子当年故乡所在，当在涡水通连两省的河畔之李花盛开处，故鹿邑说与涡阳说，看似抵牾却范围极近，故如暂无实证非二者择一不可，则可并存。至于老子一书，充满了与北方夏文化、商文化、周文化相对的南方的楚文化特色，如水乡丛林，神鬼虎兕等，则是确切的。据此说他是楚文化的代表，也较为妥切。不过，河南除南阳外多属中原的黄河流域，夏文化的影响很深，和楚文化的交融也已久远，而老子在周室博览群书，其思想早已经涵盖了整个华夏文化，故再执着于用夏文化、周文化之框框来分解硬套，已没有多少意义了。

　　其次，深刻影响老子思想的，是他在书中一再提到的具有古代母系社会文化特色的圣人之教。中华广袤神奇的国土上，至今还有一处地方留有古代母系文化的遗存，这就是云南的泸沽湖！在那人迹罕至景色绝美的湖畔，摩梭女依然是家族的主宰，其支配权与其对家庭的奉献度成正比，而男子则充当过客和配角。那里没有父系社会特有的紧张和争斗，充满了母系社会特有的祥和与柔情，美艳不刺，风情万种，温馨谦朴，真可谓老子"贵食母"的小国寡民理想国的绝妙注解。真希望当地政权不要拿新婚姻法作武器，将其作为非先进文化而一举铲除，而继续允许其平静生活，以为男性主导的现代社会树立一面永恒的明镜,从中吸取人类智慧源头的甘甜乳汁。

对于古代那些来自母系远古社会,却在老子笔下活灵活现,言之凿凿的圣人,我们在导论第一节中已有详细介绍,其思想对老子的影响可谓深矣!然而老子却没有像同时代儒家那样,给他们罩上黄帝、尧、舜、禹、周文王等赫赫有名的光环,而是一概笼统以圣人称之。这并不是身为周朝图书馆长的老子的疏忽或无知,而是另有原由。一是儒家所抬出的这些知名圣人的有些作为,特别是适应了父系私有制社会需要的标榜仁义道德的一些言行,并不符合老子的恒道精神,因而受到他有关失道而后德,失德而后仁,失仁而后义的尖锐批评。二是原始母系社会年代更久远,其杰出人物除了炼石补天的女娲,后人配以东王公以成对的西王母,许多都没留下具体人名,而这却是老子所极为称赞的成事而不扬名的圣人所为。因此,就像我们今天研究2500多年前的老子,已经所知不详一样,要老子称名叙述比他更早数千年的圣人,也只能是一种苛求了。

不过,老子毕竟给我们留下了升华儒家正统男权思想,保留了母系社会人们的善良本真,发展了古代易经总道术柔韧精神的道家哲学,其对中华文化的深刻影响,是无人可及的。大致说来,它包括了政治文化、国民性、道教文化、哲学文化等几个重要方面。

由此让我们关注到,促成老子道学思想萌发并影响后世至远的第三个文化源头,正是积累了夏商周政权更替的历史教训,席卷着春秋时代诡谲变幻风云的中华政治文化。这方面,老子虽然没有孔子那样执政鲁国的政坛经历,但却有据国都守周室的对周天下的更为宏观的文化视野,而闪烁着他政治智慧光芒的恒道治国观,也通过《道德经》的流传和历朝有识之士的进言献策,始终像一条坚韧雪亮的银线,时隐时现,时强时弱地牵制着中国封建统治者的头脑,影响着历代王朝的兴衰命运,为中国政治文化积累了可贵的经验。特别是在让全世界惊讶赞叹的汉唐盛世,老子治国观确功不可没。当暴秦灭亡,汉朝初建之时,文景两帝正是采用了黄老之道,与民休息,无为而治,才很快恢复国力的。直到汉武帝采纳董仲舒独尊儒术的建议,四处扩边,滥用国力后,汉朝才由盛转衰。

到了唐朝,统治者尊李姓老子为皇祖,由唐高宗的"太上玄元皇帝",直至唐玄宗的"我烈祖玄元皇帝",代代加封,同时设立"崇玄学",研析老子、庄子、文子、列子等,尊道、用儒、容佛,令黄老之道继续大行其世,国势才又强盛起来,出现了贞观之治和开元盛世。唐太宗曾在《贞观政要》中,如此叙述了他的深切体会道:"夫安人宁国,惟在于君。君无为则人乐,君多欲则人苦。"可惜的是,生于安乐,长于温柔乡的帝王子孙,又有多少人能有唐太宗这样的开国明君的清醒头脑？因此，大都贪欲妄为，横征暴敛，大兴土木，穷兵黩武，拓边开疆，弄得民怨鼎沸，最终以王朝腐朽灰飞烟灭了事。

在塑造国民性方面，老子思想贯注给国民的主要是顺应自然，修德悟道，和平清静，虚涵谨慎，柔韧无为，谦让不争，宽厚兼容的精神，这与儒家的有些观点如人定胜天，礼义廉耻，仁恕孝悌，忠信守节，舍身取义等，不很一致，有些则相融相和，如尊天道，重美德，戒骄傲，反暴政，慎用兵等。批判老子的人，往往将国民性的一些弱点，如阴柔软弱，逆来顺受，消极无为，归之于老子的消极影响，虽不无道理，但也有片面之处。那就是中国人的正面性格，除了受到儒家自强不息，忠义爱国，仁爱宽恕，推己及人等主张的积极影响外，在坚韧不拔，谦虚平和，沉静深思，豁达包容，天人和谐等方面，受益于老子学说的也很多。从相辅相成的辩证法看，老子的尊道贵德，尊重对方，尚柔贵谦，积德清静，顺应自然，更符合中国人的处世之道。

现代人张中行，是著名文史专家，所著谈人生之路的《顺生论》，就颇受时人欢迎。在"道术"一节中，他在简要分析了儒、道、释三教不同的人生态度，指出了儒家主张克己复礼，节制自己，道家主张任情自然，释家主张出世灭苦的不同主张后，并不妄分高下，而是指出三教"都是有系统理论支持的道术，所以也都值得重视。"至于读者应该以哪个为标准，则应该根据自己各方面的条件，但行好事，莫问前程。可以说，他这一儒、道、释兼容并包，由人们根据形势和自身情况灵活变通的处世态度，本身就是老子贵身无为顺道而行的思想的表现，充满了一个饱经沧桑的文化老人的生命智慧。

可以说，儒家智慧比较符合登高位、抱雄心、力欲大展宏图的掌权者及建功立业人士的心态，佛家智慧比较对苦闷厌世、看破红尘、寄望来世的受难之人的胃口，老子智慧则比较适合超脱自由、无拘无束、热爱自然的知识分子和下层百姓，对至德至善，清静守中，无为而治的最高领袖也有指导意义。当然这种划分只是相对的，一旦人生命运发生逆转，如高官失势，小吏升迁，小康落难，平民发达，往往都会根据自己的新处境，以三教之一的人生观作为新支点来调整自己，注塑人性，自觉或不自觉的顺应人生安排。如果此言不谬，那以老子思想为主导的道家人生观，在多数中国人的国民性塑造的主导作用，确实是很明显的。那就是甘食美俗，乐业安居，看淡名利，柔顺无争，合则留，不合则去，自由任性，无拘无束，自然和谐的人生态度和乐天性格，有利于导致世界文化的大和谐大繁荣。

在道教文化方面，汉代立教以来，老子神秘博大的"道"，成为道教解释一切（即"合道"与否），衡量一切（即"得道"与否）的最高依据和价值标准。供奉老子的老君庙遍布九州，大小不一，与民亲近。一些山中小观，甚至成了樵夫旅人遮风避雨，歇脚观景之处，与孔庙的肃穆严正，只准入官府士人，与佛庙的庄严雄伟，怒目金刚，很不一样。而老子关于修德悟道、赤子之心、长生久视和善执生者的学说，也启示了道教各派创立者的宗教灵感，其被尊为道教始祖绝非偶然。

作为中国土产的最大宗教，道教文化神秘而博大，深刻的影响了国民精神生活。一方面，道教的有神论实际上与老子推重恒道，认为圣人修德可以神鬼不伤的学说，已有很大出入，不无迷信和消极成分；另一方面，道教文化通过炼丹，气功等修炼实践，也为儒家、佛家所远远不及地发展和推进了中国古代化学、中医学、养生学，并通过武当派与佛门少林派等共同发展了武术文化，并最广泛的将历朝历代，官府民间的善人侠士，良将清官，如关公、包公、李冰、八仙等，都一一请进了神庙，形成了中华文化的正义化身，某种意义上有利于扬善抑恶，纯化道德，丰富和延续了民俗文化生活，增强了中华民族的凝聚力。民族之魂鲁迅曾说，"中国的根柢全在道教。"（《鲁迅全集》第11卷353页）点明了老子源于易经所创立的道家思想，对作为中华文化根柢的道教和中国国民性的形成，所起到的重要作用。

在哲学文化方面，老子是中国最早说明道物体用关系的哲学家。他阐析的以退为进，以弱胜强，见微知著，幽眇恒远，丰富精深的辩证法对中国哲学的贡献，其恒道玄德观和治国观对儒家、法家、佛家思想的深刻影响，以及所形成的儒形道魂，道法结合，儒道释合流互融的哲学神学现象，国人已有多部专著详述。如儒家始祖孔子有关"天下之无道也久矣"（《八佾》）的说法，所受老子关于"人之道损不足奉有余"的社会批判思想的影响；如专门写有《解老》《喻老》之章的法家代表人物韩非，学道后关于有道之君要善于明察、立法、行法，"君有道，则臣尽死力而奸不生；无道，则臣上塞主明而下成私"（《韩非子·难一》）的阐述，儒家荀子关于"天行有常，不为尧存，不为桀亡"的天道观（《荀子·天论》），所受老子恒道无为思想的影响；如汉初黄老之学道法合流，成为"君人南面之术"的成功实践，董仲舒关于"事无大小，物无难易，反之天道无成者"（《董仲舒·天道无二》）的天道观，周敦颐、二程、朱熹等理学哲学观的"太极"、"无极"、"道器"、"有无"、"理气"、"无欲"、"主静"等范畴，所受道家思想的影响，以及明末清初的思想家黄宗羲关于"天下之法"与"一家之法"的区别，在于前者"法愈疏而乱愈不作"而后者恰相反的进步政治思想（《原法》），所受老子关于"天网恢恢，疏而不漏"思想的影响，等等。

实际上，中国文化在数千年流变中，经历了由先秦诸子百家争鸣造成总道术的第一次分裂后，已经从汉代黄老之道的第一次整合，魏晋玄学的第二次整合，唐代儒释道兼容的第三次整合，宋明理学的第四次整合，逐渐发展成为经过清代以来儒释道三教合流、你中有我、我中有你的第五次大整合，在更高层次上复归并升华总道术的中华学术体系。本书限于篇幅不拟全面展开论述，故这里只从与老子九观有直接关系的道家流派诸子言论中，摘取有关观点略加引述，以见一斑。

对于老子的恒道观，与之同时或较晚的列子，关尹子，文子等，都作过意义相近的表述。约与老子同时的关尹子，对道的说法是："唯不可为，不可致，不可测，不可分，故曰天，曰命，曰玄，曰道"，"一道能作万物，终无有一物能作道者，能害道者。""道本至无，以事而归道者，得之一息。"强调了道的无穷无尽，无所不能和统一。相传为战国时期人的列御寇，即列子的说法是："无所由而长生者，道也。"它无用而生，化生万物，"自生自化，自行自色，自消自息"。而据传曾受业于老子，所言最接近老子原意的文子的转述是："夫道者，陶冶万物，终始无形，寂然不动，大通混冥，深闳广大，不可为外；析毫剖芒，不可为内。无环堵之宇，而生有无之总名也。""夫道者德之元，天之根，福之门。万物待之而生，待之而成"，其受老子思想的影响十分明显，在宇宙观上是完全与老子相合的。

在玄德观方面，列子的说法是"以德分人谓之圣人，以财分人谓之贤人。"关尹子的说法是"圆尔道，方尔德，平尔行，锐尔事。"文子则把性作为得德循道的根本，他转引老子的话指出："循性而行，谓之道；得其天性，谓之德。性失然后贵仁义，仁义立而道德废，纯朴散而礼乐饰。""人失其性，法与义相背，行与利相反。"这是符合老子重视赤子天性和贵道重德思想的。古书有载，鹖羽为冠，文辞博辩，约为秦汉间隐士的鹖冠子，其主张是"圣人者，德之正也"，他强调道与德对君主的重要性，认为"道有稽，德有据。"要求处理好悟道修德与己与人的关系，即"所谓道者，无己者也；所谓德者，能得人者也。"但与老子"法物兹章，盗贼多有"的提法不同，鹖冠子把法律作为成就玄德的必要条件，认为："用法不正，玄德不成。"表现出秦汉道家与法家合流的趋势。

在清净观方面，老子有清扫心灵，冲气虚静的"修除玄监"法。因为心虚才能包容万物，心静方可无物不察，识道循道。它对后世很追求心性的纯正恬静，尤其是秦汉道家产生过很大影响。《淮南子·原道训》认为："清静者，德之至也"。《老子想尔注》认为："道常无欲，乐清静，故令天地常正",学道者"当自重精神,清静为本"。葛洪的《抱朴子内篇》认为:"仙法欲静寂无为,忘其形骸"。道教尊奉的三大圣君也分别以玉清、上清、太清为号。"清静无为"逐渐成为道家修炼澄心入道的阶梯,成为顺天之时,随地之性,因人之心,清神静心,顺应自然,返照虚无,尘垢一空,生出真精真气真神的道学精髓。清静自然无烦事,大道一统天下和。人类要走出纷争战乱,获得生存发展的大智慧,就必须先学懂清静,才能安神醒脑,清静致远,淡泊明志,澄心生慧,浩气飞扬。

在真知观方面,关尹子认同老子不追求巧智的说法,认为"圣人不去天地,去识","利害心愈明,则亲不睦;贤愚心愈明,则友不交;是非心愈明,则事不成;好丑心愈明,则物不契;是以圣人浑之"。他还认为圣人之愚正是智的表现,故可以因时而变,所谓"世之愚拙者,妄援圣人之愚拙自解,殊不知圣人时愚时明,时拙时巧"。列子虽记载了"伯牙鼓琴"、"造父学御"一类的学习故事,但对老子足不出户的识道之途还是认同的,而且承认"圣人无所不知,无所不通","圣人恃道化而不恃智巧"。他借壶丘子之口说明了"务外游,不知务内观。外游者,求备于物,内观者,取足于身。取足于身,游之至也。求备于物,游之不至也"的真知观,并进一步将真知与无为结合了起来,这就是所谓"无乐无知,是真乐真知,故无所不乐,无所不知,无所不忧,无所不为"。

在无为观方面,老子的学说得到了更多认同。关尹子说:"勿以形观圣人,道无迹。勿以言观圣人,道无言。勿以能观圣人,道无为。勿以貌观圣人,道无形"。同时又认为"人无以无知无为者为无我,虽有知有为,不害其为无我"。这就把无我与无知无为区分了开来。进一步发挥了老子的无为虚静思想,列子说:"至言去言,至为无为。"鹖冠子说:"不贤则不能无为,而不可与致为。"文子则以老子之言说:"夫道无为无形,内以修身,外以治人,功成事立,与天为邻,无为而无不为","不能无为者,不能有为也","故无为者,道之宗也"。有趣的是,被列为纵横家甚至阴谋家的隐士鬼谷子等,还把有为或无为当作区别圣人和更高层次的真人的标志,即圣人有为,真人无为。

在贵身观方面,老子的养生观,生命观可谓深入人心。列子借杨朱之口,一方面感叹"生非贵之所能存,身非爱之所能厚",一方面也不得不承认:"太古之人知生之暂来,知死之暂往,故从心而动,不违自然所好。当生之娱非所去也,故不为名所劝。从性而游,不逆万物所好,死后之名非所取也,故不为刑所及。"这就道出了贵身的必要性和途径。关尹子也认为:"是道也,能见精神而久生,能忘精神而超生。"文子则转引老子的话说:

"尊势厚利,人之所贪,比之身则贱。故圣人食足以充虚接气,衣足以盖形御寒","静漠恬淡,所以养生也;和悦虚无,所以据德也。外不内乱,即性得其宜,静不动和,即德安其位。养生以经世,抱德以终年,可谓能体道也"。这就把吃饱穿暖,养生抱德,体道终年很好的结合起来,接近了老子得道长寿的理想境界。

在安民观方面,传说曾与周文王论道的鬻子,很早就有了关于"治国之道,上忠于主,而中敬其士,而下爱其民"的说法。文子则转引老子话说:"政苛者民乱。上多欲即下多诈,上烦扰即下不定,上多求即下交争","故为政之本,务在安民;安民之本,在于足用;足用之本,在于不夺时,不夺时之本,在于省事,省事之本,在于节用,节用之本,在于去骄,去骄之本,在于虚无"。长于讲寓言故事的列子,还生动描述了终北国那里的故事:"人性婉而从物,不竞不争;柔心而弱骨,不骄不忌",并得出"均,天下之至理也"的结论。曾被定为伪书,现基本可断定其为秦汉年间隐士所作的鹖冠子认为,安民就是:"寒者得衣,饥者得食,冤者得理,劳者得息,圣人之所期也"。鬼谷子则说:"积德也,而民安之,不知其所以利;积善也,而民道之,不知其所以然;而天下比之神明也。"这些都反映出老子安民观对道家的积极影响。

老子的用兵观是以反战积德为基调的。文子发挥了老子的"天下虽大,好用兵者亡,国家虽安,好战者亡"的反战和平,治国用兵的光辉思想,并进一步理顺了其先后关系:"以政治国,以奇用兵。先为不可胜之政,而后求胜于敌。以未治而攻人之乱,是犹以火应火,以水应水。"这就说明了"积德成王,积怨成亡"的道理,突出了老子重积德而无不克的用兵思想。鹖冠子点明了用兵与合道的关系,那就是:"兵之胜也,顺之于道,合之于人。"鬼谷子则说:"主兵日胜者,常战于不争,不费。"也打下了老子的无为与和平思想烙印。

至于在治国观与恒道的关系上,列子借詹何之口说明了治国要依赖于治身的辩证关系:"臣未尝闻身治而国乱者也,又未尝闻身乱而国治者也。故本在身。"但他的另一说法是:"治国之难在于知贤而不在自贤",一定程度上又否定了老子的玄德修养。文子转引老子的说法则是"故以智治国,国之贼;不以智治国,国之德","故世治则小人守正,而利不能诱也;世乱则君子为奸,而法不能禁也"。强调了治国不以智巧,以及治国好坏对人格培养的重要作用。值得注意的是,在老子那里治国与治学合为一体的圣人,在鹖冠子那里已经有了分工。他说:"圣人者,君之师傅也。"也就是说,圣人可以不再是直接治国的君主,而是以其学说影响君主的贤人。这显然是更符合老子和道家诸子的身份的。

诸子中受老子影响最深，对老子最为崇敬，将其思想发挥得最全面最彻底，同时也表现出自己丰富多彩的鲜明个性特色的，首推庄子。故后人常老庄并称，把庄子当成了老子思想的忠实阐析者。的确，生活在约公元前369—前286年的宋国（今河南省商丘县东北），当过蒙城小官漆园吏，后辞官隐居的庄周，在他比老子五千言更为富瞻多彩的十万余言论述中，以充满文学色彩和想象魅力的健笔，描绘了一个足以与诗经楚骚媲美的神奇世界，其思辨之精巧，言辞之壮美，常令人掩卷兴叹，心向往之，深刻影响了中华文化和艺术。尽管庄子已经在许多方面有了比老子更多更新更偏激的独创见解，但诚如司马迁所言："其学无所不窥，然其要本归于老子之言。"其所受老子深刻影响的痕迹还是历历可辨的。下面谨用一幅简图结合易经各卦加以明示：

易经与老庄思想源流图

易经源头	老子九观	庄子的发挥
乾卦	恒道观	《大宗师》《知北游》
坤卦	玄德观	《德充符》《刻意》
井卦	清静观	《人间世》《山木》
蒙卦	真知观	《胠箧》《缮性》《庚桑楚》
无妄卦	无为观	《马蹄》《天道》
颐卦	贵身观	《养生主》《至乐》《达生》
泰卦	安民观	《渔父》
师卦	用兵观	《说剑》
临卦	治国观	《应帝王》

综上所述，从天下总道术分化而出的老子，影响深远，确实是中国历史上最早创立了东方文化系统世界观的最伟大的哲学家，其言简义丰，辨证博大的精辟论述，尽管因年代的久远和文字的古僻，已有理解的相当难度，并受到种种误解和攻击，但确实是中国文化的经典和源头之一，值得认真的梳理研究和领会应用。

七、老子与企业文化

　　老子的哲学思想对现代企业文化建设有着深远的指导意义。众所周知，20世纪的后20年被称为企业文化时代，而企业文化的层次却至今未有清晰划分。作为20世纪60年代逐步成型的一门新兴学科，其内涵则有各种解释。国外如美国学者特雷斯·E·迪尔和阿伦·A·肯尼迪认为，企业文化是"价值观、英雄人物、习俗仪式、文化网络、企业环境"。IBM公司的董事毕生认为，"企业文化是企业哲学"。E·海能认为，"企业文化是企业价值观念和行为准则的总和"。国内如中国企业文化研究会理事长张大中认为，"企业文化是一种新的现代企业管理理论"。中国社科院研究员韩岫岚认为，"广义的企业文化是指企业所创造的具有自身特点的物质文化和精神文化；狭义的企业文化是企业所形成的具有自身个性的经营宗旨、价值观念和道德行为准则的综合"。[①]这些定义尽管接触到企业文化的某一侧面，却无法构建企业文化的系统和层次。

　　以文化建构论看，企业文化的内涵与层次与人类文化结构相对应，基本上可分为"塔基"层的物质文化，"塔身"层的制度文化，以及"塔顶"层的精神文化[②]。通过对企业文化层次的内涵、结构和发展规律的研究，有利于把握企业文化建设尤其是企业道德文化建设的规律。

　　处于"塔基"部的企业物质文化，与企业的场所建筑、硬件设施、生产运输、储藏销售等物质生产领域关系密切，通常以物质产品的形式，通过一定的生产方式、科学技术和市场经济来完成生产和商品销售，以创造巨大的物质财富，满足企业和社会生存的基本需要。

　　处于"塔身"部的企业制度文化，因兼有物质文化和精神文化的要素而成为二者结合的中介和骨架。它可以说是使二者之间保持长期稳定积极的互为作用，为企业建立起培育人、保健人、抚慰人、护卫人、管理人的刚性文化。其涵盖的领域，包含了企业运作和可持续发展所必不可少的企业的教育制度、保障制度、财务制度、卫生制度、管理制度、贸易制度、税收制度、法人制度、组织制度等一系列"制度文化"，体现了企业与国家、社会以及职工之间的利益关系。实际上，企业制度文化的发展，只有当管理者和管理对象具有求同存异的宽容态度和相互理解时，才可能造成稳定和谐的大好局面。

处于"塔顶"部的企业精神文化，因制度不同而有较大差别。它在西方往往由企业自发形成，以获取最大的利润为目的。而在国内的国营企业，曾长期由思想政治工作所取代，由国家强制统一，服务于政治；至于民营企业，则因企业家道德水平、见识高低而参差不齐。无论如何，就其本质而言，我国企业精神文化是国家意志及其建立在社会主义初级阶段经济上的产物，实际上包含了企业的思想、道德、文艺以及追求，所满足的是企业人的思想道德、审美趣味、知识增长、长远理想的多元精神文化需求，为实现马克思所说人的个性全面自由发展所必需。

从三者内涵看，其三大层次是缺一不可，相辅相成的。只有修建企业物质文化的稳固塔基，才能建立企业根基；只有维护企业制度文化的坚牢塔身，才能维持企业运行；只有擦亮企业精神文化的塔顶，才能引导企业方向，放射理想光辉。就每个成功企业而言，无论是跨国大公司还是民营中小企业，精神文化层面的企业道德建设，无疑都是决定企业盛衰成败的关键所在。

首先，要建立现代企业物质文化的雄厚基础，就要遵循市场经济公平竞争、诚信守法、互补互利的道德原则。随着市场经济的进一步规范化和健康发展，特别是我国成为WTO成员之后，企业发展空间进一步扩大，人民生活水平进一步提高，物质文化需求也日益增多。因此，将社会主义企业道德和企业物质文化结合起来，相互促进，才能为全面建设小康社会奠定坚牢的物质基础。

其次，要完善企业制度文化的坚实框架，就要坚持求同存异，宽容和谐，以人为本的道德原则。在企业培训、企业科技、企业交流、企业文娱、企业社团、企业信息、企业卫生、企业保险、企业治安、企业管理等诸多企业制度文化领域，建立尊重人、激励人的现代企业制度文化，全方位多层次的通过国际企业文化交流，取长补短，培育大量通晓世界先进企业制度文化的优秀管理人才，为企业的可持续发展服务。

其三，要激发企业精神文化活力与道德生命力，就要坚持市场经济和中国先进文化前进方向的统一，为开创中国特色社会主义新局面服务。在这一进入了马克思所说的社会意识形态领域层面，应积极鼓励百家争鸣，百花齐放，允许丰富多采，健康蓬勃的企业精神文化风格。只要是富有创意和希望的企业精神文化追求，只要是中华传统道德精华的延续和升华，就应该允许其在实践中去升华，绝不能以马克思所反对的划一的僵化标准去框死它的自由发展和企业个性。

由此可见，无论从企业文化的哪个层次看，企业道德都是企业文化的核心，是企业主体——企业家和企业人的灵魂。在某种意义上，企业家多大程度地决定了企业方向，就多大程度上决定了企业的道德水准。这是由现代企业管理制度对企业家的角色定位所决定的。遍览全球，美国安然公司、安立信会计公司诈骗破产案的发生，以及国内假冒伪劣产品的猖獗等，都说明此论绝非空谈。当然，在企业道德文化领域，并不仅仅只是企业家才责任重大，而是每一个企业职工都负有重任，都有监督企业家守法的权利和为社会奉献的义务。这也是我国宪法所规定的工人阶级的主人公地位所决定的。从本质上说，企业职工既是企业道德文化的建设者也是受益者——他们是在市场经济条件下，创造良好的企业道德氛围，增强企业综合实力，建设先进企业文化的主力军。

也正因为如此，在包括了所有企业家企业人在内的广大人民中影响深远的中华道德，才具有了模塑当代企业文化的深刻意义。要建立与社会主义市场经济相适应、与社会主义法律规范相协调、与中华民族传统美德相承接的社会主义思想道德体系，自然也包括了现代企业的思想道德体系。只有继承中华道德精神，才能支撑起民族赖以生存和发展的精神支柱，建立符合依法治国和以德治国方略，与国内外市场经济和WTO运行规则相适应、与国际国内法律规范相协调，以国外企业道德为借鉴，以民族传统美德为核心的中华企业新道德。

追溯中华民族精神和道德文化的源头，是从最早的中华文化百科全书《易经》开始的。易家的易德观，就出自这一古老、宏阔的易文化系统，它深刻影响了中国的思维方式、道德心理和风俗习惯，对世界文化做出了巨大贡献，成为中华道德的精神支柱。它是易学针对世界万象、人间百态等各种错综复杂的情势所作出的价值判断和道德选择，引导人们趋利取义，解难排忧，养德获吉。在某种意义上可以说，企业道德只有吸收易德精髓，才能积德增益，无往不利。如乾德代表的强健的原始动力，就象征着企业自强不息的奋斗精神，它是激活企业的生命源泉；而主张服从大道，反对好强争胜，提倡顺势利导的坤德，体现其美质的"谦"德，以及表现水性的"坎德""井德"等，也是中华民族企业所特有的道德准则和谦虚进取、攻险克刚的不竭动力。它与西方企业以好胜争强为美德恰形成了鲜明的对比。按照卦序，谦德随"大有"而来，是大有丰裕之人如企业家等有德有识，不骄不躁，虚己待人的表现，体现出古人洞察万物消长规律的伟大哲学思想。联系老子关于"天之道损有余而益不足"，"上善若水"的道家学说，我们当可看出易家坤德、谦德、坎德对道家的影响，那就是要学习厚德载物，利众福民，善于处下，兼容大度的大地、江河与大海，坦荡宽广，谦虚谨慎，无坚不摧，无所不容。这对企业道德建设的重要启示是不言而喻的。当今的世界是一个知识创新、信息纷纭、变化飞快,强调企业文化与企业责任的世界,只有保持谦虚心态和好学态度,不断接受新事物、新知识,才能与时俱进,立足世界,反之则将被时代潮流所淘汰。

继承了中华易德精华的道家所主张的恒道修德,对日趋激烈的企业竞争具有指导意义。通晓易道的老子,创立了道家学说,发扬了顺承随时、厚德载物的坤德精神,提倡以柔弱无私为主调的玄德观,对中华企业乃至世界企业的道德形成均有深刻影响。作为世界历史上第一个认识并阐述了"道"理的哲学家,老子理想的"道",不是人们因贪欲而走上的毁德背理的不归路,而是对大家有益而常走的正路——恒久畅通的"恒道"。老子的这个"道",从时间看无始无终,从空间看无边无际,从作用看,是物质文化和精神文化的源头,是永不枯竭的原始生命力。这对人类树立起统一了物质与精神的理性丰碑,建构企业文化尤其是道德文化,向顺应自然的"恒道"及社会公正的"玄德"的光明前景发展,具有重大鼓舞作用。被誉为"经营之神"、"民族英雄"的松下幸之助,就是深解老学的日本企业家。他明白并强调,企业经营的秘诀不过是顺应"天地自然的规律"去工作而已。明确提出利润不是企业的最终目的,企业经营不是私事而是公事,企业最基本的使命是把物美价廉的产品充分地供应给社会③。从松下公司成立60周年后有20多万职工,1.4万种产品,130多个国家的分厂,其营业额比战后增加了4000多倍看,其实绩得益于老子的恒道玄德观,绝非虚言。

老子"上善如水"恩泽万物的玄德观认为,玄德是恒道的功能和运用,恒道是玄德的本质和根据。善于建树伟业者不拔离恒道,善于抱持玄德者不脱离自然④。以玄德修养自身,他的品德就会高洁纯真。因而不要刺激物欲,使人民不心乱骚动⑤。这与儒家鼓吹仁德礼仪,法家鼓吹建业立功,与当今一些企业迷信重奖万能,搞形式主义和假典型颇不相同。老子认为,恒道的规律正是玄德所崇尚的,因而要保持自然而然,让恒道化生万物,让玄德畜养人们,使他们苗壮生长,阔容内心,充实才学,弱化贪志,强健筋骨,以期达到天真无欲的境界,不敢胡作非为⑥,这才能治理好天下,开创利在千秋,功在万民的恒道事业。

老子以东方哲学特有的顿悟方式,发现了作为精神人格力量的玄德,要服从恒道从而获得持久生命力的道理。这就为人们探虚就实,循道渐进,修德识道,建立企业道德文化提供了可能性。从玄德与人和社会的关系出发,老子提出了玄德修养的谦让柔顺、反朴归真、追求光明、选贤任能的基本原则,在哲学上第一次明确划分了重实质轻形式的"崇尚道德",和重形式轻实质的"轻视道德"的本质区别,描绘出柔进恒常,无私平和,思精虑净,明达事理，增益和谐真气，脱俗超凡的玄德理想图。

在老子看来，不断走向更高文明的人类，私虑狡智，所欲甚多，索取无度，故此最需要的是要教会他们不要妄取，不要抛人弃物。对于企业说来，这就是要有上善如水利万物的无为美德。它是世界最有人道主义光辉的以人为本的观念，是保证恒道玄德于无为境界中实现的实践论，是指导人类身心健康的宝贵思想。而老子的用兵观对企业竞争也具有深远的启示意义。老子认为，战争的罪恶本质，就是人类的贪欲。正是从坚持恒道，止贪息战的和平主义出发，老子建立起道家无为不争，以柔克刚，后发制人以及积德克敌的战争观。老子坚持认为"重积德则无不克"⑦，道德才是最大的力量、最有效的行动、最厉害的武器，道德竞争的胜利，才是最终的胜利。这与当今西方世界普遍注重企业的社会角色和公益行为的时代潮流是一致的，表明了老子并非否定人类的道德建设，毁仁弃义的哲学家，而是一个以恒道玄德为根本准则的伟大哲学家。他所看重的是道德这一立国之本，兴业之本，而不是用美言尊行堆砌起来的虚假道德、虚假业绩！

由此而知，老子的恒道玄德观是天人合一，顺道合德，以民为本的济世哲学。然而，在现代企业运作实践中，老子却往往被一些人当作不讲道德的权谋家，而在其四处树敌、以邻为壑的商战思想指导下，有的人认为"经商就是战争。企业之间每一次重大的接管争夺，都有失败的一方和胜利的一方。领土就是占有的市场和特殊的行业，而竞争者就是敌人。"⑧并罗列了一套所谓的老子权术，包括无中生有、白手起家的创业权术，与时迁移、因物变化的应变权术，小鱼吃大鱼的克敌权术，吃小亏占大便宜的营销权术，以心制窍的统御权术，俭而示众的自律权术，似非而是的组织权术，细微之处见功夫的危机权术，伏柔守雌的治乱权术，一鸣惊人的领导权术等。其实，且不说创业、应变、自律、危机、治乱、领导等方法的立足点是道和德，不宜只作为弄权玩谋看待，就是所谓克敌、营销、统御、组织等权术等，如一概将竞争对手甚至自己部下都视为敌人，否定自身道德的完善与诚信、否定与竞争者合作和双赢的可能，脱离恒道玄德的根本，也均不可取。联想到四川某著名彩电集团公司曾一度巨资囤积显象管，企图一举断绝竞争同行生路的偏激做法，不正是这类无德无能的蠢举吗？相反，追随李真果祖师学习道学多年，正确理解老学的四川恩威集团总裁薛永新，就不仅明白"上善若水：水利万物而不争，企业利万众而有成"的企业道德准则，而且深深懂得"人生是不容易的。怎样才能有一个欢乐、奋进、成功的人生呢？伟大的老子告诉我们，要效仿天地自然之本，要养成清净无私之性，这样才可以了解自然的真理——'道'，真正超越人类自身的局限，成就有益的事业，获得人生的永恒"⑨的恒道之理。应该说,这才是真正抓住了老子道德经的精髓。它不像西方有的企业那样,鼓吹任何企业都只有18个月的寿命,玩命式的拼命赚钱,不惜冒垄断市场当法庭被告的风险,而是以超脱平和、宽容大度、利益万众的玄德去规范企业,追求顺应自然的恒久事业和身心健康。

要而言之,老子的恒道玄德观,对企业道德文化建设具有深刻的意义。只是由于玄德的神秘性和老子"正言若反"的独特论证方法等原因,才使其丰富内涵和深邃意义,至今还没有为人所充分了解。在继承中华道德振兴民族企业的伟大事业中,自应充分肯定老子玄德观与易德观、仁德观鼎立的源头地位和深远影响。

在现代企业道德文化建设中,占有显赫地位的儒家的仁义诚信与儒商文化,与老子之道也有内在联系。曾向老子问道的孔子,所提倡爱民爱国、建功立业的儒家仁德,更多的继承了易经所肯定的先民开天辟地、勇往直前的乾德精神的一面,对企业形成仁义诚信的儒商文化,具有广泛而深刻的影响。正是在孔子的倡导下,仁德观从大而全的易德观中分化出来,与老子为代表的道家重自然的玄德观相对应,形成了重伦理道德的特色,主导了中国封建社会的道德进程。从其对现代企业道德文化的建设看,也颇有积极影响。如中国航天集团高举的企业文化旗帜,精神为"每天前进一步,永远真诚服务";核心价值观为"要想自己好,先让顾客好;平等沟通,真诚合作,学习驱动"⑩等,就颇有儒家所提倡的自强不息、与人为善、好学不倦、精诚合作的仁德精神。自然,儒家的仁德也是有其局限性的。老子就曾批评过儒家仁德背离了玄德方向,只能是假仁假义,揭示出儒家道德的异化恶果,具有拨乱反正作用,从而启发了董仲舒以宏伟的宇宙论,提升了儒家的思想境界,启示宋明理学借鉴道家的世界观和超越精神,将儒学变得更为精致完备,主导了中国哲学思潮数百年,培育出一代代的中华儒士儒将儒商。

时至今日,"道商"、"佛商"以及"儒商"对企业文化的积极意义已不容忽视。如周颖南就在《儒商与企业文化》一文中说,儒商作为一种社会历史现象,其蓬勃发展之势预示了华人企业家的光明前景:"时代已经到了非儒者(即有儒者的道德修养,又具备现代科学文化知识的文人、知识分子)不可能经商和办工业的时候了。所谓'儒者重义,商人重利'不过是概念化的模式。真儒者不耻于言利。孔子说:'富而可求也,虽执鞭之士,吾亦为之。如不可求,从吾所好。'孔子不怕言利。只不过在义、利之间加入了价值判断。真正成功的商人都知道义之所贵。特别到了资讯发达,法律健全,公众素质提高的现代知识社会,提倡双赢、利人才能利己。所以说君子未必固穷;商人首先也要是君子。儒与商的结合符合社会发展潮流。

华人企业家、不断涌现的儒商们的成功实践，让'中华文化与市场经济、商品社会格格不入'的判断成为历史谎言。'儒者'的'道德文章'与'商人'的讲求实效、精打细算相辅相成，形成具有儒商特色的企业文化，并运用于工商业实践，是一种适应现代企业管理要求的理想经营方式，注定将大行其道。"

但是，人们在肯定儒商，认为儒商精神确已深入人心，成为民族企业道德的准绳的同时，却不可忘记，正如在中华文化儒释道三位一体，互通互融的格局下，宋明理学已经吸收了老子道学思想精华一样，儒商概念在当代文化传播中也早已不再是单纯的儒文化，而成了道儒企业文化的完美融合。如中华策划咨询网所称的"天法道，道法自然"[⑪]的所谓儒商思想，直接以老子名言谈儒商，已经很难说是纯粹的儒商思想了。而在现实生活中，一些深受中华传统文化熏陶的所谓"儒商"，对道家文化的吸收其实也是很明显的。如著名学者型企业家薛永新在其《大道：无为》一书中，就在肯定老子"上善若水"、利他为民的道德精神时说："水利万物而流，企业利万众而立。水的利益不在自己而在万物。'水善利万物'。'万物'都从水那里得到利益。因而万物都需要水，万物都不能没有水。这种'万物受益'与水的'利他'之间的相互关系，完全可以作为我们现代企业的借鉴。正如万物都离不开水一样，如果你的企业对社会、对公众确实有实在的利益之处，那么社会和公众就离不开你的企业，需要你的企业存在下去。"可见，老子的上善若水思想对他有多深刻的影响，这与一些不知企业何以为生，何以立足，只知一味赚钱牟利，却忘记了企业文化立德之本，以至对内克扣工资，加班加点，对外掺假充好，坑蒙诈骗，违法经营，早早断送了企业性命的做法，相差何止万里?！同时，薛永新还在书中告诫某些同行说："如果我们想办企业，想在人世间有所作为的话，那么，我们的行为绝对不可以构成对大众利益的侵犯。因为这是'道'所不允许的。社会公众、万事万物的基本利益，都是'道'所给的，'道'保护着这些利益不受侵犯。谁侵犯了这些利益，'疏而不失'的'道'的法则，就会将谁制裁于它的法网之中。"可以说，这正是一个从道家道医文化中获得良方，又以"洁尔阴"等良药造福社会，使中华企业文化为社会服务的企业家的肺腑之言。它再次印证了老子道家思想对中华企业文化的深刻影响。

总而言之，道家循道立德，上善若水，利众福民的道德精神，具有永久的生命力。它与易儒释三家的道德观一起，总和而成了中华民族伟大深厚的道德观，是中华现代企业文化取之不尽、历久弥新的思想资源。

【注释】

①⑩ 弘扬优秀传统道德建设现代企业文化［DB/OL］．http：// xuewen.cnki.net/CJFD-ZWQW199804021.html．

② 柯可．中国新文学重审与文化视野［M］．广州：广州出版社，2002.8．

③ 松下幸之助．实践经营哲学［M］．日本：日本出版社．

④⑤⑥⑦老子［M］④第五十四章．⑤第三章．⑥第十九章．⑦第五十九章．

⑧ 杨灿明．老子与商战权术［M］．武汉：湖北人民出版社，1996.9．

⑨⑪ 薛永新．大道：无为［M］．成都：四川人民出版社，1996.22．

八、老子看世界

道者老子看世界，就是以老子道家的眼光和价值标准，观察和衡量这个变化中的世界。其意义，正如著名美国物理学家J．卡普拉所说："在伟大的诸传统中，据我看，道家提供了最深刻并且最完善的生态智慧，它强调在自然的循环过程中，个人和社会的一切现象和潜在两者的基本一致。"（见葛荣晋主编《道家文化与现代文明》，中国人民大学出版社1991年版）

老子看世界，首先看经济。其中世界经济格局变化最大最引起全球关注的，就是千禧年第一冬中国获准加入世界贸易组织即WTO后，如今已经成为正在向世界第一大经济体转化的世界第二大经济体。这一影响中国与世界文明进程的成果，正极大地促进全球经济文化一体化的进程，改写人类历史的新篇章。

活力无穷的全球市场经济，现已建立起一套符合世界贸易恒道的规则。这就是公平竞争，优胜劣汰，以获得投资营运者最大利益，满足市场需求。按照WTO的规则，入世后中国市场已成为国际市场的一部分，向来受羊圈保护的与世无争的驯服柔弱的国内企业，将被迫与世界发达国家在野外捕食惯了的虎狼般外资企业争食，情势严峻！然而，在老子的恒道眼光看来，这种柔弱对强的挑战并不可怕。一是天之道损有余而益不足，照WTO协议对发展中国家的有利条款办事，将可以和发达国家互通有无，互利互惠，取多益寡。二是在这场公平的市场竞争中，弱国小国政府依据WTO规则的监而不控，无为而治，正好让国内一切有远见、有活力、有文化、有事业心的强势企业，无论国营民办，都可在规则严谨、你来我往的拼搏中施展拳脚。三是天下之道，弱恒胜强，弱势企业正可顺势而进，逐步强壮，闯荡出一番新天地。这将是汉唐盛世所依赖的黄老之道的重放异彩!

老子看世界,主要看文化。从老子所属的东方文化角度看,这主要指西方文化及其今天发展到了极致的代表——美国文化。如果说,美国文化因其包容性、现代性和高度繁荣,而代表了全球化的主流文化高峰,引起了国人的极大关注和热情的话,那么,研究一下老子如何看美国,正是探究老子思想时代意义的最佳途径。

当然,作为2500年前的古人,老子不可能看到今天只有200多年历史的美国。因而所谓老子看美国,只是以老子思想为视角的中华文化,与美国为代表的西方文化的一种碰撞和相互审视而已。这首先需要拉开中西方文化比较的大背景。在这方面,赵军所著《文化与时空》一书中,对"西方文化差异比较的一次求解",给予我们一种很便捷的启示。他列举了大量事实并加以论证后认为,西方文化是空间型、非周期性、三维、有限、分立、中断的,中华文化是时间型、周期性、一维、无限、合一、绵延的。并认为易经的中心思想就是"与时偕行",它使中华文化很早就有了比西方文化更高级的控制人类自身活动的自觉意识。尽管赵军的求证还不够充分,如忽略了中华文化的多维性、全息性等,但我们仍有充分理由说,老子的恒道思想,和平息兵的无为主张,从道的无限、统一、永久、恒常、绵延出发,最大限度地体现出中华文化的伟大超越意识,即放眼天下万物之永久和平,不争一时一地之微利小胜。

然而,在美国文化正力欲主宰全球文化进程的当下知识经济时代,当新千年新世纪第一年的世界和平日,两只铁鸟怒啸着先后撞向高耸入云的两座姊妹楼——这象征着美国繁华和强盛的世贸大厦颓然倒下,将来自世界数十国的近三千余名冤魂,沉重地压在破砖碎铁的瓦砾堆中时,目瞪口呆的世人不禁惊呼:继第一、第二次世界大战和第三次世界冷战之后,第四次世界反恐怖主义大战爆发了!

人们有理由怀疑,隐藏在这场人类浩劫背后的,是在南北世界贫富悬殊背景下,小布什总统所代表的强大的西方基督文化,和阿拉伯富翁本·拉登及其追随者所代表的偏激的尚武派伊斯兰文化之间互不相容,乃至彼此仇视的激烈冲突。而小布什总统无意出口,又连忙更正的关于再次发起"十字军东征"的鼓动,和特意到伊斯兰籍市民居住区的访问,以及"伊斯兰国"和阿富汗塔利班所发起的圣战,似乎都透露出个中消息。难道说,美国学者亨廷顿所预言的世界基督文化、伊斯兰文化和儒家文化的生死冲突,真的就此不可避免地开始了吗?难道说,那抱定"吾与汝偕亡"的必死信念,驾驶飞机撞毁世贸大厦的冷血恐怖分子,那心中正燃着对损毁、贬斥自己本民族文化的异族文化的复仇怒火，会随本·拉登的被击毙而消失吗？难道说，新一轮的借助强大国家机器和先进的高杀伤力武器，所发起殃及无数无辜，遭到各国反战者示威抗议，挑起新战端的"无限正义行动"，环绕南海、东海展开的岛屿争端，会埋下将再收获更大恶果的仇恨种子吗？

据《参考消息》当年10月4日载，亨廷顿在"9·11"事件后，即时接受采访时说，这次恐怖事件并非他在《文明的冲突》一书中所说的"文明间的冲突"，但如政府变得过激则将有可能导致此种冲突。他承认，从世界局势看，美国是不能单独行事的。因此，应该防止世界各地存在的小规模纷争转变为大规模的冲突。这就要求世人遇事需要"忍耐"，"谨慎"，"信念"。对于未来伊斯兰世界仍然可能出现的紧张关系，他则归之于其人口尤其是男性人口的剧增，并因失业而加入游击队从事恐怖主义活动等原因。

应该说，亨廷顿没有将"9·11"恐怖事件纳入他在《文明的冲突》一书中杜撰的"文明间的冲突"是明智的。因为这根本不符合人类文化金字塔结构的演进规律（参见拙著《新珠江文化论》）。记得1998年访欧时，在一次学术交流中，德国著名的政治学教授金德曼先生，就曾向笔者详细分析了被亨廷顿归入儒家文化阵营的东方各国的复杂政治文化倾向，以及被归入伊斯兰文化的阿拉伯各国，均非铁板一块，因而不可能与西方文化形成亨廷顿所渲染的激烈冲突。

分析当年由"9·11事件"引发，以美国为首的西方各国在伊斯兰国土上发起的你死我活的反恐怖主义战争，就可得知，它并非仅仅是一场以"舍我基督其谁"与"舍我真主其谁"为名义展开的不可调和的文化冲突，而是美国及其主导的西方经济文化政策的失误所造成的恶果。而潜藏于冲突之下的深层原因，将是全人类所不得不深思的。尤其是对没有幸灾乐祸，更没有狂热卷入这场世界大战的具有东方儒家文化背景的亚洲人民，对因盲从国内政策而无辜受害的西方普通人民而言，痛定思痛，重温老子的九观说，特别是其恒道观、无为观、贵身观和用兵观，以期亡羊补牢，确是具有深刻现实意义的，而对于那些陷于困兽犹斗难以自拔，具有西方基督教文化或东方伊斯兰文化背景的狂热好战者，也将是一贴镇痛醒神的清凉剂。

其实，被亨廷顿划入世界文化冲突源之一的儒家文化，属于以易心道魂为核、佛说儒教互补、重生态爱和平的东方大文化系统。其中老子的积德无不克思想，作为东方战争观的精华，是整个东方文化和平主义基石，对世界和平，人类同享恒道幸福，具有深远的启示意义。如果以美国为领头羊的西方强国，能够依照老子发现的"天之道损有余而益不足"的规律，像如今中国利用改革开放的收益，在世界各国广为兴办孔子学院，传播交流中华文化一样，将发展军备武器的巨额财物，拿一部分用来支持穷国发展经济，缩短彼此收入和生活水平差距，再取一部分用来研究与资助东方民族文化尤其是和谐世界观的学术研究和理论创新，从而促进东西方文化的大交流，大交融，以求相互了解，求同存异，那必将会大大减少世界的文化对立和军事冲突，迎来世界的和平发展与和谐共处。

而要达到这一目的，正可借古代东方的老子点亮心灵的智光。在老子看来，东方文化守恒道，法自然，修玄德，主清静，无妄为，轻巧智，大和玄同，柔弱谦让，不敢不为天下先，是真知守常，玄德大智的表现，可以永久。西方文化则认为征服自然，抢争先，竞巧技，彰法律，标新立异，好强争斗，才是兴旺发达，文明繁荣的表现，可以逞强天下。而美国当局的某些人，更是走向西方文化的极端，把背离恒道，霸道妄行，狂热冒险，敢冒天下之大不韪，当作势大财雄，睥睨一切，悖逆潮流，充当世界警察的表现。因此，单边主义，自恃强大，抛开联合国而横行天下。或断然拒绝签署京都协议书，置全球环境气候日益恶化而不顾；或单方面撕毁限制核武条约，一意孤行发展导弹防御系统，破坏世界和平；或以人权压倒国家主权，肆意干涉别国内政，以己之私，偏袒一方；或不时臆造假想敌，以导弹袭击中国驻南斯拉夫大使馆，以侦察机窥视其领空，撞毁其战机而拒绝合理赔偿，并以所谓的"与台湾关系法"售武台湾，百般阻挠中华民族和平统一大业。在老子看来，这自然属于"物壮而老，谓之不道，不道早已"的行为，是难免遭受恒道的严厉惩罚的。尼采曾称赞老子思想是"一个永不枯竭的井泉，满载宝藏，放下汲桶，垂手可得"。的确，老子的思想井泉至今充满生机活水，比起叔本华否定性的生命意志，尼采超人的权力意志，萨特的存在主义等，老子顺应恒道的自然意志，更合于人类的大道。如果说分析哲学家维特根斯坦关于"哲学的任务是治疗"的学说可以成立，那老子学说就是治疗世界霸权狂热病的清凉药。

堡垒是最容易从内部攻破的。水至柔而无坚不入。貌似强大无比，不知道老子"去甚，去大，去奢"教诲真义的西方大国，正发现自己被视为柔弱可欺的小国家小人物弄得焦头烂额：世界各地的大使馆连连被炸，一有风吹草动就如惊弓之鸟！热衷于发展导弹防御系统，企图拒敌于国门之外以高枕无忧的高科技国防专家，意外地发现竟被自家飞机，撞烂了藏有国防部核心机密的五角大楼！老子当年所阐述的"将欲弱之，必固强之。将欲去之，必固与之"的辩证法是如此奇妙：让现代猎人享受狩猎的自由，却破坏了生态环境剥夺了珍稀动物的生存自由！让自觉不安全者享受佩枪的自由，却剥夺了更多人的宝贵生命和自由！让强国享有任意干涉别国的自由，却招来了四面楚歌恐怖报复的不自由！西方文化反恒道的极端自由所带来的不自由，俄克拉荷马城168名冤魂和数百人受伤的"联邦大楼特大爆炸案"惨剧，其冷血凶徒麦克维之流，竟由发动了大大小小的海湾战争的美国自家培养！这难道不值得善良的人们，尤其是一些看不到西方惟我独尊不容异端的圣经文化的偏激，陶醉其中的西方人士，以及看不到西方文化的糟粕和繁荣社会的阴暗面，把西方当成了世外桃源，人间乐土，以至对中华民族文化复兴和美好未来失去了自信心，陷入了盲目崇洋媚外的国人好好深思吗？

老子看世界，世界也看老子。辩证法大师黑格尔在其《哲学演讲录》中，称赞老子是"与哲学密切相关的生活方式的创始人"，以其为首的道家则"是以思辨性作为它的特性"。诚如将老子称为伟大的改革家和政治理论家的罗尚贤先生，在书中引用的外国友人所言，"老子是国际性的"。据统计，老子译本在世界上仅次于圣经。继美国前总统据说在《国情咨文》中引用老子名言"治大国若烹小鲜"之后，联合国大会192个成员国代表于2011年又一致通过，安全理事会对现任秘书长潘基文的连任推荐。而这位深谙东方文化的潘基文在就职演说中所引用的伟人名言，也正是老子《道德经》之"天之道，利而不害；圣人之道，为而不争。"表现了这位身处中日美俄大国夹缝中的韩国的政治家，脱颖而出，决心为全球趋利避害谋长远，为人类消除争端谋和谐，循道为旨，积极践行《联合国宪章》的权衡斡旋智慧。

如果说，中国人因为在前一个半世纪所受的灾难，已决然抛弃了以往僵化保守的儒家传统文化糟粕，又从文革断绝文化传统的恶果，觉悟到中华国学的珍贵价值的话，那么，在中外关系不断正常化，国与国的经济文化交流日益频繁，民间交往也日益增多的国际大环境里，中国人所踏足和熟悉的友邦已越来越多，他们正瞄准日益富裕的中国消费者和投资者的需求，寄望于中国崛起为金融危机后的世界经济复苏做出贡献，敞开包括旅游市场、教育市场和文化市场在内的大中华市场。此时中国如能恢复汉唐雄风，笑纳万邦，以老子具有超越精神和东方文化魅力的道学，作为建设人类新文明的智光，则中国幸甚，人类幸甚！

九、老子古书之"谜"解

老子的思想如此博大精深，影响如此深广，自然引起了人们的浓厚兴趣。他被称为《老子》的那本奇书，到底如何写成，又是一部怎样的书？

在它众多的版本中,到底哪一种最接近老子的真本?

对于前一个问题,饱读古书,笔锋幽默尖刻的大文豪鲁迅,曾在《故事新编·出关》,作了极有趣的描写。那时,呆如一段木头的老子,和徒弟庚桑楚同住。晚辈的孔子不时过来向老子请教,还给他送过一只咬不动的腊鹅。后来,常为孔子答疑的老子,心知孔子悟道后将不再称自己为先生了,觉得不妙,于是就早早收拾了行装,骑牛上路。他原想悄悄出关的,却动足了脑筋,也无法把笨重的青牛吊上城墙,险些被守城的关兵们当成私贩子拿住问罪。危急关头,幸好关吏尹喜曾到图书馆查税法,认识老子,忙请他到关楼上小憩,顺便给兵卒、帐房、伙夫之流讲讲学。谁料老子年老口齿不清,道理高深,听者茫然,哈欠连天,只好烦请他用笔记下大意。这就是老子后来的传世之作。它当时写在两串木扎上,被尹喜收下后,与充公的走私货——盐、胡麻、布、大豆、饽饽一起,就堆放在货架上。

举世闻名的大著《老子》,竟然喜剧般地如此产生!鲁迅的这个玩笑也开得够大。可是,联想到老子当时所受统治者冷落的处境,远望他那在关外滚滚黄尘中,骑牛而去,逐渐消失的衰老身影,你又不能不叹服鲁迅的真知锐见。

据司马迁在史书中所记,老子当年辞官出关而去时,途中曾应守关官吏关尹喜(因后人断句不同又称关尹、关喜或尹喜)的要求,写下了"言道德之意五千言"的《道德经》上下篇。而东汉班固所著的《汉书·艺文录》中,也在有关《关尹子》的注中,说明关尹"名喜,为关吏,老子过关,喜去吏而从之。"联系前述老子及其弟子在和田(古称和阗)立政施教的故事,以及在《老子》一书诸多流传本中,采用的大多是全书分为《道篇》与《德篇》的史实看,这段由鲁迅作了艺术的渲染而广为人知的老子出关故事,确有其事。只是人们所看到的《老子》古本繁多,已不仅仅是鲁迅所说的"木扎",而是各类载体都有,包括竹简、缣帛、石碑、书籍等等,文字古僻出入处更是不少。这就给后人研究老子带来了极大难度。一些研究者往往因各自所处时代和所见文本的不同,在解老时各执己见,众说纷纭,造成今人无所适从的局面。

同时,由于《老子》版本的繁杂,其书的定稿,也不排除后来经过老子同时代的关尹、战国中期的太史儋、"李耳"等后人整理加工的可能。从关尹喜传下来的《关尹子》一书看,这位传为守关之吏的关喜,或许原来就是一位住在函谷关隘附近,得知老子经过,慕名拦路求教,后来成为老门高徒的道家学者!再从据说参与过撰写《老子》的太史儋的职务特点与应有文才看,也是完全有这一可能的。这也许正是一些人认为《老子》一书中,有一些春秋时所没有的用语和现象存在的原因吧。

老子的精深道理，天下第一次全面解放了人类思维，从宏观到微观，从自然到社会，极大开阔了人类眼界。而其所传思想的文本何为真本？这关系到人们对老子思想本质的非扭曲的根本认识，自然是每个热爱老子的人所共同关心的。这一尴尬，直到1973年12月从湖南马王堆三号汉墓出土了帛书《老子》后，才告基本结束。这次出土中发现，弥足珍贵的《老子》帛书，共有两个版本。一个由介于篆书和隶书的字体写成，不避刘邦名讳，抄写时间在前的，称为"甲本"。另一个基本由隶书写成，避刘邦名讳而不避汉文帝刘桓名讳，抄录时间较晚的，称为"乙本"。甲乙本的《老子》，互相间虽也有不少差异，还有一些残损涣漫，字迹不清之处，但内容大致相同，篇章字数大致完整，故而成为学术界公认的精研老子的最理想版本。

当然，还有一种迄今发现最古的手抄本也不可忽略，这就是比帛书出土晚，却属战国中期的郭店楚墓竹简本老子。由于年久损毁散失等原因，它能辩识的不足两千字的甲乙丙三篇，大致包含了缺漏甚多的32章，约占《老子》81章的39.5%，离《老子》全貌相去甚远，其中一些用语与公认的老子原意也不尽相符，估计很可能是老子嫡传弟子之一的该传抄者的误记。显然，要靠它全面真切解析老子是匪夷所思的。不过，由于该本最为古老，在某些章句校正中，也可做为今本简洁精确化的参照。此外，河南鹿邑县老子家乡的古代版本，敦煌莫高窟英法劫书的有关经卷，清末山东江希张的解本等三种过去较少被人引用的版本，先后被今人王凤显在其专著中予以校释，也值得留意。

比起上述版本来，人们长期研习精读，更为熟知的，除了魏晋以来流传广泛，道教最为重视，传为汉文帝时人河上公所注的"河上公本"，三国时魏国著名学者王弼所注，哲理性最强的"王弼本"以外，还有两种从老子文本分别发展而出，一个属于民间系统的景龙碑本、遂州碑本和敦煌的六朝、唐写本，一个属于文人系统的苏辙、吴澄诸本，唐初文人傅奕根据北齐时项羽妾墓出土的"项羽妾本"，以及北魏道士寇谦之所传的"安丘望本"、齐处士仇狱所传的"河上老人本"校订的"傅奕本"，和东汉严遵留下的已经残缺的"严遵本"等等。这些传本注本解本写作时代不一，所据老子文本不一，自然有字句不同，见仁见智之处。

同时，帛书老子的出土，也对老子一书的研究提出了许多新的问题。如老子一书到底是先谈"道"还是先谈"德"，就两种截然不同的回答。通行本老子都是"道经"在前，"德经"在后的。但从帛书老子以及已发现的一些小篆本和隶书本老子看，却都是"德经"为上篇在前，道经为下篇在后的。那么，其编次究竟哪种更符合老子原书的编次？目前尚无法论定，何况还有楚墓竹简本的第三种篇次排法。如该书的研究者就坚持认为:"从目前公布的现存的竹简的状况看,竹简《老子》的三组简文都较为系统、完整,内容上既各有侧重,又相互联系:甲本论述圣人之道,可名之为圣人篇;乙本论述修身之道,可名之为修身篇;丙本论述治国之道,可名之为治国篇。"(侯才著:《郭店楚墓竹简〈老子〉校读》,大连出版社1999年版,11页)。

但一般意见认为,从先秦古籍的有关记载来看,老子传本在战国期间,就可能已有两种排法:即一种是道经前德经后,当是道家的传本。如庄子论述道德,就是把"道"摆在第一位,把"德"摆在第二位的。而从老子自论道德的逻辑关系看,把"道"摆在第一位,"德"摆在第二位,宏观而中观,论道而宣德,也十分自然。而另一种德经前道经后的,当是法家传本。如韩非子解老,就先解"德经"第一章,然后把"道经"文字放在德经之后,出土的帛书老子也采用了这一排法。至于郭店楚墓竹简本老子的排法,甲书论圣人之道的圣人篇,其实就是道篇;乙书论修身之道的修身篇,其实就是德篇;而丙书论治国之道的治国篇各章,既可以像通行本老子一样,分入道篇和德篇,也完全可以如笔者那样,分入安民篇、用兵篇和治国篇。

要而言之,道家、法家、帛书和楚竹简本对《老子》各章排法的不同,本身就为我们对其各篇章次序的惟一性,不可更换性提出了质疑。因此,既然楚简本以及道、法两家,出于对老子一书的理解和偏重,可将老子主要讲宇宙论和本体论的道篇,与主要讲人生论与政治论的德篇,以及主要讲治国之道的治国篇等,做前中后的合并倒装,分别体现出楚简本对圣人、修身、治国的重视;道家对老子道本体论以及"德"应从属于"道"的理解,法家对老子人生论与政治论思想的重视,等等,那我们用今人眼光来理解老子言论,用九个观点来理顺老子思想的内在逻辑关系,将其本来就不连贯的各章,加以细化调整归类,就是自然而然,而且可能更符合老子原意和思想逻辑的了。

综上所述,若从追索老子本意看,最可靠较完整《老子》的文本,自然非帛书甲乙本与最通行的王本莫属,而甲本的价值又略高于乙本。至于楚墓竹简本、傅本、河上本等等,则主要对帛书本、王本起辅助作用,只是在甲乙本残缺,或确实难解或易误解之处,才酌情以其作串联、订正、补饰之用。只有这样,我们才可能从浩如烟海的老子传本和注本中,找到最符合老子本意的真经。

必须指出,老子的文本和歧义的繁多,有时并不是坏事,它一方面从文化传播学角度说明了《老子》的古远,一方面也反映出老子受到的人们由衷喜爱。老子文字上的古奥、冷僻、艰涩、异体,是《老子》在学府和民间的长期流传所形成的，是中国古文字的长期演变造成的，它不像只有《鲁论》、《齐论》、《古论》等版本的孔子《论语》那样纯净单一，反而更能激发有识者研究的兴趣和克服困难的勇气，更有校正注解通说，融会贯通，充分发挥合理想象的广大空间，这也许正是汉唐之后，长期被排斥于官府正统学派之外的老子，注家竟以千百计，绝不亚于钦定儒家经典的原因之一。当然，其根本的原因，还是老子宝贵思想本身的无穷魅力。

为此，我们一方面注意吸收老学已有的宝贵成果，包括杨灿明所著的《老子与商战权术》、王红旗所著的《老子传奇的一生》一类的通俗读物，一方面重点选取了时代文艺出版社 1995 年出版，张华清主编的《道经精华·老子》；广东高教出版社 1996 年再版，罗尚贤撰著的《老子通解》；三秦出版社 1990 年版，周生春注译的《白话老子》；大连出版社 1999 年版，侯才撰著的《郭店楚墓竹简〈老子〉校读》；以及中华书局 1996 年出版，高明撰写的《帛书老子校注》等老子注译本为参照。

这样的好处是，张著的理论背景较深广，能在收录译注整个道家学派的基础上考察老子，长于批评，文字简洁；罗著是作者精心之作，盛赞老子，观点鲜明，创见独树；周著长处是通俗易懂，晓畅清新，读者面大；侯著亮点是中外参照，精研古本，简明扼要；高著则博引兼收，校注最详，共收录了含景龙碑本、遂州碑本等 10 种石刻本，敦煌写本 10 种，王弼、河上公、吴澄、傅奕、严遵等 16 种历代刊本，以及唐陆德明以下，含严复、奚侗、马叙伦、胡适、任继愈、陈鼓应、高亨等各名家所著的注本 90 余种，可谓丰富厚实。而这五部书的共同优点，则都是不离帛书老子这一基点，旁及多家他本，与本书的立论宗旨较为一致。

同时，笔者还依照"唯古元典化、唯真现代化、唯美诗意化"的原则，为方便广大读者对老子的理解，在保证取自老子原著，确保老子原意不变的前提下，凡遇到版本不一，有各种假借、异体、同音字情况时，重点以王本、帛书本、楚简本为参照本，优选老子简明通用，文意精确的字句，详勘纳萃，尽量根据老子意旨文气，反复斟酌，避免过多地在文字的解释上穿凿附会兜圈子，在断句注解，解读阐述诸方面，作独立判断和尽可能接近老子原意的诠释，力求烁古通今，明晰达意，押韵易记，做到既存《老子》最古通行本王弼本的哲思，亦葆道教最重视的河上公本的深邃，兼取迄今最古郭店楚墓竹简本的精义，吸纳最权威的汉帛书甲乙本的真谛，并佐以汉唐以降数百名家注本的卓见，达到规范老子文本，揭示老子的深旨的目的。

下面，就让我们一起打开《道德经》，去领略老子哲学殿堂的奇珍异宝吧。

正论
老子九观奥义

上善若水。水善利万物而有静，居众人之所恶，故几于道矣。

——老子

道生一，一生二，二生三，三生万物。

一、老子的恒道观

道法自然

人一生，会走过许多道，有阳光大道，有羊肠小道，有直道平道，有弯道岔道，要警惕的是危道险道邪道，稍不慎就会跌入万丈深渊。故人们走道时总是不断地探道，思道，明道，以至渐渐进入了察道，悟道的境界，学会和别人讲起道理来。个人如此，国际亦然，不讲道理，寸步难行，失道寡助；讲清道理，拥有道理，得道多助。而最早明白这个道理，并在人类文明史上第一次建立起完整道学体系的，就是天下第一的老子。

有人一提起"道学"，就认为那是宋明理学，这多是受假道学家的误导，把儒家礼帽硬戴在道家老汉头上了。就像我们不会因为儒佛两家都有各自的"道"和"理"，就将其归为道家一样，我们只能如实地将老子开创的道家之学称为"道学"，才能将其与孔子开创的儒家的"儒学"、释迦牟尼开创的佛家的"佛学"区别开来，不至于三家都谈到其各自的"道"而一锅煮。

老子作为道家始祖，名不虚传，赞誉满天。有关"道"的论述，始终贯串于《老子》，可谓全书总纲。你只有抓住了"道"，才能抓住老子思想精髓，找到打开老子智慧宝库的钥匙，奠定吸收中华优秀道家文化的牢固基础。

那么，什么是看不见，摸不着的"道"呢？老子说，"道"本体是可以谈论的，但它与人们所谈论的一般的道不同。这就像我们所使用的名称概念，是可以为各类事物命名的，但它却不是事物永恒的名称一样。在老子看来，这无法名状的无形之道，是万物的本原。他以伟大哲学家的深邃目光探究了宇宙奥秘后，坚定地指出："道无论多么虚无缥缈，我也要观察它的精深微妙；道无论多么实有丰富，我也要观察它永无休止的运动。"而要打开这认识万物奥秘的根本门径，却是极为不易的，往往是"你细看它却不可见，所以它'微小'；你想聆听它却不可闻，所以它'希音'；你要抚摩它却摸不着，所以它'希夷'。"这简直就是现代物理学家所说的那看不见、听不见、摸不着，极细微难辨却又存在的宇宙的最基本物质。明乎此，我们不能不佩服老子两千多年前就创立的包罗万象，洞察入微的恒道哲学。

老子认为，道用之不尽，无所不有，就像是天下万物的宗主，是玄妙的产门。它绵绵不绝亿万年，化生万物无穷尽！有的道士以此证明道术的神奇，仙人的长生。实际上道至大无比却又转瞬即逝，道消失远离而又反复而至，循环不已，无穷无尽。天下万物生于有，有却生于无。这就是道的运动与运用，充满了东方哲学家老子的伟大辩证法思想光辉。

有人极力贬低老子之道的"无"论，不明白正是老子以"无"为特色的道本体论，不仅把人的精神境界提高到空灵洁净的层面上，而且还推出了"人应该效法地道化生万物，地应该效法天道不停运行，天应该效法恒道生生不息，而道的法则是自然而然"的著名命题，指导人类社会不断发展，升华出道家不违反自然，各得其所自由生活的治国之道。老子说得好："如果执着坚守大道政治的伟大形象，天下人民就会归心追往而来，归往团结而不伤害他们，就能安全平静，享受太平。"这对今日的民主政治家们，也是有深刻借鉴意义的。它绝非代表消极、倒退、下降的"反"的法则，而是老子以高度浓缩的哲学语言，阐明的"道生一，一生二，二生三，三生万物"的世界演化进程，在世界哲学史上第一次将主客体合一的"道"作为宇宙本体，以负阴抱阳作为人类社会强者与弱者间的矛盾化解方式。它期望的是统治者对自己地位、人心向背的清醒态度，而不是妄自尊大，胡作非为；它主张的是统治者的言传身教，希望人民作到的，自己首先要作到，禁止人们所做的，自己也决不去做。只有这样，他们才可能得到人民的理解和拥护。

当然，骑牛西去的老子，早已明白指望周朝那鼠目寸光，自私自利的统治者能理解恒道政治的奥妙，是不可能的，即使现在一些以"公仆"自称的公务员，也无法企及老子所说的这一大道境界。可见老子的恒道观，不仅天才预测了后世人们借助高科技手段才初步揭开的自然物理秘密，而且具有很高的政治实用价值和永久的文化价值。它奠定中华国学根基，影响天下两千余年，对中国人的心理结构和思维方式，产生了深远的潜移默化的建构作用。它使得中国人较尊重自然的规律，更认同疏导洪水的大禹，而不去做他那堵塞洪水终无所成的父亲鲧。

在老子看来，道非指一般的道理，而是永恒真理。它先天而生，自存不灭，自在无为，至刚至柔，至大至正，至强至顺，自然而然，化生万物，无所不包。在道主宰的大自然面前，我们如能长久保持老子所说的"上善若水"般的柔弱谦卑态度，去敬畏那养育万物生命的大田野、大森林、大草原、大沼泽、大江河、大湖泊、大山脉、大海洋，去分解垃圾使之变成再生资源，而不再去疯狂掠夺自然以满足眼前贪欲，那将是明智的选择！

奥妙神秘的老子之道啊，它是无始无终，无边无际，无穷无尽，无所不在，无所不能的宇宙万物之道，它如此的博大高深，以至成了千百年来，古今中外，多少代学者，绞尽脑汁，著书立说，洋洋万言，说不完，道不明，论不够，探不尽的"谜"。有学者从"首"有"头"，有"朝向"的含义看，认为"道"就是往一定的方向走。有学者甚至认为"道"所暗示的是一种古代斩首献祭仪式，把"首"作为放在盘子里的头颅来理解。而从词义学与词源学看，"道"本意是"道路"，引申为"途径"，"方法"，"法则"等，与"器"相对，有形而上的意义。因此《论语》有"道不同，不相为谋"的说法，印证了先秦诸子各有其"道"的事实。如道家有自然无为之道，儒家有克己复礼之道，法家有驭臣治国之道，墨家有兼爱非攻之道，兵家有奇正相生之诡道，医家有辩证施治之医道，等等。

  至于道的创始人的老子之"道"，更是耐人寻味。它在五千言的《道德经》中，竟在38章里出现了八八64次，可见其分量之重。尤其是除了把"道"作为"可道"一类的动词外，老子更多的是以"道"做为哲学观、宇宙论，其地位就如"乾坤"于《易经》，只是"易"所代表的是易变、易简、不易的宇宙阴阳变化规律，是中华易文化总道术的总纲；"道"所代表的是宇宙本体和运行总规律，是老子包含恒道、玄德、清静、真知、无为、贵身、安民、用兵、治国的道学体系的总纲和核心价值观。换言之，我们只有抓住"道"，才可能在老子建立的前无古人，高妙超绝的道学体系里，从形而上的高度去修养清静玄德，从认识论角度去探求真知，从生命修炼去感悟无为、贵身的奇效，从安民、用兵、治国的国策实施中，去体验道的博大精深，确实是人类的伟大理想和宇宙的真理。

  当然，对于老子之道的解读和重视，不可能是仅用一篇短文就能说得清清楚楚明明白白的。其神秘性与多义性的解读，其实有助于我们结合各自的岗位和生命体验，从各学科各学派的不同阐述中，去体悟道之真谛。如老子喜欢一起谈的"有""无"，就属于一对相反相成的概念。但"有"又显然居多，突出了他更注重实际、实体、实物、实像的唯物主义倾向，而非一个只知道谈玄务虚的空想家。实际上，老子之道是有无相生的，舍此途径，人们既无法认识自然，亲近自然，也无法顺应自然，善待自然，受益自然，只能膜拜神灵上帝，把自己的命运交给神，不是在毁灭自然的"有"中消亡，就是在绝望自然的"无"中沉沦。有论者因此将老子道论视为一个悖论，说老子把"道"当成是包含了物、象和精的一种混沌未分的最初物质，岂不是陷入了"无"中生"有"的自相矛盾之中了吗？其实，老子只是把自然本身存在的有无矛盾揭示了出来，而后人的认识却没有老子的深入精微而产生了自我矛盾而已！

须知，老子的"无"相当于物理学中的"真空"，而科学已证明所谓的"真空"并非绝对虚空，实际上内涵了无数我们所难以感知的极其微小难辨却活跃非凡的粒子。这就是老子所说要善加利用包藏着无限生机的"无"。试问当今的许多生机勃勃利益巨大的"创意"产业，不就是"无中生有"的吗？总之，老子之道玄妙无比，难以言说，一旦说出，便失本真。因此，我们研究老子道学，要探索天人合一的真谛，根深蒂固，长生久视，消解西方那种灵肉分离，天人相分，掠夺自然的"异化"现象，从本体论的高度，对包括人类在内的天地万物的自然本性及其存在方式做深入思考，以"自然无为"的体道方法"复归其根"，全面发展人的自然本性而与自然和谐相处。

老子今译

恒道篇

【一】

道可道，	世间的道术、道理和道路，是可以说道的，
非常道。	但这不是我所要阐述的永恒之道。
名可名，	一般的名称，是可以为事物命名的，
非常名。	但它不是万物永恒不变的名谓。
无，	无物无象虚空寂静的"无"，
名天地之始。	是命名天地的始祖"道"的。
有，	绵绵若存用之不尽的"有"，
名万物之母。	是命名万物的母亲"道"的。
故常无，	所以，恒远的道本体无论多么虚无飘渺，
欲以观其妙。	我也要观察它的精深微妙之处。
常有，	恒久的道本体无论多么丰富实有，
欲以观其徼。	我也要观察它永无休止的运动。
两者同出，	道的"无"与"有"同出一辙，
异名同谓。	名称不同，说的却是同一对象"道"。

玄之又玄，　　　这里的奥秘极为玄妙啊，
众妙之门。　　　它是认识万物奥秘的最根本门径。

【第一章】

【注释】

道可道：王本如此。(1) 道：此为名词，指一般人所说的有关个别事物的平常"道理"、"道路"或"规律"，它是可以就事论事，具体说道的。但它不是哲学家老子所说的作为天地之始、万物之母的普遍的、绝对的、最高的"道本体"。有人把这里的"道"解为普遍性的"客观规律"，不太确切。(2) 可道：可以说道。道，此为动词，指论道，谈论，论说。甲乙本作"道可道也"。

非常道：王本如此，甲本此句为"非恒道也"。恒道：老子"恒道观"得名之由来。恒常同义，恒道即恒久的"常道"，指老子所说的"道本体"，老子道学体系的奠基石。

名可名：王本如此。(1) 名：名谓，事物的名称和概念。此处为名词。(2) 可名：可以为事物起名、命名、定义。此处为动词。甲本作"名可名也"。

非常名：王本如此。非：不是。常名：事物永恒不变的符合内在本质的名称和概念。甲本作"非恒名也"，常名写作恒名，意同。

无：诸本如此。无：空无，虚无，空空如也，无中生有，宇宙之源，泛指一切无始无终，无由无来，天荒地老，无迹可寻，无法说出的过程、运动、变化等，即"宙"，或曰"心"；宇宙万法，万物之理，重要的哲学本体理念。

名天地之始：王本如此。名：含义有二：(1) 名词，指"无"这个揭示宇宙之源、万象之法的名词；(2) 动词，即命名，指用"无"来命名"道"。古人竹刻艰难，为了节省文字，经常一字两用，承上省或启下省，因而此处的"名"实际上应为两个"名"字，即无之名与名万物之始。故无论将此句断作"无，名万物之始"或"无名，万物之始"，都应该把名的双重意义揭示出来，才能全面深刻地解老。所谓"无名天地之始"，指从时间、运动过程的初始角度看，道是产生万物的根本和始祖。始：始祖，此即道。此句甲乙本作"无名万物之始也"，与下句重复。

有：诸本如此。有：万有，指一切有形，有势，有数、有量之物，即"宇"；宇宙万有，万物之象，极其重要的哲学本体理念。唯物主义所最看重者，莫过于"有"。

名万物之母：王本如此。名：含义有二，同时作名词与动词，含义为有

之名与名万物之母,故无论断句为"有,名万物之母"或"有名,万物之母",都要兼顾其意。母:指从空间、物质形态的创造角度看,道是化生孕育万物的根本和母亲。甲乙本此句作"无名万物之始也",末有也字,可省。

故常无:王本如此。常:恒远。无:指道本体,兼指虚无,此处两义皆有,是断句关键。以往此句断作"故常无欲,以观其妙。"把"欲"提前,将动词"欲要、想要"变成了名词"欲望"。

欲以观其妙:王本如此。妙,指事物内部的虚眇微妙之处。甲本此句作"欲也以观其眇"。眇(miǎo):同妙。

常有:王本如此。常:恒远。有:指道本体,兼指实有丰富,此处两义皆有,是断句关键。

欲以观其徼:王本如此。徼(jiǎo):巡查,这里指事物外部的运动。甲乙本此句作"欲也以观其所噭。"噭(jiào),吼声,不可观,王本徼字为是。

两者同出,异名同谓:甲乙本如此,只是谓写作胃。两者:指"有"与"无"。同出:出自同一本源,指常道,即恒道。异名:指"有"与"无"。同谓:说的是同一件事,指恒道。王本此句写作"此两者同出而异名,同谓之玄,"过于繁复,不取。老子此句打通了"有"与"无"的壁垒,揭示宇宙玄奥秘密,直指道的本质,超越"有"与"无",无中生有,有中生无,有无相生。

玄之又玄:乙本如此。玄:奥秘玄妙。玄之又玄,极其奥妙的核心内容。此句王本写作"玄而又玄"。

众妙之门:王本如此。众,多。妙:指万物微妙之处。门:入门、途径。甲乙本此句作"众眇之门","眇",通妙。老子此句开宗明义,揭示出道法自然,统率一切的深刻与奥妙。

【二】

道冲而用之,	大道虚空冲和而运用极广,
有弗盈也,	它无所不有却永远不会盈满,
渊兮似万物之宗!	多么渊深难测啊,就像是万物的宗主!
锉其锐,	它锉去万物的锋芒,
解其纷,	化解万物的纷争,
和其光,	融合万物的光辉,
同其尘!	趋同万物的生命飞扬!
湛兮似或存!	清湛通明啊,大道似隐似现!

| 吾不知谁之子， | 我不知道它由来何处啊， |
| 象帝之先。 | 好像是天帝的祖先！ |

【第四章】

【注释】

道冲而用之，有弗盈也：乙本如此。冲：空虚，冲和无物。用之：运用它，推行它，指道之用很广泛。

有：无所不有，非常充实。盈：盈满。有学者此句断为"道冲，而用之有弗盈也。"意同。王本此句作"道冲，而用之或不盈。"误也。

渊兮似万物之宗：王本如此。乙本作"渊呵似万物之宗"。渊：万丈深渊，深不可测的意思。宗：宗主，祖宗，根本，主宰。

锉其锐：王本如此。锉：削锉，销磨。锐：此处指锋芒。

解其纷：甲本、王本如此。解：化解，解决。纷：纠纷，纷争。

和其光：诸本皆同。和：融合万物。光：光辉。

同其尘：乙本、王本如此。趋同，融合。尘：飞尘，光照之下，微尘四散，生命飞扬之状！

湛兮似或存：王本如此，押韵顺口。乙本作"湛呵似或存"。湛：清湛通明。

吾不知谁之子：王本如此。谁之子：谁的产物。

象帝之先：诸本皆同。象：好像。帝之先：天帝的祖先，造物者，即道。

【三】

谷神不死，	生命之神永远不死，
是谓玄牝。	它就是大道玄妙神奇的产门。
玄牝之门，	大道玄妙神奇产门的出口，
是谓天地之根。	就是天地交合的生命根。
绵绵呵，	它绵绵不绝化生万物啊，
其若存，	仿佛长存于宇宙，
用之不堇。	永远也没有穷尽！

【第六章】

【注释】

谷神不死：王本如此。谷神：生命精神，指万物的生命力。

是谓玄牝：王本如此。玄：玄妙神奇。牝：母牛，借指产门，阴户，万物出生的出口。

玄牝之门：诸本如此。

是谓天地之根：甲乙本如此。谓假借为胃。天地之根：天上地下的万物生命之根。王本作"是谓天地根"。

绵绵呵，其若存：乙本如此。绵绵：绵绵不绝，无穷无尽。

用之不堇：甲乙本如此。堇（jīn）：穷尽。王本作"用之不勤"，误。

【四】

视之而弗见，	细看它却不可见，
名之曰微。	所以叫作"微小"。
听之而弗闻，	聆听它却不可闻，
名之曰希。	所以叫作"希声"。
捪之而弗得，	抚摩它却摸不着，
名之曰夷。	所以叫作"夷坦"。
三者不可至计，	这三种感官都不能精确地测量与感觉"道"，
故混而为一。	所以把它混合称之为"一"。
一者，	道这个"一"啊，
其上不谬，	从形而上看并不荒谬无稽，
其下不忽，	从形而下看也不恍惚虚无。
寻寻呵不可名也。	你到处寻找啊认真寻思啊，都难以名状并描摹它。
复归于无物，	反而又复归于无物无形之中，
是谓无状之状，	这就叫做看不见状态的状态，
无物之象，	看不见实物的形象，
是谓惚恍。	叫做模糊不清藏而不见。
迎之不见其首，	你迎面而上看不见它的头，
随之不见其后。	追随它也看不见它的后尾。
执今之道，	执着于今天所认识的"道"，
以御今之有，	以驾御今天所认识的"有"，
以知古始。	就能知道远古从何时开始。
是谓道纪！	这就是道的开元纪年啊！

【第十四章】

【注释】

视之而弗见，名之曰微：甲乙本如此。名：命名，乙本缺损此字。微：微小。指视觉感官难以看见的细微物质。甲本微字有耳字底，意同微。王本此句作"视之不见名曰夷"，句式简洁，惟微作夷不妥。夷指平，平而不见，于理不合，应据乙本改夷为微为宜。

听之而弗闻，名之曰希：甲乙本如此。名：命名，乙本假作命，意同。希：小，指听觉感官难以听见的希声，即极微细的声音。甲乙本此句末也用希字。王本此句作"听之不闻名曰希"。

捪之而弗得，名之曰夷：甲本如此。捪（mín）：抚摩。夷：夷坦，夷平，希夷，平滑至极，无迹可寻。指触觉感官难以触及的物体。乙本名假作命。王本此句作"搏之不得名曰微。"

三者不可至计：甲乙本如此。三者：指视之、听之、捪之所产生的视觉、听觉、触觉。计：计算、测量。至计：极为精确的计量和感觉。王本等计写作"诘"，指不可诘问，追问，意思相近而甲乙本为是。

故混而为一：王本如此。甲乙本用其它字取代"混"字。

一者：甲乙本如此，王本无。一者：这个一啊，指"道"本体。

其上不谬：乙本如此。谬：荒谬无稽。甲本谬写作攸，王本谬写作皦，均不妥。

其下不忽：甲乙本如此。忽：忽，绝灭。忽又通惚，恍惚虚无。王本忽写作昧，昏昧，意义相近。

寻寻呵不可名也：甲本如此，乙本名作命，意思相同。寻寻：前一个寻，指寻找，后一个寻指寻思。名：名状，描摹。王本作"绳绳不可名"，不妥。

复归于无物：诸本同。

是谓无状之状：诸本如此。谓：甲乙本假作胃。无状之状：没有形状的状态。

无物之象：诸本如此。无物之象：没有具体实物可观看的物象。

是谓惚恍：王本如此。惚恍，参见老子21章对道的描写。甲乙本"惚恍"写作"沕望"。沕（mì）：潜藏，沕望，藏而不见。可参。

迎之不见其首：王本如此。迎：迎面而来。

随之不见其后：王本如此。随：追随。

执今之道：甲乙本如此，王本作"执古之道"，意思刚好相反，甲乙本为是，反映出老子重视当今社会实际而非泥古不化的哲人风采。执：执着，把握。

以御今之有：诸本皆同。御：驾御。有：今天所认识的"实有"。

以知古始：甲乙本如此。以：以此，指借助道。知：知道，了解。古始：远古的开始，发端。王本作"能知古始"。

是谓道纪：诸本如此。甲乙本谓假借为胃。道纪："道"的纪年，指发端之日。

【五】

有物混成，	有一物浑然天成，
先天地生。	先于天地而诞生。
寂兮寥兮，	它寂静无声而清澈无形啊，
独立而不改，	岿然独立而绝不改变自己，
周行而不殆，	循环往复运行而永不懈怠，
可以为天下母。	可以成为天下万物的母亲。
吾未知其名，	我不知道它的名称是什么，
字之曰道，	只好起个名字叫做"道"，
强为之名曰大。	勉强为它命名为"大"。
大曰逝，	"大"又叫作"消逝"，
逝曰远，	"消逝"又叫作"远离"，
远曰反。	"远离"又叫作"反复"。
道大，	"道"是博大无比的，
天大，	天是高大无边的，
地大，	地是广大无垠的，
王亦大。	统治国家的君王也很伟大。
国中有四大，	国家中有这四"大"啊，
而王居一焉。	而王就占据了其一。
人法地，	人效法地道的治理，
地法天，	地效法天道的运行，
天法道，	天效法恒道的规律，
道法自然。	恒道的法则是自然而然。

【第二十五章】

【注释】

有物混成：王本如此。混成：浑然天成，"混成"甲乙本作"昆成"，昆通混。

先天地生：甲乙本、王本如此。生：诞生，产生。

寂兮寥兮：王本如此。寂：寂静无声。寥：寥廓。乙本此句作"萧呵漻呵"。萧：寂静无声，与"寂"意同。漻（liáo）：清澈无形，此处与"寥"意同。

独立而不改：乙本如此。改：改变，乙本借用王亥为改，通改。王本此句写作"独立不改"。

周行而不殆：王本如此，楚简本、甲乙本皆无此句，和韵存入。周行：循环往复地运行。殆（dài）：危险，陷入困境，困乏，疲惫，假借为"怠"，懒惰。

可以为天下母：楚简本、王本如此。天下母：天下万物的母亲，指万物产生的本源，恒道。甲乙本此句为"可以为天地母"。

吾未知其名：甲本如此，楚简本作"未知其名"，乙本作"吾未知其名也"，王本作"吾不知其名"。

字之曰道：诸本皆如此。字：给事物加名字，即称呼。

强为之名曰大：王本如此，楚简本等句前多一吾字，可从上省。强：勉强。

大曰逝：楚简本、王本如此，今本多从之。大：至大无比，指恒道。逝：逝去，消逝，不显。甲乙本此句作"大曰筮"，从中可见汉人对易经筮法悟道的重视。

逝曰远：诸本均如此。远：远去，远远离开。

远曰反：诸本均如此。反：回返，反复。

道大，天大，地大，王亦大：甲乙本、王本排序如此，以大小次序排列之，可从。楚简本排序不同，道大在地大之后。他本"王亦大"作"人亦大"。王指统治者，人则包括王、臣、民并有上士、中士、下士之别，笼统称大，不合老意，不取。

国中有四大：楚简本、甲乙本如此。王本与他本作"域中"，意同。

而王居其一焉：王本如此。王：统治天下的君王，人中之大者。居：居有，占据。甲乙本此句作"而王居一焉"，楚简本作"王居一焉"。范本作"而王居其一焉"。

人法地：诸本皆如此。法，动词，效法之意。地，大地，大地的生长、治理规律。

地法天：诸本皆如此。天：上天，天道的运行。

天法道：诸本皆如此。道：恒道，恒道的规律。

道法自然：诸本皆如此。道：恒道，非指一般的道理。法：名词，指法则、规律等，其意与动词的"效法"不同。道法指恒道的法则。恒道至大，至正，至顺，至足，自然而然，化生万物，无所不包，长久恒常，无须效法天地人或任何事物、法则。

【六】

道恒无名。	道永久恒远却无法名状。
朴虽小，	"朴"虽然弱小，
天下弗敢臣。	天下却没有谁胆敢臣服它。
侯王若能守之，	诸侯君王如果能守住它，
万物将自宾。	天下万物都将主动归附而来。
天地相会，	天地阴阳交合相会，
以降甘露，	得以普降甘甜雨露，
民莫之令而自均。	人民无须命令，天地自会平均地施予恩惠。
始制有名。	圣人开始创立文化制度，万物都有了合适名位。
名亦既有，	名位既然确立了，
夫亦将知止。	就应该知道适可而止。
知止所以不殆。	知道适可而止，所以不会陷入危险。
譬道之在天下，	就像使那伟大的恒道施行天下，
猷小谷之于江海！	谋划小河溪流奔向那长江大海！

【第三十二章】

【注释】

道恒无名：乙本如此。恒：永久恒远。无名：无以名状，指无法说明（道的）具体形状。一说此句应断为"道恒，无名朴虽小"，亦可参。

朴虽小：王本如此。朴：老子的哲学概念，指万物的原始、质朴、幼弱状态。乙本作"朴唯小"。

天下弗敢臣：楚简本如此。臣：臣服，驾御。乙本此句前多一而字，可省。王本作"天下莫能臣也。"

侯王若能守之：王本如此。侯王：诸侯君王。守：守住，保持。

万物将自宾：诸本皆如此。宾：宾服，臣服，主动归附。

天地相会：楚简本如此。会：相合，阴阳交合，谐合。王本作"天地相合"。

以降甘露：王本如此。他本亦作降。楚简本、乙本作"以俞甘露"：俞：通渝，泛滥，此处指大雨普降。甘露：甘甜的雨露，指好雨，及时雨。

民莫之令而自均：王本如此，甲本残损，亦有"民莫之……"字样。莫：无须，不用。令：命令。均：平均。楚简本此句作"天自均安"。安：安排，安置，施予，平安。

始制有名：楚简本、乙本、王本如此。始：开始。制：创制，制度。有名：名，名称，名位。

名亦既有：楚简本、乙本、王本如此。有：确立，定出。

夫亦将知止：楚简本、乙本、王本如此。知止：知道适可而止。

知止所以不殆：楚简本、乙本如此。殆：危险。王本此句为"知止可以不殆"。

譬道之在天下：王本如此。楚简本句末多一也字，可省。"譬"：解为譬如，就像。譬，甲本作俾，楚简本、乙本作"卑"，为俾之假借字。俾(bǐ)：使，如此，此句字义可兼采两字，即"就像使……。"

猷小谷之于江海：楚简本如此。猷：同犹，谋划。小谷：小河，小溪，乙本写作"小浴"，也有小字；浴即谷，河谷；王本写作"川谷"，未能突出小字。从老子喜欢用小如小朴、小鲜看，谋划为数众多的小河流向大海，显然是比谋划几条大江流向大海更难办、更需谨慎小心的事。

【七】

执大象，	执着坚守大道的伟大形象，
天下往。	天下人民就会向往追随而来。
往而不害，	大家同往恒道而互不伤害，
安平泰。	就能共享安乐太平与康泰。
乐与饵，	美妙的音乐与可口的食饵，
过客止。	能让过往客人留步，但过度过量了就要适可而止。
道之出口，	道"从口中说出的时候，
淡乎其无味。	是多么地平淡呀毫无味道。
视之不足见，	想细看它也微小得难以看见，
听之不足闻，	想聆听它也细小得难以听见，
用之不可既也。	想使用它也永远不可能用完。

【第三十五章】

【注释】

执大象：诸本皆同。大象：恒道所显示的万物本像，也即恒道本身。

天下往：诸本皆同。往：随往，追随。

往而不害：诸本皆同。

安平泰：范本、傅本如此。安：安详，安全。平：公平，太平。泰：1. 易经泰卦，表示上下通气，以强扶弱，社会和谐的局面。2. 通泰、和泰。易玄、庆阳、磻溪、楼正、孟頫、遂州、顾、徽、邵、司马、苏、吴、彭、志、焦诸本，本句末字均作"泰"。惟甲乙本、王本此句均作"安平太"。太：太平。通泰，和泰。楚简本、他本太写作"大"。从与上文"害"字压韵看，以"泰、太"为是，而泰更佳。

乐与饵：楚简本、甲本、王本如此。乐：音乐。饵：食饵，指食品，饮食。

过客止：楚简本以及王本等均如此。过客：过往的客人。止：止步。此句字面意义为美妙的音乐和可口的食物能让人停步，与淡而无味的"道"论相对比，吸引力似乎更大。也有人认为意指以食饵音乐引诱过客留下，后成为道教起事，聚集人民的"义仓"的根据。甲乙本帛书此句作"过格止"。格：规格，格式，格度。过格，即过分，超过了合理限度。过格止，指超过了一定限度就要适可而止。这就像再美妙的音乐食物，过滥过多也会让人耳聋口爽生厌一样。从前后文看，楚简本和帛书的解释都通，属于模糊概念，而两种含义连在一起更可以体现老子原意，故可并存。

道之出口：王本如此，约定俗成，意思为"道从口中说出"。甲乙本此句作"故道之出言也"，可参。

淡乎其无味：王本如此。淡：平淡。无味：老子的"道言无味"，如《易经》所说的"白贲"，无须粉饰，如《黄帝经. 称经》所说的"至言无饰"，朴实无华。楚简本、乙本此句作"淡呵其无味也"，甲本作"谈呵其无味也"，淡作谈，均不如王本精简。

视之不足见：楚简本、王本如此。不足见：不足以被看见。乙本此句为"视之不足见也"。

听之不足闻：楚简本、王本如此。不足闻：不足以被听闻。甲乙本为"听之不足闻也"。

用之不可既也：甲乙本如此。既：用完。楚简本此句写作"而不可既也"，王本此句为"用之不足既"，甲乙本义胜。

【八】

| 反者， | "反复"这一现象， |
| 道之动。 | 就是道的运动。 |

弱者，	柔弱这一势态，
道之用。	就是道的运用。
天下万物生于有，	天下万物都从"有"中产生，
有生于无。	而"有"却生于"无"。

【第四十一章】

【注释】

反者：王本如此。反：反复，回返。乙本作"反也者"，楚简本作"返也者"。

道之动：王本如此。动：道的运动。甲乙本作"道之动也。"楚简本作"道动也。"

弱者：王本如此。弱：柔弱，道家的处世态度。楚简本、甲本作"弱也者。"

道之用：王本如此。用：运用。楚简本、甲本作"道之用也。"王本较合韵。

天下万物生于有：王本如此。楚简本、乙本作"天下之物生于有。"王本较佳。

有生于无：王本如此。楚简本作"□生于亡"，缺有字，亡通无。

【九】

道生一，	道生出了玄德"一"，
一生二，	玄德"一"生出了阴阳两极，
二生三，	阴阳互动生出了天地人"三才"，
三生万物。	"三才"创造生化了万物。
万物负阴而抱阳，	万物都外阴而内阳，
冲气以为和。	通过中气冲合而达到和谐。
天下之所恶，	天下所厌恶的，
唯孤寡不谷，	唯有孤单稀寡与不活，
而王公以自名也。	而王公却以孤家寡人自称。
故物或损之而益，	所以万物或许会因减损而增益，
或益之而损。	也会因增益而损少。
人之所教，	人用来教训别人的道理，
我亦教人。	我也用来教育他自己。

强梁者不得其死，	逞强恶汉都不得好死，
吾将以为教父。	我将以此做为自己的师父。

【第四十二章】

【注释】

道生一：乙本、王本如此。一：此指万物产生前混沌未分的初始混一状态，也指万物的根本，即万物赖以生存发展之"玄德"。老子恒道哲学的基本概念之一。

一生二：乙本、王本如此。二：指阴阳两仪，老子继承了大易理念。

二生三：乙本、王本如此。二：易经里用阴阳二爻表示，故称"二"。指事物矛盾的对立两面，老子哲学用以称阴和阳。

三生万物：王本如此。三：指天、地、人，易经中称之为"三才"。

万物负阴而抱阳：甲乙本损毁，据王本补。负阴：负，背负，指背部、外部；事物的外部为阴。抱阳：抱，怀抱，指胸部、内部；事物的内部为阳。

冲气以为和：王本如此。冲：《说文》解作涌摇，老子此指阴阳调和形成中正大气之壮观景象。甲本此句作"中气以为和"，大有深意。中气：中空、中正可至和谐之气，指事物的调和、联贯、沟通等。中国传统文化强调"芳华于内，恭必于外，致和于中"，故中气包含着极丰富的内涵。（1）从中医养生学看，脾胃脏腑对饮食物的消化转输、升清降浊等生理功能产生中气，中气又支持脾胃之气。中气充足，即脾胃功能健旺，反之则虚弱失常。（2）从天文学看，农历把一年分为十二个节气和十二个中气，中气包括雨水、春分、谷雨、小满、夏至、大暑、处暑、秋分、霜降、小雪、冬至、大寒等，十分重要。（3）从国艺学看，吟诵演唱时精气神十足，声音洪亮，叫做中气足。和：融和。王本与他本"中气"写作"冲气"。冲气指气息相冲使得生气和谐。中气与冲气既有区别又相互关联，全面看应指以"中和"之气冲和融贯之。故此处"中气"与"冲气"可相通不悖。中气与老子关于"多闻数穷，不若守于中。"[5] 的守中观当有密切关系。

天下之所恶：乙本如此。恶：厌恶。王本作"人之所恶"。

唯孤寡不谷：王本如此。孤寡：孤，孤单，孤独，孤家；寡，稀少，寡人。不谷：谷，生命，生长；不谷，不生育，活不了。

而王公以自名也：甲本如此。自名：自称。王本作"而王公以为称"。

故物或损之而益：王本如此。损之而益：减损它反而增益它。

或益之而损：王本如此。增益它反而减损它。

人之所教：王本如此。甲本仅余"故人……教"数字。

我亦教人：王本如此。教：教人的道理。

强梁者不得其死：王本如此。强梁：指强暴的恶人。死：通尸；不得其死，即不得全尸，意味着不得好死。

吾将以为教父：王本如此。教父：学习的师父，指学习的榜样。甲本此句作"我□以为学父"。

老子恒道深探——

道。

恒道。

恒久之道。

奥妙神秘的老子之道。

它所引发我们不得不思考的是——

《老子》在人们千百年的认真研读中已经成为博大精深的专门学问，人称老学。其五千言大作言简意深，以《道篇》三十七章居首，《德篇》四十四章居次，故《老子》又被道家尊称为《道德经》，而"老学"时下又被多数学者称之为"道学"（非指宋明儒家的"道学"）。由此可见"道"之学说在《老子》中的重要分量。

老子关于"道"的论述精华，基本集中在《恒道观》里，但在其它各观中也有论及。它贯串于《老子》一书的始末，是老子全书的总纲。可以说，抓住了老子"道"的思想，就抓住了老子思想的精髓，抓住了打开老子思想宝库的钥匙，进而为理解和吸收中华优秀传统文化的道家文化奠定牢固基础。

什么是看不见，摸不着的"道"呢？这个问题自老子提出来后，中国哲学思想界一直争论不休，有人贬之为没落贵族虚无主义人生观在本体观上的投射，而一向自认为体系庞大，推论严谨的西方哲学思想界，对此也莫衷一是。

其实，对于"道"最好的阐述，不是别的，就是老子自己的说明。有些对老子论道的误解，主要是因为对老子原话理解的歧义产生的。中国人对使用本土语言的老子本意尚且闹不明白，何况是外国人呢？当然，老子的语言确实有古奥冷僻，异体别义的艰深费解之处，因而各家在注释阐扬时，各有所得各执己见也是很正常的，但只要本着实事求是，言近本义的精神，要搞清老子的本意也决不是不可能的。这里就在各家先贤学者注释通说的基础上，博采众说，融会分析，择正去误，独出新见，提出自己对老子大道本意的解释，以求教于专家。需要说明的是，老子道论的逻辑性和系统性，在原81章的散乱排序中是难以准确全面体现的，就是相对集中于本篇后，也只能大概反映其道论全貌。故在此论说老子恒道本意时，除了一些篇内次序的必要调整外，还适当穿插一些它篇中的有关言论，以保持老子恒道思想的整体性、连贯性、逻辑性和丰富性。

老子认为，就"道"本体而言，世间的道术、道理和道路，是可以说道的，但这不是我所要阐述的永恒之道。一般的名称，是可以为事物命名的，但它不是万物永恒不变的名谓。[1]①

在老子看来，无物无象虚空寂静的"无"，是命名天地的始祖"道"的。绵绵若存用之不尽的"有"，是命名万物的母亲"道"的。[1]所以，道的本体是恒久却虚无的。但是，整天冥思苦想宇宙有无之妙的老子却不肯因此而罢休。他以伟大哲学家探究宇宙奥秘的执着坚毅地说：恒远的道本体无论多么虚无飘渺，我也要观察它的精深微妙之处。恒久的道本体无论多么丰富实有，我也要观察它永无休止的运动。[1]

于是老子发现，"道的"无"与"有"同出一辙，名称不同，说的却是同一对象"道"。这里的奥秘极为玄妙啊，它是认识万物奥秘的最根本门径。[1]

根据老子悟道的体验，要想打通这一"认识万物奥秘的根本门径"，是极为不易，要付出艰辛缜密的思维和高度的智慧才能略知一二。这是因为，你在悟道、察道的时候，往往是："细看它却不可见，所以叫作'微小'。聆听它却不可闻，所以叫作'希声'。抚摩它却摸不着，所以叫作'夷坦'。这三种感官都不能精确地测量与感觉'道'，所以把它混合称之为'一'"。[14]老子在这里所说的"一"，具有本体论和本源论意义，类似古希腊哲学家色诺芬尼所说的统摄世界之"多"全体的"一"以及德谟克利特所说无所不在的"原子"，或现代物理学所说的物质的气体、固体、液体状态中，五官无仪器不可分辨的"分子""原子""质子""电子""光子""中子"等，即那种虽然看不见、听不见、摸不着，极细微极难辨却又实际存在，构成了整个宇宙并有内在精神的最基本物质。我们当然不能说老子当年就有了今天科学家对物质内部结构的精确认识，但确实应该承认老子两千多年前就作出的天才结论，它不是主观唯心主义的武断或客观唯心主义的臆测，而是充满东方智慧，包罗万象，精妙深刻，洞察入微的恒道哲学。

老子以其高度的智慧解释构成"恒道"的物质精神一体的本原"一"。他说:"道这个'一'啊,从形而上看并不荒谬无稽,从形而下看也不恍惚虚无。你到处寻找呵认真寻思啊,都难以名状并描摹它,反而又复归于无物无形之中。这就叫做看不见状态的状态,没有实物的物象,就叫作模糊不清藏而不见。你迎面而上看不见它的头,追随它也看不见它的后尾。执着于今天所认识的'道',以驾御今天所认识的'有',就可以知道远古从何时开始。这就是道的开元纪年啊!"[14]

那么,老子发现的,如同神龙不见首尾,怪石不知起始的"恒道",到底有哪些特性呢,它是可以穷尽的吗?老子在反复思考中得出了如下结论:"大道虚空冲和而运用极广,它无所不有却永远不会盈满。多么渊深难测啊,它就像是万物的宗主!锉去万物的锋芒,化解万物的纷争,融合万物的光辉,趋同世尘大道的生命飞扬!清湛通明啊,大道似隐似现!我不知道它由来何处啊,好像是天帝的祖先!"[4]

老子这里所说的"帝之先",直译为"天帝的祖先",可以说是比"中华始祖"更早的"人类祖先",可见"恒道"的原始古老,这与今天科学家们根据宇宙大爆炸说等,所测算出的宇宙发展史所经历的上亿年年的猿人演化的生成期,刚好意义吻合。老子由此而自然联想到与宇宙生成密切相关的万物的起源。也就是说,天下万物五花八门,种类繁多,它们从何处而来呢?这是世界上所有哲学家所力图要解决的根本问题,并由此而产生不同的流派和宗教。西方犹太教、基督教、天主教的解释都是,万物都是上帝所创造的,由此产生神学主义;德国哲学泰斗黑格尔的解释则是,万物是理念的产物,由此产生了客观唯心主义。东方儒家亚圣孟子的解释是,万物皆备于我,由此产生了主观唯心主义。老子的回答与他们不同,他早于他们上百、上千年就深刻的指出:"生命之神永远不死,它就是大道玄妙神奇的产门。大道玄妙神奇产门的出口,就是天地交合的生命根。它绵绵不绝化生万物啊,仿佛长存于宇宙,永远也没有穷尽!"[6]

那些把老子神话为道教始祖、太上老君的道士理论家,常抓住老子这句话中"谷神不死"的提法,以证明道术的神奇,仙人的长生和老子的神秘,把道家变成了神教。其实,老子这里所说的"谷",不是别的,其实就是农家常见的稻谷。稻谷由谷种发育成稻子,结出谷穗,又再化为稻谷,来年撒入田里,萌芽分蘖,开花结实,生生不灭,在古人看来,自然是叹为观止、十分神奇的。"谷"的存在维系了人类的生存,其所代表的,正是天下万物所共同具有的生命精神,万物的生命力。所谓"谷神不死",正是这个意思,岂有它哉?

那么，恒道的产生是如何进行的呢？老子以他惊人的想象力和天才预测大笔描绘道："有一物浑然天成，先于天地而诞生。它寂静无声而清澈无形啊，岿然独立而不改变自己，循环往复运行而永不懈怠，可以成为天下万物的母亲。我不知道它的名称是什么，只好起个名字叫'道'，勉强命名它为'大'。'大'又叫作'消逝'，'消逝'又叫作'远离'，'远离'又叫作'反复'。"［25］老子对于"恒道"的追索和所起的不同名字，无论是大，还是消失、远离、反复，其实都是从不同方面揭示了"恒道"内部对立统一的矛盾。那就是，恒道至大无比却又转瞬即逝，恒道消失远离而又反复而至，循环不已，无穷无尽。从这一充满了哲理的描述里，我们看到了东方哲学家的伟大辩证法思想光辉。

对于反复，即精神和物质回环往复，渐进不已的演变方式，老子还用自己的语言作了进一步的说明，他指出："'反复'这一现象，就是道的运动。柔弱这一势态，就是道的运用。天下万物都从'有'中产生，而'有'却生于'无'。"［41］这就指明了"反复"的规律、万物从无到有的规律与恒道的关系。那就是恒道通过不断的反复来顽强地证明自己的存在，而万物正是从"无"到有，从自在自为的道中产生的。换句话说，道的自在自为，使得"不是"（无）变成了"是"（有）。存在主义大师萨特关于"自为是其所不是，不是其所是"的说法，实由此而来。

有人极力贬低老子之道关于"无"的本体论，其实不妥。正如冯达文先生在《中国哲学的本源·本体论》一书中所说，老子关于"无"的本体论把人的精神境界提高到无执的、空灵洁净的层面上，并以此反观人世间，得以对其有限和不足，拉开一个距离并取批判的态度，这是具有积极意义的。老子体悟道，观察道的目的，不是耽于追随他的后来的玄学家们那样的空想，也不同于佛家出世的学说，而是要把他对于道的认识和人类社会联系起来考察，从而为其所主张的治国之道提供理论的根据。老子认为："'道'是博大无比的，天是高大无边的，地是广大无垠的，统治国家的王也很伟大。国家中有这四大啊，而王就占据了其一。人效法地道的治理，地效法天道的运行，天效法恒道的规律，恒道的法则是自然而然。"［25］这段话，可以说是老子恒道观的总纲，由此派生出不要人为违反自然规律，而要自然无为，垂拱而治，让人民按照自己的天性全面发展，过各得其所的逍遥自由生活的政治思想。

老子极为肯定这一恒道自然哲学的重要性和本质意义，他认为："执着坚守恒道的伟大形象，天下人民就会向往追随而来。大家同往恒道而互不伤害，就能共享安乐太平与康泰。美妙的音乐与可口的食饵，能让过往客人留步,但过度过量了就要适可而止。'道'从口中说出的时候,是多么地平淡呀它毫无味道。想细看它也微小得难以看见,想聆听它也细小得难以听见,想使用它也永远不可能用完。"[35]

除了政治的意义、哲学的意义外（如将'天下'理解为'万物',则可引申为顺其自然地善待万物）,老子的"执大象,天下往。往而不害,安平泰。乐与饵,过客止。"[35]之说,还有其美学的意义。那就是指过犹不及,适度为好的美学原则。其意义在于,具有伟大形象和深邃美学内涵的艺术品,往往是冲淡高雅,旨远意深,不可竭尽,意味无穷的,无须人为的过分张扬和夸饰。

由于老子所处的周代,是各国纷争,战乱频繁,民不聊生的时代,故他的恒道哲学首先是针对贪得无厌的统治者,规范他们的统治的。他语重心长地说:"道永恒无为,而无所不为。诸侯国王若能遵守它,天下万物都将自然化成。眼见化成天下而企图妄为胡作,我将用无名的天性纯朴来阻止它。无名的朴实本性啊,将会让人知道满足。知道满足而无为清静,天下万物将自然安定。"[37]"朴虽小,而天下弗敢臣。侯王若能守之,万物将自宾。"[32]老子的"朴"的哲学的意义十分丰富,它从自然的角度指的是物质原初状态和最基本的规律,从社会的角度指的是人类原始共产主义社会部落酋长的那种淳朴公正的管理之道。那时的物质供应当然不如古代社会,更不如现代社会,但它没有巧取豪夺,逼良为娼的事,有限的生活物资能公平分享,满足每个部落成员的基本生存需要,这又是比现在财富分配不公的消费的高明之处,其公正人道的精神的是值得效仿的。所以老子主张统治者要归真反朴,成为一个人民爱戴的国王,这就可以避免像夏朝的桀王,商朝的纣王,法国的路易十四国王那样,遭受被推翻、驱逐、囚禁甚至砍头的羞辱。当然,老子的忠告,虽然在特定时期如汉朝初年,实行"黄老之治"时还有一定效果,而在大多数时候对统治者只能是对牛弹琴,无法改变他们的剥削阶级本性,但它对今日的民主政治家们,难道没有深刻的借鉴意义吗?

从价值论的角度说,"朴"具有本源与本体的意义,它并不像有的学者断言的,代表消极、倒退、下降、陈旧的"反"的法则,而是代表了道的最本质特性和最高价值。而老子的道,恰如赵馥洁教授所总结,其具有的是自然、虚静、柔弱、独立的价值品格,以绝对利、高度真,至上善,极致美——作为最高价值,确实曾在社会的价值活动中和人们的价值生活中,发挥着提高主体地位（"道大""王亦大"）,批判儒墨取向（道法自然）,调节价值冲突（"用柔""知反"）和超越世俗价值（为道日损）的重要功能。

在本篇的最后,老子对于恒道这一反复运动的过程,和人类社会的内在关系，再次作了精要的著名论述。他说："道生出了'一'，'一'生出了阴阳两极，阴阳互动生出了天地人'三才'，'三才'创造生化了万物。万物都外阴而内阳，通过中气冲合而达到和谐。天下所厌恶的，唯有孤单稀寡与不谷，而王公却以孤家寡人自称。所以万物或许会因减损而增益，也会因增益而损少。人用来教训别人的道理，我也用来教育他自己。逞强恶汉都不得好死，我将以此做为自己的师父。"[42]

老子在这里，以"道生一，一生二，二生三，三生万物"的哲学语言，高度浓缩地阐明世界的演化进程，在世界哲学史上第一次将主客体合一的"道"作为宇宙的本体，将阴阳上升到哲学高度，使其成为万物滋生自化的两种属性，发展了辩证法。他还特意将先贤以"孤寡不谷"称呼君王的用意点了出来，这就是通过他们对自己有意识的贬义性称呼，来时刻警醒他们自己，防止自己成为天下人所厌恶的坏东西！可悲的是，以称孤道寡为荣的历代封建帝王，除了少数像汉文帝、唐太宗那样的明主外，很少有记得老子遗训的，他们往往把称孤道寡当作抬高自己，骑在老百姓头上作威作福的代名词，忘了称孤道寡内含的应谦虚谨慎的本意，难怪要成为人民所厌恶的东西了。所以说，老子所说的"道生一，一生二，二生三，三生万物。"并不只是简单的数字游戏，或者是难以猜测估量的神秘数哲学概念，而是从恒道观的高度，从事物产生的本原和矛盾规律出发，对人类社会统治者与被统治者的不可调和矛盾的一种化解。它期望的是统治者对自己地位、数量、比重、人心向背的清醒态度，而不是妄自尊大，胡作非为；它主张的是统治者的言行如一，表里如一，言传身教，身体力行，他们所希望人民作到的，自己首先要作到，他们禁止人们所做的，自己也决不去做。只有这样，他们才可能得到人民的理解和拥护。

当然，老子希望当时鼠目寸光，自私自利的统治者能理解恒道政治其中深奥的道理，是不可能的，即使现在的一些以"公仆"自称的国家公务员，也未必达到了老子所说的这一思想境界。他们之中腐败分子的言行，甚至与当年那些以孤家寡人沾沾自喜，责人严，待己宽，口是心非的统治者没有什么两样。由此可见，老子的恒道观，不仅以天才的预测，认识到了几千年后，人们借助高科技手段才揭开的自然物理秘密，而且有很高的政治实用价值和永久的文化价值。

这一老子发明的微妙高深的恒道观，影响中国文化进程两千余年，影响世界上千年，对中国人的心理结构和思维方式，更产生了深远的潜移默化的建构作用。它使得中国人比较尊重自然的规律，而不喜欢盲目狂热的强调人定胜天，使得中国人更愿做疏通引导洪水的大禹，而不愿做他那以堵塞阻滞洪水为计终于一无所成的父亲鲧。至于移山的愚公，人们所牢记的大多是他感动天神，把山移走的故事和坚韧意志，而并非真的要去做那些违反社会规律与自然规律不的可能实现的蠢事。

在老子看来，恒道非指一般的道理，而是绝对真理。它与法地、法天、法道的人地天不同，无须"转相法"、"法自然"或刻意效法任何事物与法则。恒道先天而生，自存不灭，自在无为，至刚，至柔，至大，至正，至强，至顺，自然而然，化生万物，无所不包。在恒道主宰的大自然面前，人们如能长久保持老子所说的东方恒道观的柔弱谦卑态度，去反复行事，谨慎行事，敬畏和爱护养育万物生命的大森林、大草原、大沼泽、大江河、大湖泊、大山脉、大海洋，而不再重复中国大跃进大破坏那样的荒唐的英雄壮举，不再去疯狂掠夺自然以满足眼前的狭隘需要，也许不失为更明智的选择！

由此我们还可以进一步探问——

问题之一，是如何从老子自己的定义看"道"？

"道"是无始无终，无边无际，无穷无尽，无所不在，无所不能的宇宙万物之道。也正因为老子独创之"道"的博大与高深，使得它成了千百年来，古今中外，多少代学者，绞尽脑汁，著书立说，洋洋万言，说不完，道不明，论不够，探不尽的"谜"。有学者从"首"有"头"，有"朝向"的含义看，认为"道"就是往一定的方向走。有学者甚至认为"道"所暗示的是一种古代斩首献祭仪式，把"首"作为放在盘子里的头颅来理解。

而从词义学与词源学看，"道"字从辵 chuò，首声，本意是"道路"，引申为"途径"，"方法"，"法则"等，与"器"相对，有形而上的意义。因此，在先秦诸子那里，"道"还可以指思想体系，人生观，世界观，政治主张等。孔子所谓的"道不行，乘桴浮于海。"（《论语·公冶长》），以及"道不同，不相为谋"《论语·卫灵公》等说法，就都有这一含义。因此，推而论之，各家各派，各有主张，各执学说，各占一域的先秦诸子，自然就各有其"道"了。道家有自然无为之道，儒家有克己复礼之道，法家有驭臣治国之道，墨家有兼爱非攻之道，兵家有奇正相生之诡道，医家有辩证施治之医道，等等。后来就连由印度引入中国的佛家，也"入乡随俗"，讲起崇佛觉悟之道了。而就"道"的这一思想体系、学说主张的词源本意而言，老子之道也是十分耐人寻味的。

首先，从五千言老子《道德经》看，全书共分为"道"、"德"两部分，"道"字在上下两篇累计38章里一共出现了64次，几乎占了全书81章的一半；若以一章一"道"计，则占了近九分之七，可见"道"在其书里分量之重。其次,除了把"道"作为"可道"、说道一类的动词意义外,老子更多的是以"道"做为哲学观,宇宙论来论"道"的。而"道"在老子的《道德经》体系里,就犹如"乾坤"在《易经》里的地位一样:后者所代表的是易变、易简、不易的阴阳变化规律,是中华文化总道术《易经》的总纲;前者所代表的是宇宙的本体和运行总规律,是老子《道德经》道家学说体系的总纲,是老子九大哲学观里最重要的核心价值体现,是揭开老子全书秘密的钥匙。

这就是说,我们只有抓住"道",才可能在老子建立的前无古人,后乏来者,高妙超绝的道论体系里,从人生论,伦理论的角度去化生大道的玄德,从认识论,社会论角度去探求真知、清静之理,从实践论,生命论的修炼去感悟无为、贵身的神奇功效,从政治论,军事论的安民、用兵、治国等实施方略中,去体验老子道论的博大精深,从而发现"道"在老子道德经中的地位,确实是处于金字塔的最尖端——象征着人类的伟大理想和宇宙的绝对真理。②

当然,对于老子之道的解读和阐释,不可能是仅用一两个概念、一两张图表就说得清清楚楚明明白白的。由于老子论述方式的独特古朴和老子之道的丰富而深刻的内涵,可以让具有不同解悟能力的人们从不同断句、不同视角、不同学科、不同学派、不同理解、不同层次去阐述,因而存在着大量不同乃至完全相反的看法,这也是很自然和正常的现象。如陈鼓应说:"有些地方,'道'是形而上的实存者;有些地方,'道'是指一种规律;有些地方,'道'是指人生的一种准则、指标、或典范。"(陈鼓应《老子注译及评介》中华书局1996年);冯友兰先生认为道有两意义:"照其一意义,所谓道,是指一切事物所由以生成者。照其另一意义,所谓道是指对于一切事物所由以生成者底知识。一切事物所由以生成者,是不可思议不可言说底。"(23);更有人讲道是"大母神"。(萧兵 叶舒宪《老子的文化解读》湖北人民出版社1993年)。从积极的意义看,这些不同看法存在的本身,就已经证实了老子之道的神秘性与多义性解读可能,它不仅可以让我们在它们之间进行比较、分析,而且还可以有助我们从各个学科、学派的不同理解和阐述中,加深对老子之道的理解和认识。

问题之二,老子之道的"有"和"无"有什么关系呢?

据电脑统计,"无"字在老子《道德经》中累计在35章里出现了82次,"有"字于老子《道德经》中累计在44章里出现了81次,两字的出现频率几乎相等;其中"有""无"两字同时出现的各章有1、2、8、11、13、

14、19、20、32、34、38、40、41、43、46、48、50、57、59、63、64、67、71、72、77、81等26章。其论述"有""无"的精彩名言有："常无，欲也以观其眇；常有，欲也观其徼。两者同出，异名同谓。"[1]"有无之相生也，难易之相成也，长短之相形也，高下之相盈也，音声之相和也，先后之相随，恒也。"[2]"反也者，道之动也。弱也者，道之用也。天下之物生于有，有生于无。"[41]等，由此反映出一个可贵信息，老子喜欢"有""无"一起谈，两个概念的出现次数频率几乎相等，属于一对相反相成的概念。但老子分散在各章里谈"有"的时候，则比谈"无"多；"有"在他的道学体系里明显占有更多的篇幅，这就又突出了他更注重实际、实体、实物、实像的唯物主义倾向，也可证他并非被人误解的那样是一个只知道谈玄务虚的空想家。

在老子的有无之论中，"道可道，非常道。名可名，非常名。无名万物之始，有名万物之母。故常无，欲以观其妙，常有，欲以观其徼。两者同出，异名同谓。玄之又玄，众妙之门。"[1]以及"有无之相生也，难易之相成也，长短之相形也，高下之相盈也，音声之相和也，先后之相随，恒也。是以圣人居无为之事，行不言之教，万物作而弗始也，为而弗志也，成功而弗居也。夫唯弗居，是以弗去。"[2]这两章，是透析他的恒道与有无关系的经典名言。其中主旨与深意是，老子认为，"道"是不能简单的用"有"或"无"来描写谈论或规定的。人们把"道"作为一个实体来谈论的时候，它却不是老子所要谈的"恒久之道"了。在老子看来，无法名状，有形而无名，眇然可观的"道"，正是万物的初始状态，是玄之又玄的众妙之门和万物出生与归依的本原。所以，道的本体是恒久而虚无的。但是人们只要认真观察它，那么不管这恒久的道本体有多么实有丰富，也可以观察到它永无休止的运动和精深微妙之处。这正是老子对"道"的发现的极其重要的意义："道的'无'与'有'同出一辙，它们名称不同，说的却是同一对象'道'。这里的奥秘极为玄妙啊，它是认识万物奥秘的根本门径。"[1]舍此途径，人们既无法认识自然，亲近自然，也无法顺应自然，善待自然，受益自然，要么只能膜拜神灵上帝，把自己的命运交给人本质的神话对象来安排，要么只能在破坏自然、毁灭自然的"有"中消亡，在恐惧自然、绝望自然的"无"中沉沦。

对于老子之道的"有"和"无"论是否矛盾的问题，有论者认为，就宇宙生成论而言，老子的道论，认为具体存在的"有"总要有一个开头，而这个开头的东西又不能再是"有"，所以只能是"无"。这就陷入了一个悖论。因为万物都是以"有"为生的，只能从具体的物质形态中生化出来，而不可能从绝对的"无"中产生。而老子为了克服这一矛盾,把"道"说成是包含了物、象和精的一种混沌未分的最初物质,这就不是"无"而是"有"了,岂不是使自己陷入了"无"中生"有"的自相矛盾之中了吗?其实,这一说法并非老子道论本身存在的矛盾,而是自然本身就存在有无的矛盾,只是老子把这一矛盾揭示了出来,后人的理解和认识却没有老子的认识深入精微而自己产生了矛盾而已。从存在论与本体论角度看,老子主张的"无"并不是绝对的一无所有,而是指《易经》所说的乾坤演变刚刚开始,宇宙万物尚未形成的混沌无辨的状态。用董光壁先生的话说,老子的"无"就相当于现代物理学中的"基态量子场",这是一种由现代物理学实验已经改变了的人们对"无"的认识而产生的"真空"概念。按照其理论,所谓的"真空"并不是指任何东西都不存在的虚空状态,它实际上内涵了无数我们以前所难以感知的极其微小难辨却活跃非凡的粒子。在这一老子道论称为"无"的量子场中,"各种粒子都是真空的激发态,现实世界的一切都是由真空激发形成的。'真空'回到了老子的包藏着无限生机的'无'。"(董光壁《道家思想的现代性和世界意义》,载《道家文化研究》第一辑,上海古籍出版社1992年版,第48页)再从庞朴先生的文字学研究结果看,古人关于"无"的认识,本来就存在三种歧异或者是三个阶段:一是"亡",指有而后无;二是"無",指似无实有;三是"无",指无而纯无。老子所谓"有生于无"的"无",原应为"無"字。(庞朴《说"無"》,见《一分为三》第271－282页)这也正说明了老子关于"有生于无"的说法,本来就指的是万物出生前似无实有的混沌状态,无所谓无不能生有的矛盾。所以,老子之"道",一方面像牟钟鉴先生所理解的那样,"它无形无象,不可感知,以潜藏的方式存在,玄妙无比,不可言说,只能意领,一旦说出,便落筌蹄,失却本真,只可寄言出意,勉强加以形容,也还须随说随扫,不留痕迹"(牟钟鉴等主编《道教通论》第70－71页);一方面,又是可以用现代物理学的概念去解释,用抽象的语言,认真的思索、领悟和直觉,去体味和把握的。这也正是我们不可简单化地把老子之道归为"无"或"有"的原因。

问题之三,老子之道来自预设还是切身体验?

对于老子之道是预设概念还是来自切身体验的实际存在,学术界一直有不同的看法。陈鼓应持前一看法,他断言:"关于这个问题,我们可以直截了当地说,'道'只是概念上存在而已。'道'所具有的一切特性的描写,都是老子所预设的。"(陈鼓应《老庄新论》,上海古籍出版社1992年版,第36页)但这个回答却引起了许多把老子视为杰出的中国古代先哲,究竟应有何种思维特性的论者的怀疑。他们认为,老子关于"道"的一切特性的描写,不可能像一位数学家随意构造、推导关于纯数学方面的定理那样,不受任何主、客观条件的限制。而从老子对道的详细描述看,只能是反映了一种客观实在的体验,是他从宇宙万物和社会人生中思考、体悟出来的亲身实践和经验。如牟钟鉴先生就认为:《老子》"段段饱蘸体验"(见牟钟鉴等主编《道教通论》,齐鲁书社1991年版,第149页)。其实,人们在这里所讨论的,无论是强调老子之道的预设性,还是体验性,都不是决定"道"的核心价值的关键所在。"道"的最高价值在于它的"自然性",那就是"道法自然"——在顺应自然、社会、思维的发展规律中,实现"道"的无为无不为的理想主义精神。因此,我们大可不必纠缠在老子之道究竟是一种所谓"预设"的模式还是体验的结晶的争论上,而应该牢牢抓住"道"的理想和理念既有抽象性又有实践意义的核心价值。

总之,老子的道,根据他关于"道"之特性的描述,诸如自然、无为、虚无、清静、纯粹、素朴、平易、恬淡、柔弱、不争等等,其实既是"饱蘸体验",真实可感,有政治含义和时代精神的,又是高度抽象,概念化,预设性,前瞻性,理想性的伟大哲学家的思辨结晶。它既不是虚无缥缈的空中楼阁,也不是身边可感可触的社会现实,而是根据老子所说的"人法地,地法天,天法道,道法自然。"([25])的文化建构模式,所步步推演出来的道论,因此具有抽象性和具象性这两条特性,是这两种看似矛盾实则统一的概念一而二、二而一的结合体。而在老子这一"人,地,天,道"所组合的文化建构图式里,"天"显然占有最接近"道",又对人具有强大影响力的高层的、中介的、引领的关键地位。由此又引出了:

问题之四,老子之道与天有什么关系?

在老子的时代,"天人合一"的思想可谓深入人心。从盘古开天地,死后骨肉、眼睛、血液化为山川林木,日月星辰的神话,到女娲炼石补天,抟土造人的传说,从伏羲发明八卦,把天、地、雷、风、水、火、山、泽列为构成世间万物的基本要素,到古人观天察象,为星宿图阵安上金、木、水、火、土以及青龙、白虎、朱雀、玄武的名称,中国人把太多的人类印记,烙在"天"的身上,使得天与人,天与道,人与道的关系是如此的密切,不仅天是人身体的外化,甚至是人的意志的体现者,即所谓的"天意"、"天命",以至于孔子这样从来不语怪力乱神的大学者,也有所谓"畏天命"之说。明乎此,我们对老子全书中,竟然有超过老子81章总数一半以上,共46章之多出现了"天"字并达到111次的高频率,也就不会过于惊奇了。

实际上，在老子的心目中，比起生命有限的体能脆弱的人类，天虽然要长久而强大，但也不可任意胡为。这就是"天长，地久。天地之所以能长且久者，以其不自生也"［7］以及"希言，自然。飘风不终朝，暴雨不终日。孰为此？天地，而弗能久，又况于人乎！"［24］的道理。在老子看来，天与地都不会以人类道德的善恶标准去对待万物，这就是所谓的"天地不仁，以万物为刍狗。"［5］虽然说，用人类的道德标准看，"以万物为刍狗"的天地似乎是不仁无情的，但站在将来的合理的人类社会公平正义的理想看，天之道所坚持的"损有余而益不足"的美德，却远远胜过老子当时所在社会，以至当今那些专门以"损不足而奉有余"的"人之道"。因此，老子把"自然无为"之道，作为无仁有道的"天"的榜样，把"损有余而益不足"的天，作为被人们拼命掠夺榨取，任意扭曲改变的安身立足之"地"的效法对象，是大有深意的。正如许多学者都已经提到过的那样，老子强调道而以天从道，打破了有神论的人格化的上帝说的禁锢，对人们解放思想，探讨天道与自然的规律，造福人类，是大有贡献的。而从道与天的密切关系上，也引出了——

问题之五，老子之道与本体论有什么关系？

从中国人"天人合一"的观念看，老子从不把"天"作为最高权力和最高真理的象征，而将其置于道之下，是有其深刻原因的。因为在中国"天人感应"的强烈的文化氛围里，"天"确实时常有被人们任意做利己主义的解释，甚至被自称"天子"或代表"天意"的统治者利用其来蒙骗欺压人民的一面。所以老子要以服从自然，顺其自然，自然而然，化生万物的"道"做为"天"的本源和效法对象，以实现自己高远伟大的恒道理想。这也正是老子之"道"既体现出哲学本体论意义，同时又具有天人合一，修道成圣的方法论意义的原因。因此，老子之道与物质化、实体化的"天"的主从关系，是我们主张将老子之道与西方旧形而上学的本体范畴区别开来，不同意张世英先生提出的所谓"旧本体"说的理由。因为照他看来，老子所讲的关于本体论的"道"，是"常道"，是超验的普遍永恒的东西，因而基本上是一个"自柏拉图到黑格尔的旧形而上学的本体范畴"（张世英《天人之际——中西哲学的困惑与选择》，人民出版社1995年版，第403页）。这就把东西方哲学的文化差异抹平，把柏拉图的"哲学王"和黑格尔的"绝对理念"，等同于老子的"圣人"和"道"了。其实，老子的"道"和"天"之所以不是"西方旧形而上学的本体范畴"，还因为前者有"无"的特性而后者却有"有"的特性。从天人关系角度看，作为本体化范畴的

"天",是"道"的派生物。它一方面具有绝对性、无限性,同时又是道之所生,发育万物,大化流行的过程;而按照老子道论和《黄帝内经》的"天人合一"理论,人的本体取决于"天",人禀受"天"所赋予之性,所以也具有绝对、无限的超越本性。故此,从道本体而言,天是道的产物,人是天地的产物,"人"与"天"是合一共生的。它反映到人的思维意识之中,就出现了敬畏天命,遵循天道,不违天时,顺从天意的中华文化意识。

总之,老子之道与本体论的关系,是本体意义的天人合一,它与西方天人相分的本体论是不同的。这正如蒙培元所说:"按照中国传统哲学,人的存在是形而上与形而下的统一,是形神合一、身心合一的整体存在,并没有西方那种灵魂与肉体相分离、精神与物质相对立的二元论。"(蒙培元《中国哲学主体思维》,人民出版社1993年版,第146页)因此,研究老子道学,有助于我们跳出西方哲学史那种"旧形而上学的本体范畴",探索天人合一的真谛,解决西方那种灵肉分离,天人相分,掠夺自然的"异化"现象,从本体论的高度,对包括人类在内的天地万物的自然本性及其存在方式做深入思考。进而以"自然无为"的体道方法"复归其根",全面发展人的自然本性。至于这里所又引出另一个尖锐问题,老子之道是否讲道德,我们将留待下边详解。

【注释】

①本编中所引用的老子语录,一律用[ ]号表示章名,其内容可参见334页"附录"中的"三唯版"《道德经》。如[35],即表示该段原文出自《老子》第三十五章。

②柯可. 老子哲学观体系新论[J]. 广东社会科学,2005(1).

道生之，德畜之。物形之，
势成之。是以万物尊道而贵德。

二、老子的玄德观

上善若水

儒家喜欢说"宁为玉碎，不为瓦全"，"不成功，便成仁"的仁德故事，所以宋朝宰相陆秀夫等人带着小皇帝，逃到广东崖门海上，被元朝追兵赶上围杀时，就宁可跳海了，绝不会像当年越王勾践那样去卧薪尝胆，卷土重来。佛家喜欢说舍身饲虎，舍身喂蚁的佛德故事，往往把不杀生的普渡众生信念推向了极高道德境界。老子则以善利万物的柔弱之水比作至高美德，据说他的老师商容就指着自己的嘴，告诉过他坚硬的牙齿早已脱落，而柔软的舌头依然还在的处世道理。而眼下红红火火地建设幸福家园的国人，也如岭南把"厚于德，诚于信，敏于行"作为自己高擎的人文精神旗帜。

这也说明，任何宗教与学说，无不以包括故事、绘画、乐舞等各自的方式，宣传自己的理想、道统而以德卫之。对于老子而言，以"道法自然"推进"人之道损不足以奉有余"向"天之道损有余以补不足"的进化，让人民甘其食，美其服，乐其俗，远离战争、重税和早亡，才是永恒之道与伟大理想。与宣传王道一统、大同世界的儒教，向往极乐净土，顿悟成佛的佛教，相信上帝天堂、赎罪救世的基督教，主张真主万能，互助共济的伊斯兰教比较，老子显得更尊道贵德，其《道德经》中的《德篇》足比《道篇》多了七章。然而，为什么老子在一般人心目中，并不是一个道貌岸然的道德家，而是一个毁仁谤义，绝圣弃智的反道德主义者呢？

原来，作为发现了人道必然向天道进化的恒道规律的伟大哲学家，老子玄德设计的难题，是如何处理人欲与恒道的关系。老子并不是一般的反对道德，而是对人类社会道德的本质、作用、局限作了深刻思考，对新道德的标准，建设作了全新创造的道德家。从目前我们所能看到的最古老的郭店楚墓竹简本看，老子的原文是"绝智弃卞（偏）"，而不是"绝圣弃智"，他反对的是自私的狡智和妄为的偏激，所以主张守中，清净，无为，以童真人为标准，自然取向的复朴化的恒道主义的"古圣化"，它有助于升华当前人本主义心理学以健康人为标准，未来取向的内在化的乐观主义的"再圣化"，超越弗洛伊德以病态人为标准，过去取向的外在化的悲观主义的"去圣化",从而建立起柔弱胜强,返朴归真的道德体系。这就是他又称之为恒德、孔德或上德,含有玄妙,恒久,美好,上佳诸义的"玄德"。

"含德之厚者,比于赤子",万物过强就会衰老,柔弱童子反而生命力最强,这也就是老子所说的不守恒道就会过早灭亡的深刻道理。与主张升官逐禄的儒家不同,做出"化生万物,畜养万物,使万物滋生而不占有它们,使万物成长而不主宰它们,这就是玄德"的权威定义的老子,以上善若水,还童归真,作为化解强凌弱,智诈愚的社会矛盾的药方。正如人本主义心理学家马斯洛所说:"假如最社会化的人本身亦是最个人化,假如最成熟的人同时又不失孩子的天真和诚实,假如最讲道德的人同时生命力最旺、欲望最强,那么,继续保持这些区别还有什么意义?"这正是老子两千多年前就主张修养的纯真人性的自然道德,它少私寡欲,根深蒂固,赤子之心,既不是佛祖慈悲,普渡众生的佛德,祈求上帝救世赎罪的基督美德,也不是孔子以血缘别亲疏的人伦道德,更不是宋明理学主张"灭人欲"的假道德,而是每个顺应自然天性的人,都可以在求道必由之路上修成的真道德。

不过,表面理解玄德是一回事,能真正按照玄德要义去实践则是另一回事。所以老子感慨地说,上士闻道,勤能行之,下士闻道,却大笑之,我的话很易懂,但人们并不能实行啊,所以说:"玄德深矣,远矣!与物反矣,乃至大顺!"这也是标榜替天行道的李自成欲建大顺朝的由来吧?从玄德难解看,之所以被后人叹为"玄之又玄",其因如下:

一、**道生玄德,幽微难辨**。老子经过艰辛的哲学思考,才明白了"万物莫不尊道而贵德。"玄德根源于道的奥秘。他言约意丰地指出:"伟大玄德的内容形貌,都只服从于恒道的本体。恒道的产物玄德,是非常圆满而又非常隐蔽的。它和道一样,是那样的潜藏而不分明啊,远望而令人茫茫然,其中有壮观的大象啊!你仔细就近观望啊,再潜心地探究啊,就会发现它中间确有实物啊!虽幽暗不明啊,也冥冥难辨啊,但其中内有精质啊!这精质还非常真实,其中有自然规律的宝贵信息。"

二、**道法自然,需防异化**。老子通过远望近察终于发现,玄德看似玄奥,但决非虚无缥缈难以把握的怪象。相反,它从今天到古代,道德的形态都没改变,以服从引导它的规律。这就为老子为循道渐进,探虚就实,鉴古知今的人们,所提示的恒道是玄德取舍的标准:"道之尊,德之贵也,夫莫之爵,而恒自然也。"从根本上防止了由贪婪贵族主宰的人之道社会逆天而行,因强弱不和贫富不均造成的道德蜕变,避免了"失道而后德,失德而后仁,失仁而后义,失义而后礼"的道德沦丧悲剧。

三、**道生德畜,互补增益**。老子把尊道贵德,化生万物,视为"道生之，德畜之"的功能互补，效益倍增关系。这就是把德作为道的意志和体现，使万物依赖德得以生长、刺激和锻炼，从而认识道的精髓和伟大，自然而然地通过修德，践道，体道与道合一，获得自由。它犹如《易经》所说的乾天行健，坤地厚德的阴阳和谐作用，用文子转引老子的话说那就是"德之中有道，道之中有德，其化不可极。"

  四、还童归真，修德途径。为克服人和社会与人际关系的矛盾，老子为玄德真人做了定义。他说："集营养精神于一体，能让它们永不分离吗？糅合物质精神至最柔顺的境地，能重新变婴儿吗？清除心中的明镜，能让它毫无瑕疵灰尘吗？爱护人民，治理国家，能不用狡诈的权谋知识吗？闭紧耳朵眼睛鼻孔，能雌服而不逞强吗？聪明通达各种事理，能不通过不良知识的灌输吗？"这里修养的途径：一是集中精力和神思，切忌整日花天酒地，声色犬马，糟蹋身体；二是要返回到童真清纯的最佳生命状态；三是要时常清扫贪欲杂念，澄明心境；四是切勿玩弄巧取豪夺的政治权术，抑制国民的蓬勃生机；五是谦让而不好勇斗狠；六是避免邪说害民。这可见把老子归入愚民政治家，是很不公平的。

  同时，老子还提出了践行玄德的四项准则：一、"知道了万物无不自强雄健，就应该保守它的顺从柔雌，成为天下最低下的小河溪。甘为天下最低下的小河溪，恒常的道德永不离，就能复归于天性纯真的婴儿。"它强调的是自强乾德和厚德坤德的互补，复归人类童年的纯真良善。二、"知道事物的华贵尊荣，监守它的污浊羞辱，成为天下最低洼的山谷。甘为天下最低洼的山谷，恒久道德得以丰厚充足，就能复归万物原始的淳朴。"其要点是出污泥而不染，忍辱负重，积德行善，反朴归真。三、"知道万物的纯净洁白，监守它的肮脏漆黑，可成为天下的范式。成为天下的范式，恒久道德永不离弃，就能复归无极的和谐之境。"要点是勇于追求光明，宁可忍受黑暗也不背离恒道玄德，以期达到最高的境界。四、"粗朴的原始状态破散后，就形成了用器，圣人任用后就成为人民的官长。所以说天下最大的体制，是无法分割的。"要点是选贤任能，让有德之士成为人民公仆。

  与提出"甩开自然：再造道德！"口号，将道德看成是人类负担，道德史即失败者肯定自我价值判断的历史，鼓吹超人哲学的尼采不同，老子虽强烈批判伪道德，却自有理想中的玄德高人：他以老百姓的心为天地良心。对于良善的人和物，他善意地对待他们，对于不良善的人和物，他也同样善意地对待他们。老子推崇的圣人，不同于西方圣经中那唯我独尊，非我族类，必除之而后快的上帝，也不同于那种以文化和意识形态作为唯一标准，猜忌施压、制裁封锁乃至动武侵略的的狭隘自私的现代全球战略家。

在老子看来:"圣人恒无心,以百姓之心为心。善者善之,不善者亦善之,德善也。信者信之,不信者亦信之,德信也。圣人之在天下,欹欹焉,为天下浑心。百姓皆属耳目焉,圣人皆孩之。"[49] 可以说,这确是只有在老子的大道理想国里,才能培育出来的能与天地合德,与万物同心,把老百姓当成自己的心脏、耳目、孩子一样关爱的贴心领导人,他永远是大道传人期盼能一睹风采的玄德真人。

老子今译

玄德篇

【一】

载营魄抱一,	集营养精神于一体,
能毋离乎?	能让它们永不分离吗?
抟气至柔,	糅合物质精神至最柔顺的境地,
能婴儿乎?	能重新变婴儿吗?
修除玄监,	清除心中的明镜,
能无疵乎?	能让它毫无瑕疵灰尘吗?
爱民治国,	爱护人民,治理国家,
能无知乎?	能不用狡诈的权谋知识吗?
天门开阖,	闭紧耳朵眼睛鼻孔,
能为雌乎?	能雌服而不逞强吗?
明白四达,	聪明通达各种事理,
能无为乎?	能不学不良知识不妄为吗?
生之畜之:	化生万物,畜养万物:
生而不有,	让万物滋生而不占有它们,
长而不宰,	让万物成长而不主宰它们,
是谓玄德。	这就是玄妙的道德。

【第十章】

【注释】

载营魄抱一：王本如此。载：负载，包含；营：中医所说的营气，指人体内养护生命的营养物质；魄：魂魄，即人的精神。抱：怀抱，集纳。一：即老子所说的恒道。乙本此句作"载营柏抱一"，柏应为魄。

抟气至柔：乙本如此。抟：繁体为"摶"，王本误作"專"，乙假作"槫"，均应为"摶"：摶，糅合。气：中医所说的营气和卫气。中医认为，人体有属阴的营气和属阳的卫气，都是人体内养护生命的营养物质，要阴阳协调，防止阴盛阳衰或阳盛阴衰的病态，糅合营卫二气和物质精神达到柔顺谐和的境地，人才能心广体胖，和乐自在，延年益寿。

能婴儿乎：诸本如此。老子认为，充满童真的婴儿，没有私心杂念，无欲无为，所以是身心最健康的，因而能变回婴儿，作为恒道观修养玄德的最高境界。

修除玄监：甲乙本如此。修除：甲乙本作"脩除"，其意同修除，指清扫，清除等。玄：玄妙。监：通鉴，镜子；玄监，指心中的明镜。王本此句作"涤除玄览"，字虽异而其义同。

能无疵乎：王本如此。疵：瑕疵，灰尘，毛病。

爱民治国：王本如此。治国：乙本作"栝国"，当为"活"字误笔。"活国"，河上本如此，激活，救活国家，与治国意义无本质区别。

能无知乎：王本如此。知：知识，这里特指有关政治方面的权术。乙本作"能毋以知乎"，意同。

天门开阖：王本如此。天门：指耳、眼、鼻等天生的感官。开阖：开关，指打开或关闭人们认识外界的感官。乙本作"天门启阖"，意同。

能为雌乎：乙本如此。雌：雌服。王本作"能无雌乎"，意同。

明白四达：乙本、王本如此。四达：通达有关道、天、地、人等四方面的各种事理。

能无为乎：王本如此。乙本作"能毋以知乎"，与前句重复。知：知识，此处指不良知识的灌输。

生之畜之：诸本如此。生之：化生它们，指天下万物。畜之：畜养它们，指天下万物。

生而不有：王本如此。有：有，据有，所有，占有，拥有。柯按：此句之后，王本还有"为而不恃"一句，但甲乙本无，且与51章重复，当为错简误植，故不取。

长而不宰：王本如此。宰：主宰，宰割，管治。

是谓玄德：诸本如此。玄德：老子"玄德观"得名之由来，指玄妙的道德,即下面所说恒德,孔德,上德等,老子诸观中仅次于恒道的重要哲学概念。

【二】

孔德之容,	伟大道德的内容形貌,
惟道是从。	都只服从于恒道本体。
道之为物,	道作为产生玄德之物,
唯恍唯惚。	它模糊不清,圆满而隐蔽。
惚兮恍兮,	它潜藏而不分明啊,远望而茫茫然啊,
其中有象。	其中有大象。
恍兮惚兮,	恍恍惚惚之间,观望啊探究啊,
其中有物。	它中间确有实物。
窈兮冥兮,	虽幽暗不明又冥冥难辨啊,
其中有精。	其中却含有精质啊。
其精甚真,	这精质是多么的真实,
其中有信。	其中有自然万物的基因信息。
自今及古,	从今天上溯到远古,
其名不去,	道德的形态都没改变,
以顺众父。	以服从主宰它的所有规律。
吾何以知众父之然也?	我靠什么知道这些规律的实情呢?
以此。	靠的就是这玄德之道。

【第二十一章】

【注释】

孔德之容:诸本如此。孔:盛大,美好。孔德,即恒道所主张的美好玄德。容:内容,容貌,包含内外。

惟道是从:王本如此。惟:惟有,惟一。道:恒道的本体。从:服从。甲乙本惟写作唯,音义相同。

道之为物:王本如此,甲乙本作"道之物"。道之为物:指恒道作为玄德的产物。

唯恍唯惚:王本如此。恍(huǎng):动,昏瞆不明的样子。惚(bū hū):模糊不清楚,精神不能集中,神志不清。甲本此句写作"唯朢唯忽",乙本作"唯朢唯汤"。"朢",分别有远望(远眺)、探望(近观)、圆满

（望月）等意义，需结合老子文义恰当运用，此处取第三义"圆满"为宜。甲本忽字与王本以及通行本的"惚"字相合。乙本沕（mì）：沕，形容词，潜藏貌，很难辨认之意。

惚兮恍兮：王本如此。乙本作"沕呵望呵"：沕，此作形容词，指因物象潜藏使得玄德看不分明。望，动词，茫然地了望。此句应结合王本与乙本之义，指恍惚之间，对玄德看不分明。

其中有象：王本如此。乙本作"中有象呵"：象，大象，恒道的伟大之象，老子恒道观的概念。

恍兮惚兮：王本如此。乙本作"望呵沕呵"：望呵：动词，仔细地就近察望。沕呵：此作动词，指潜下心来认真探究。此句应结合乙本之义，指恍惚观望、认真探究，对玄德还是难以看清。

其中有物：王本如此。乙本作"中有物呵"。物，实物，万物。

窈兮冥兮：王本如此。窈（yǎo）：其意通"幽"，指幽暗不明。冥：昏冥，冥暗难辨。乙本此句作"幼呵冥呵"，乙本假借窈字做"幼"。

其中有精：王本如此。甲本作"中有请吔"，乙本作"其中有请呵"，王本为是。

其精甚真：王本如此。精：可指真精、精气、精华、精神。甲乙本"精"作"请"，通"情"，情自心生，心与精神相通。

其中有信：乙本王本如此。信：守信，信息，此处指有关自然万物内含的基因等宝贵信息。

自今及古：甲乙本如此，有压韵之妙。及：推及，追溯。王本与他本或作"自古及今"，非也。

其名不去：王本如此。名：名称，名状，此处指玄德的形态。去：逝去，改变。

以顺众父：乙本如此。众父：万物的始端，万物的规律。王本作"以阅众甫。"不取。

吾何以知众父之然也：乙本如此。众父之然：众父，这些规律；然，这样，指恒道的实情。王本此句作"吾何以知众甫之状哉？"不取。

【三】

上德不德，	崇尚道德的不大肆鼓吹道德，
是以有德，	所以有真正的道德；
下德不失德，	轻视道德的无良者不愿失去假道德，

是以无德。	所以毫无道德。
上德无为而无以为，	崇尚道德者清静无为，而不会肆意妄为，
上仁为之而无以为，	崇尚仁慈者有意作为，而有所不为，
上义为之而有以为，	崇尚义气者刻意作为，因而有所作为，
上礼为之而莫之应，	崇尚礼仪者有意作为而偏偏无人响应他，
则攘臂而扔之。	只好伸出手臂要去打别人。
故失道而后德，	所以丧失了正道才讲品德，
失德而后仁，	丧失了道德才大讲仁爱，
失仁而后义，	丧失了仁爱才大讲义气，
失义而后礼。	丧失了义气才大讲礼仪。
夫礼者，	所谓礼仪，
忠信之薄而乱之首，	是忠诚信义淡薄后的动乱祸首，
前识者，	前面所说的种种不良识见，
道之华也，	是道的浮华粉饰，
而愚之首也。	是最愚蠢的主张。
是以大丈夫处其厚不居其薄，	所以大丈夫保留玄德敦厚，不保留假道德之浅薄，
处其实不居其华。	牢抓玄德的精髓实质，不追求假道德的浮华。
故去彼取此。	所以应去假礼义而取真道德。

【第三十八章】

【注释】

上德不德，是以有德：乙本、王本如此。上：上等，崇尚。上德，崇尚道德，高尚之德。不德：自然而然，不刻意宣扬鼓吹道德。

下德不失德：乙本、王本如此。下：下等，看轻。下德：道德低下者，内心深处看不起道德，口头上却不愿意失去道德，实际上只追求道德的表面形式。老子指那些整天把道德挂在嘴边，说个不停的伪君子，假道德。

是以无德：乙本、王本如此。无德：毫无道德。

上德无为而无以为：王本如此，乙本作"上德无为而无以为也"，多一也字。无为：无妄为，老子的重要哲学概念，详见无为篇。无以为：不会有刻意的作为，与无为意思相近。王本此句后还有"下德为之而有以为"一句，甲乙本所无，从本章有关上德、上仁、上义、上礼的依次排列看，其中插入下德实为不妥，今从甲乙本删。

上仁为之而无以为：王本如此。上仁为之：上，崇尚，引申为高谈。仁，仁爱。为之，有意作为，与无为不同。无以为：无以为之，有所不为，略次于无为。

上义为之而有以为：王本如此。上义：上，动词，崇尚，引申为很信守，尊奉。义：义气。为之：为了崇尚义气而刻意有所作为。

上礼为之而莫之应：王本如此。上：动词，崇尚，引申为很崇奉，讲究。礼：礼仪。莫之应：无人响应它。

则攘臂而扔之：王本如此。攘臂：捋起袖子，伸出手臂；扔之：要打别人。扔，甲乙本假作乃。

故失道而后德：甲乙本、王本如此。失道：丧失了正道。后德：后来才讲品德，

失德而后仁：甲本、王本如此。失德：丧失了道德。后仁：后来才大讲仁爱，

失仁而后义：甲本、王本如此。失仁：丧失了仁爱。后义：后来才大讲义气，

失义而后礼：王本如此。失义：丧失了义气。后礼：后来才大讲礼仪。

夫礼者，忠信之薄而乱之首也：王本如此。薄：浅薄，乙本薄写作泊，此处与薄义相近，指糟粕。

前识者，道之华也：乙本、王本如此。前识者：前面所说的识见、主张，指失道、失德、上义、上礼。华：华丽的粉饰。

而愚之首也：甲乙本如此。王本作"而愚之始"。

是以大丈夫处其厚不居其薄：王本如此。处：居留，据守，与居同义，甲本此句为"是以大丈夫居其厚而不居其泊"，泊指糟粕，义与薄同，泊、薄，均指失德后的糟粕浅薄。厚：合乎玄德的敦厚本质。

处其实不居其华：王本如此。处其实：据守恒道玄德的精髓与实质。居其华：空守、追求下劣道德的浮华的虚假表相。甲本此句作"居其实不居其华"，乙本作"居其实而不居其华"。

故去彼取此：王本如此。甲本作"故去皮取此"，乙本作"故去罷而取此"，皮罷均应为彼。

【四】

| 上士闻道， | 上等的贤良人士领会了恒道， |
| 勤而行之。 | 能勤奋地奉行它。 |

中士闻道，	中等的一般人士听到了恒道，
若存若亡。	好像似懂非懂。
下士闻道，	下等的浅薄人士听说了恒道，
大笑之。	哈哈大笑弃之不顾，
不笑，	其实他们不笑，
不足以为道。	就不足以显示出恒道的深奥。
故建言有之，	所以有识之士建议说，
明道若昧，	光明的恒道仿佛昏昧难辨，
进道若退，	进步的恒道犹如后退不前，
夷道若类。	平坦的大道好似坎坷之路。
上德若谷，	高尚的道德就像低洼山谷，
大白若辱，	伟大的光明如同受到欺辱。
广德若不足。	广博玄德就好像内涵不足。
建德若偷，	建立高尚道德好似偷懒懈怠，
质真若渝。	品质真诚却有如那背信弃义。
大方无隅，	最大的方域没有边界，
大器晚成。	至大的良器很晚完成，
大音希声，	宏大的高音渺无声息，
大象无形。	极大的物象无影无形，
道隐无名。	大道隐藏而不显无名。
夫唯道，	世上也只有玄德恒道，
善始且善成。	才善于开创并成就伟大的事业。

【第四十章】

【注释】

上士闻道：诸本如此。上士：上等的贤良人士。闻道：听取、领会恒道的道理。

勤而行之：王本如此。勤：指勤奋。楚简本作"勤能行于其中"，乙本作"堇能行之"，堇：通仅。

中士闻道：诸本如此。中士：中等资材的一般人士。

若存若亡：乙本、王本如此。若存若亡：好像保留了又好像丢失了，似懂非懂的样子。楚简本作"若闻若亡"，意同。

下士闻道：诸本如此。下士：下等的浅薄顽劣人士。

大笑之：楚简本、乙本如此。王本此句作"大笑"。

不笑：王本如此。乙本作“弗笑”，楚简本作“弗大笑”。

不足以为道：王本如此，可押韵。楚简本作“不足以为道矣”。

故建言有之：王本如此。建言：建议和进言。一说“建言”即古书《建言》。楚简本作“是以建言有之”，乙本作“是以建言有之曰”。

明道若昧：王本、楚简本如此。昧：昏昧，朦胧不清。帛书乙本“明道如费”。费：费解难懂，此处意义与“昧”同。

进道若退：王本如此。楚简本本句内容同王本，但次序居三。进道：修德，上进，接近恒道。乙本作“进道如退。”

夷道若类：王本如此，乙本作“夷道如類”。夷：平坦。類：通戾 lì，指偏，违拗，不公平。王本“類”作“纇”（lèi），指丝上小结，亦指不平。楚简本作“遅道如缋”，次序居二，侯才解为“徐行之道如颓败之道”，亦可参。

上德若谷：王本如此。谷：低洼的山谷，喻虚怀若谷。或参阅“谷神”，有催生之意。楚简本作“上德如谷”。乙本作“上德如浴。”浴假借为谷。

大白若辱：王本如此。大白：非常白亮，指伟大的光明。楚简本、乙本作“大白如辱。”

广德若不足：王本如此。广德：广阔博大的道德，即玄德，恒德。楚简本、乙本作“广德如不足”。

建德若偷：王本如此。乙本作“建德如偷”：建德，建立高尚道德；偷，偷懒，偷安。

质真若渝：王本如此。质：诚信，信实。渝：背叛，改变。楚简本作“质真如愉”。愉：(1) 乐；(2) 古同“偷”，苟且敷衍；傅奕本此句作“质真若输”，均可参。

大方无隅：王本如此。大方：最大的方域；隅：边角，边界。楚简本作“大方亡隅”，意同。

大器晚成：王本如此。大器：至大的用器，也可指器材，材通才，故此大器又可借指有很高才干的人士。晚成：慢慢地形成，很晚才完成，楚简本作“大器曼成”。曼：慢的假借字，慢与晚之义相同，此处指器物庞大，造工费事费料，需耗费时日，缓慢的迟晚的完成。乙本作“大器免成”，免疑为晚字错抄。甲本的“有静”被乙本少抄半边成为“有争”，晚字少抄日旁则为免，故免义当为晚。有学者认为免与无、希相配，晚不相配，“免成”是指大器之才淡化功名，无须刻意成器，费解不取。

大音希声：乙本、王本如此。大音：宏大的声音。希声：几乎听不见的细小微弱的声音。楚简本此句作“大音傲声”，傲有高、大之意，傲声即巨响，此可以作为老子本章不一定全部用否定句式的旁证。

大象无形：王本如此，楚竹简本此句作"天象亡刑"，乙本作"天象无刑"。大象：极大的伟象，指道体，"天象"意义虽通，但从各句排比看，仍以大象为宜。亡与无同义，刑通形。形：形式，形状。

道隐无名：王本如此。隐：隐藏不显，幽暗不明，此指道的恍兮惚兮，难见其首尾之状。乙本作"道襃无名"，襃：同褒，褒奖。无名：无以名状之物，此处指玄德。此句取王本。

善始且善成：乙本如此，指大道可生一、生二、生三，直至成就万物。王本作"善贷且成"，"贷"可解为施予，指道的伟大创造力，亦可参。

【五】

圣人恒无心，	圣人一向没有贪欲私心，
以百姓之心为心。	他以老百姓的心为天地良心。
善者善之，	对于良善的人，他善意地对待他，
不善者亦善之，	对于不良善的人，他也同样善待他，
德善也。	这是因为他德行美好善良。
信者信之，	对于守信的人，他非常信任他，
不信者亦信之，	对于不守信的人，他也同样信任他，
德信也。	这是因为他品德高尚坚守信义。
圣人之在天下，	圣人在治理天下时，
歙歙焉，	内聚心性，安祥和合，
为天下浑心。	成为天下人的浑厚爱心。
百姓皆属耳目焉，	百姓们就像是耳目一样啊，
圣人皆孩之。	圣人把他们都当成孩子来关爱。

【第四十九章】

【注释】

圣人恒无心：乙本如此。恒：很久，通常。无心：没有个人私心，欲念。王本作"圣人无常心"，难解，或指没有常人的贪心。乙本为是。

以百姓之心为心：甲乙本如此。乙本姓假作省。王本作"以百姓心为心。"

善者善之：甲乙本如此，王本作"善者吾善之"，多余一个吾字。善：形容词，良善。善者：名词，指良善的人或事物。善之：善待他们，善为动词。

不善者亦善之：甲本如此，损毁一之字。王本作"不善者吾亦善之"，多余一个吾字。不善者：指不好的人或事物。善之：动词，善意地对待，指圣人善意地教化、转化他们。

德善也：乙本如此，德字毁损。王本只有德善二字，据乙本补"也"字。德善：德行美好良善。

信者信之：乙本如此。王本作"信者吾信之"，多余一个吾字。信者：名词，守信的人们。信之：动词，信任他们。

不信者亦信之：乙本如此。王本作"不信者吾亦信之"，多余吾字。

德信也：乙本王本如此。德信：守信的品德。

圣人之在天下也：乙本如此。王本少一也字。

欱欱焉：乙本如此。欱（hē）：（1）吮吸，吸饮。（2）指吞食。（3）受，收。（4）合。王本此句作"歙歙，甲本作"忄翕忄翕焉"。甲本忄翕字意同歙。歙（xī）：收敛，聚合，和洽，安定，和合的样子。乙本欱字取"合"义，与甲本、王本义同，音响亮而笔画省，可取。

为天下浑心：甲本如此。浑心：浑厚仁德的善心。

百姓皆属耳目焉：甲本如此，王本缺失此句。属耳目：属，从属，归入，成为，属耳目，即成了耳目。一说属为专注，乙本作"百姓皆注其……"可参，不取，仍取属之本义。

圣人皆孩之：他本如此，参见中国道教协会任法融会长《道德经释义》（北京白云观印赠）等。孩之：孩，动词，指当亲生孩子来照看关爱。甲乙本此句损毁难辨，王本作"圣人皆孩子"。此句各家版本不一，有"咳之"、"骸之"、"恑之"等多种解说，可见他本之字为是。此句"孩"字应为动词无疑，否则"圣人皆孩子"无解，故王本之"孩子"应为"孩之"之误。

【六】

道生之，	恒道化生了天下万物，
德畜之。	玄德细心地畜养它们。
物形之，	万物形成了各自形状，
势成之。	顺势成就了自己的功用。
是以万物尊道而贵德。	所以万物都尊奉恒道而崇尚玄德。
道之尊，	恒道所尊奉的规律准则，
德之贵，	正是玄德所崇尚的，

夫莫之命而常自然。	它无须任命官爵人为操作,而常常会自然而然。
道生之畜之,	恒道化生万物而细心畜养它们,
长之遂之,	让万物茁壮生长,满足它们的心愿,
亭之毒之,	荫蔽爱护它们,刺激锻炼它们,
养之复之。	养育它们生生不息,周而复始!
生而不有,	生养万物而不占有,
为而不恃,	有所作为而不自恃高明,
长而不宰,	促进万物生长而不主宰它们,
是谓玄德。	这就叫作玄妙美德。

【第五十一章】

【注释】

道生之,德畜之:乙本、甲本如此。畜:畜养。

物形之,势成之:王本如此。形:形成。势:大势,趋势,环境,发展规律等。甲乙本此句原作"物刑之而器成之"。刑:动词,刑之即赋予它们形状。器:器官,器官的使用,促成万物的诸多功用,可参。

是以万物尊道而贵德:甲乙本如此,王本多"莫不"二字,作"是以万物莫不尊道而贵德"。尊道贵德:尊奉恒道,崇尚玄德,老子道德哲学观的重要政治主张。

道之尊:王本如此。道之尊:恒道所尊奉的。

德之贵:王本如此。德之贵:玄德所崇尚的。

夫莫之命而常自然:王本如此。莫之命:不要任命官职。此意可参见乙本原句"夫莫之爵也而恒自然"。莫:不要。爵:爵号,官爵。常自然:与恒自然同义。恒:通常,永久地保持。自然:自然而然。

道生之畜之:甲乙本如此。王本作"道生之,德畜之",主语一分为二,不如甲乙本。

长之遂之:甲本如此。长之:使生长。遂之;使满足所欲和心愿。王本作"长之育之"。

亭之毒之:乙本王本如此。亭:亭,遮盖;爱护之意。毒之:毒,以毒攻毒,达到疗救目的。大自然以毒物刺激万物,锻炼它们的生存能力。如凡有狼之荒野,羊群一般比较健壮灵活,反之则懒散生病,委靡不振。又如中医将砒霜、毒蝎、斑蝥等入药等。

养之复之:乙本如此。养:以食料供养。复之:乙本所用为复的繁体"復",往返,复活,复生,复之,有使其周而复始,反复其道,生生不息,复活再生等意,参见"反复"。王本"復之"写作"覆之"。覆:覆盖,覆灭,有灭无生,意义不同于"復",今从乙本。

生而不有:王本如此。有:占有。

为而不恃:王本如此,并曾在王本第10章之中出现,甲乙本皆无,当为错简。甲本此句写作"为而弗寺也"。为:作为,使之有作为。恃:自恃高明,甲本寺为恃的假借。

长而不宰:王本如此。甲本作"长而弗宰也",乙本有"弗宰"无"也"字。

是谓玄德:王本如此。乙本作"是胃玄德",甲本作"此之谓玄德",王本为是。

【七】

善建者不拔,	善于建树伟业者不拔离恒道,
善抱者不脱,	善于抱持玄德者不脱离自然,
子孙以祭祀不绝。	子孙万代都永远祭祀他们。
修之身,	以玄德修养自身,
其德乃真。	品德就会高洁纯真。
修之家,	以玄德修养全家,
其德有余。	家德就会充实富余。
修之乡,	以玄德修养乡里,
其德乃长。	乡德就会发扬成长。
修之国,	以玄德修养全国,
其德乃丰。	国德就会盛大丰美。
修之天下,	以玄德修养天下,
其德乃博。	玄德将更深厚广博。
以身观身,	以修德之身反观自身,
以家观家,	以修德之家反观自家,
以乡观乡,	以修德之乡反观本乡,
以国观国,	以修德之国反观本国,
以天下观天下。	以修德之天下反观天下大势。
吾何以知天下之然哉?	我凭什么知道天下的将来必然如此呢?
以此。	以对玄德修养规律的根本认识。

【第五十四章】

【注释】

善建者不拔：楚简本、王本如此。拔：拔离，背弃。

善抱者不脱：楚简本、王本如此。善抱者：抱，抱持，坚持。

子孙以祭祀不绝：王本如此。楚简本此句作"子孙以其祭祀不绝"，其字代表善建者，可从上省。

修之身：楚简本、乙本如此，唯修假借为脩。王本作"修之于身"。

其德乃真：诸本皆如此。真：纯真，真实。

修之家：楚简本、乙本如此，唯乙本修假借为脩。以玄德修养全家。

其德乃余：王本如此。楚简本、乙本作"其德有余"。余：富足，充实。

修之乡：楚简本、乙本如此，唯乙本修假借为脩，王本作"修之于乡"。

其德乃长：楚简本、乙本、王本如此。

修之国：甲乙本如此，修假借为脩。楚简本作"修之邦"，王本作"修之于国"。

其德乃丰：楚简本、甲本、王本如此。丰：丰盛，壮大，丰厚之意。乙本作"其德乃夆"，意同。

修之天下：甲乙本如此，唯修假借为脩。楚简本"修之天囗"损毁下字。

其德乃博：乙本如此。博：博大，增益。王本作"其德乃普"，普义同博。

以身观身：乙本如此。观：反观，察看。王本作"故以身观身"，多一故字。

以家观家：甲本、王本如此。

以乡观乡：楚简本、甲本、王本如此。

以国观国：王本如此。楚简本、甲本作"以邦观邦"。

以天下观天下：楚简本、乙本、王本均如此。

吾何以知天下之然哉：景龙、易玄、楼煌己、遂州诸本如此。王本此句为"吾何以知天下然哉？"参照乙本此句前半部毁损，仅余后部写作"……天下之然兹"，可知王本当据乙本补一之字。然：如此，这样，指天下演变趋势。哉：语气助词，无义。

以此：王本如此。楚简本、甲乙本皆毁损，乙本仅余一"以"字。

【八】

含德之厚者，	涵养道德深厚的人，
比于赤子，	好比是有赤子之心的婴儿，
蜂虿虫蛇不螫，	狂蜂恶虫毒蛇不螫咬他，
攫鸟猛兽不搏，	凶禽猛兽不搏杀伤害他，
骨弱筋柔而握固，	骨骼脆弱筋腱柔软而握物牢固。
未知牝牡之会而朘怒，	不知交合之事而阳物坚挺，
精之至也。	这是他精诚专一所至，
终日号而不嗄，	终日大声啼哭而不嘶哑气逆，
和之至也。	这是他内心自然平和到了极点的缘故。
知和曰常，	知道和谐万物的就叫做恒常之道，
知常曰明，	知道恒常之道的就叫做明达事理。
益生曰祥，	有益养生延命的就叫做如意祥和，
心使气曰强。	存心故意使性子的叫做好胜逞强。
物壮则老，	万物强壮过头就会衰老，
谓之不道，	这就叫做不守恒道，
不道早已。	不守恒道就会过早灭亡。

【第五十五章】

【注释】

含德之厚者：楚简本、甲乙本如此。含：包涵、涵养，修养。含德：指修养并含有玄德的人。

比于赤子：诸本皆如此。赤子：有赤子之心的婴儿，指道德很高的真人。

蜂虿虫蛇不螫：王本大致如此。此句诸本字形各异，大意相同，皆指不被虫蛇所伤。蜂：狂蜂。甲本假借作"逢"，乙本此字上为夆，下为双虫，类似"蠭"，皆指蜂。虿（chài）：蝎类毒虫，王本、傅本用繁体"蠆"，乙本假借作"瘲"。虫：长虫，即蛇。王本、范应元本此字写作"虺"（huǐ），古书上记载的一种毒蛇，乙本用虫字的古体（虫字上加一撇）。蛇：王本、乙本皆同，甲本假借作"地"。不：王本如此，楚简本、甲乙本写作弗，义同。螫（shì）：蝎子马蜂之类的虫子刺人，甲本、王本如此。

攫鸟猛兽不搏：甲本大致如此，其余诸本各异。楚简本此句作"攫鸟猛兽弗扣"，乙本作"据鸟孟兽弗搏"，王本作"猛兽不据，攫鸟不搏"，甲本此句原作"攫鸟猛兽弗搏"。攫：捕食，用爪攫取，多本皆用可取，甲本假作攉。攫鸟：鹰雕一类的凶禽。猛兽：多本皆用可取，乙本假作"孟兽"。搏：搏杀吞吃，多本皆用可取，楚简本假借为扣。今依楚简本、甲乙本句式，据楚简本、王本等改才瞿为攫，"弗"字从王本"不"字改。

骨弱筋柔而握固：甲乙本、王本如此。骨弱筋柔：骨骼脆弱易断，筋腱柔软无力。握固：手握物抓得很牢固。楚简本此句为"骨弱筋柔而捉固"，此处捉意同握。

未知牝牡之会而朘怒：乙本如此。牝牡之会：原意指公牛母牛交配，此借指男女交合之事。朘怒：朘，小男孩的生殖器；怒，坚挺，勃起。楚简本此句作"未知牝牡之合然怒"，合与会意义相同，然应为朘。王本此句作"未知牝牡之合而全作"，不可取。

精之至也：楚简本与诸本皆如此。精之至：精诚专一达到极点。

终日号而不嗄：王本如此。终日：整天整夜。号：哭号，大声啼哭。嗄（shà）：指声音嘶哑，沙哑。楚简本嗄写作忧，少口字旁，其意通嗄；甲本嗄写作嚘（yōu），气逆，意思相近，繁体僻字不用。

和之至也：诸本如此。和之至：内心自然平和到了极点。

知和曰常：王本如此。和：平和。常：和谐恒常。楚简本、甲本此句为"和曰常"，少一知字，与下句排列不齐，今从王本补。

知常曰明：乙本、王本如此。知常：知道常理，常道，恒道。明：明达事理。楚简本、甲本此句为"知和曰明"，与上句重复不取。

益生曰祥：楚简本、甲本、王本皆如此。益生：益，有益于。生：生命。"益生"即"养生"是中国道家文化的重要理论基础，它主张虚静谦柔，反对逞强使性等有害生命的做法。

心使气曰强：诸本如此。心：内心，有意。使气：使性子。强：好强，逞强。

物壮则老：诸本如此。物壮，万物过于强壮。老：衰老，削弱。此意可参见易经大壮卦。

谓之不道：王本如此。不道：不守恒道，违背自然规律。楚简本此句写作"是谓不道"，意同。

不道早已：王本如此。早：提早，过早。已：灭亡。甲本作"不道蚤已"，蚤通早。楚简本无此句，当为后人所加，因流传已久，众所周知，故保留之。

【九】

古之为道者，	远古推行恒道的人，
非以明民，	不是靠什么让民众变明白，
将以愚之也。	而是要以道来淳朴化他们。
民之难治，	民众之所以难治理，
以其智多。	是因为他们狡智太多自以为是。
故以智治国，	因此靠玩弄狡智权术治理国家，
国之贼也。	是国家的盗贼。
不以智治国，	不靠玩弄狡智权术来治理国家，
国之德也。	才是国家的美德。
知此两者，	知道这两种教化的相反结果，
亦稽式。	也就核查知晓了自然的法则。
常知稽式，	永远明白自然的法则，
此谓玄德。	这就叫作玄妙美德。
玄德深矣，远矣，	玄德真深奥啊，真悠远啊！
与物反矣，	它携万物反归于恒道啊，
乃至大顺！	终于进入了畅顺和谐的大美境界！

【第六十五章】

【注释】

古之为道者：乙本如此。为：推行。道：恒道。王本作"古之善为道者"。甲本作"故曰为道者"。

非以明民：王本如此。非：不是。明：使明白。甲本句末多一也字。

将以愚之也：甲本如此，愚，使愚钝、淳朴。王本此句为"将以愚之"。

民之难治：王本如此。难治：难，困难。治，治理。乙本作"夫民之难治也"。

以其智多：王本如此。以：因为。智：狡智。乙本此句作"以其知也"。知：智慧，自以为是。

故以智治国：王本如此。智：狡智，此指玩弄权术。乙本作"故以知知邦"：前一个"知"，名词，指知识，智慧，特指违反恒道的伪知识，同王本"智"。后一个"知"，动词，使之知，即智慧化，教化。今从王本。

国之贼也：乙本如此。王本作"国之贼"。

不以智治国：王本如此。乙本作"以不知知国"。不知：不自以为知，即谦虚好学。知国：以知识治理国家。

国之德也：乙本如此。德：福德，玄德。王本此句作"国之福"，甲本此句余一德字，乙本为是。

知此两者：王本如此。知：明白。此两者，指"以智治国"和"不以智治国"这两种做法和不同结果。

亦稽式：王本如此。亦：也。稽：稽查，核查。式：法式，法则，自然法则。甲乙本作"亦稽式也"。

常知稽式：王本如此。甲乙本作"恒知稽式"。

是谓玄德：王本如此。谓：叫作，甲本假借为胃。玄德：玄妙的美德。

玄德深矣：诸本皆同。深：深奥难测。

远矣：诸本皆同。远，悠远，高远。

与物反矣：王本如此。与：携。物，万物。反：反归，返归正道。

乃至大顺：甲乙本如此。乃：终于。至：进入。大：非常。顺：顺利和谐，顺畅无阻。李自成率领大顺军，建立大顺朝，可见老子"大顺"思想的深远影响。王本此句作"然后乃至大顺。"繁复不取。

老子玄德悟探——

德。
玄德。
玄奥美德。
玄妙高深的老子之德。
它引发我们深入思考如下——

《老子》又称为《道德经》，全书分为《道篇》与《德篇》，其中《德篇》的篇幅比《道篇》还多了七篇。更重要的是："玄德深矣，远矣！与物反矣，乃至大顺！"[65] 是每个人追求恒道的必由之路！由此可见玄德观问题在《老子》一书中的极其重要位置。

然而，老子在一般人心目中，并不是一个严肃正统道貌岸然的道德家，而是一个大胆否定儒家道德，敢于毁仁谤义，绝圣弃智的反道德主义者！这又究竟是怎么一回事呢？原来，老子的所说的"德"，是"含德之厚者，比于赤子"［55］的"玄德"，与儒家的仁德不同。它有如人本主义心理学家马斯洛所说："假如最社会化的人本身亦是最个人化，假如最成熟的人同时又不失孩子的天真和诚实，假如最讲道德的人同时生命力最旺、欲望最强，那么，继续保持这些区别还有什么意义？"（参见《西方哲学初步》，267页，广东人民出版社1996年版）一言以蔽之，它所要保留的是赤子之心，诚实纯真，符合人性的"玄德"，是老子的自然道德，而不是孔子的人伦道德，更不是宋明理学主张"灭人欲"的假道德。老子确实在楚简本里说过"绝伪弃虑，民复孝慈"的话，后来长期以通行本的"绝仁弃义，而民复孝兹"这样的话传世，以致于人们把他误认为是一个彻底否定人类社会传统道德，与传统社会格格不入的怪诞哲学家。在中国传统社会长期占据主流文化地位的儒家，固然将其视为异类，就是以所谓的马克思主义哲学家自封的人们，也把他当成没落奴隶主贵族的思想代表而大加挞伐。

其实，老子并不是一般的反对道德的哲学家，而是对古代社会道德的根源、属性、作用、意义作了全面深刻思考，对道德的产生，道德的标准，道德的建设作了独到阐述的伟大哲学家。他以纯真人为标准，自然取向的复朴化和恒道主义的"古圣化"，有助于升华当前人本主义心理学以健康人为标准，未来取向的内在化和乐观主义的"再圣化"，而区别于弗洛伊德以病态人为标准，过去取向的外在化和悲观主义的"去圣化"。分析起来，他所说的道德，属于原道家的特定术语，他有时称之为"玄德"，有时又称之为"恒德"，"孔德"或"上德"，均含有玄妙之德，恒久之德，美好之德，上佳之德等褒义，而区别于他所大加贬斥和激烈鞭挞的"下德"，即剥削阶级的伪道德。

在这里，我们只重点分析选入《玄德观》中的老子九章，顺便旁及它篇中的相关论述，而不是笼统分析《德篇》的四十四章全部。但即使这样我们也可看出，玄德观是从属于老子的恒道哲学观，仅次于"恒道"的重要哲学概念。可以说，全面把握老子的玄德思想，是正确了解他的道德观及其自然伦理观、政治伦理观的钥匙。

玄德从何而来，又与恒道有什么关系呢？用文子转引老子的话说那就是"德之中有道，道之中有德，其化不可极。"老子在经过艰辛的哲学思考后，在体悟出恒道伟大性质的同时，也发现了玄德产生的奥秘。他言约意丰地指出："伟大道德的内容和形貌，都只服从于恒道本体。恒道作为产生玄德之物，它模糊不清，圆满而隐蔽。它潜藏而不分明啊，远望而茫茫然啊，其中有无穷现象。恍惚间仔细观望啊，认真探究啊，它其中确有实物。虽幽暗不明又冥冥难辨啊，它其中却含有精质。这精质是多么的真实，其中有自然万物的基因信息。从今天追溯到古代，玄德的名称都没改变，以服从主宰它的所有规律。我靠什么知道这些规律的实情呢？靠的就是这玄德之道。"[21]

从所引的第21章看，老子对玄德的发现，是以一种东方哲学特有的顿悟、直觉的格物方式实现的，属于模糊把握而又直奔主旨的测断模式。但它又是在对自然、对人生的认真观察基础上产生的，因而又与一般的胡思乱想，主观臆断有所不同。这段话的关键在于"道之物"的译法，一定要理解为"恒道的产物"，这样联系上下文，特别是全章首句"孔德之容"，就可看出它本章应该指玄德。而如翻译成"恒道的物象"，虽也可通，但意义上则全章就成了论述恒道的问题，与其它章节重复了。

明白了"道之物"所指，我们就可看到，在老子的心目中，玄德是道落实于人生的社会化、伦理化、实用化产物，玄德是产生于并仅次于恒道的物象，它要服从恒道统帅和制约的各种规律——众父，从内容和形式都要与恒道保持一致，从而获得与恒道一样持久的生命力。这与孔子所说的"道之以德，齐之以礼"，把德与礼放在更重要的位置的政治思想是很不相同的。

老子在玄德的远望近察中还发现，玄德虽然极为"玄奥"，似乎难以把握，但也决非虚无缥缈，无从认识的怪象。相反，玄德虽幽暗不明，冥冥难辨，但其中却内有实情，这内情还非常真实，其中包含着自然的规律。它从古代到今天，基本的形态都没改变。这就为人们探虚就实，鉴古知今，循道渐进提供了可能性。

老子从玄德与人和社会的关系，深入思考了玄德的定义，提出了许多发人深省的问题。他说："集营养精神于一体，能让它们永不分离吗？糅合物质精神至最柔顺的境地，能重新变婴儿吗？清除心中的明镜，能让它毫无瑕疵灰尘吗？爱护人民，治理国家，能不用狡诈的权谋知识吗？闭紧耳朵眼睛鼻孔，能雌服而不逞强吗？聪明通达各种事理，能不通过不良知识的灌输吗？"[10]

老子所提出的这六大问题，其实正是玄德修养的根本问题。它一是要集中精力和神思，而不要像王公贵族那样整日沉湎在驰骋打猎，花天酒地，声色犬马之中，消耗精力；二是要返回到人的童真最佳生命状态，三是要时常清扫有害身心的各种私心杂念，保持类似佛家禅宗后来所说的澄明心境；四是不要玩弄朝三暮四，朝令夕改，出尔反尔，巧取豪夺一类的政治权术，保护而不是抑制人民和国家的蓬勃生机；五是要提倡谦让服帖而不是好勇斗狠的个性，六是要避免有害邪说危害人民，使他们明白恒道、天地、人世的正确道德和有用知识。仅从这六点修养玄德的途径和主张看，把老子归入让人民无知无欲的愚民政治家中，就是很不公平的。

在同一章里，老子还简洁地为玄德下了一个权威的定义，这就是："化生万物，畜养万物，让万物滋生而不占有它们，让万物成长而不主宰它们，这就是玄妙的道德。"［10］那么，知道了玄德的定义，又应该如何行动呢？老子在其玄德观中进一步提出了实践玄德的四项基本原则：

第一，"知道了万物无不自强雄健，就应该保守它的顺从柔雌，成为天下最低下的小河溪。甘为天下最低下的小河溪，恒常的道德永不离，就能复归于天性纯真的婴儿。"这一原则的要点是不要好胜逞强，要柔弱顺从，积德行善，反朴归真。

第二，"知道事物的华贵尊荣，监守它的污浊羞辱，成为天下最低洼的山谷。甘为天下最低洼的山谷，恒久道德得以丰厚充足，就能复归万物原始的淳朴。"［28］这一原则的要点是看破荣华富贵，忍辱负重，出污泥而不染，保持善良与淳朴。

第三，"知道万物的纯净洁白，监守它的肮脏漆黑，可成为天下的范式。成为天下的范式，恒久道德永不离弃，就能复归无极的和谐之境。"［28］这一原则的要点是勇于追求光明，宁可忍受黑暗也不背离恒道玄德，以期达到最高的境界。

第四，"粗朴的原始状态破散后，就形成了用器，圣人任用后就成为人民的官长。所以说天下最大的体制，是无法分割的。"［28］第四个原则是分工合作，选贤任能，让有德之士成为人民的公仆，坚信符合恒道的玄德是永远不会被割裂瓦解的，她是一个圆满自足的道德整体系统。

针对现实社会中违反"玄德"定义、阻塞"玄德"实现和背弃"玄德"四项基本原则的种种丑恶现象，老子站在民间反伪道德的立场上进行了猛烈的抨击。他指出："崇尚道德的大德不大肆鼓吹道德，所以有真正的道德；轻视道德的无德者不愿失去假道德，所以毫无道德。崇尚道德者清静无为，而不会肆意妄为，崇尚仁慈者有意作为，而有所不为。"［38］这就在哲学上第一次明确划分了真正意义上的正大光明的重实质轻形式的"上德"，和表面的重形式轻实质的"下德"的本质区别。其所谓的"下德不失德，是以无德"的尖锐批评，正是指那些表面上不丢失道德，整天把道德挂在嘴边，说个不停的伪君子。这类人直到今天还满口公德廉政，背地索贿受贿，贪赃枉法，人们看见的难道还少吗？

老子认为，"崇尚义气者执意作为，而有所作为。崇尚礼仪者刻意作为而偏偏无人响应他，只好伸出手臂要去打别人。所以丧失了正道才讲品德，丧失了道德才大讲仁爱，丧失了仁爱才大讲义气，丧失了义气才大讲礼仪。"[38] 这就暴露出当时一些儒家仁义道德的鼓吹手黔驴计穷的窘态。他们背弃了恒道玄德的根本，只想实施次一等的"仁慈"，终因为脱离实际，无从入手而无所作为。于是他们只好推行又低一层的"义气"，刻意地有所作为。待到他们为推行一套精心炮制的完善的"礼仪"而故意作为，却无人去响应时，只好恼羞成怒地捋起袖子，伸出手臂去和别人打架了。这就活画出一般不懂儒家仁义道德真义，只知道急功近利，搞烦琐礼仪花架子的穷酸腐儒的丑恶嘴脸。

所以在老子看来，"丧失了正道才讲品德，丧失了道德才大讲仁爱，丧失了仁爱才大讲义气，丧失了义气才大讲礼仪。"不讲恒道的道德只能是假道德，而所谓仁爱、义气等，更是比假道德更等而下之的主张。特别是假仁假义所制定的，意在维护统治阶级尊卑等级制的"所谓礼仪，是忠诚信义淡薄之后的动乱祸首。前面所说的种种不良表现和见识，是道的浮华粉饰，是最为愚蠢的。所以大丈夫保留玄德的敦厚，不保留假道德的浅薄，牢抓玄德的精髓实质，不追求假道德的浮华愚昧。所以应去除假礼仪而留取真道德。"[38] 这是因为，许多战争和内乱，阴谋和仇杀，正是打着忠诚信义的旗号进行的，所谓"忠君敬上"，"言必信，行必果"，在许多时候竟成了一些臣子、儒生、侠士们不讲恒道原则，不论公德正义，不管国家存亡，不顾人民生死，只知道个人愚忠扬名的借口和精神归宿，结果造成了天下大乱，生灵涂炭的悲惨局面。这正是老子所深恶痛绝的。难怪他要坚决主张："所以大丈夫保留玄德的敦厚，不保留假道德的浅薄，牢抓玄德的精髓实质，不追求假道德的浮华愚昧。所以应去除假礼仪而留取真道德。"[38] 可见，老子虽强烈批判伪道德，毁弃伪仁义，但却同时主张道法自然，德归恒道，人修玄德。这与将道德看成是具有支配自然能力的人类的负担，道德史即失败者肯定自我价值判断的历史，提出"甩开自然：再造道德！"的口号，鼓吹超人哲学的尼采不同。

那么，老子理想中的玄德高人，也就是人们千古传颂的圣人，应该是具有怎样的一种品德的人呢？他是那种党同伐异的诛杀蚩尤的仁君吗？是对自然界的毒蛇猛兽斩尽杀绝的后羿吗？对此，老子根据恒道的理想，作了正面的回答。他说："圣人一向没有贪欲私心，他以老百姓的心为天地良心。对于良善的人，他善待他，对于不良善的人，他也同样善待他，这是因为他德行美好善良。对于守信的人，他非常信任他，对于不守信的人，他也同样信任他"。[49] 这就为我们刻画了一位与天地合德，与万物同心的伟大玄德圣人的光辉形象，他不同于西方圣经中那唯我独尊，非我族类，必斩尽杀绝而后快的上帝，也不同于那种以文化和意识形态与己是否合辙，作为能否信

任合作的唯一标准的狭隘的现代全球战略家。反观当今全球的战乱纷争，勾心斗角，连横合纵，不都是由于私利以及文化和意识形态的差异，导致了彼此的不信任、猜忌、施压、制裁、封锁、钳制、削弱乃至于动武所造成的吗？

老子认为，玄德圣人之所以能作到不分彼此，一视同仁这一点，"这是因为他品德高尚坚守信义。圣人在治理天下时，内聚心性，安祥和合，成为天下人的浑厚爱心。百姓们就像是自己耳目一样，圣人把他们都当成孩子来关爱。"[49] 有了如此可敬可爱，如慈祥父母的圣人治理天下，人民怎会不心悦诚服，安居乐业呢？这真是老子为后人描画的由玄德政治家治理的理想的太平世界。在这个世界里，一切都是根据恒道的规律，按照玄德的原则进行的。"恒道化生了天下万物，玄德细心地畜养它们。万物形成了它们的形状，器官促成了它们的诸多功用。所以万物都尊奉恒道而崇尚玄德。"

那么，万物所乐于尊奉的恒道规律又是怎样的呢，它需要人们去刻意宣传鼓吹，加官进爵，以作道德表彰吗？老子认为，"恒道化生了天下万物，玄德细心地畜养它们。万物形成了各自形状，顺势成就了自己的功用。所以万物都尊奉恒道而崇尚玄德。恒道所尊奉的规律准则，也正是玄德所崇尚的，它无须任命官爵人为操作，而常常会自然而然。恒道化生万物而细心畜养它们，让万物茁壮生长，满足它们的心愿，荫蔽爱护它们，刺激锻炼它们，养育它们生生不息，周而复始。生养万物而不占有，有所作为而不自恃高明，促进万物生长而不主宰它们，这就叫作玄妙美德。"[51]

老子对自己大力推行的这一玄德政治心向往之，并鼓励人们道："善于建树伟业者不拔离恒道，善于抱持玄德者不脱离自然，子孙万代都会以祭祀永远尊崇他们。以玄德修养自身，品德就会高洁纯真；以玄德修养全家，家德就会充实富余；以玄德修养乡里，乡德就会发扬成长；以玄德修养全国，国德就会盛大丰美；以玄德修养天下，大道玄德将更深厚广博！以修德之身反观自身，以修德之家反观自家，以修德之乡反观本乡，以修德之国反观祖国，以修德天下反观当今天下大势。我凭什么知道天下的将来必然如此呢？以对玄德修养规律的根本认识。"[54]

乍一看，老子的玄德修行主张与儒家的"修身，齐家，治国，平天下"没有什么两样，其实大为不然。除了在身、家、国、天下的层层推进的形式相似外，老子的主张其实要高明许多。首先在道德内容上，他的玄德是建立在恒道基础上的自然伦理道德，涵盖了自然伦理和社会伦理的方方面面，远比儒家建立在一时一地的封建伦理道德基础上的政治伦理道德更要恒久和伟大。其次，在理政的方法上，老子提倡的玄德修养，不是儒家闭门思过，三省吾身式的个人修炼，而是以科学的开放心态和比较眼光进行的，即"以有德之身反观自身，以有德之家反观自家，以有德之乡反观本乡，以有德之国反观本国，以有德天下反观当今天下大势。"提倡榜样的力量和个人的修养，和家庭、社区、国家、天下的道德精神文明建设的有机结合，从而显得雍容淡定，明睿超远，更有博大的胸襟和开拓的气派！

在玄德的个人修炼方面，老子也有一套独特的主张，由此影响了日后的道家和道教，形成了东方文化脱俗超凡的道德修身之道。在老子看来，"涵养道德深厚的人，好比是有赤子之心的婴儿。"[55]对于类似的人类心理的复归状态，弗洛伊德解释为是人类心理发展到某一阶段因某种焦虑而退回的早期阶段，是自我调节本能的冲动与现实的要求的"倒退作用"。而老子则视其为人类道德精神升华的主动行为，达到这一境界的纯真赤子，"狂蜂恶虫毒蛇不螫咬他，凶禽猛兽不搏杀伤害他，骨骼脆弱筋腱柔软而握物牢固，不知男女交合之事而阳物坚挺，这是他精诚专一所至。终日大声啼哭而不嘶哑气逆，这是他内心自然平和到了极点的缘故。"[55]这种精诚专一，这种平和之至，是玄德之人进入了思精虑净，天下无敌，即不树敌也没有人以其为敌的思想境界的表现。"知道和谐万物的就叫做恒常之道，知道恒常之道的就叫做明达事理。有益养生延命的就叫做如意祥和，存心故意使性子的叫做好胜逞强。万物强壮过头就会衰老，这就叫做不守恒道，不守恒道就会过早灭亡。"[55]

谈到所谓的"壮"，我们不能不联想到《易经》对"大壮"卦德的阐述。其"上六"爻辞说："羝羊触藩，不能退，不能遂，无攸利，艰则吉。"象传解释说："不能退，不能遂，不祥也。艰则吉，咎不长也。"这就是说，在事物大壮的顶点阶段，看似壮大到了极点，无所不能，奋力前进，其实就像好斗逞能的公羊把尖角触入了篱笆一样，落得了一个又不能退，又不能进的不利局面。这也就是老子所说的万物强壮过甚就会衰老，不守恒道，违背自然规律的就会过早灭亡的深刻道理。而要摆脱过壮逞强的困境，就要靠艰苦的努力，这样过错才不会拖得太长。

在推广自己柔进恒常，无私平和的恒道玄德主张的时候，老子深感要获得人们的理解和实行的相当艰难。他感慨万分地说："上等的贤良人士领会了恒道，能勤奋地奉行它。中等的一般人士听到了恒道，好像似懂非懂。下等的浅薄人士听说了恒道，哈哈大笑弃之不顾。"[40]这多么让人痛心。但老子并没有因此而抛弃自己的恒道玄德主张，相反，他以哲学家的远见卓识不无幽默地说："其实他们不笑，就不足以显示出恒道的深奥。所以有识之士建议说：

> 光明的恒道仿佛昏昧难辨，
> 进步的恒道犹如后退不前，
> 平坦的大道好似坎坷之路。
> 高尚的道德就像低洼山谷，
> 伟大的光明如同受到污辱。
> 广阔博大的道德像内涵不足，
> 建立高尚道德好似偷懒懈怠，
> 品质真诚却有如那背信弃义。

在这里，老子一连用了八个"如"字句式的对立比喻，以反面的贬词"费、退、类、谷、辱、不足、偷、渝"等的层叠，不断加强语势。在反复说明了真正认识玄德真髓的艰难后，他进而满怀信心地用恒道的伟大原理，鼓舞自己学说的勇敢追随者说："最大的方域没有边界，至大的良器很晚完成。宏大的高音渺无声息，极大的物象无影无形。大道隐藏不显而无名。世上也只有玄德恒道，才善于开创并成就伟大的事业。"[40]

时至今天，依然在崎岖道路上追求光明和远大理想的人们，当不会忘记老子关于大象无形，大器晚成的鞭策。而他的玄德观，也留给我们许多如下的问题——

问题之一，老子彻底否定道德吗？

初读《老子》的许多人，都不会不注意到老子一书的反"道德"意义而深感震惊。老子自己也确实曾说过："不尚贤，使民不争。不贵难得之货，使民不为盗。不见可欲，使民不乱。是以圣人之治也，虚其心，实其腹。弱其志，强其骨。常使民无知无欲，使夫知不敢弗为而已。则无不治矣！"[3]以及通行本里"绝圣弃知，而民利百倍。绝仁弃义，而民复孝兹。"[19]的话；如果我们把他的"不尚贤"理解为反对尊崇有道德的高人，把"常使民无知无欲"，"绝圣弃知"，"绝仁弃义"理解为取消道德教育的言论，再联系他关于否定仁义道德的著名论述："上德不德，是以有德。下德不失德，是以无德。上德无为而无以为，上仁为之而无以为，上义为之而有以为。上礼为之而莫之应，则攘臂而扔之。故失道而后德，失德而后仁，失仁而后义，失义而后礼。夫礼者，忠信之薄而乱之首。前识者，道之华也，而愚之首也。是以大丈夫处其厚不居其薄，处其实不居其华。故去彼取此。"[38]我们是很容易把他归入到反道德主义者的队伍去的。事实上，也确实有人如张世英就认为，"《老子》的'天地不仁'更明确地取消了道和天的道德意义","《老子》的'道'是人道的对立物"（张世英《天人之际——中西哲学的困惑与选择》第364页）。这实际上是片面曲解了老子的《道德经》的崇道贵德意义的。

据电脑最新统计结果，《老子》一书提到"德"的地方累计有16章46次之多，他甚至把全书分成了道篇与德篇，以至《道德经》后来成了《老子》其书的书名。此外，老子在书中提到符合他的道德标准的"圣人"与"为道者"、"德者"分别有24章28次与2章2次、1章1次之多，如"圣人恒无心，以百姓之心为心。善者善之，不善者亦善之，德善也。信者信之，不信者亦信之，德信也。圣人之在天下，翕翕焉，为天下浑心。百姓皆属耳目焉，圣人皆孩之。"[49] 又如"古之善为士者，微妙玄达，深不可志。夫唯不可志，是以为之颂。豫乎其若冬涉川。猷乎其若畏四邻。俨乎其若客，涣乎其若泮。敦乎其若朴，沌乎其若浊，旷乎其若谷。孰能浊以静者，将徐清。孰能安以逆者，将徐生。保此道者不欲盈。夫唯不盈，是以能敝而不成。"[15] 以及"故从事于道者同于道，德者同于德，失者同于失。同于德者，道亦德之。同于失者，道亦失之。"[24] 等；提到只有起码的道德标准的"君子"之处有2章3次，如"君子居则贵左，用兵则贵右。兵者不祥之器，非君子之器。不得已而用之，恬淡为上，勿美也。若美之，是乐杀人。夫乐杀人者，不可以得志于天下矣。是以吉事上左，丧事上右。偏将军居左，上将军居右，言以丧礼居之也。杀人众，则以哀悲莅之。战胜，以丧礼处之。"[31]；提到心中理想道德标准的实践者的"我"，则有7章17次之多，如"望呵，其未央哉！众人熙熙，如享太牢，如春登台。我泊焉未佻，若婴儿未咳。累呵！如无所归。众人皆有余，而我独若遗。我愚人之心也，蠢蠢呵！鬻人昭昭，我独昏昏。鬻人察察，我独闷闷。忽呵，其若海！望呵，若无止！众人皆有以，我独顽似鄙。我独异于人，而贵食母。"[20] 等等。

可见，老子不但大谈其"德"，而且还有他心中的明确的道德标准。那就是，(1)"圣人"，老子以其做为通识恒道和玄德的最高典范；(2)"为道者"、"道者"、"德者"，老子以其作为遵循恒道推行玄德的大德之人；(3)"我"，老子自比自立的尊重玄德的积极推行者；(4)"君子"，老子寄希望他们能听从玄德道理的有相当权势者，如统帅将军的诸侯、国君等。除了上引31章的一段话外，另一处与君子有关的章节为"重为轻根，静为躁君。是以君子终日行，不离辎重。虽有环官，燕处超然。若何万乘之王，而以身轻天下？轻则失本，躁则失君。"[26] 这里也存在一个有趣的现象，就是老子并不喜欢提及"君子"，不喜欢像孔子那样整日"君子"不离口，以至今人于丹教授从其《论语》中总结出许多包括诸如"心灵之道"、"处世之道"、"交友之道"、"理想之道"、"人生之道"的"君子之道",在老子那里是没有的。他更看重的是道德标准更高的圣人,以及所有愿意追随圣人的执政者。仅就他在全书中对道德、有道圣人和德者的详论与推介而论,我们就无法把他的学说归入反道德主义一类。由此引发的——

问题之二,老子的"玄德"的文化源头从何而来?

我的回答只能是,由人文始祖伏羲所创制的八卦所演变成书的《易经》中来。众所周知,《易经》是中华民族智慧的宝典,道德的真经。它的64卦各有一德,在经文和《易传》中均有明确的表述。如将其《杂卦传》翻译过来,将其易德精华浓缩为八言诗歌,则可表述如下:

八言易德歌

乾天刚健,自强不息;厚德载物,坤地方直。
万物萌生,初创屯积;开蒙乐学,培正研习。
积云渴雨,需饮求食;公正平和,讼争平息。
师出有名,良将无敌;慎择好友,密交亲比。
以柔制刚,小畜积雨;谨言慎行,薄冰巧履。
天地安泰,上下通气;否极泰来,先乱后治。
同心同德,同人同志;红霞满天,大有厚利。
戒骄戒躁,谨慎谦虚。警惕生变,安乐逸豫。
随时俱进,应变得宜;振民育德,蛊除惑去。
亲临实地,吉无不利;仰观俯察,通情达理。
噬嗑重刑,明断法治;以文化成,修美白贲。
去伪存真,剥华显质;山重水复,闻道不疑。
有为无妄,超然睿智;大畜才德,日新月异。
安享其成,颐养情志;谨防大过,独立不惧。
坎水闯关,守信依时;离火明艳,柔顺附丽。
心灵通达,咸感贞吉;守恒识道,风行雷厉。
退避避险,逍遥隐居;声威大壮,循道识礼。
升职有道,明德晋级;避凶知危,脱险明夷。
持家有方,家人康怡;睽违不和,协调理析。
山高水长,何惧蹇滞;出离苦海,解难救济。
损下宜少,不夺民利;损上利众,增进广益。

夬决铲恶，坚刚正义；防微杜渐，姤合巧遇。
聚众萃英，共商大计；选贤用能，升平盛世。
知困苦学，早悟奋起；修井提水，看淡得失。
水火不容，革故改制；养贤鼎新，改天换地。
雷震压惊，内省反思；逢艮正位，止于当止。
循序渐进，自成好事；欣结良缘，归妹依礼。
光明正大，丰茂不蔽；谦和柔善，徙居行旅。
大人相助，巽风物齐；深修兑德，和睦欢喜。
坚贞自守，涣散离析；适可而止，合理节制。
中孚诚信，广结善士；小过无妨，照忙小事。
功成既济，仍须努力；风高帆悬，大江未济。

从以上对中华易德的高度概述可见，老子玄德观的文化源头，正是由上述丰富广博的中华易德宝库中来。如老子对"天长地久。天地之所以能长且久者，以其不自生，故能长生。"[7]的大地无私奉献精神，以及对"知其雄，守其雌，为天下溪。为天下溪，常德不离，复归于婴儿。知其荣，守其辱，为天下谷。为天下谷，常德乃足，复归于朴。知其白，守其黑，为天下式。为天下式，常德不忒，复归于无极。朴散则为器，圣人用则为官长。故大制不割。"[28]和"大方无隅，大器晚成。大音希声，大象无形。道隐无名。夫唯道，善始且善成。"[40]的居下守雌，善始善成，正直方大的大地宽厚柔顺美德的赞美，《易经》就早有同样的表述。如"象曰：至哉坤元！万物资生，乃顺承天。坤厚载物，德合无疆，含弘光大，品物咸亨。牝马地类，行地无疆，柔顺利贞。君子攸行。先迷失道，后顺得常。西南得朋，乃与类行；东北丧朋，乃终有庆。安贞之吉，应地无疆。"如"象曰：地势坤，君子以厚德载物。"如"文言曰：坤至柔而动也刚，至静而德方。后得主而有常，含万物而化光。坤道其顺乎，承天而时行。"等等。而在某种意义上，大地对万物的生之、畜之、长之、遂之、亭之、毒之、养之、复之，生而不有，为而不恃，长而不宰的厚德，也可以从老子所称道的"道生之畜之，长之遂之，亭之毒之，养之复之。生而不有，为而不恃，长而不宰，是谓玄德。"[51]中得到印证。

再如老子推崇的"上善若水。水善利万物而有静，居众人之所恶，故几于道矣。"[8]的水之美德，以及推崇水以"天下之至柔，驰骋于天下之至坚。"[43]所表现出来的深厚坚韧，无坚不摧的道德威力，在《易经》与水有关的坎卦、井卦和兑卦中，也早有所表述。其中包括对坎水的守信，井水的甜美,湖水的欢悦的赞美等。特别是谦卦做为64卦中唯一的六爻皆吉,一无凶险的吉卦,更是提示老子得出了"利万物而有静,居众人之所恶"的水,以谦柔虚静,"重积德而无不克"的结论。由此可见,《易经》赞美大地、柔水的美德,确实给老子无穷的道德启发,成为他借鉴古代圣人的道德光辉典范,建立道家玄德体系的宝贵思想资源。那么,我们又遇到了另一问题——

问题之三,老子的"玄德"包含哪些内容?

老子"玄德"体系所包含的内容,主要有论道与德及其关系,玄德修炼的标准;以及如何修道养德这三个方面。对于第一个方面,即关于恒道与玄德的高低地位和主从关系,我们下面还将专门提及和论述。对于第二方面,即玄德的修炼标准,老子曾经根据修炼者的君王或重臣身份,划定了不同等级。其一为低标准,就是做一个不乐杀人,不贪图逸乐,不迷于五色五音享受的君子,做一个"以道佐人主者,不以兵强天下。……果而勿骄,果而勿矜。果而勿伐,果而勿得。"[30]的重臣。其二为次高标准,这就是要向为道者、德者看齐,要甘心忍受天下人的诟骂,不妄作非为,这就需要保持一种谦柔的心态,甘心"为天下谷",这样才能"常德乃足。"而只有"常德乃足,复归于朴。"才能"知其白,守其黑,为天下式。为天下式,常德不忒。"而"常德不忒",才能"复归于无极。"[28]其三为高标准,这就是要向"我"——老子自喻的为道者和德者一样,坚持尊道崇德,清静真知,贵生爱身,无为而治的正道,这才可能成为一个真正的玄德精神的体现者。对于普通百姓,老子的玄德观并没有提出过高标准,只要能学会像老子自己那样"恒有三宝,持而宝之。"即做到"一曰慈,二曰俭,三曰不敢为天下先。"[69]做到"美言不信","为而不争。"[68]远离邪说,不争不贪,朴实善良,"有车舟无所乘之,有甲兵无所陈之,而民复结绳而用之。甘其食,美其服,安其居,乐其俗。"[67]就行了。这也是老子的玄德主张,限于时代局限,没法认识到人民今后生活水平和文化水平提高后,会有个性全面发展的更高的道德追求的不足之处。

至于第三方面,即修道养德的方式,老子主要提出了三个方法或曰途径。一是把握好知识的来源渠道,不贪多,不信邪,做到"少私寡欲,绝学无忧"[19]"绝智弃偏","美言不信",杜绝不良说教的毒害;二是以圣人为榜样,不从庸众,特立独行,尊道贵德,这就是所谓的"孔德之容,唯道是从。"[21]以及"吾欲独异于人,而贵食母。"[20];三是重视养生,爱护身体,珍惜生命,"闭其兑,塞其门。"[56]远离犬马声色,通过

"载营魄抱一","抟气至柔","修除玄监"(参见[10]章),为雌守柔,至虚极,守静笃,万物方作,吾以观复,天道圆圆,各复其根,没身不殆(参见[16]章)等一套玄德修炼方法,达到形完神足的道德境界。这也就是后来由道教道医加以再发挥的内外修炼,养生培德,延年益寿的主要方法。那么,我们又有了一个前已提及却未展开的问题——

问题之四,老子的"玄德"与"恒道"是什么关系?

关于这一点,我们可以从老子自己的论述中,至少寻得三点答案。第一点,老子的玄德观首先强调的是恒道与玄德都同样重要,都优先尊贵于万物,这就是"万物莫不尊道而贵德。"[51]的道理;第二点,老子的玄德观明确理顺了恒道与玄德的关系,坚持道在德先,德以道行的两者的主从关系,以恒道的道德要求为玄德内容的道德取舍标准,这就是:"道之尊,德之贵,夫莫之命而常自然。"[51]这也是老子坚决反对颠倒道与德的自然关系,"失道而后德,失德而后仁,失仁而后义,失义而后礼。"[38]致使道德沦丧的败德行为的理由;第三点,老子强调了恒道与玄德的互相依存,缺一不可的相辅相生关系,这对万物而言,就是类似于易经所说的乾天刚健生阳开泰,坤地厚德载物养生,两者互为作用,化生万物的"道生之,德畜之"——以道德两者的和谐互动作用,建设起玄德宏伟的理想大厦。

总之,老子之"玄德"主要指人的纯粹本性和最高境界,所谓"含德之厚,比于赤子"[55]的修养境界,所谓"玄德深矣远矣,与物反矣"[56]的神奇奥妙,都是由恒道与玄德的"母与子"关系决定的。在老子看来,"玄德"为圣人之宝,应为有道者和德者所拥有,为学道君子所应有,而只有"恒道"才是玄德和万物的本源。这也是他反对离开道去谈德,以至于背离大道钻进死胡同的原因。但"玄德"做为"恒道"理想的实践者和推行者,对宇宙万物的存在及其形成过程,也还是有重要意义和作用的。这正如《管子·心术上》所说:"德者道之舍,……故德者得也,得也者,其谓所得以然也。以无为之谓道,舍之之谓德,故道之与德无间。"这就是说,"德"是"道"的容器和体现,万物依赖"玄德"而得以生长,得到护佑和遮蔽,得到刺激和锻炼,得以认识"道"的精髓和伟大,实现道的自然规律。所以"玄德"与"恒道"在很大程度上可以说是紧密无间而没有什么分别的,我们可以同意老子之"恒道"不仅仅是一个自然哲学范畴,而且更是一个通过"玄德"的中介与过渡,所建构的"关于人的内在本体和价值的形上学范畴"的说法。同时,也正是因为对人而言,老子恒道是要靠人的自觉实践,通过所谓"践道"、"体道",才能与"道"合一,获得自由，从中显示出其独特的理论价值与实践意义的学说，才引出了又一个严峻的问题——

问题之五，孔夫子彻底摧毁了中国人的真道德吗？

对于这个问题，忧心忡忡的黎鸣于2007年4月16日在网上发表《孔夫子彻底摧毁了中国人的真道德》一文认为，两千多年来，由于"独尊儒术"的缘故，"孔夫子及其儒家彻底摧毁了中国人的真道德。"他认为，只有老子在其《道德经》中所表达的"自然之道"和"自然之德"，即比今天盛行于西方人类自然共同体中的公道德，或曰真理之道和真实之德，或称平等、民主、自由之公理、公道和人类自然共同体文明之公德还要更高尚的老子"玄德"，才是"真道德"和"公德"，而孔夫子及其儒家主张的"孝悌忠恕之道"的"德"，则是"不折不扣、完完全全孔夫子及其儒家徒子徒孙们的伪道德、假道德，也即私道德。"他作此判断的理由是，孔夫子的"道"是政道，是"君君臣臣父父子子"的正名之道，是汉儒的"三纲之道"，是打着"平天下"旗号的"修身、齐家"的"治国之道"，是忠诚于家族的私道。所以，孔夫子及其儒家的"德"，也就只能是家族内部的"孝悌"之"私德"（得），其流行使得"两千多年来，在中国的这块土地上，不断凌替的朝代，举国上下的权益，仅为一人、一家、一姓、一个团体所僭夺、所私有、所专制、所宰割"，而这正是"孔夫子及其儒家，彻底摧毁了中国人的真道德，也即公道德"的证明，是孔子对老子"玄德"的最完全、最绝对、最干净和最彻底的颠覆，是两千多年来，中国人只能永远隔离于人类的真道德、公道德的原因。

应该说，黎鸣对流传了两千多年，在国人心目中已经根深蒂固了孔子的整套道德说教的种种弊端，是有所察觉的，其批判则是五四运动时期和文化大革命时期批孔风潮的延续，但却失之偏激。这是因为人类道德的建设，不论是公德还是私德，都不可能离开社会的文化经济基础而超前发展。文化大革命以解放全世界受苦人为己任的完全"奉献"和彻底"斗私"的伟大道德实践无疾而终就是证明。事实上，孔子之道德虽有致命弱点，却也是两千多年封建社会的发展所需求的。这一点，只要从昔日中华帝国盛世伟业所取得的世界美誉，从"儒教文化圈"的日本以及亚洲四小龙所取得的令人瞩目的经济成就，以至至今还有所谓"新儒家"对此念念不忘，想从儒教文化中吸取振兴中华的营养，就可以看出一二。

因此，我们能否"为老子的真道德正名，以便重新取代，在汉语中僭居了两千多年真道德之名的孔夫子的假道德、伪道德、私道德。"不仅仅由老子的"真道德"是否公正、公道所决定,不仅仅由一两个有识之士的还中华民族之全体以真道德权益的公正、公道的呼吁所决定,不仅仅由"西方文化进入中国都快两个世纪了,中国人却还仍然建立不起自己的自然共同体的真道德、公道德的社会体制来,这真应该是我们现代全部中国人的耻辱"的悲愤心态所决定,不仅仅由"我们既愧对我们自己伟大的圣人老子,也愧对近现代西方的许多伟大的哲人"的耻辱感所决定,而更主要的是要由我们对老子恒道和玄德的认识深度,宣传与践行的力度,由我们对孔子儒家道德的批判继承的合理合度的精当把握,由我们中国改革开放的伟大进程,所提升的我国综合国力与实现和谐社会的文明程度,对世界文明进程的贡献程度,以及人类对老子之道的认同度所决定。

这也是我们绝不认同"孔夫子及其儒家的徒子徒孙们,长期以来彻底摧毁了中国人关于真道德、公道德的任何一点思考的可能",以至悲观失望,一筹莫展的原因。实际上,众多学者今天对老子恒道与玄德的深入研究,本身就是为重建老子早就为我们提倡过的做为人类自然共同体的真道德、公道德的玄德观念而努力。这既是为了我们自己,更是为了我们的子孙,为了全人类共同的福祉。

至虚极，守静笃，万物方作，吾以观复。

三、老子的清静观

至虚守静

老子的"清静观"，是他以恒道为本体，以玄德为灵魂的九观哲学体系的重要部分，是他唯道玄德纲领的自然法则。它借助老子的真知观，贯通其无为观、贵身观，安民观、用兵观、治国观的各个领域，不但具有社会、政治、经济、军事等现实意义，而且对形成老子学说的价值观、生命观、行为观和安民治国的民本特色，乃至对其广大信徒以道学为基础建立起来的灿烂神异的道教文化，都具有涵盖道义、道规、道医、静功、修道等诸方面的哲学高度的指导意义，是构建"老子九观哲学体系"所不可或缺的基本要素。

所谓"清静"，它包含了规定事物性质的"清"和描绘空间运动态的"静"，与老子的道和德密不可分，与真知、无为和贵身意旨相通，与治国之道也息息相关。特别是在"道生一，一生二、二生三，三生万物"的道本体运动化生过程中，清和静更是与浊和动对立统一，如洞察天地之变的《黄帝阴符经》所言："自然之道静，故天地万物生。"形成阴阳互动的两极，既抽象又形象地体现出开天辟地，化生万物的道本体意义。以所谓的"天清地浊"、"天动地静"与"男清女浊，男动女静"画面，形成了天人合一的和谐统一，化生了从自然天成到人为创造的世间万物。这是"清静"或曰"清虚"、"虚静"所体现老子恒道观时的特殊生成环境与美学意境，体现了道与世界的深刻的本质联系。

这就是老子"清静观"的第一重意义，即体现出老子恒道辩证法之深刻性的哲学意义。它首先肯定了"清静"的创始化生意义：天清了，地静了，山清了，水静了，男清了，女静了，才有美妙的生命画卷自然地描绘出来。但以此同时，老子又不将"清"和"静"绝对化，更不绝对否定"动"和"浊"的积极意义。天动了才能呼风唤雨，电闪雷鸣，"自强不息"，成为宇宙"天行健"的强大生命推动力；地浊了才能凝聚成型，平直广大，"厚德载物"，成为宇宙"地势坤"的万物生命的承载力。因此，在老子眼中，这种易学所言，清浊合度，动静相宜的和谐状态，才是恒道化生万物，玄德教化人性的生命力所在；而清与静则不可用极度发展的统一的僵化的绝对模式,去束缚和限制那飞扬灵动千姿百态的生命的自由发展:"如果强求统一发展到极致,人们就会说天不要太清澄了,否则恐怕将会爆裂;就会说地不要太安宁了,否则恐怕将会爆发。……所以要达到最大的自然之理,就要赞许'无'和'是'的恒常大道!"[39]这就是老子和谐清静而又飞扬美妙的宇宙生成观。

如前所述,《汉书·艺文志》评析诸子百家时,对出于史官同行的道家评价最高,认为其人其作能历记成败存亡祸福之道,"然后知秉要执本,清虚以自守,卑弱以自恃,此人君南面之术也。"可谓是治理国家的有根本性指导意义的助益极大的人君南面之术,这自然是出自著者对汉初黄老之术德治功业的切身体会,也是对道家善守"清虚"的精准概括。

为了深入浅出地说明"道",就要揭示为人类须臾不可离开的"道"那似乎虚无缥缈而又至善清静的本性。为此,老子用"上善如水。水善利万物而有静"的"清静"之美态,来描绘道的本质与至善性。他说:"恒道的最高之善就如同水一样。水非常良善,它有利万物而安静无为,居住在众人所厌恶的低洼潮湿处,这就接近于恒道了。"[8]那么,人们用什么样的方法才能接近这个善利万物而不争的"道"呢?根据当时的历史环境和思想视域,老子认为,这一责任首先应该由社会上层的领袖人物承担起来,由他们自上而下的辅佐自然来完成。这是因为:"道是恒久的,却无法准确的定义它。诸侯国王若能遵守它,那天下万物和人民都将自然化生繁衍。如见万物化生而想有所作为,那我将主张用无名的'朴'来固守它。如能用无名的'朴'固守它,将不会受到自然的羞辱。不受羞辱而沉静安详,天地万物和人类社会都将回归正道而自然安定。"[37]在这里,老子明确地提出,只有坚持难以言表的"朴"即"道"的正确方向和基本原则,人类才不会受到自然规律的羞辱和惩罚!而只有以清静的方法长期保持不被恒道羞辱的局面,天地才能在道法自然的过程中"自正"——恢复到正确的方向和轨道上来。这是多么深刻的见解!

回想由工业化时代向信息时代进军的人类,一方面对自身生存环境的污染破坏程度,越来越超出自然界自我恢复和平衡的能力,致使城市在大量消耗人疯狂攫取的自然资源的同时,排放出巨量惊人的垃圾,一方面以战争、恐怖活动与镇压民众的狂热举动,一次次地遭到大自然和社会的惩罚,被推进资源匮乏、经济危机、政治动乱、运动狂热、战争屠杀、人祸天灾的莫大羞辱之中,甚至像萨达姆、拉丹、卡扎菲那样一个个从藏身之所里被揪出来而毫无尊严地死于非命,难道我们还看不到老子所主张的"清静"所可能为人类带来的好处吗?

而这种合道的清静方法，就是要人们像最接近道的水一样，"居住善于选择有利的地方，心情善于保持深渊般恬静，施予善于像天一样的宽厚，说话善于信守诺言，公正善于平和治理，作事善于讲求效能，行动善于顺应时机。只是因为不与人争利，所以不会有过错怨尤。"[8] 这就是老子所推崇的"清静"的方法，走正路得求正道之法，而不是头脑狂热的争权夺利之法。它将能使我们成就和光同尘的恒道的伟大事业。即使这种事业有时看起来并不完美，没有热热闹闹轰轰烈烈的雄壮舞剧，实现它的道路也并不顺畅笔直。不过这都并不要紧，反而更说明了潜心人类求真知，察恒道，修玄德的"清静无为"的重要性。这是因为，在老子看来："伟大的成就看起来总有些缺陷，但它的功用不会因此而有弊端；极丰盈充实的看起来空虚冲淡，但它的功用却不可穷尽。极正直者看起来很弯曲，极灵巧者看起来很笨拙，极富余者看起来似乎不足，极善辩者看起来迟钝木讷。躁热战胜寒凉，柔静胜过狂热。清正柔静，可以匡正和安定天下！"[45]

关于"静"的这种体现出大道化生的清正柔静的特性，田诚阳在《道教传统内丹修炼筑基法——静功与气功》一文中有生动描述。他认为，一切生命都是从"静"态中生长、从"静"中充沛它生命的功能。一粒种子、一个胚芽，会静悄悄地长成苗木、开出花朵、结成果实；人体生命和生命活力的保持，也同样需要通过静养得到生息，因此，《道德经》第16章提出要"致虚极，守静笃"。人生若能努力致虚守静，即努力达到虚无寂寥的极致，坚守那种清静无为的层次，抛却世事的纷繁芜杂，让心灵归于宁静，自然就会拥有快乐而安宁的生活，也就拥有了生命健康的基本要素。

在这个意义上可以说，甲本帛书老子的重要贡献之一，就是在揭示道家最重要元典《道德经》真相时，经文中比通行本老子原有的10个静字多出一个"静"字，从而强化了"静"字在老子道观哲学的重要分量，为老子独创的以"真知明恒道之本，清静守玄德之正，贵身行无为之治"为特色的九观哲学之龙体，点亮了龙睛！

考证甲本帛书老子所加上的这个"静"字，见于第八章之中："上善如水。水善利万物而有静，居众人之所恶，故几于道矣。居善地，心善渊，予善天，言善信，正善治，事善能，动善时，夫唯不争，故无尤。"[8] 这就最权威地揭示出老子对最近恒道之水的至善本质的理解。但自帛书甲本问世之后，由于通行本老子流布已久的千年积习，不少人在引用老子这句名言时，依然习惯于沿用通行本的"水善利万物而不争"之句，认为这才最符合老子无为不争的道德经原意。因此当有学者决意将此句改为"水善利万物而有争"后，自然引起了学界批评，认为一字之改，意义全非，与老子的"不争"之意相去甚远。为此,老学研究权威罗尚贤先生在《老子章段今解》(广东经济出版社 2008 年 12 月版)一书中,耐心而详尽地解释道,甲本帛书此句的"有静"之所以应据乙本帛书改做"有争",是"因为此两句说明水之所善有二:一是对万物善于施利且争着施利;二是对于自己却是与世无争,愿处低下。这正反映了老子对人生的根本看法。'有争'与'无争',乃辩证统一。"并强调自己"经反复推敲,确认前面的'有争'与下文的'不争',并非相悖,恰成辩证统一。对争着施利他人他物的善人来说,自然是不为自己争名夺利的。老子的'不争'之德,自然是包含着'为天下'而'有争'的。艰苦奋斗做好事,不是有争吗?镇恶扶善不也是有争吗?"

乍看起来,罗尚贤先生的解释合理周全,能自圆其说,其肯定老子思想的伟大而深刻的努力令人赞同。但是就此句在具体语境中,为何偏用"争"而不用"静"来描绘水时,却感到理由还不够充分,在对"静"义的重要性视而不见的同时,还违背了一个重要的选版原则。即我们在解读经典,面对纷繁歧义的众多老子版本时,所不能不首先确立的一个古近真貌的原则。这就是帛书《老子》优于王弼等校注的通行本《老子》,而使用篆体不避讳刘恒帝名更古老的甲本帛书《老子》,又优于使用隶书问世较后的乙本帛书《老子》的基本原则。这也就是说,当帛书甲本《老子》文字清晰而意义彰明时,我们应首先考虑采纳之,只有当甲本模糊残缺或无解时,才参照乙本或通行本《老子》予以补正。只有这样,我们才有可能在千载历史风沙的磨砺之后,最接近老子古本真貌而获得真知。

如果我们都同意此原则,就应当首先看看"水善利万物而有静"之句有无存在的意义和歧义,以及后来误读的原因,再考虑究竟应不应该采纳之。通过反复研读老子我们应肯定,老子对"静"字是极为重视的,先后在五千文中用了 11 次,而且每次都意味深长,一字千钧,绝无歧义和误用的可能。因此,继甲本此句正确使用"静"字后,一旦出现乙本抄写时的失误,把"静"字的左半边漏写了,误作"有争"时,全章前后文的意义就完全相悖了,这也就是通行本后来发现乙本的这一减少偏旁的误笔后,在未见甲本真迹的情形下,不得不勉强将"有争"改成"不争",以求得与前文的水善相一致,与后文的"不争"相呼应,与水选择恶地与世无争的高尚品质相一致的原因。尽管如此,老子通行本毕竟还是在乙本错抄的基础上又犯了一个新的错误,把极端重要的一个"静"字埋没了,虽说是非有意为之。因此,当我们喜见甲本帛书真迹,当务之急自是应该首先纠正乙本抄错字的低级错误,然后顺理成章地把通行本好心的纠错"不争"再纠正过来，恢复以甲本帛书为代表的正本老子"有静"的真实面目！非如此，对不起老子，解不通老子。因为老子此处的"静"，是最能说明他上善如水的定义的："静"包含了水既争流利众又不争而甘居恶地的优良品质，它本身就是道之恬静善容美德的辩证统一，我们又何必悖逆最优版老子古本，强辩其"有争"或"不争"呢？一"静"足矣，岂有他哉！

它正可揭示出"清静"的第二重意义，将外界的万物化生，引向内心的心性修为。即将恒道规范的"天清地浊"、"天动地静"、"男清女浊"、"男动女静"的外宇宙的万物化生，引向内宇宙的"神清心静"的心境修为。根据老子关于"五色使人目盲，驰骋田猎使人心发狂，难得之货使人之行方，五味使人之口爽，五音使人之耳聋。[12]即刺眼的五色，刺耳的五音，爽口的五味，躁动的贪婪极其有害的审美观、养生观和政治观，以及道教经典《云笈七签》关于"专精积神不与物杂，谓之清。反神服气安而不动，谓之静"的解释，人只有追求并保持"清静"的状态，才是真正有益身心健康的。所以无论是恒道修身的道士、以道术行医的"道医"，还是当代心理学家们都已发现并认同，"生命在于运动"有理，运动对于生命固然重要，但经常保持清静状态，也是同样重要的甚至更有益身心的。

这是因为，唯有清静能解放身心，清静能调节功能，清静能帮助疗疾，清静能生发智慧，清静能孕育生命。这是人在混乱、热烈、躁动、焦虑的状态下所无法达到的，也正是许多中国气功、道家内丹、中医疗法乃至印度瑜伽等，都要求练习者要有一个清静的环境，保持清静的心态，通过静坐调息、定心静气来练"静功"的原因。至于如何练习静坐、静心、静气以至于达到"入定"、"坐忘"、"入静"——进入浑然忘我，神清气爽，清静无为的心境，则是十分不易而又令人心向神往的。老子曾专有一章描绘高人的这一过程，那就是："古时善于尊崇推行恒道的人，思虑微妙而精深通达，几乎深不可测。正因为它深不可测，所以只好勉强的描绘它说：慢慢小心啊，就像冬天涉水过河。周密谋划啊，就像畏惧四边的强蛮邻居。严肃恭敬啊，就像招待尊贵的客人。漫漫涣散啊，就像冰凌消融的春泽。混沌无知啊，就像粗朴原木。水深沉沉啊，就像污水浊浪。宽旷深广啊，就像幽深山谷。浑浊的静止净化它，就会渐渐地使它清洁澄净。安滞的不停推动它，就会徐徐的生发它的生机。能够保留坚守此道的，就不会追求盈满。只有虚心而不追求盈满，才能自甘凋敝而不急于求成啊！"[15]在某种意义上，这就是老子对清静修为之道的最权威描绘！

老子的清静观认为，小心谋划才能成功，漫漫涣散才能消融坚冰，深沉宽广才能澄净浑浊萌发生机，清静与和谐从来就是统一的，心灵和谐才能清静,清静虚心才能身心和谐:"以往有能得到和谐统一的。天得到和谐统一就会清澄,地得到和谐统一就会安宁,精神得到和谐统一就会灵动,河谷得到和谐统一就会盈满,诸侯国王得到和谐统一,就会以它为匡正天下的准则。"[39]然而,在老子眼中,这种和谐与清静不仅不应该成为束缚自由思想的僵化观念,也不可在政治上去强求完美实现:"水至清则无鱼,人至察则无徒","如果强求统一发展到极致,人们就会说天不要太清澄了,否则恐怕将会爆裂;就会说地不要太安宁了,否则恐怕将会爆发;就会说神不要太灵验了,否则恐怕将会停歇;就会说河谷不要太盈满了,否则恐怕将会早渴;就会说诸侯王公不要太尊贵高傲了,否则恐怕将会倒下!所以要尊贵就需以低贱为根本,要高升就必须以下层为基础。因此诸侯王公都自称为:'孤家'、'寡人'、'不谷'。这是他们自我轻贱的本意,是对'否定'的肯定。所以要达到最大的自然之理,就要赞许'无'和'是'的恒常大道!因此宁可不要像玉石那样稀少珍贵,也要像粗陋大石那样平凡坚实。"[39]

老子认为,只有这种不过分强求一致、纯粹和完美,平凡坚实而又虚怀若谷的人,才能和古时得道高人一样,以"通达清静的心境达致身心和谐的极点。心灵守静无欲,就可以缘督而保身。万物在身旁运动作为,我以清静之心观察它的反复生息。天下万物芸芸众生,都将各自复归于它们的根本,这就叫作清静。清静自然,这就是复归本命。复归本命,是恒常的天道。知道恒道的是明白人。不知道恒道的太愚妄!狂妄胡作更凶险!知道恒道的就能心容天下,心容天下于是公正无偏,公正无偏于是能治国。治国于是能顺天行事,顺天行事于是能合道。合乎恒道于是能长久,终身都不会有危险。"[16]联系到文革期间强制要求人们清白无瑕,斗私批修,挖掉每一个人内心深处的任何一点点私心杂念,都成为纯而又纯的无产阶级先进分子,把社会主义中的任何一点点"资本主义"成分都纯化干净:"宁要社会主义的苗,不要资本主义的草"的极端主义做法的最终失败,老子喜清爱静却不惟清惟静的"清静观",显然是更为高明而有指导意义的。

这又自然而然地引出了老子"清静观"的第三重意义,即以清静合道为纲要的治国安邦意义。它体现出老子关于"重为轻根,静为躁君"的清静治国思想。其所谓的"重",就是事物的重心,国家的重器、重点、重业、重头戏,它决定了国家其他分量较轻的辅业、次业、副业等的从属地位。这里的"静",则是政局的平静和谐,社会的安静祥和,官吏的清静廉洁,民众的心清性静。它反对的是躁动盲干,轻重倒置,劳民伤财,危害国本。老子认为,在重与轻,静与躁的矛盾运动中,重要的根本的"重",和正常的稳定的"静"应居于主导地位,而轻浅的次要的"轻"与反常的乱动的"躁",则应是被支配的而不应是主导性的长态性的。这对我们反思鼓吹"斗争哲学"、"越乱越好",将动乱浑浊绝对化,鼓吹大鸣大放大闹大乱的文革教训,是大有帮助的。

根据这一轻重缓急的哲理,老子耐心说服统治者要爱惜国力,抓牢重器,不要动不动就兴师动众、劳民伤财地到处出游督查,名为深入实际,考察巡视,现场办公,实为扰民滋事,闹得地方鸡犬不宁,躁动不安。老子明确地指出:"重心是轻飘的根本,安静是急躁的君主。所以君子整天行动,都不会离开他的辎重行李。因为有环卫的官员处理各项杂事,他可以安静清醒地处理公务。为什么拥有万乘车马的大国君王,会把自身看得比天下万物都轻贱?轻举妄动就会失去治国的根本,急躁莽撞就会失去理智的主宰。"[26]

必须看到,老子的这一"重为轻根,静为躁君","轻则失本,躁则失君"的清静治国观,是极有见地的政治智慧。它不仅是为政者个人的为人处世和身心修炼问题,而且是关系到为政者的驾驭全局水平和行事作风问题。因此必须要求为政者学会在政治的天平上和舞台上,始终保持清醒的状态,冷静的头脑,这样才能够衡量轻重,分辨得失,抓住国家、地区和部门的最重要的根本的关键性战略决策问题,避免急躁失误。如果像当年头脑发热,急于冒进的"大跃进"官员那样,天天热衷于唱高调,说空话,搞浮夸,梦想一步登天,超英赶美,哪能保持头脑冷静的思考问题呢?这也就难免会失重失本失位了。

对于关系国运和治国要务的重要外交关系,老子清静治国观同样主张用静以制动,谦柔以并蓄的方法来妥善解决。他有个精辟的比喻说道:"大的国家,是大河的下游,是天下最柔顺的母牛啊!天下万物的阴阳交合,从来都是柔静的雌性胜过刚强的雄性。这是因为它十分柔静良善,因而适宜居于下面。所以大国谦让小国,就可收取小国民心,小国主动谦让大国,就可从大国索取援助。所以或者谦下以收取,或者谦下而索取。因此强大的国家,只不过想兼收并蓄多一些人民,而小的国家,只不过想归顺大国而服事他人。既然他们都能随心所欲了,那么大国更适宜保持谦下的态度。"[61]

这真是老子柔静胜强的清静观对国际关系学和国民心理学的绝妙说明!正像孙悟空跳不出如来佛的手掌心一样,在强弱众寡,实力悬殊的情况下,大国如果对小国友好示弱,提供援助,小国就不会有受压迫受威胁的危难感觉,而愿意接受大国的引导和援助。反之,如果大国强国傲慢无理,恃强凛弱,任意欺辱小国弱国,那小国弱国即使不公开拼命反抗,给大国造成惨重损失,也会离心离德,地下拉帮结派,另搞一套,甚至默许激进分子发起恐怖主义袭击,破坏世界的宁静和谐局面。这也说明,像在中国南海问题上,正确处理好大小国家之间的和谐友好关系,是多么的重要!面对当今世界大小国家与霸权主义的冲突,以及和谐与冷战的两种对立思潮,老子清静观的意义非凡,何是何非,何利何弊,不是很清楚的吗?

老子相信,只要坚持清静循道,就能"以正道治国,以诡奇用兵。因而能够无为而取信天下。我以什么来知道这一点呢?天下有许多的忌讳,而人民却日渐贫穷。民间有许多好兵器,而国家更加昏乱逞强。人民多诡诈知识,奇巧器物就泛滥了。法律典章制定得越多,盗贼也随之更多。所以圣人才说:我无所作为,而人民自然开化自由。我好静不争,而人民自然正直无私。我不无事找事,而人民自然富裕幸福。我不愿满足奢望,而人民自然淳朴敦厚。"[57] 可以说,老子在这里对为政者关于"我好静而民自正,我无事而民自富,我欲不欲而民自朴"的告诫,是具有深刻实践意义的。为政者若都能不狂热躁动而"清静无为"地行政执法,不仅万物将自化,天地将自正,人民将自正自富自朴,侯王等为政者也将能成就伟大功业。而且对尊老子为道祖,有志于教化社会的道教人士来说,这也是至虚极而守静督,观万物而知其复,知常明而没身不殆,达到清静悟道高尚境界的必由之路。

这就再引出了老子"清静观"的第四重意义。即源于道学包含神学仙学的道教文化意义。它以老子《道德经》的清静观为基础,以集其精要的《清静经》为经典,贯通其无为观、贵身观,安民观、治国观的精神领域与物质领域,具有深得中华传统文化精髓的道医、养生、修炼、悟道、神学、仙学的文化意义。

所谓仙学,是上个世纪60年代将《道藏》各书按其性质分为道家、道通、道功、道术、道济、道余、道史、道集、道教、道经、道诫、道法、道仪、道总等14大类,对道家深有研究的中国道教协会陈撄宁会长最先提出来的。他早在1933—1941年间于上海主笔《扬善半月刊》和《仙道月报》时,就首次将道家性命双修之学改称"仙学",提出将仙学与神学、道学、教学并列为学术来研究,以利于造福人类的"仙学"思想,并于1938年首次创办了"仙学院",讲述《参同契》、《悟真篇》、《黄庭经》、《灵源大道歌》等仙学经典,一时产生过较大的社会影响。陈撄宁认为,将以"道"的信仰去解析道家"道学"的内容,以"神"的信仰去解析道教"神学"的内容,连接起道家与道教、道学与神学的奇妙纽带,就是"仙学"的内容。它包括了仙道、神仙、道教丹鼎派和符箓派两大核心内容,与道学、神学、教学（指科仪、规戒、祭拜、经忏、禁忌、宫观等方面的学问）等三种学术并存于道教之中，成为道经文化最根本的四门学术的主干内容之一，将其他学术如医学、易学、数术、兵学、文学、天文、地理、善学等变成了主干上面的枝叶。①

以此观之，老子的清静观对于仙学具有根本性的指导意义。仙学典籍《真仙直指语录》引全真七子之一马丹阳之语说："清静者，清谓清其心源，静谓静其气海。心源清则外物不能挠，性定而神明。气海静则邪欲不能作，精全而腹实。故澄心如澄水，万物自鉴。养气如护婴儿，莫令有损。气透则神灵，神灵则气变，此清静所到也。"李道纯在《清庵莹蟾子语录》中也说"灵源浪息谓之清，性地无尘谓之净。""清清净净本无言，才有施为不自然。"认为内修要靠清静功法为基础。清代全真道士黄元吉在《乐育堂语录》中也力主"静处炼命，动处炼性"，认为内修是动静结合的过程。王元晖则在注解《清静经》时，主张实施"大静三百日，中静二百日，小静一百日"的"三静关修炼法"，择静地以山林天地之气，养己身先天一气。这都说明在仙学中，清静是升仙成道的惟一途径和修炼法则，只有清静无为，做到性定气静，精全腹实，心澄神明，才能成仙，长寿无疆。

再从神学的宗教意义的道教角度看，"清静"也是极为重要的。道教认为"道"包含着清和浊，静和动等对立的两个方面，其中清静是本，浊动是流，清是浊的根源，静是动的基础。所以，不论是治国治身学道都要清静。学道者如能清静，则与天地同寿。受此影响，道教的宫观和道教影响的文艺作品中，与"清静"含义有关的"清虚观"，就有广东连州清虚观、上海清虚观、山西平遥古城清虚观以及《红楼梦》和《仙剑奇侠传》中的清虚观等，数量不少。而受道教尊奉，总称谓是"虚无自然大罗三清三境三宝天尊"的最高神祇"三清"，也都以"清"命名而分居于清微天、禹馀天、大赤天等三清仙境中，他们即玉清元始天尊、上清灵宝天尊、太清道德天尊等。其中所谓天尊的意思，是说三位尊神是极道之尊，至尊至极。由此可看出"清静"在道教神仙体系中的重要意义。

其实，早在汉明帝、汉章帝时（公元58—88年），益州太守王阜就在刻写《老子圣母碑》文时写到："老子者道也，乃生于无形之先，起于太初之前，行于太素之元，浮游六虚，出入幽冥，观混合之未别，窥浊清之未分。"将老子神化为一个先天地而生、与"道"同体的神人。而汉顺帝时（公元126—144年）据说在巴蜀鹤鸣山创立五斗米道，奉老子为教主的张陵在传教布道时，也曾在《老子想尔注》里说："一者道也。……一在天地外，入在天地间，但往来人身中耳…，聚形为太上老君，常治昆仑。"这就再次把无形无分浊清之"道"与"太上老君"之老子相等同,视其为"道"的聚形即化身。此后,为了平衡三清尊神的等级序列,承认道教从创立之时起,就尊奉老子为教主的事实,又产生了最早出自许仲琳所著的《封神演义》中,老子一气化三清的说法:即太上老君在与通天教主斗法时,用一气化出了玉清、上清、太清三个法身的故事,恢复了老子才是创造"道"的真正"道祖"的首要地位。

其实,被众人颂为"道德天尊"的老子自己从来不自以为"神",他发明的"道"也并不是人格神的化身。他虽然似乎没有正面否定过鬼神的存在,甚至还在《三十九章》里默认了鬼神的灵验和伤人威力,有所谓"就会说神不要太灵验了,否则恐怕将会停歇"的说法。但老子此处重点不在谈鬼神,而在于告诫统治者要小心施政,这样就可以"其鬼不神","两不相伤"了。所以他本意在对似乎无所不能的神力的限制。其潜在含意为,哪怕是至高无上的神,也要顺应恒道并保持和谐统一之力,而不能为所欲为!这正是老子否定迷信鬼神的唯道思想,它与后来道教生发的"三清"有神论,其实是大相径庭的。从这个意义看,我们将老子《三十九章》中的"神"解释为"神"而不是"精神",以和《六十章》中的"鬼神"含义保持一致,并不会给老子戴上"有神论"的帽子而减低其学说的思想价值。反之,如果我们认识到有神论在古代,以至于当今的许多国家和地方所仍然占有的统治地位,承认自老子生活的春秋战国时代,到秦始皇登上宝座,还一直有寻仙求神的历史事实,那就不能不叹服老子关于神也要循道而灵,否则也会因灵验过度而枯竭之说的明智。

它表明,老子在世界哲学史上第一次将人间圣人摆在了神的同一高度,赋予人与神"两不相伤"的平等权力,并由此消解了由原始社会遗传而来的"神道治国观",奠定了中国由人主宰,清静无为的世俗治国观,影响了整个东方文化圈两千多年。

【注释】

①田诚阳(道士). 道经小史. 道经知识宝典 [DB/OL]. http://www.qingjing.net/index.php/xiu-dao-ru-men/98-2012-04-10-11-44-35.

老子今译

清静篇

【一】

上善若水。	最伟大的善行就如同水一样。
水善利万物而有静，	水非常良善地利益众生而安静无争，
居众人之所恶，	居住在众人所厌恶的低下坑洼处，
故几于道矣。	这就接近于恒道了。
居善地，	居住善于选择合适的地方，
心善渊，	心情善于保持深渊般恬静，
予善天。	施予善于像天一样的宽厚。
言善信，	说话善于信守诺言，
正善治。	公正善于平和治理。
事善能，	做事善于讲求效能，
动善时。	行动善于顺应时机。
夫唯不争，	只是因为不与万物争利，
故无尤。	所以不会有过错怨尤。

【第八章】

【注释】

上善若水：王本如此。上善：最高的善行。甲本作"上善治水"，乙本作"上善如水"。今取最通行本。

水善利万物而有静：甲本如此。利：施利于万物。静：安静，静止，宁静，清静，为老子清静观的重要理念。乙本此句作"水善利万物而有争"，王本等通行本作"水善利万物而不争"，差异甚大。综合分析，甲乙本此句都有"有"字，存之可取，但乙本误抄"静"为"争"，"有争"与"有静"意旨相反而不通！此后，通行本因未见甲本正字为"静"，为与后句"夫唯不争，故无尤"的意旨相统一，擅将"有静"误改为"不争"，实不可取，故应以甲本"有静"为是。

居众人之所恶：甲本如此。恶：厌恶，乙本假借为亚。王本此句作"处众人之所恶"，意同。

故几于道矣：甲乙本如此。几：几，几乎，很少，接近。王本无矣字。

居善地：诸本皆同。居：居住。善：善于，善于挑选合适的地方。

心善渊：乙本王本如此。渊：深渊，比喻心情恬静。

予善天：乙本如此。予：施予，行善。王本此句作"与善仁"，给与善于讲仁慈，意思相近，不取。

言善信：诸本如此。信：信守诺言。

正善治：诸本如此。正：公正。一说"正"通"政"，指政治，也可通。治：治理。

事善能：诸本如此。事：做事，动词。能：能，能干，指讲求效能。

动善时：乙本王本如此。时：时机。甲本作"踵善时"，踵为动。

夫唯不争：乙本王本如此。不争：不争利，这是老子无为有静，不争无尤的一贯主张，可印证乙本"水善利万物而有争"为误抄。甲本此句作"夫唯不静"，争误作静。

故无尤：诸本如此。尤：过错，怨尤。

【二】

古之善为士者，	古时善于尊崇推行恒道的高人，
微妙玄达，	思虑微妙而精深通达，
深不可志。	几乎深不可测。
夫唯不可志，	正因为他深不可测，
是以为之颂。	所以我为文赞颂他。
豫乎其若冬涉川，	慢慢小心啊，就像冬天涉水过河川，
猷乎其若畏四邻。	周密谋划啊，就像畏惧四周的强邻。
俨乎其若客，	俨然恭敬啊，就像悉心招待的贵客；
涣乎其若怿。	涣然冰释啊，就像病愈般满心欢畅。
敦乎其若朴，	愚钝敦厚啊，就像原木般粗朴；
沌乎其若浊，	混沌深沉啊，就像泥塘般污浊；
旷乎其若谷。	宽旷深广啊，就像幽深的山谷。
孰能浊以静者，	谁能使浑浊的平静下来，
将徐清。	将会渐渐地使它澄净清澈。
孰能安以逆者，	谁能使安滞的逆向行动，
将徐生。	将会徐徐地激发它的生机。
保此道者不欲盈。	保留坚守此道的人，不会追求盈满。

夫唯不盈，　　　　　　　只有虚心而不追求盈满，
是以能敝而不成。　　　　才能自甘幽敝而不急于求成。

【第十五章】

【注释】

古之善为士者：王本如此。为士：此处指为道者，修道者，指尊崇和推行道的高士。楚简本此句写作"长古之善为士者"，足证王本可取。长字可省。乙本写作"古之善为道者"，可参。

微妙玄达：微妙：王本如此，乙本写作微眇，均指思虑精细。玄达：指思维十分精深通达，楚简本与乙本如此，王本写作"玄通"。楚简本此句作"非溺玄达"。非：否定，老子善用反语。溺（nì）：沉迷不悟，过分，无节制，沉湎，如溺信、溺志、溺情、溺意、溺心、溺惑、溺职（失职）等。老子的"非溺"，与他有关多闻数穷、执一的观点相符，有反对"溺心灭质"之意。溺心灭质，指的是淹没天然的心性，掩盖纯朴的本质。语出《庄子·缮性》："文灭质，博溺心。"

深不可志：楚简本、乙本如此。志：记录，标志，测记。范应元本此句作"深不可测"，可参。王本作"深不可识"，识：识别，标识，与测量相关，意义相近。

夫唯不可志：甲乙本如此，范应元本此句作"夫唯不可测"，王本作"夫唯不可识"。楚简本无此句，今从甲乙本补。

是以为之颂：楚简本如此。颂：赞颂，称颂，指对善为士者的颂词。此句甲乙本作"故强为之容曰"，王本无曰字。为之容：为有道之士描绘容貌，其肯定程度不如楚简本。

豫乎其若冬涉川：此句王本写作"豫焉若冬涉川"，豫：警惕，小心。乙本此句作"曰：与呵其若冬涉水"，曰：可省。与：豫的同音字；与与：行步缓慢，小心谨慎，与豫义同。其：指善为士者。楚简本此句作"夜乎若冬涉川"。夜：有夜晚小心行走之意。乎：语气词，与焉、呵同。为使全章风格统一，特据王本用豫字，据楚本用乎字，据甲乙本补其字，据楚本、王本用川字。

猷乎其若畏四邻：楚简本如此。猷（yóu）：（1）计谋，谋划：新猷，宏猷，鸿猷。（2）道，法则：秩秩大猷，圣人莫之。见《诗·小雅》；猷裕。（3）功业，功绩：猷绩。"猷"甲乙本、王本写作"猶"，猶：兽名，多疑。犹，犹豫，此指谋划。四邻：四边的邻居、邻国。

俨乎其若客：楚简本如此。俨：俨然，严肃恭敬状。客：指待客或做

客。乙本作"严呵其若客",严应作俨;王本作"俨兮其若容",容应为客。

涣乎其若怿:楚简本如此。涣:一、水盛大貌,如《诗·郑风》,"方涣涣兮"。二、易经卦名,卦象如"风行水上",其意有三:(1)涣散;(2)涣汗;(3)涣血。后两种古代医术,易家借指发汗医国、涣瘀排毒,君王安居修德,推行新政的医国良策(参见拙著《周易宝典》)。老子此处诸义皆有。怿(yì):悦也,乐也。见《说文新附》、《广韵》,楚简本此字下有心字,当为从心的"怿"。怿然欢心,与释然开心义近,通行本怿字写作释,甲乙本写作"凌泽",凌,此处为"凌"的假借字,指冰凌。泽,水泽,一说通"释",凌泽,即冰释,指冰凌消融。王本此句作"涣兮若冰之将释",可互参。

敦乎其若朴:王本大致如此。敦:敦厚,敦朴。朴:粗朴的未加工的原木。楚简本此句写作"屯乎其若朴",王本原作"敦兮其若朴",为统一句式,今留王本敦字与楚本乎字,改王本兮字与楚本屯字。屯(zhūn):(1)艰难,困顿;(2)贫穷;(3)迟钝,屯钝,笨拙,屯闷,迟钝愚鲁之状。此处屯字诸义皆有,但主要指迟钝、愚钝、敦厚之貌,与敦义相同。乙本此句写作"沌呵其若朴",沌与下句重复不取。

沌乎其若浊:楚简本如此。沌:浑浑,混沌无知的状态。浊:浑浊,污浊。甲乙本此句作"湷呵其若浊"。湷(hún):古通"浑";湷(zhuāng),在深水中的树桩,槌水深声。王本此句作"混兮其若浊",混:浑,指水浑而深幽,义与沌相同。

旷乎其若谷:王本此句原作"旷兮其若谷"。旷:空旷,深广。谷:幽深的山谷。甲乙本此句作"湉呵其若浴",费解不取。楚简本无此句,今为统一句式沿用其乎字。

孰能浊以静者,将徐清:楚简本如此。静:静止。静通净,澄净,净化。此处两义皆用。徐清:徐,徐徐,渐渐的;清,使清洁干净。此句乙本作"浊而静之徐清",王本作"孰能浊以静之徐清",今从楚简本。

孰能安以逆者,将徐生:楚简本如此。安:安稳,引申为安滞,停滞不前。逆:反,反者道之动,指逆向行动。徐生:徐徐催生。王本此句作"孰能安以久动之徐生",久字后加可删;甲乙本作"女以重之","女"为"安"字缺宝盖头误笔,"重"为繁体"動"字的缺"力"简写。动与逆比较,逆字更合老意。

保此道者不欲盈:王本如此。保:保留。盈:盈满。楚简本此句作"保此道者不欲尚盈",尚字可省。甲乙本此句作"葆此道不欲盈",少一者字,葆通保,今从楚本王本用保。

夫唯不盈：王本如此，楚本无此句，甲乙本有此句但毁损，今从王本补。

是以能敝而不成：乙本如此，甲本毁损余一成字，楚简本无此句，王本此句写作"故能蔽不新成"，新字多余，少一而字。敝：凋敝，破败，幽敝，傅奕本、范本、彭本如此，乙本作"幣"（其"巾"为"衣"），王本作"蔽"，遂州本作"弊"，均为"敝"之假借字。不成：不急于求成。今从乙本补。

【三】

至虚极，	通达至虚妙境，就达致身心和谐的极点
守静笃。	坚守中道清静无为，就可忠诚厚重笃实。
万物方作，	身旁的万物刚刚开始运行动作，
吾以观复。	我就仔细观察它们的生息反复。
天道圆圆，	天象道体浑圆回环周旋
各复其根。	万物都复归各自的根本。
归根曰静，	复归根本就叫作虚静，
是谓复命。	这就是所谓复归本命。
复命曰常，	复归本命是恒常的天道，
知常曰明。	知道恒道才是明白人。
不知常妄，	不知道恒道的太愚妄，
妄作凶！	妄作非为会带来凶险！
知常容，	知道恒常之道就能心地宽容，
容乃公。	心虚容广于是能公正无偏。
公乃王，	公正无偏于是能治国，
王乃天，	治国于是能顺天行事，
天乃道，	顺天行事于是能合道，
道乃久，	合乎恒道于是能长久，
没身不殆。	终身都不会有什么危险。

【第十六章】

【注释】

致虚极：王本如此。甲乙本作"至虚极也"，意义相同。至：达到，最大，极大。虚：清虚，虚静。极：极致，极点，最高的境界。楚简本此句作"至虚恒也"，意义与句式与甲乙本同，兼用至的到达与最大两义，故其意应为：到达至空的虚境，才能走到极高境界而永恒存在。

守静笃：王本如此。守静：安守幽静。笃（dǔ）：诚实，守信，厚实。楚简本此句为"守中笃也"，甲本作"守情表也"，乙本此句原为"守静督也"。督（dū）：（1）监管，总管；（2）督促；（3）中医所说的任、督二脉之一。庄子在《养生主》中指出："缘督以为经，可以保身，可以全身，可以养亲，可以尽年。"此取葛荣晋说。楚本的"笃"与王本意同，与乙本的"督"相通，均指心灵修炼的最高境界，句意为：守中不偏不躁才能忠实笃志。但楚本的"守中笃"与乙本的"守静督"和通行本的"守静笃"还是各有侧重的，一中一静，亦督亦笃，分别以中、静、笃为关键词，可谓既提出了清醒明智，以道治国的政治观，又提出了守静缘督的养生观。因此，此句姑存王本，以显老子的三层意思。

万物方作：楚简本如此。方作：刚刚开始运作，始发初生，萌芽柔弱之状。甲乙本作"旁作"，王本作"并作"，其义均不及楚本。此言老子在事物萌芽状态就开始观察它的运作规律了。

吾以观复：王本如此。复，反复，事物的规律性运动。甲乙本此句末多一也字，可省。

天道圆圆：楚简本如此。天道：天之道，恒道。圆圆：天圆地方，道体圆象，道法浑圆，圆有圆周，圆环，周而复始之意；圆圆一指圆形，圆周，作名词或形容词，一指圆环运动，循环往复，为动词。老子有关天道圆圆的思想意味深长，为太极图定型。甲本此句作"天物云云"。天物：普天下之万物，甲乙本均如此，王本作"夫物"，其"夫"字当为"天"字之误。云云：（1）周旋回转貌，意同楚简本"圆圆"。《吕氏春秋·圜道》："云气西行，云云然。"高诱注："云，运也，周旋运布，肤寸而合，西行则雨也。"（2）芸芸。众貌；盛貌。《庄子·在宥》："万物云云，各复其根。"成玄英疏："云云，众多也。"云云，乙本作"枟枟"（枟，示字旁），王本写作"芸芸"。

各复其根：楚简本如此。根：根本，起源。

归根曰静：王本如此。静：虚静。

是谓复命：王本如此。复：复归。命：本命、起源、命运。

复命曰常：王本如此。恒常，恒道。

知常曰明：王本如此。明：明白。

不知常妄：甲乙本如此，一般断句为"不知常，妄"，但逗号省去，句式排列更为整齐有力，词义亦不改。常：常理，恒道。妄：愚妄，狂妄，甲乙本假借为芒，通妄。

妄作凶：诸本如此。妄作：妄为，胡作非为。此句一般被断作"妄作，凶"，其逗号可省，句式排列更为整齐有力，词义不改。王本此句写作"不知常，妄作凶"，缺一妄字，今从甲乙本补。

知常容：甲乙本、王本如此。常，恒常，指恒道。容：容量，容纳。

容乃公：甲乙本、王本如此。公：公正无偏，天下为公。

公乃王：甲乙本、王本如此。王：为王，王业，治国。

王乃天：甲本、王本如此。天：顺应天而按照自然规律行事。

天乃道：甲乙本如此。道：天于是道法自然而合道。

道乃久：王本如此。久：道的存在于是恒久无疆。甲本损毁，乙本余"道乃"二字。

没身不殆：乙本、王本如此。没：没世，终身。殆：危险。

【四】

重为轻根，	重心是轻飘的根本，
静为躁君。	安静是躁动的君主。
是以君子终日行，	所以君子整天行动，
不离辎重，	都不会离开辎重行李，
虽有环官，	虽有许多环卫的官员跟随左右，
燕处超然。	他还是安然超脱冷静地处理公务。
若何万乘之王，	为什么拥有万乘车马的大国君王，
而以身轻天下？	会把自身看得比天下万物都轻贱？
轻则失本，	轻举妄动就会失去治国的根本，
躁则失君。	急躁莽撞就会失去理智的主宰。

【第二十六章】

【注释】

重为轻根：乙本、王本如此。重：重量，重心，重业。轻：轻飘，轻闲，轻物。根：根本。

静为躁君：王本如此。静：安静。躁：甲乙本作"趮"，指急躁，躁动，引申为妄为。君：君王，主宰。老子认为在静与躁的矛盾运动中，正常、和谐、稳定的"静"居于主导地位，而反常乱动的"躁"则是被支配的。这是老子清静循道治国的政治观表述。

是以君子终日行：甲乙本句式如此，只是有假借字。君子：王本作圣人。君子代表的面更广，包括有德国君，故取甲乙本。终：整，终日即整天，甲本终写为眾，乙本写为冬，均为终假借字。

不离辎重：王本如此。辎重：指出外旅行所需用的各种物资行李，甲乙本写作"甾重"，通"辎重"。

雖有环官：乙本如此。环：环卫。官：官员。甲本此句作"唯有环官"，王本此句作"雖有荣观"，指繁华之地。乙本为是。

燕处超然：王本如此。燕：安然，安闲。处：居处，处理。超然：超然物外，有道之人超脱俗务干扰自得貌。乙本"超然"写作"昭若"，指清醒、明白的样子，可参。

若何万乘之王：甲乙本如此。若何：为什么。乘：配有马匹的车辆单位。古代一般四马一车为一乘。

而以身轻天下：王本如此。身轻：轻，看轻，轻贱自身。乙本作"而以身轻于天下"。

轻则失本：乙本王本如此。轻：轻举妄动。本：根本。

躁则失君：王本如此。躁：急躁，冒进。君，主宰。甲乙本作"趡则失君"，意同。

【五】

道常无为而无不为。	道永恒无为，而无所不为。
侯王若能守之，	诸侯国王若能遵守它，
万物将自化。	天下万物都将自然化成。
化而欲作，	眼见化成天下而企图妄为胡作，
吾将镇之以无名之朴。	我将用无名的天性纯朴来阻止它。
无名之朴，	无名的朴实本性啊，
夫亦将知足。	将会让人知道满足。
知足以静，	知道满足而无为清静，
天下将自定。	天下万物将自然安定。

【第三十七章】

【注释】

道常无为而无不为：王本如此，甲乙本此句作"道恒无名"。从楚简本此句作"道恒亡为也"看，恒与常同义，亡为与无为同义，无名指无法名状，无为则比无名更古老，故应从楚简本改为"无为"。"无不为"虽或为后人所加,但世传本皆如此,约定俗成,"无为而无不为"亦符合老子原意,故可存。

侯王若能守之:乙本、王本如此。守:指遵守、依循;之:指自然之道。楚简本作"侯王能守之",甲本作"侯王若守之"。

万物将自化:乙本与王本如此。自化:非人为的自然化生。楚简本作"而万物将自化。"而字可省。

化而欲作:楚简本、乙本、王本如此。作:有所作为,人为的操作。

吾将镇之以无名之朴:王本如此。乙本写作"吾将阗之以无名之朴"。镇:镇守,固守,坚守或镇住、阻止;阗(tián):填,通镇。楚简本此句写作"将贞之以亡名之朴",贞同"镇"字,可参。无名之朴:无名,无法命名。朴:万物的根本,老子哲学的重要概念,可使万物自宾自定。

无名之朴:王本如此。乙本写作"阗之以无名之朴",重复可精简。

夫亦将知足:楚简本如此。知足长足,知足者富,知足不辱,是老子的重要理念。甲乙本作"夫将不辱"。辱:羞辱,自然的惩罚。王本此句作"夫亦将无欲",不取。

知足以静:楚简本如此,义胜诸本。静:沉静安详。老子治国观大智若愚、无为守中的根本态度。乙本作"不辱以静",王本此句作"不欲以静",皆不如楚简本。

天下将自定:王本如此。自定:指自身系统能安定、平定、稳定。楚简本此句为"万勿将自定",物假作"勿"亦用"定"。帛书甲乙本此句作"天地将自正"。正,指矫枉归正,走向正轨,回归正道。此处两种含义皆通,可互参。但楚简本年代更早,且"定"又与"静"合韵,更合老子风格。

【六】

昔之得一者。	以往有能得到和谐统一的。
天得一以清,	苍天得到和谐统一就会清澄,
地得一以宁。	大地得到和谐统一就会安宁。
神得一以灵,	神灵得到和谐统一就会灵验,
谷得一以盈。	河谷得到和谐统一就会盈满。
万物得一以生,	万物得到和谐统一就会生生不息,
侯王得一以为天下正。	诸侯国王得到和谐统一,就会以它为天下公正的准则。
其致之也,	它一旦发展到统一的极致,

天无以清将恐裂，	天不要太清澄了，否则恐怕将会爆裂；
地无以宁将恐发。	地不要太安宁了，否则恐怕将会爆发。
神无以灵将恐歇，	神不要太灵验了，否则恐怕将会停歇；
谷无以盈将恐竭。	河谷不要太盈满了，否则恐怕将会枯竭。
万物无以生将恐灭，	万物不要超生得太多了，否则恐怕将会灭绝；
侯王无以贵高将恐蹶！	诸侯王公不要太尊贵高傲了，否则恐怕将会被推倒！
故贵以贱为本，	所以尊贵需以低贱为根本，
高以下为基。	高位必须以下层为基础。
是以侯王自谓"孤寡不谷"。	因此诸侯王公都自称为："孤家、寡人、不谷"。
此其贱之本，	这些称呼的本意都是要自我轻贱的，
与非也。	是赞誉侯王这些自我谦卑的做法啊。
故至数，	所以恒道那至高至广的自然数理啊，
与无与！	是想赞誉也根本无法用语言赞誉的！
是故不欲琭琭若玉，	所以我宁可不像玉石那样珍稀闪亮，
硌硌若石。	也要像粗陋的大石那样平凡而坚实。

【第三十九章】

【注释】

昔之得一者：甲本、乙本如此。昔：以往。"一"，本指原始时期混沌未分的状态，这里特指制定整齐划一的系统模式。"一"是老子的重要哲学范畴，但这里所说的"一"并非是强求一律，固定模式，永恒不变的"完美统一"，更不能等同于恒道的终极真理，而是如同易经里的"既济"卦状态，在看似"水火既济"的理想状态中，潜藏着种种尖锐矛盾，需要进入"未济"再重组整合，才能借助新一轮运动而达到新的平衡与更高的理想状态。如"侯王得一"的"一"，就更像是一揽全局的高压式的统一力量，而不是泰卦所向往的上下通气，安泰和谐，积极进取的大好局面。因为如果"一"就是完美统一，一成不变，就是恒道自身的话，那就不会出现老子所说的"一"发展到极端，反而出现违背恒道的种种怪现象——即裂、发、竭、蹶等。

天得一以清：诸本皆同。苍天得到和谐统一就会清澄。

地得一以宁：乙本王本如此。宁：安宁。

神得一以灵：诸本皆同。神，神灵。灵，灵动，灵验。

谷得一以盈：王本如此。谷：河谷。甲乙本此处谷假作"浴"。盈：满。

万物得一以生：王本如此，甲乙本无此句。

侯王得一以为天下正：乙本如此。正：匡正，正则，准则。王本正写作贞。

其致之也：甲本如此。致：极致。王本此句作"其致之"，乙本作"其至也"，至：通致。

谓天无以清将恐裂：王本如此，"谓"字从甲乙本加。谓天无以清：谓，说，求告，甲乙本假借作"胃"字，乙本为"胃天毋已清将恐莲"，其后每句都有"谓"字，可从王本句式省。毋已：据王本改为"无以"，下同。清：清澄。此指清气，天纯化升腾之气，阴阳内涵，生气无限。屈原《九歌·大司命》写到："广开兮天门，纷吾乘兮玄云；……高飞兮安翔，乘清气兮御阴阳。"将恐裂：将，将会，将要；恐，恐怕；裂，分裂，爆裂。

地无以宁将恐发：王本如此。宁：安宁。发：爆发。

神无以灵将恐歇：王本如此。歇：停歇，歇止。

谷无以盈将恐竭：王本如此。竭：干涸，枯竭。乙本此句为"谷毋已将渴"，渴：干渴，旱渴。

万物无以生将恐灭：王本如此。甲乙本无此句，当为据老意后补。

侯王无以贵高将恐蹶：王本如此。侯王：诸侯、国王。贵高：尊贵，高贵，高高在上。蹶：跌倒，倒下，此处指被推翻。

故贵以贱为本：乙本王本如此。必：一定。贱：低贱。本：根本。

高以下为基：王本如此。高：登高，升高，居高。下：下层。基：基础。甲乙本作"必高矣而以下为基"，过于繁复从王本改。

是以侯王自谓孤寡不谷：王本如此。自谓：自称为。孤寡不谷：孤，孤家。寡，寡人。谷，有"善"，"活"，"禄"等意义。不谷，犹言"不善"，自谦之词。

此其贱之本：乙本如此。此其：指"孤寡不谷"等含卑贱意义的称谓。贱：自我轻贱。本：根本，本意。王本作"此非以贱为本邪"，增加了邪为语气词，繁复不取。甲本此句毁损，仅余"此其"二字，但亦足以证实乙本"此其……"为是，而王本"此非以……"为非。

与非也：乙本如此。与：赞许，引申为肯定。此句断句各家不同，有将与字归于上句作为语气词的，实为不当。非：否定。此处指与"贱之本"有关的"孤寡不谷"等表示否定与谦卑意义的称谓。王本此句作"非乎？"增加了乎为语气词，意思繁复不取。

故至数：甲本如此。此句注家多将其与后句合为一句"故致數輿無舆",故未能准确表达老子旨意。实际上,只有将"至数"和"与无与"分解,才能理解此句真意。至:其义有二。(1)达到;(2)极大。此处二义皆备。数:此指自然之数理。《荀子·富国》:"万物同宇而异体,无宜而有用为人,数也。""至数"的意思是,要达到最大的自然之数理。与前文"其至之也"结合看,老子主张为政者、计数者、谋略者要做到的是恰到好处的"至数",而不是脱离实际,勉强拔高,超越自然的狂热妄为。

与无与:甲本如此。此句注家理解多有不同。有的与前句合为一句"故致數舆無舆"。理解为将车的各种零件合为一体,那就不分彼此的大小贵贱,全部整合为一部车子了(参见任法融《道德经释义》)。有的将两句断作"故至数舆,无舆",意思是一个人想分开同时坐几部车,是不可能的(参见罗尚贤《老子通解》)。这些虽有一定道理,但都忽略了甲本"舆无舆""的本义,未能准确表达老子旨意。舆:赞许,称誉,简写为与。甲本所用的"舆"与"舆"形近义不同,被乙本、王本误用为"舆",意思全变。吴澄本、范、傅、遂州、徽、彭、邵、孟诸本此句的"与"字皆作"誉",可作为此处"与"应作"誉"解的有力旁证。

是故不欲琭琭若玉:乙本如此。琭(lù):有光泽,稀少,珍贵,乙本原句琭假作禄。禄(lù):俸禄,应作琭。王本此句作"不欲琭琭如玉",可参。

硌硌若石:乙本如此。硌(luò):砟硌,山石不齐貌。王本作"珞珞如石",珞(luò):硬石头。

【七】

大成若缺,	大成之道总像有些缺陷,
其用不敝。	但它的功用无穷无弊端。
大盈若冲,	极丰盈充实啊看起来空虚冲淡,
其用不穷。	它的功用却永远无穷尽。
大直若屈,	极正直者看起来很屈辱,
大巧若拙。	极灵巧者看起来很笨拙。
大赢若绌,	极富余者看起来很不足,
大辩若讷。	极善辩者看起来很木讷。
躁胜寒,	躁动战胜苦寒,
静胜热。	清静胜过狂热。
清静为天下正!	清静无为方可为天下大治的表率!

【第四十五章】

【注释】

大成若缺：诸本皆同。大成：伟大的成就。缺：缺陷，不足。

其用不敝：楚简本如此。用：功用。敝：凋敝，疲惫，衰败。王本此句作"其用不弊"，甲本作"其用不幣"，弊：弊端，其意与敝同，幣为敝的假借字。

大盈若冲：王本如此。大盈：极完满充实。冲：空虚冲淡，乙本作"大盈如冲"，有冲字，甲本用异体字，皿上也有冲字。楚简本、傅本等冲作"盅"，以"盅"的实体喻空虚之意，不如"冲"字抽象而直接。

其用不穷：楚简本、王本如此。穷：穷尽，竭尽。

大直若屈：楚墓竹简本、王本如此。大直：极正直。屈：屈服，委屈，屈辱。甲本作"大直如诎"。诎（qū）：（1）通"屈"，屈曲，弯曲。（2）穷尽，如理诎势穷。（3）嘴笨，如"辩于心而诎于口"。（4）屈辱，冤屈。"宋王因怒而诎杀之。"《吕氏春秋·壅塞》。（5）诎辱，委屈和耻辱。综合看，"诎"在此处与屈意思相同，都是指非常正直的人，有道之人，在外人看起来却像是毫无道理，理屈辞穷，受到屈辱，如同下士闻道而大笑高士一样。又，楚简本此句位置在后，与王本不同。

大巧若拙：楚简本、王本如此。大巧：极灵巧。拙（zhuō），笨拙。甲乙本此句作"大巧如拙"。

大赢绌：此句歧义较大，甲本原作"大赢如火内"，楚简本作"大成若绌"，乙本作"□□□绌"。赢：赢利，有盈余，大赢为极富余，楚简本写作大成，重复不取。绌（chù），不足，楚简本、乙本如此，可取，甲本作"火内"，假借为"朒"，指亏损，不足，参见高明：《帛书老子校注》，43页。今据楚简本、甲本补。综合分析，王本虽无此句，但其自有古本依据与独立价值，故不可或缺。

大辩若讷：王本如此。大辩：极其善辩。讷（nè）：口讷，迟钝木讷，不善言辞，与"诎"义同。楚简本、甲乙本无此句，因流行已久，与老子旨意相同，姑存参照。

躁胜寒：王本如此。躁：躁动，躁热。寒：寒凉，苦寒。楚简本此句作"燥胜滄"，甲本作"趮胜寒"，意皆同王本。

静胜热：王本如此。静：冷静，清静，清醒柔静。热：狂热，燥急，冲动。楚简本此句作"青胜然"，当为"静胜燃"，甲本作"靓胜果（火字底）"，意皆同王本。

清静为天下正：王本如此。甲本此句写作"请靓可以为天下正"。清静：清，清明，清廉，清正，澄明。"请"通"清"，"靓"通"静"。"靓"

又作"妆饰"解,《后汉书·南匈奴传》:"昭君丰容靓饰,光明汉宫。""靓"在南方指"漂亮"、"俊美",粤语有靓女、靓仔等美称。可见,此处"清靓"也可理解为保持清醒的头脑和容光焕发的仪容,若从审美与政治的观点看,它是内在美和外在美的统一,合道德与和谐执法手段的统一,这才可以成为正天下的榜样。为:成为。正:有匡正,治理,安定,纯正,正确诸义,引申为榜样,范式,表率,"天下正"即为"天下大治"。楚墓竹简本此句为"清清为天下定",同王本亦无"可以"两字,"清"通"静","正"写作"定",意为"清廉守静可以安定天下",这正是倡俭朴去奢欲的老子的一贯的政治主张,亦可参。

【八】

以正治国,	以正道治国,
以奇用兵,	以奇谋用兵,
以无事取天下。	以清静无为取得天下。
吾何以知其然也?	我以什么来知道这一点呢?
夫天下多忌讳,	天下有许多的禁区忌讳,
而民弥叛。	民众就会日渐贫穷反叛。
民多利器,	民间收藏越多的尖端武器,
国家滋昏。	国家就会日益昏乱无度。
人多伎巧,	民众多玩弄诡诈技巧,
奇物滋起。	奇巧器物就泛滥成灾了。
法物滋彰,	法规越繁琐显赫法器越贵越多,
盗贼多有。	盗贼就会越来越多。
故圣人云,	所以圣人的至理名言说,
我无事而民自富,	我不妄为滋事,人民自然幸福富足;
我无为而民自化,	我无为而治,人民自然会自由开化;
我好静而民自正,	我不争好静,人民自然会遵循正道;
我无欲而民自朴。	我不贪欲奢求,人民自然敦厚淳朴。

【第五十七章】

【注释】

以正治国:王本如此,楚简本作"以正治邦",邦即国;甲本作"以正之邦",乙本作"以正之国",之为治的假借字。正:公正,正道。治国:

治理国家。

以奇用兵：诸本皆同。奇：诡奇，奇谋。用兵：使用军队，打仗。

以无事取天下：诸本皆同。无事：无为。取：取得。

吾何以知其然也：楚简本如此，甲本、王本等句末多一哉字，可从楚简本省。何以知：以什么来知道。其：指上述这些"以"所指之事；然：这样。王本此句末还有"以此"，系多余的加字，因老子此句为自问，下句自答。

夫天下多忌讳：乙本如此。忌讳：禁忌，避讳，文化禁区。楚简本此句为"夫天多忌讳"，漏一下字；王本此句为"天下多忌讳"，少一夫字；甲本为"夫天下□□□"，有夫字与下字，故乙本为是。

而民弥叛：楚简本如此。弥：日渐，日益，更加。叛：叛乱，反叛。甲乙本、王本此句作"而民弥贫"，贫则生乱，乱极必叛。民叛是民贫的恶果，性质极为严重，直接威胁统治者的统治，导致社会动乱与经济倒退。甲乙本、王本等削弱了楚简本老子的思想锋芒和深刻见解，今以恢复古本真意为是。

民多利器：诸本皆然。民：民间。利器：锋利、精良、优质的兵器、武器、器具等。

国家滋昏：王本如此。兹：通滋，更加。昏：昏乱。楚简本作"而邦兹昏"，邦：国家。

人多伎巧，奇物滋起：王本如此。伎巧：伎俩巧术。奇物：奇巧的器物。滋起：指滋生，泛滥。楚简本此句作"人多智而奇物慈起"，甲本此句作"人多知而何物兹□"，何为奇之误。乙本此句作"人多知而何物兹□"。

法物滋彰：楚简本如此，写作"法勿慈章"。甲本毁损，乙本此句仅存"[法]物兹章"几字，王本此句写作"法令滋彰"。楚简本"法物"假作"法勿"。法物：为执法、施法、弘法制作的礼法器物，如礼器、法器、祭器、器物、刑具等，与专指推行政令、法规、法律的法令不同。楚简本"滋彰"假作"慈章"。滋：滋长，滋生，日益。彰：彰显。楚简本与帛书老子的发现，以"法物"取代王本等通行本使用已久的"法令"，可为老子"反法说"正名。实际上，法家执大成者韩非极看重的老子，并不一概反对文明社会的法律和依法治国，而是坚决反对统治者和腐儒忌讳多多，劳民伤财，为礼法炮制出种种繁琐条文，制作大量体积庞大、耗尽国资的法物即法器、礼器（如西周巨鼎）等，老子认为这是引至民众贫困反叛，盗贼出现得更多的重要原因。

盗贼多有：王本如此。甲本此句毁损，乙本写"而盗贼[多有]"，楚简本写作"覤恻多又"，音义同"窥测"，即为盗贼所惦记觊觎。

故圣人云：王本如此。楚简本作"是以圣人之言曰"。言：言，言论，格言，至理名言。

　　我无事而民自富：诸本皆同，今从楚简本将此句放在三句之前，它比较符合老子治国思想的逻辑关系，富指经济基础，是自化、自正的前提。无事：不滋事，不惹事，不无事找事，即无为之意，并非消极懒惰的无所事事。自富：自然富裕而幸福。这是老子在两千多年前就已经首先明确地提出来，有关统治者应该不生事扰民，重税盘剥，让人民先富裕起来的政治主张。

　　我无为而民自化：诸本皆同，只是楚简本的"无"写作"亡"，亡通无。自化：自然开化而自由自在。这是老子主张的统治者不贪欲，不干预思想自由，没有文化忌讳和思想禁区，民众无争无斗，安居乐俗，甘食美服的自然美好生活。

　　我好静而民自正：诸本皆同。好静：喜好安静，清静，不妄为。这是老子治国观的主旨。自正：自然正直而无私不偏。这是老子向往的民众返璞归真，正直善良，安详和谐，天下和光同尘的理想国。

　　我无欲而民自朴：王本如此。无欲：无贪欲，没有奢求。自朴：自然淳朴而敦厚诚实。楚简本、乙本此句皆作"我欲不欲而民自朴"，不如王本句式整齐易记。

【九】

大国者下流，	强大的国家处于大河下游，
天下之牝。	就像天下最柔顺的母牛。
天下之交，	天下万物的阴阳交合，
牝常以静胜牡。	雌性常以柔静战胜刚强的雄性。
为其静也，	这是因为雌性十分温顺柔静啊，
宜为下。	适宜顺从地居于下方。
故大国以下小国，	所以大国谦让小国，
则取小国。	就可收取小国民心。
小国以下大国，	小国谦卑地顺从大国，
则取于大国。	就可向大国索取援助。
故或下以取，	所以或者谦下以收取，
或下而取。	或者居下顺从而索取。
大国不过欲兼畜人，	强大的国家只不过想兼收并畜多一些人民，
小国不过欲入事人。	弱小的国家只不过想归顺大国而服事他人。

| 夫皆得其欲， | 既然大小国家都能满足各自的欲望了， |
| 则大者宜为下。 | 那么大国自然应该保持谦下的态度。 |

【第六十一章】

【注释】

大国者下流：王本如此。甲本作"大邦者下流也"。大邦者：大的国家。下流：江河的下游。

天下之牝：甲本、王本如此。牝：母牛。王本此句在下句之后。牝：母牛。

天下之交：王本如此。天下：天下万物。交：阴阳交合。甲本此句作"天下之郊也"，交假作郊。乙本作"天下之交也"。

牝常以静胜牡：王本如此。甲本作"牝恒以靓（静）勝牡"，乙本"牝恒以朕胜牡"。牝：母牛，指雌性、阴性。恒：通常，永远，从来如此。静：安静，柔静。胜：胜过，战胜，甲本用繁体勝，乙本误作朕。牡：公牛，指雄性、阳性。以静胜牡，是老子政治观坚持尚柔守静的哲学根据。

为其静也：乙本如此。为：因为。静：柔静，驯服。甲本此句为"为其靓"，王本无此句，今从乙本补。

故宜为下也：乙本如此。宜：适宜。为：作为，处在。下：下面、下层。甲本此句作"宜为下"，王本作"以静为下"。

故大国以下小国：王本如此。下：低下、谦让。

则取小国：乙本王本如此。取：收取，获取。

小国以下大国：乙本王本如此。甲本作"小邦以下大邦"，无刘邦名讳。

则取于大国：乙本如此，甲本作"则取大于邦"，意同。取于：索取，与取即收取、获取不同。王本此句作"则取大国"，从乙本改。

故或下以取：甲本王本如此。或：或者。下以取：谦下以收取。

或下而取：甲本王本如此。下而取：谦下而索取。

大国不过欲兼畜人：王本如此。兼畜人：兼，兼收、兼并，畜，畜养。甲本作"大邦者不过欲兼畜人"。

小国不过欲入事人：王本如此。欲入事人：欲，想。入，归入，归顺。事，服事，服侍。甲本作"大邦者，不过欲欲入事人"。

夫皆得其欲：甲本如此。皆：都。得：得到，满足。欲：愿望。王本作"夫两者各得其所欲"，繁复不取。

则大者宜为下：乙本如此。大者：大国，大人。宜：适宜。为：保持。下：谦下，居下。王本此句作"大者宜为下"。

老子清静秘探——

清。
清静。
清虚守静，
识道达变的老子清静，
它所引发我们要深入思考的——

问题之一，道家清静观对汉唐盛世有积极影响吗？

是的。著有《诸子学略说》等书的国学大师章太炎，早在《论式》中就说过："道家独主清静。"这是极有见地的。西汉初年，多年的战乱造成了民生凋敝。文景二帝为了恢复生产，发展经济，采用了尊奉黄帝、老子为创始人，主张统治国家要简朴循道，不应多生事端的道家学说作为治国的方针，导致史称"文景之治"的繁荣。而被称为黄老学派的道家，则将老子的"清静"作为道的根本，不但认为"清"是难以企及的理想境界和圣人气度，有清澄净化、纯洁明净以及生气无限的清阳之气等含义，万物清静，则道自来居，而且经常将"清静"与"无为"连用，强调要清心寡欲，顺从自然发展而自化，不妄加人为干预，此即老子道学真髓。

一般认为，"清静无为"两词连用的出处，是唐代贾至的《虑子贱碑颂》："鸣琴汤汤，虑子之堂，清静无为，邑人以康。"事实上，这种由心态的"清静"主导下的执政实践的"无为"，绝不是文人的主观臆定，也不仅仅是因为在唐代李姓皇帝的推崇下的道教兴盛，而是因为老子的清静无为思想，在当时确实是深入人心的，为开创"贞观盛世"直至"开元盛世"的大唐君臣所赞许和推崇。如唐太宗不仅高度赞同丞相魏征关于"无为而治，德之上也"的观点，虚心接纳了监察御史高季辅关于君主应"杜其利欲之心，载以清静之化。自然家肥国富，气和物阜"的建议（见《旧唐书·高季辅传》），而且颇有心得地总结了自己这样做所取得的政绩说："夫治国犹如栽树，本根不摇，则枝叶茂荣。君能清静，百姓何得不安乐乎？"（参见《贞观政要·政体第二》P22，上海古籍出版社1978，中华书局标点本）而他的后任女皇帝武则天，也曾请王公百僚皆习《老子》，将其作为官员考选科目之一，于仪凤三年（678年）正式诏令《道德经》为科举内容，贡举人必须兼通，甚至敕旨肯定老子化胡"是真非谬"。她的孙子唐玄宗不仅亲受道教法箓，做过正式的道士皇帝，还尊老子为"大圣祖高上大道金历玄元天皇大帝"，并于天宝十三年（754年）将他亲自注释并强调："太君以道德清静龙教"、"以无为不言为教"，肯定老子以清静无为之道治理天下的《道德经》颁行天下，广为传播。

问题之二，老子的清静观对儒家有影响吗？

自古老《易经》奠定天地万物的变化之说的易学根基以来，中国历史上的大多数哲学家，无不肯定天地万物无不处于运动和变化之中，肯定动与静在运动变化过程中互相依存、互相蕴涵、互相转化的关系。但对动与静何者为本、何者为主的问题，各家却有不同看法。如道家主静，儒家主动等。老子说："归根曰静，静曰复命。"王弼说："动起于静。"认为静是动之本。同时，无论是儒家推崇的主张与时俱进，谋位呼应，因势利导的易学，还是老子主张以柔克刚，以静制动，以弱胜强的辩证法道学，都一致揭示出静可转化为动，柔可转化为刚，弱可转化为强的规律。

特别是《道德经》，其力主"清静无为"的说教，不仅对崇拜道教经义的奠定与传播产生了深远影响，而且成为大汉盛唐主张清心寡欲，凝神静心，顺应自然，不轻举妄动，以道治国的专用术语。这既是一种明君治国理念和执政态度，又是一种君臣乃至修道者少私寡欲，恬静闲适，养神延寿的养生方法。它深入浸透到道医、儒医养精神，调情志，运气功，导引术、健身法等各方面，形成了"返朴归真"、"顺应自然"、"贵身尚柔"的道家养生观，对儒家的影响颇大。

特别是颇得老子真传的庄子，在其被奉为道家经典的《南华真经》里称："古之畜天下者，无欲而天下足，无为而万物化，渊静而百姓定。"（《天地》）认为古代善治者无贪欲而天下自足，无妄为而万物自化，心如深渊般平静，而百姓安定无忧。同时他还强调："水静犹明，而况精神？圣人之心静乎！天地之鉴也，万物之静也。"（《天道》）这种心静澄明，百姓安居，天地能鉴的思想，对儒家的修道治国理念，有深刻的影响。所谓"学道何须要出家，清心寡欲过年华"，其根据就是，修道必须性命双修。性是命之根，命是性之蒂，无命则性无依，无性则命无主，故修命造命必须先清心寡欲，固精聚神，然后方有"大智慧以烛道，大精神以任道，大力量以扶道"，实现贵身长寿，治国安邦的理想。故为政者切不可性躁狂热失德，必须无为而清静明德。所谓"玄古之君，天下无为也，天德而已矣。"（《庄子·天地》）就是告诫圣明的统治者，只有"无为而无不为"，顺乎民意，与民休养生息，才能治理好天下。这正是道家"清静观"以及"动静观"更推崇"静"，而不是"动"的原因。

与此不同，在好动喜功，被统治者尊为封建社会主流思想的儒家看来，"动"具有比"静"更高的意义。王夫之认为："方动即静，方静旋动。静即含动，动不舍静。"认为动与静互相包含，不可分离，并进一步提出："静者静动，非不动也。"它以动为本，把静视为动的一种形式，比较完备地解决了动与静的辨证关系，是最受儒家推崇的"动静观"，与视变化为宇宙惟一不变的真理的易学一脉相承。但汉武帝度独尊儒术以来，倡导积极入世的儒家的许多有识之士，后来也都在长期的政治实践中，渐渐发现了老子清静观思想的独特价值，并非只是表面做到"清静无为"那么简单。清静的背后是智慧，无为的背后是无不为，老子所讲清静的是由反而正、由静而动，由退而进的领袖统御术。这就给许多只知道鼓吹博学强记，先发制人，急功近利的儒学大家以难以磨灭的深刻印象。宋代大儒朱熹，就曾用两句打油诗给老子画了一副画像："一个老头笑嘻嘻，退后一步占便宜。"这就含蓄地肯定了由老子的清静无为思想发展出来的黄老之学，是比儒家狂热性躁，好大喜功的统治术更高明的"君人南面之术"。

问题之三，老子的清静观与佛家"清净观"相似吗？

道法自然，儒法自强，佛法自在。中国传统社会里，儒释道三教兼容，互为阐发，"清静观"亦非道家独有。略通儒释道者都不难发现，老子主张的"清静观"，是指心性清虚、纯正恬静的明智聪慧境界，不是所有人都那么容易达到的。而人们之所以达不到这一境界的原因，主要是因为受外界强烈的感官刺激，及其所带来的形色、音响、美味、触觉、行为、心思的诱惑，用老子的话来说，就是"五色使人目盲，驰骋田猎使人心发狂，难得之货使人之行方，五味使人之口爽，五音使人之耳聋。"[12] 只有通过感官的"塞其兑，闭其门"，内心"至虚极，守静笃"的清心寡欲之法，去除好色、好吃、好听、贪心、多欲等使人目盲，心狂，行方，口爽，耳聋的不良行为的影响，才能达到"天道圆圆，各复其根，复根曰静。"[16] 的清静境界。

无独有偶，老子这一"塞兑闭门"，"复根至虚"的"清静"之法，虽是地地道道的道家独创，却与佛教的"清净观"极相似。只是佛家对"根"的解释更为细化明晰，提出了"六根清净"的命题。这就是通过"眼、耳、鼻、舌、身、意"这六个"识根"，对"色、声、香、味、触、法"这外界"六尘"做出判断，得出"眼识、耳识、鼻识、舌识、身识、意识"这"六识"。而所谓"六根清净"的办法，就是看紧"六根"，看破"六尘"，看好"六识"。这是因为佛教既知诸法性空，原无所得，只是为了普度众生，方便修习，照察事物，才主张为利众生，不染尘劳的，只要作善事而不著于相，如莲花生于污泥而不为之所染，就可以叫做"清净观"，即"妙有观"，属菩萨的修养功夫。

应该说，老子清静观所说的影响人的感官与心思的全部渠道，涵盖了心理学、物理学、生理学的范围，与佛家的"六根"完全相合。佛家的"六识"属于心理学，"六尘"属于物理学，"六根"属于生理学，总称为十八界，三者相为作用，缺一不可。其内在的逻辑关系为：六尘只有通过六根才能进入六识，六识只有依靠六根六尘才能发挥心理效能，六尘六根要靠六识研判才有认识价值。这就如同"六根"是镜子，"六尘"是镜像，"六识"是判别镜像的人。三者借助"六根"的生理活动及其"神经能"——即眼之视神经，耳之听神经，鼻之嗅神经，舌之味神经，身之触神经，意之脑神经等，与所接触的"六尘"之类的媒介对象——包括物理学上的各类物质发生联系，产生眼根所见之色，耳根所听之声，鼻根所嗅之气，舌根所尝之味，身根所触之粗细冷热、干湿软硬，意根思想对称为"法"的极微小极渺远，甚至是只可意会难以言说的东西的识判。这就是"六识"——即本质上是从六根接触六尘所产生的判别力与记忆力等。所以说，六根只是六识接触六尘的工具，六识才是六根的主宰。

明乎此，就可以知道佛老为什么主张"六根清净"和"复根虚静"了。这是因为，作为一切行为主导的六识，其善恶判断的来源，正是六根的作用。所以六根清净，烦恼自然会少，坏事也不会去干；六根不清净，眼根贪色、耳根贪声、鼻根贪香、舌根贪味、身根贪细滑温软、意根贪淫欲乐境，必然会心狂意燥，烦恼怨恨，导致"贪、嗔、痴"三毒交加，恶多善少的苦果。所以无论是道家还是佛家的修行，都是从身心两方面著手的。道家通过闭耳塞听即"塞兑闭门"，集中精气神的功夫，来复根、至虚、清静。佛家则以"戒、定、慧"的修行持戒，守护好六个根门——不让坏事从中溜进心田，以实现六根清净，六根互用乃至一尘不染，进入禅定、觉悟的智慧境界。

高峰老人有一首颇为有名的《插秧偈》："手执青秧插满田，低头便见水中天，六根清净方为道，退步原来是向前。"就很好地揭示出，在崇尚农耕的儒家主流社会里，佛老同源，清静为道的文化取向，万事不离道，插秧也有道，水清能见天，心清显真性，六根得清净，进退皆合道的修行真谛，以及佛老都崇尚清静，以柔克刚，以曲求全，以退为进的辩证观点。

问题之四，《清静经》如何表达老子清静观？

印静大师认为，《佛藏》要典600卷《大般若经》的要义全在《金刚经》,《金刚经》要义在《心经》,《心经》要义在"心无挂碍",最后可归结为一个"舍"字。照此推论,《清静经》之地位堪与深得佛经心髓的《心经》媲美。即《道藏》名典诸经的要义在《道德经》,《道德经》要义在《清静经》,《清静经》要义在"神清心静",最后可归结为一个"道"字。

这是因为,《清静经》不仅在四百多字的篇幅上,在遣六欲静心神的立意上,与主张色不异空,空不异色,排除六尘六根干扰的《心经》很接近,且语言也比《心经》更合汉语表达习惯,朗朗上口,通俗易懂。但若从问世时间看,《清静经》应当晚于佛陀与观自在菩萨开示的《心经》,有接受其色空理念的痕迹,显然是佛教中国化后,佛道互补后的道家经典,应认真研读:

清静经

老君曰:大道无形,生育天地。大道无情,运行日月。大道无名,长养万物。吾不知其名,强名曰道。

夫道者有清有浊,有动有静。天清地浊,天动地静。男清女浊,男动女静。降本流末,而生万物。清者浊之源,动者静之基。人能常清静,天地悉皆归。

夫人神好清,而心扰之。人心好静,而欲牵之。常能遣其欲而心自静,澄其心而神自清。自然六欲不生,三毒消灭。所以不能者,为心未澄,欲未遣也。

能遣之者,内观其心,心无其心。外观其形,形无其形。远观其物,物无其物。三者既悟,惟见于空。观空亦空,空无所空。所空既无,无无亦无。无无既无,湛然常寂。

寂无所寂,欲岂能生?欲既不生,即是真静。真常应物,真常得性。常应常静,常清静矣。

如此清静,渐入真道。既入真道,名为得道。虽名得道,实无所得。为化众生,名为得道。能悟之者,可传圣道。

太上老君曰:上士无争,下士好争。上德不德,下德执德。执著之者,不名道德。众生所以不得真道者,为有妄心。既有妄心,即惊其神。既惊其神,即著万物。既著万物,即生贪求。既生贪求,即是烦恼。

烦恼妄想,忧苦身心,便遭浊辱,流浪生死。常沉苦海,永失真道。真常之道,悟者自得。得悟道者,常清静矣。

【译文】

太上老君说：恒道至大至远，绵绵无尽，无声无息，无形无象，生育了寥廓的苍天和广阔的大地。大道以万物为刍狗，毫无自私偏爱的感情，它运转日月，交替昼夜，让岁月流逝。大道无极无限，广大无边，没有名称，却生育和滋养了天下万物。我不知道用什么来为它命名，只好勉强地将它命名为"道"。

大道啊，有清纯和浑浊的性质差别，也有运动与静止的不同存在方式。大道化生，混沌初开的时候，清气上升成为青天，浊气下沉成为大地，天道浑圆，自强不息，往复运动；地道方正，厚德载物，安详沉静。男子可谓是清气的精华，女子可谓是浊气的结晶；男子大都刚健而好动，女子大都柔顺而娴静。

大道从根本开始，就不断地流向末端与终结，从而产生了天下的万物。清澄的是浑浊的不尽源头，躁动的是安静的坚实基础。人只要能够经常地保持清虚澄静，道法自然，天地万物的精华，将会全部归往而集中于我的身心。

人的意念和元神，本来是喜好单一与清纯的，而内心往往会被各种纷杂的意念烦扰搅乱。人的天性和本心，从来是喜好和平与安静的，而头脑往往会被无穷无尽的欲望牵引缠绕。所以只有经常地排遣并清除自己的贪欲，人的心灵才能自然而然的恬淡平静。只有经常地澄净并升华自己的心志，人的神思才会自然而然地纯正澄清。这样人就自然能够控制"眼、耳、鼻、舌、身、意"这六种欲望，关闭好这六道门户，使之不再妄为乱动，不至于因为眼睛的观看而使得肝气泄漏，因为耳朵的倾听而使得肾气泄漏，因为鼻子的闻嗅而使得肺气泄漏，因为舌头的品尝而使得脾气泄漏，因为意欲的思念而使得心气泄漏，因为身体的躁动而使得体气泄漏，造成精力神智的极大亏损。而隐藏于人身上的尾闾、夹脊、玉枕这"三关"之上的"三尸阴神"，即阻塞人们修道之路的"三毒"，也就被彻底消灭了。长期以来，人们之所以不能降服"六欲"和"三毒"这些妨碍学道的身心障碍的重要原因，是因为自己的纷乱莫名的心念未能澄清，贪婪急迫的欲望也未能彻底地遣除。

只有那些能够排遣贪欲澄净心志的人，才能做到：向内能观照自己澄净的本心，让自己的本心成为虚无之心。往外能察见自己的身形肉体，让自己的形体成为无形之体。向远能遍观周围的万物景象，让所有的物象归于无状之物。

人在如此内省、外察、远眺之后，一旦能清晰地悟出自己的内在本心、外在形体和周围万物景象这三者的虚无状态和内在关系，就能将一切都归于

"空无"的大道本体了。这也正是我们依据《清静经》修道时，所要遵循的"三观法门"。循此修道，观察空无世界的时候，就会有空洞无象之感，而空无的世界，也终将虚空得一无所有。既然万物万象都空得一无所有了，那不存在的虚无也终会归于虚无。不存在的虚无既终归于一无所有，那人的本心和元神将湛然澄澈，常处于清寂状态。

到了澄澈静寂之极而不能更澄澈静寂的时候，还有什么贪欲能够产生吗？妄为胡作的欲望既然不能够产生了，自然就是真正的清静无为。以真正的恒远的清静之心，去呼应协和天下万物，那就能使得人的"真常"天性得到保持了。如此呼应协和天下万物，而始终保持清静本性不变，那自然就是永久恒常的清静无为了。

如此清静无为，守中循道，深根固柢，就能渐渐地进入真道的美妙境界了。既然进入真道德的境界，就会懂得以玄德修养自身使品德高洁纯真，懂得以玄德修养全家使家德充实富余，懂得以玄德修养乡里使乡德发扬成长，懂得以玄德修养全国使国德盛大丰美，懂得以玄德修养天下使大道玄德更深厚广博了，那自然也可以称得上是得道了。其实，这样的伟人虽然被称之为"得道"，其实是并未得到什么神奇宝贝的。这是因为"得道"之说，其实是为了教化养育众生而假设如此的。"道"大象无形，无迹可寻，终究是没法让一个人能完全拥有它，所以只是为了教化众生，我们才说一个高士得道了，以让人们更好地向他学习。只有能够悟出这一道理的人，才可以将"人法地，地法天，天法道，道法自然"的圣人之道传授天下，成为一个"损有余以补不足"，返朴归真，尊道贵德的得道者。

太上老君说：智慧高超修为好的上等人士，就像那清静无为、善利万物的水一样，是不喜欢与外界相争的真人；只有那愚昧的好与人争吵的下等人士，才喜欢一味为身外之物与人争斗不休，以至于丧失了自己的清静本性。最高尚的循道尊德的真人，是不会整天都把德行仁义挂在嘴边，喋喋不休的，只有那些品德低下的没道德的人，才总是喜欢抓着道德的花花说辞来炫耀自己。像这样整天执着不放地大谈空道德的痴迷者，真是一些不明道理玄德，最终一无所获的蠢人啊！

世间的芸芸众生，之所以被外物迷惑，不能深切地感悟和得到真正的大道，是因为他们常常都怀有一颗贪婪痴迷的妄想之心。既然他们有了这样一颗贪痴迷惘的妄想之心，就会欲起意动，时刻地惊扰和烦恼他们那原本清寂空灵的精神。既然他们的意念被惊扰而情随欲动，就会迅速地附着于世间上那琳琅满目的万物的身上。既然他们的心迷恋上世上万物，就会整日梦想和盘算着如何占有它，产生强烈的贪念和欲求。即然他们产生了如何尽快地占有美好万物的贪婪渴求，这就是自己招来的无穷无尽的烦扰和恼怒了。

那些执着地牵挂于世间琳琅满目、美不胜收的万物的贪婪渴求，那些惊扰自己的精神的许多无谓的烦恼和邪思妄想，会带来长期危害身心的绵绵忧愁和无尽痛苦。一个人如果被这些痛苦和忧愁害得整日里心神不宁，魂不守舍，语无伦次，洋相百出，就会使自己堕入滚滚浊流，心灵受到污染，人格遭到污辱，如行尸走肉一般四处流浪，迷恋于醉生梦死的无聊生活里，沉沦于无边无际的苦海之中，永远失去了自己的本真和导人向善的大道。

那伟大的形象无影无形，伟大的声音难以辨清，伟大的方宇没有边际，真真正正的永恒大道啊，是觉悟的人，排除了许许多多的烦恼和贪念，靠自己的清静修为，才领悟得到的啊！所以说，那些真正能够领悟大道的人，一定是永远保持神清心静的真人啊！

从以上译文看，注家众多，托名老君所作的《清净经》，确实抓住了老子《道德经》的核心。即道无形无名而不可违，排除五音五色五味和躁动贪欲之念，保持清静无为，才能悟道、修德、遵循圣人之道。同时，它还根据老子提出的"重为轻根，静为躁君"[26]和"躁胜寒，静胜热。清静可以为天下正"[45]的观点，以及"浊而净之，徐清。安以动之，徐生。"[15]"不辱以静，天地将自正"[37]的修身循道办法，得出了"清者浊之源"的结论，以及有道之士虽然身处尘俗浊世之中，也要不染不着，坚持澄心遣欲的修炼，才能做到六欲不生，三毒消灭的观点。它同杜光庭在《清静经》注本中所说，去其情欲，内守元和，心神安静，世欲不生。它与《老子想尔注》中关于"道常无欲，乐清静，故令天地常正"，学道的人"当自重精神，清静为本"的道诫相一致，与《太平经》关于"人心端正清静，至诚感天。……古者大圣贤皆用心清静专一，故能致瑞应也。"的说法相一致，完全符合老子关于"各归其根，归根曰静，静曰复命，复命曰常，知常曰明"的修身之道。

宋元以后，《清静经》主张的清静之道，因颇得《道德经》真髓而受到历代道士重视，深刻影响了道教内丹术。如《云笈七箓》就引《元气论》称："无劳尔形，无摇尔精，归心静默，可以长生。生命之根本，决在此道"。将心神清静，无劳无摇，保持根本，作为长生修炼的诀窍。《仙籍语论要记》也称："专精养神，不为物杂，谓之清；反神服气，安而不动，谓之静。制念以定志，静身以安神，保气以存精。思虑兼忘，冥想内视，则身神并一。身神并一则近真矣。"再联系《真仙直指语录》引马丹阳之语所称："清静者，清谓清其心源，静谓静其气海。心源清则外物不能挠，性定而神明。气海静则邪欲不能作,精全而腹实。故澄心如澄水,万物自鉴。养气如护婴儿,莫令有损。气透则神灵,神灵则气变,此清静所到也。"就可以明白李道纯在《清庵莹蟾子语录》中为何说:"灵源浪息谓之清,性地无尘谓之净。神水本来清,随流便不澄。只今还不动,慧日自西东",还有王元晖为什么主张修炼之士须入"三静关",即大静三百日,中静二百日,小静一百日了。

《清静经》作者不详,据说是道教尊为"太极仙翁"又称葛仙翁的三国吴道士葛玄所传。他曾力赞说:"吾得真道,曾诵此经万遍。此经是天人所习,不传下士。吾昔受之於东华帝君,东华帝君受之於金阙帝君,金阙帝君受之於西王母。皆口口相传,不记文字。吾今於世,书而录之。上士悟之,升为天官;中士修之,南宫列仙;下士得之,在世长年。游行三界,升入金门。"撇去神仙不谈,常诵此经,确如佛家常诵《心经》,能让人心地清净,增长智慧、道根与善心。

不出于户，以知天下。不窥于牖，以知天道。

四、老子的真知观

信言不美

道家大师庄周，曾指出天下学问本出于一家，这就是古代"无所不在"包罗万有的道术。只因后世学者各执一端、片面发挥才被弄得支离破碎，分崩离析，错谬百出。正如庄子在《天下》这篇公认为中国最早的学术评论之作中指出，古之所谓道术者，是完备的学问。只有研修这一真学问，才配称为博大真人，才最接近古代完备统一的真道术。

然而，由于春秋战国时代"天下大乱，圣贤不明，道德不一"的局面影响，王道、霸道、商道乃至于盗道兴起，各行其是，风云一时；易道儒、墨法兵名、纵横阴阳、各主其说，争相"判天地之美，析万物之理，察古人之全"，却"寡能备于天地之美，称神明之容。"因而造成了数散于天下，流派方术，互不相通，"百家往而不反，必不合矣，后世之学者，不幸不见天地之纯，古人之大体，道术将为天下裂！"的可悲局面。像庄子在《天下》里所批评的执着于大禹苦行说，腿毛脱净的墨翟、禽滑厘墨家一派，带华山之冠以自表，为人太多为己太少的宋钘、尹文名家一派，齐万物而纵脱无行的彭蒙、田骈、慎到法家一派，方术多而称雄晓辩的惠施、桓团、公孙龙名家一派，以及老子所批评的强调仁义道德，克己复礼的孔子儒家一派，只会打仗用兵却不知道不可赞美杀人利器的兵家一派等等，就都是看到了总道术有价值的某一面，极力发扬光大，将其推到了极端，形成墨家、名家、法家、儒家、兵家以及道家各支派，反而暴露出其偏离总道术、支离破碎的固有的不足和片面性，而不为人所取。

当然，从积极的意义看，"道术为天下裂"的时代，其实正是中国历史上难得一见的百家争鸣时代，各种学说纷纷行世、门派林立，开坛授徒、各执己见、互相驳难，大大促进了中国思想文化和学术的发展。但这也使得当时的士阶层，即知识分子阶层产生了极大迷惑，到底哪家的意见占有真理，值得学习？而学习又如何化繁为简，化无为有，贯通为一？学习的对象、内容、途径、态度和标准又该如何确立？这确是每个学习者所不得不加以认真考虑的。老子的真知观，就是为了回答这些问题。它具有哲学家所总结的对立与转化思维、反向与正悟思维、玄览与静观思维的特点，立足于恒道玄德的理论基础,针对各种社会、认识的实际问题,设喻论理,由浅入深地阐明了道家的真理观、学习观,可说是老子"九观"大作的精辟方法论和认识论的重要有机组成部分。

老子在"真知观"里,针对"人之迷也,其日固久矣"[58]的现实,首先阐明了人类认知的对象,即学习的内容的多寡与精选问题。他开门见山地说:"天地不讲仁义,将万物当作草狗。圣人也不讲仁义,把百姓当作草狗。天地之间,就像是大风箱吧?内部空虚而不穷竭,愈鼓动它风出得愈多。所见所闻太多,反而没有办法和出路了,还不如坚守中正之道。"[5]这就是说,被各门各派学者神化了的"圣人",其实和天地对待万物一样,都是以平常之心看待平民百姓的,并没有儒家所刻意强调的仁义之心。而在产生学问的天地之间,就像在大风箱里一样,人们用力鼓吹得越多,用华美言辞,"高深道理"所包装炮制出来的各流派玩意就越多,结果弄得一些缺少融会思辩能力的人,听多了各种说教,又不会分析,弄得一头雾水,遇到了问题反而不知听谁的话好,依谁的方对,造成不知所措,走投无路的严重后果。

因此,老子认为,"少则得,多则惑。是以圣人执一以为天下牧。"[23]这个"一",就是抓住恒道这个根本,这个知识的本始和母体,这才是第一位的。所谓"天下有始,以为天下母。既得其母,以知其子。既知其子,复守其母,没身不殆。"[52]就是说只要认识了恒道这一天下的创始者,守住知识的母体,就能知道它所产生的一切知识,找到解决一切问题的正确途径,否则就会越学越滥,越学越糟,越走越偏,被一些多余有害的狡智、邪门、禁忌类知识所困。"吾何以知其然也?夫天下多忌讳,而民弥叛。民多利器,国家滋昏。人多伎巧,奇物滋起。法物滋彰,盗贼多有。"[57]

确实,从自然和人类社会的历史和现状看,多知多惑,民贫邦昏,远不如知一,执一,所谓"天得一以清,地得一以宁,神得一以灵,谷得一以盈,侯王得一以为天下正。"[39]而百家分裂,各执偏见,陷入"多闻数穷","多歧亡羊"的困境,正是因为所闻和所循路径太多,偏离和肢解了恒道这个"一",反而使人不知何去何从啊!故此老子强调,"民之难治,以其智多。故以智治国,国之贼也。不以智治国,国之德也。知此两者,亦稽式。常知稽式,此谓玄德。"[65]"是以圣人之治也,虚其心,实其腹。弱其志,强其骨。常使民无知无欲,使夫知不敢弗为而已。则无不治矣!"[3]这并非是要推行一些人所误解的否定知识的愚民政策,而是要使人民虚心实腹,弱志强骨,无知无欲,以获得玄德的真知和恩惠,掌握没有被分裂的真理,获得天清地宁,神灵谷盈,大正天下的"一",免得贪多滥学,偏离正道,无所适从。这才是老子的本意。

事实上，在求真理，钻精方面，确如老子所言，"可信的真理不美妙动听，华美的谎言不可以相信。知识专攻的人不广闻博学，博学的通才不懂专门知识。良善的精品数量不会太多，多而滥的东西从来无好货。"[68]学贵专精，迷信"知者"、"博者"，往往会受骗于"美言""谎言"。"信言不美，美言不信，"质朴的真理，即使不用夸张修饰，也有无穷的力量。"善者不多，多者不善"，真理只有一个，而众多的歪门邪说却不是什么好东西。为了这唯一的真理，"圣人不会过多地存积，他一切都为了别人，自己拥有的反而更多了；他尽其所有献给人类，自己获得的反而更多了。天下的恒道，是造福而不是危害万物，人类社会的正道，应该是有所作为而不好争强夺。"[68]在这一章里，老子实际上已经为人类解决了学习的基本内容问题，这就是独一无二，奉献人类的"恒道"。

与孔子强调"学而不厌"并肯定知识的无限积累不同，老子更多地从否定的观点看待无用的感性知识，他主张"为学日益，为道日损。损之又损，以至于无为。"[48]就是说不要像"为学者"那样，只知道一味灌输和增益多余的感性知识，反而离道越远，只有像"闻道者"那样不断地减损自己的多余心志、无用知识和错误行为，用足玄览静观的功夫，才能悟道真知。对于圣人说来，他无论是在财物或知识上都无须过多的积存，在学问上他把握唯一的恒道就足矣。他执着地向别人传授自己所有的唯一恒道，尽其所有都献给了人类，自己获得的反而更多了。近代革命的先行者孙中山就是这样的伟人。他所执着的就是为了推行天下为公的三民主义，他把一切都献给了祖国和人民，反而得到了更多的赞誉和怀念。

解决了学习的对象和内容的问题，明白了学习必须以恒道为基本点之后，接着就是学习的态度和方法问题。老子在此问题上提倡一种谦虚的实事求是的态度。他认为："知不知，尚矣。不知不知，病矣。是以圣人不病，以其病病也，是以不病。"[73]懂得自己的不足而善于改正，端正学习的态度和方法，是至为重要的。"善于潜行的不会留下痕迹，善于雄辩的不会留下话柄，善于算数的不用筹码统计，善于关闭的没有什么门闩打不开，善于打结的没有什么绳结不能解。由于圣人一贯善于挽救人，所以不会抛弃有用的人才，一贯善于挽救财物，所以不会丢弃有用的物料，这就叫作'追随光明'。因此善良的人，是好人的老师。不善良的人，是好人可用的资源。不尊重自己的老师，不爱惜自己的资源，虽好似智慧其实非常迷惑！这就叫作精要的奥妙。"[27]很显然，老子所提倡的正确学习方法，就是贵其师，爱其资，尊重指引恒道的老师，注意吸取正反两方面的教训，向往并努力追求光明。从教育者的角度来说，就是爱惜人才，爱惜物力，尽一切可能挽救人，帮助人，提倡为教育对象即人民作出全部奉献。所谓"受国之询，是谓社稷主。"[80] 统治者和教化者本来就应担负向人民说明和解释恒道的义务，接受他们的质问追责，这一见解闪射出老子民主思想的光辉。

对于学习和热爱恒道真理的人，老子还谆谆教诲道："知人善任者很明智，自知之明者很聪明。战胜别人者有力量，战胜自己者更强大。知足长乐者很富有，强健敢行者有志气。不失掉自己住所者可以活得长久，死后久久不被忘怀者才真正长寿。"[33] 这就是说，人在学习时，重要的不仅是要有自知之明，更重要的还要有"自胜者强"的坚韧毅力。当我们明白了自己的短处和缺陷后，就要下苦功夫去弥补消除它。这才是有志气的自强健行者。也只有这样的人，才可能把握恒道的真理并为之奋斗终身，赢得人民的永久怀念。

在学习的途径和实践运用方面，老子也作出了与众不同的回答。他反对墨家的苦行主义，儒家的克己复礼，主张涤心玄观，不循常识（修除玄监，……能无知乎？[10]），在闭门深思的无为状态中，以仔细观望，潜心探究的方法，去探知事物的规律（窈兮冥兮，其中有精！[21]），从而悟道真知。这就是所谓的"脚不迈出门户，却能知晓天下的事情。眼不窥视窗外，却能看见天体的运行。有的人出走得越遥远，他所知道的反而越少。因此圣人不出行而知道的很多，不自我表现而天下闻名，不妄为而成就了丰功伟绩。"[47] 对于老子这种似乎是不观不行不为的玄览静思式的学习方法，除了强调觉悟的佛家，一般人都会觉得很难理解，但以智慧著称的鬼谷子却有其独到的体悟和精彩的描述。他说："无为而求安静，五脏和，通六腑，精神魂魄固守不动，乃能内视、反听、定志，思之太虚，待神往来。以观天地开辟，知万物所造化，见阴阳之终始，原人事之政理，不出户而知天下，不窥牖而见天道。"可见，老子主张的学习途径看似有轻视实践之嫌，甚至被人扣上了典型的唯心主义先验论，其实并不尽然。他所主张的真知途径，是集中心智的对道的心观玄览，而不是一般感官的眼观闻见所能把握的。这也正是一些全神贯注，痴迷投入的数学家、科学家足不出户，食不甘味，埋头演算、试验、思索，却取得惊人的科学成就，获得诺贝尔奖的原因。

从老子对恒道的深刻体悟，对吃人社会的正义批判，对人生起伏的透彻了解看，他主张的识道绝不是一般的朴素唯物主义或机械唯物主义者所能达到的，更不用说主观唯心主义或先验论了。实际上，这正如鲁迅反对读中国书，只是一种故作偏激的反对只动手脚不动脑的主张一样，老子的"不出于户以知天下"，只是他反对走马观花，蜻蜓点水式的肤浅表面学习功夫而已。他所主张的是像他那样，从经典著作中大量地获取知识，并通过独立的苦思冥想去解决疑难，获取真知。他也并不一概反对必要的出行求知和比较方法，如在推行玄德时他就曾主张过由近及远，出门考察比较参照的认识方法，即"以身观身，以家观家，以乡观乡，以国观国，以天下观天下。吾何以知天下之然哉？以此。"[54]可见，老子的由近及远，比较观察的认知和学习方法，其实暗合毛泽东后来所倡导的由表及里，去粗取精，去伪存真的学习方法，一种需要凝神深思，心力集中，探幽入微，深入本质的学习方法。这实际上是进入了哲理思考，达到哲学高度的追求绝对真理的恒道学习方法。

试以他对"有无"本质的阐释，就可以看出他主张的这种学习方法的特点。他说："三十支辐条合为一毂，恰当使用它的空无有用之处，就完成了车的功用。抟揉粘土作成陶器，恰当使用它的空无有用之处，就发挥了陶器的功用。凿开门窗做屋室，恰当使用它的空无有用之处，就发挥了居室的功用。因此把握好'有'可获益兴利，把握好'无'也可以发挥功用。"[11]老子正是通过了他所主张的独特求知途径，发现了人们所视而不见的哲理，发现了在特殊时空条件下极有价值的"无"。具体而言，这就是车轮的30个辐条当中的空无之处，陶器中间的"空无之处"，门和窗中间的"空无之处"，等等，并不是人们一般认为的毫无用处的"无"，相反，把器物中间该"空无"的部分清空后，其空无处正可以发挥其独特的功用。如车轮辐条间的空无减轻了轮子的重量，便于车子承载并运输更多货物，陶器中的空无可以盛物，屋宇门窗中间的空无可以通风通行，等等。这都是"当其无有"，正确处理了"有""无"关系，因而"有之以为利，无之以为用"，使"无""有"互相配合，兴利增益的结果。

老子强调"无"的重要性确是真知灼见，而它与正确理解老子的"恒道"也有极为密切的关系。这是因为，恒道在某种意义上，也是特殊时空条件下具有极高价值的"无"。在一般人看来是空无的恒道，其实不但实有，而且大有用场，具有普遍的指导意义和永恒价值。而正是有了总括了古代道术之精华的恒道，才有了"一生二，二生三，三生万物"的世界，才有了人类社会的正义和正道。所以，老子在学习真知，在真理的标准上，高瞻远瞩地提倡一种与恒道相符合的标准。这种标准不以一般的圆满，丰富，正确，灵活，鲜明，雄辩，激情为衡量标准，而是以对恒道的功用为价值标准。用他的话说，那就是："大成之道总像有些缺陷，但它的功用无穷无弊端，极丰盈充实啊看起来空虚冲淡，它的功用却永远无穷尽。极正直者看起来很扭曲，极灵巧者看起来很笨拙。极富余者看起来很不足，极善辩者看起来很木讷。躁动战胜苦寒，清静胜过狂热。清静无为方可为天下大治的表率！"[45]

根据这一标准，符合恒道的，就应该大力弘扬，反之，则要加以限制。所谓"知道的不会胡说，胡说的其实不知。堵塞胡说八道的嘴巴，闭上歪门邪道的大门。"[56]，就是老子以此为标准，和反恒道的错误主张坚决斗争的表现。老子的"知者不言，言者不知"和佛家十善业果强调的"不妄语"、"不绮语"意思接近。但是，老子的"闭其兑，塞其门"的真知观，并非是消极的强制禁绝不同意见和学说，而是以其作为学习的资料，经过批判消化，解构重组，融会在恒道学说之中，这就是所谓的"消弭事物矛盾的对立锋锐，化解它们的冲突纠纷。调和万物争奇斗艳的光芒，混同于理想交融的放飞祥尘中。这就叫作玄德大同！所以不可贪得而亲近谁，也不可以贪得而疏远谁。不可以贪得而增益谁，也不可以贪得而危害谁。不可以贪得而尊贵谁，也不可以贪得而轻贱谁。这才能成为天下最尊贵的人。"[56] 在这里，老子实际上阐明了一种包罗万有，天覆海涵的博大胸襟和贵人立场。这就是消除门派偏见，宗教对立，不以学派和意识形态的不同别亲疏，谋私利，而是一视同仁地吸收彼此所长，达到玄德大同，浑然一体的大道境界。

在真理的探求道路上，聪明睿智如老子，也深感恒道学习和传播的艰难。他感叹万分地说："我的话很容易明白，很容易实行，可天下人竟不能明白，也不能实行。凡是言论都有宗旨，凡是事情都有主宰。完全是因为无知啊，所以才不了解我！知道我的人越是稀少，那我就越显得高贵呢。所以清静无为的圣人，总像是披着粗布褐衣而怀抱着美玉。"[72]

那么，为什么老子所发现而力图让人们真知的恒道真理，如此难为世人所知晓，所领会，所运用呢？这不能不牵涉到一个中国哲学界长期争论的难题，即知与行的问题，知难行易还是知易行难的问题。老子曾说："使我挈有知，行于大道，唯施是畏。大道甚夷，民甚好解。"[53] 但实际上，"多易必多难。"[63] 他始终没有像孔子那样明知不可而为之，逆天而行，周游列国，四处推行自己的学说和政治主张，而是骑牛出关，一走了之。而他认为"民甚好解"，本来十分平易好懂的恒道学说，也一直为人争论不休，至今没有个了结。看来，这和他持有"我愚人之心也，蠢蠢呵！鬻人昭昭，我独昏昏。鬻人察察，我独闷闷。忽呵，其若海！望呵，若无止！众人皆有以，我独顽似鄙。我独异于人，而贵食母。"[20] 的清高心态，坚持"绝智弃偏，民利百倍。"[19] "天下皆知美之为美，斯恶已。皆知善之为善，斯不善矣。"[2] 的反伪知识的价值观，深信"民之难治，以其智多。故以智治国，国之贼也。不以智治国，国之德也。知此两者，亦稽式。常知稽式，此谓玄德。玄德深矣，远矣，与物反矣，乃至大顺！"[65] 的安民观，均不无关系。

  作为一个独立思考,顺其自然,言贵如金的伟大哲学家,老子相信,"猷乎其贵言。成功遂事,百姓皆谓我自然!"[17]他主张多虑少言,让真理自然而然,润物无声地传播于世,而不喜欢标榜门户,高坛论道,四处张扬,所谓"企者不立,跨者不行。自视者不彰,自见者不明。自伐者无功,自矜者不长。"[22]"是以圣人自知而不自见也,自爱而不自贵也。故去彼而取此。"[74]这也正是恒道真知至今鲜为人知的原因吧。然而,桃李不言,下自成蹊,真理所在,光耀后人。当历史的浮尘被人们抹去,真知的光芒重现人间时,老子的恒道学说又再度为有识者所高度重视。这也正是我们从老子的真知观的梳理阐扬中,所获得的感受之一。

老子今译

真知篇

【一】

三十辐共一毂,	三十支辐条合为一毂,
当其无有,	恰当使用它的空无有用之处,
车之用。	就完成了车的功用。
埏埴以为器,	抟揉粘土作成陶器,
当其无有,	恰当使用它的空无有用之处,
器之用。	就发挥了陶器的功用。
凿户牖以为室,	凿开门窗做屋室,
当其无有,	恰当使用它的空无有用之处,
室之用。	就发挥了居室的功用。
故有之以为利,	因此把握好"有"可获益兴利,
无之以为用。	把握好"无"也可以发挥功用。

【第十一章】

【注释】

三十辐共一毂：王本如此。辐：车轮的辐条。共：共同，合成。毂（gǔ）：车轮中心的圆木，中空，可安放车轴。乙本此句作"卅楅同一毂"：卅：三十。同：会同，合为。楅（bī）：1. 拴在牛角上防止牛顶人的横木。2. 古代行乡射礼时插箭的器具。3. 木门后用以连结门板的横衬。此三意均与车无关，当为辐的假借字。故取王本。毂（gǔ）：车轮中心的圆木，中空，可安放车轴。

当其无有：诸本如此，断句不同。当：有恰当，当中，承当诸义。此处为老子特有的模糊概念，即三义皆备，引申为恰到好处地对事物当中的"无"和"有"加以使用，使之承当并发挥一定的功能。其：它，此处指整个车轮。无有：没有，指车轮的30个幅条当中的空无之处。一说"无有"即"无"和"有"，指车轮当中的的空无之处与30个幅条，也通。王本及他本多将"有"字归于下句。

车之用：王本如此。车之用：车的功用。指车轮的中空和旋转，完成了车轮的作用，使车子得以承载并运输货物。

埏埴以为器：王本如此。埏（shān）：抟揉，和泥。埴（zhí）：黏土。器，陶器，器皿。

当其无有：诸本如此，断句不同。无有：此指陶器当中的空无之处。如"无有"分解，即指陶器当中的虚空及其罐身。

器之用：王本如此。用：陶器的功用。

凿户牖以为室：王本如此。凿：凿开。户：门户，门口。牖（yǒu）：门窗。乙本此句作"凿户牖"。

当其无有：乙本、王本如此。当：意义同上。无有：门窗当中间的空旷处。如"无、有"分解，即指门窗当中间的空旷处与门窗框架。

室之用：王本如此。室，居室。用，功用，用途。

故有之以为利：诸本皆同。有之：使之"有"，把握"有"。如本章所说的，使车轮有条幅，使粘土成为陶器，使居室有门窗等。以为利。使"有"兴利，产生利益，造成便利。

无之以为用：诸本皆同。无之：使之"无"，把握"无"。如本章所说的，有意造成车轮条幅间的"无"，陶器中间的"无"，门和窗中间的"无"，等等。以为用，指发挥器物中间"空无"部分的特殊功用。

【二】

知其雄，	知道了万物无不自强雄健，
守其雌，	就应该保守它的顺从柔雌，
为天下溪。	成为天下最低下的小河溪。
为天下溪，	甘为天下最低下的小河溪，
常德不离，	恒常的道德永不离，
复归于婴儿。	就能复归于天性纯真的婴儿。
知其荣，	知道事物的华贵尊荣，
守其辱，	监守它的污浊羞辱，
为天下谷。	成为天下最低洼的山谷。
为天下谷，	甘为天下最低洼的山谷，
常德乃足，	恒久道德得以丰厚充足，
复归于朴。	就能复归万物原始的淳朴。
知其白，	知道万物的纯净洁白，
守其黑，	监守它的肮脏漆黑，
为天下式。	可成为天下的范式。
为天下式，	做为天下的范式，
常德不忒，	恒久道德永不离弃，
复归于无极。	就能复归无极和谐之地。
朴散则为器，	粗朴的原始状态破散后，就形成了用器，
圣人用则为官长。	圣人任用后就成为人民的官长。
故大制不割。	所以说天下最大的体制，是无法分割的。

【第二十八章】

【注释】

知其雄：诸本皆同。雄：雄性、阳性事物的刚健本性，易经所说的"自强不息"。

守其雌：诸本皆同。雌：雌性、阴性事物的柔顺性质，易经所说的"厚德载物"。

为天下溪：甲本如此。天下溪：天下最低洼的河溪。

常德不离：王本如此。常德：与恒道一致而永久的道德，即老子所说的玄德。不离：不抛弃，不远离。甲本此句写作"恒德不离"，并重复一次，可据王本删。

复归于婴儿：王本如此。甲本为"复归于婴儿"。

知其荣，守其辱：王本如此。守：安守，监守。辱：羞辱，污浊。甲本此句作"知其日，守其辱"，乙本作"知其白，守其辱"，"日"、"白"应参照王本改"荣"为是。王本此句在后，今据甲乙本调前。

为天下谷：王本如此。天下谷：天下最低洼的山谷。甲乙本"谷"假借为"浴"。

常德乃足：王本如此。足：丰厚，充足。甲乙本此句作"恒德乃足"，并重复一次，可据王本删。

复归于朴：王本如此。朴：即一、恒道，老子恒道观的重要概念，指万物初始的原始状态。

知其白，守其黑：乙本王本如此，王本此句在首句，今据乙本调后。白：事物的清白、纯洁一面，白亮光明。守：监守。黑：肮脏黑暗。

为天下式：诸本如此。式：范式。

常德不忒：王本如此。忒（tè）：错失，太过，背离。乙本此句作"恒德不贷"，甲本"贷"字之上的"代"字写作"弋"，字形接近，当为笔误。贷（dài）：(1) 借入，借贷；(2) 借出，贷款；(3) 推卸（责任），责无旁贷；(4) 饶恕，宽恕，如"严惩不贷"。此句意思为"永恒的道德不可任意抛售和离弃"。王本"忒"与"贷"义之三、四相关。忒与割押韵，故据王本为经而存乙本之义。甲乙本此句重复一次加以强调，可据王本精简。

复归于无极：乙本王本如此。无极："无"的极至，无边无际，无始无终，即恒道，老子哲学的重要概念之一，与表示"有"的极至的"太极"相对应。

朴散则为器：乙本王本如此。朴：万物的原始状态；散：分解，打破；器：各种人为制作的器具，用器。

圣人用则为官长：乙本如此。用：任用，被任用。官长：管理者。王本作"圣人用之则为官长"，指圣人任用人才，使其成为人民的首长，亦可参。

故大制不割：王本如此，甲乙本作"夫大制不割"，王本与前句语气相接较紧，故取王本。大制：天下最大的体制，指恒道及其见于人类社会的玄德系统。不割：浑然一体，无法分割的。

【三】

知人者智，　　　　　知人善任者很明智，
自知者明。　　　　　自知之明者很聪明。

胜人者有力,	战胜别人者有力量,
自胜者强。	战胜自己者更强大。
知足者富,	知足长乐者很富有,
强行者有志。	强健敢行者有志气。
不失其所者久,	不失掉自己住所者可以活得长久,
死而不忘者寿也。	死后久久不被忘怀者才真正长寿。

【第三十三章】

【注释】

知人者智：王本如此。知人者：知，知道，识别，引申为了解，会用人。甲乙本作"知人者知也"。知：智慧，明智。本章各句甲乙本均有"也"字，今从王本省，句式更简洁有力易学易记。

自知者明：王本如此。自知：自己了解自己，有自知之明。明：聪明。

胜人者有力：王本如此。胜人者：胜，胜过，超过。

自胜者强：王本如此。自胜：战胜自己，引申为能明白和克服自己的弱点。强：坚强。

知足者富：王本如此。知足：知道满足，知道适可而止。富：富有。

强行者有志：王本如此。强行：强，强健。行，行动。有志：有志气，有志向。

不失其所者久：王本如此。不失其所：不失掉它的住所，引申为不失掉其所赖以安身立命的一切。

死而不忘者寿也：甲乙本如此。忘：遗忘。寿：寿命，长寿，永存。王本此句作"死而不亡者寿"，亡：消亡，引申为遗忘。死而不亡，指死后不被人遗忘，为人所怀念。可参。

【四】

不出户,	脚不迈出门户,
知天下。	能知晓天下的事情。
不窥牖,	眼不窥视窗外,
见天道。	却能看见天体的运行。
其出弥远,	有的人出走得越遥远,
其知弥少。	他所知道的反而越少。
是以圣人不行而知,	因此圣人不出行而知道的很多,

不见而名，	不自我表现而天下闻名，
不为而成。	不妄为而成就了丰功伟绩。

【第四十七章】

【注释】

不出户：王本如此。甲乙本作"不出于户"。出，出外，出门。户，门。于，无意义，可省。

知天下：王本如此。知道：了解。甲乙本此句作"以知天下。"以，表示目的；如"以待时机"。以，他本多作"而"，连词，无意义，误。

不窥牖：王本如此。窥：窥看，观察。牖：窗口。甲乙本作"不窥于牖。"于，无意义，故省。

见天道：王本如此。见天道，指用心察知却非用眼亲见。天：天体。道：运行的规律。甲乙本此句作"以知天道。""以"字可省。

其出弥远：王本如此。出：出走，外出。弥：更，越。远：遥远。甲本作"其出也弥远"。

其知弥少：王本如此。知：知道，知识。

是以圣人不行而知：王本如此。行：出行，行走。

不见而名：王本如此，乙本残损，仅余一"名"字。见：通现，出现，引申为露面，抛头露面，自我表现。名：成名，闻名。他本此句作"不见而明"，亦可参。

不为而成：王本如此。甲本作"弗为而成。"无为：弗为，不为，不妄为。成：成功。

【五】

使我挈有知，	使我携手同道有识之士，
行于大道，	推行那伟大的恒道，
唯施是畏。	唯有施行得当免入歧途是要加倍小心的。
大道甚夷，	伟大的恒道非常平坦，
民甚好解。	人民很好理解它。
朝甚除，	朝廷忙着封官和算计，
田甚芜，	田地却很荒芜，
仓甚虚。	粮仓更是空虚。
服文采，	贵族们却穿着华丽衣服，

带利剑，	佩带长长的利剑，
厌饮食，	吃饱喝足，
财货有余。	家财货物非常富余。
是谓盗夸，	这就叫作夸耀强盗行径，
非道也哉！	是违反恒道的啊！

【第五十三章】

【注释】

使我挈有知：甲本如此。"挈"（qiè）字甲本原有提手旁，为挈之异体，音义同挈。严遵《道德指归》解释此句为"负达抱通，提聪挈明"。挈：挈带，携带，有提领、掌握之义。有知：有知识，引申为有知识的人。"使我挈有知"，既可解为"如果我掌握了知识"，也可解为"使我携有知"，即"使我与同道有识之士携手"之意，表示老子欲联合志同道合者推行大道。挈，乙本王本作"介"，疑为音近笔误。

行于大道：乙本、王本如此。行：推行，行进。大：博大，广大。道：恒道。

唯施是畏：王本如此。唯：只，唯有，必须。施：施行、推行，此字乙本作"他"。他：他人。他、施古音皆通迤（yǐ），迤，意为往某一方向延伸。"迤"，又指邪道，可参见王念孙、高明之说。畏：畏惧，小心，当指推行大道之事，必须谨慎从事，不可马虎轻率。

大道甚夷：乙本、王本如此。大道：恒道，恒道之道理。夷：平坦，平易，引申为容易明白。

民甚好解：甲本如此。甚：很。好：容易。解：理解，了解。乙本解字旁多加了"亻"旁，写作"懈"，王本写作"径"，皆误也。

朝甚除：诸本如此。朝：朝廷，宫室。除：拜官授职，引申为官员很多。除还有修治、修整、变换、清除、打扫等意思，指朝廷封了许多官，都在忙于算计如何盘剥、欺压人民。

田甚芜：诸本如此。田：田野，田地。芜：荒芜，荒废。

仓甚虚：诸本如此。仓：仓库，粮仓。虚：空虚。

服文采：诸本如此。服：穿。文采：华丽多彩。

带利剑：乙本王本如此。带：携带，佩带。

厌饮食：王本如此。厌：通餍，饱食，满足。厌乙本作"猒"（yàn），古同"厌"。

财货有余：王本如此，乙本接近。财货，指货物、家财。有余，富余。

是谓盗夸：王本如此。盗夸：倒装句；夸，夸耀。盗，强盗行径。

非道也哉：王本如此。非：不是，违反。道：恒道。

【六】

知者不言，	知道的不会胡说，
言者不知。	胡说的其实不知。
塞其兑，	堵塞胡说八道的嘴巴，
闭其门。	闭上歪门邪道的大门。
锉其锐，	消弭事物矛盾的对立锋锐，
解其纷。	化解它的冲突分裂和纠纷。
和其光，	调和万物争奇斗艳的光芒，
同其尘。	混同于理想交融的飞扬祥尘中。
是谓玄同！	这就叫作玄德大同！
故不可得而亲，	所以不可贪得而亲近谁，
亦不可得而疏。	也不可以贪得而疏远谁。
不可得而利，	不可以贪得而增益谁，
亦不可得而害。	也不可以贪得而危害谁。
不可得而贵，	不可以贪得而尊贵谁，
亦不可得而贱。	也不可以贪得而轻贱谁。
故为天下贵。	这才能成为天下最尊贵的人。

【第五十六章】

【注释】

知者不言：王本如此，乙本作"知者弗言"。知：通智，知者，即智者，有知识的人。言：空言，胡说。

言者不知：王本如此，甲乙本作"言者弗知"。言者：说话的人，这里指喜欢乱说的人，夸夸其谈的人。知：知道。

塞其兑：王本如此。兑：(1) 洞穴"，指孔窍，引申为嘴巴，塞兑即闭嘴，堵住他胡说的嘴巴。(2) 通说，引申为邪说。甲本此句作"塞其闷"，乙本作"塞其（土兑）"，楚简本为"闭其兑"。闭：关闭。

闭其门：乙本王本如此。门：门派，门户，通道，指歪门邪道，旁门左道。甲本此句作"闭其□"，楚简本作"赛其门"，塞假借为赛。塞：堵塞。

锉其锐：楚简本、王本如此。锉：消磨，消弭。锐：锋锐，尖锐。

解其纷：楚简本与乙本如此。解：解决。纷：纷争，纠纷。王本"纷"

作"分",分歧,分裂,亦可参。

　　和其光:诸本皆同。和:调和。光:光芒。

　　同其尘:诸本皆同。同:混同。尘:飞尘,红尘。一路同尘,喻指方向一致。

　　是谓玄同:诸本如此。谓:楚简本、甲乙本假作胃。玄:玄妙,玄德。同:同一,大同,指万物归一于恒道。玄同:老子欲以化解消泯各派纷争,融合各家各教美好理想,大道趋同的太极境界。

　　故不可得而亲:楚简本如此,诸本皆同。得:贪得。亲:亲近。

　　亦不可得而疏:楚简本、甲本如此。疏:疏远。

　　不可得而利:楚简本、甲本、王本如此。利:生利,使之得利,引申为增益之。

　　亦不可得而害:楚简本、甲本如此。害:危害,伤害。

　　不可得而贵:楚简本、乙本如此。贵:尊贵,推崇,动词。

　　亦不可得而贱:楚简本、乙本如此。贱:轻贱,看轻。

　　故为天下贵:诸本皆如此。贵:名词,指最宝贵的,包括贵人,尊贵者,伟大人物等。

【七】

信言不美,	正信的真理不美妙动听,
美言不信。	华美的谎言不可以相信。
知者不博,	知识专攻的人不广闻博学,
博者不知。	博学的通才不懂专门知识。
善者不多,	良善的精品数量不会太多,
多者不善。	多而滥的东西从来无好货。
圣人不积,	圣人不会过多地存积,
既以为人,	他一切为了别人,
己愈有。	自己拥有的反而更多了。
既以予人,	他尽其所有都献给人类,
己愈多。	自己获得的反而更多了。
天之道,	上天运行的恒道,
利而不害。	是造福而不是危害万物。
人之道,	人类社会的正道,
为而不争。	应该是有所作为而不贪欲好争。

【第六十八章】

【注释】

信言不美：乙本王本如此。信言：可信的话，尤指名言、真理等。不美：简洁，不多修辞，表面看来不美妙动听。此章王本原列81章，今据甲乙本移至第68章。

美言不信：乙本王本如此。美言：华美的语言，多指华而不实的话，谎言、空话等。不信：不真实，不可相信。

知者不博：乙本如此。知者：有某一学科的专门知识的专业人员、专才、专家等。不博：不广博，不博学。王本此句次序不同。

博者不知：乙本如此。博者：博学者，涉猎各种学科，一般学问很多的通才。不知：无某一学科的专业知识，没有深刻的真知灼见。

善者不多，多者不善：乙本如此。王本此句作"善者不辩，辩者不善。"纠缠于辩论而非多少，恐有失老意，乙本为是，已经包含善辩之意。

圣人不积：王本如此。甲本作"圣人无积"，意同。积：积存。

既以为人：乙本王本如此。既：用完，一切。以：表示目的。为人：为了别人，为他人着想。

己愈有：王本如此。己：自己。愈：越，更加。有：拥有。乙本愈写作俞，通愈。

既以予人：王本如此。予：施予，献给。乙本此句作"既以予人矣"，多一矣字可省。

己愈多：王本如此。多：回报多，指人们对圣人的赞誉，厚待等。乙本愈写作俞，意同。

天之道：王本如此。乙本此句前多一故字，可省。天之道即恒道，高于人之道。

利而不害：乙本王本如此。利：有利，福利，造福。不害：不危害。

人之道：乙本如此。王本作"圣人之道"。从老子有关人之道应效法天之道的观点看，当时的人之道尚不能达到"为而不争"的境界，乙本为是。故此处的人之道当指其应达到的理想境界。

为而不争：王本如此。为：有所作为。争：争强，争抢掠夺。乙本作"为而弗争"，意同。

【八】

吾言甚易知，	我的话很容易明白，
甚易行，	很容易实行，

天下莫能知，	天下人竟不能明白，
莫能行。	也不能实行。
言有宗，	凡是言论都有宗旨，
事有君。	凡是事情都有主宰。
夫唯无知，	完全是因为无知啊，
是以不我知。	所以才不了解我。
知者希，	知道我的人越是稀少，
则我贵矣。	那我就越显得高贵呢。
是以圣人被褐而怀玉。	所以清静无为的圣人，总像是披着粗布褐衣而怀抱着美玉。

【第七十二章】

【注释】

吾言甚易知：王本如此。甲乙本句末多一也字，可省。言：话，道理，指老子的恒道观。甚：很。易：容易。知：知道，明白。

天下莫能知：王本如此，甲本作"而人莫之能知也"，乙本作"而天下人莫之能知也"，今据王本。

莫能行：王本如此，简洁明了。行：实行。甲本作"而莫之能行也"，乙本作"莫之能行也"，意近。

言有宗：王本如此。宗：宗旨，纲要，指言论的宗旨，主题，主旨。乙本此句为"夫言又宗"，多一"夫"字，有误作"又"，甲本此句作"言有君"，君同宗义。

事有君：王本如此。事：事情。君：主宰。甲本此句误抄作"事有宗"，错一"宗"字。乙本此句为"事又君"，错一"又"字。

夫唯无知：王本如此，甲乙本多一"也"字。唯：只是。无知：没有知识，没有头脑。

是以不我知：乙本王本如此。倒装句，即"不知我"，不能了解我。

知者希：乙本王本如此。希：通稀，稀少。

则我贵矣：乙本如此，贵：高贵。王本此句误作"则我者贵"，语句不通，今据乙本改。

是以圣人被褐而怀玉：甲乙本如此，惟"怀"字缺"忄"作裹，意同。被：通披。褐：褐衣，粗布衣服。怀：怀抱。玉：美玉，引申为宝贵的学问、见解、治世方法。王本此句作"是以圣人被褐怀玉"，缺一而字，今据甲乙本补充为是。

【九】

知不知，	知道自己有所不知，
尚矣。	这是值得尊重的。
不知不知，	不知道自己有所不知，
病矣。	这就出毛病了。
是以圣人不病，	圣人之所以不出毛病，
以其病病也，	是因为他一贯重视毛病并及时改正，
是以不病。	因此他没毛病。

【第七十三章】

【注释】

知不知：诸本如此。知：知道。不知：不知道的，不懂的。

尚矣：甲乙本如此。尚：上，尊尚，崇尚，值得尊重。王本此句只有一"上"字。

不知不知：甲本如此，与上句"知不知"相反。乙本与王本均作"不知知"，费解不取。

病矣：甲乙本如此。病矣：生病，出毛病。王本无"矣"字。

是以圣人不病：甲本作如此。王本此句作"夫唯病病，是以不病，圣人不病。"重复不取。

以其病病也：乙本如此。病病：病，使动用法，认为它有病，此处指重视和改正，动词。后一个"病"，指毛病，名词。王本此句为"以其病病"。

是以不病：诸本如此。

老子真知再探——

知。
真知。
绝圣弃知。
信言不美的老子真知。
它所引发我们要深入思考的——

问题多多，老子彻底否定知识吗？实际上，老子并不一般地否认知识。他的"真知观"是打开老子的智慧宝库，深入了解其恒道、玄德以及清静、无为、贵身、安民、用兵、治国诸观精髓的钥匙。不言而喻，对于老子这样一位在世界文化轴心时代创立了见解深刻独到的道学系统理论，影响中国乃至世界两千多年的伟大哲学家，必定有自己完整而独特的认识论观点，以实现其认识恒道与玄德的奥秘，掌握清静、无为、贵身、安民、用兵、治国的方法和规律，建设自然美好的恒道社会的超远理想。

问题之一，老子的真知以什么为标准？

绝智弃偏，信言不美的老子真知观。它所引发我们要深入思考的问题很多，如：老子彻底否定知识吗，如果不是，他的真知又以什么为标准？实际上，老子并不一般地否认知识。他的"真知观"是打开老子的智慧宝库，深入了解其恒道、玄德以及清静、无为、贵身、安民、用兵、治国诸观精髓的钥匙。不言而喻，对于老子这样一位在世界文化轴心时代创立了见解深刻独到的道学系统理论，影响中国乃至世界两千多年的伟大哲学家，必定有自己完整而独特的认识论观点，以实现其认识恒道与玄德的奥秘，掌握清静、无为、贵身、安民、用兵、治国的方法和规律，建设自然美好的恒道社会的超远理想。

毫无疑问，老子的真知标准，以他"一以贯之"的道家学说看，从他对玄德的论述和整个哲学观系统看，只能以人对"恒道"的了解程度，对玄德的修养程度，对贵身的养生护身程度，对清静的深广度，对无为的领悟度，对安民、用兵一套治国方略与恒道的依存的理解深度所决定。

问题之二，老子是反对真知的反智论者吗？

智慧超绝的老子，为什么会是一个反对真知，主张愚民的反智论者，这确实是一个令人费解的十分矛盾的现象。古代汉语里的知兼有认知与知识的意思，两者都与我们所要讨论的"真知"——真正的知识——"道"和"德"以及与获取它的方法有关。事实上，老子绝对没有忽视真知、认知的价值和作用的意思。据电脑统计，《老子》全书里的"知"字共有69字，出现于总共34章里，占了老子总章数的44％以上，可见频率之高，分量之重。特别是在老子有关"古之为道者，非以明民，将以愚之也。民之难治，以其智多。故以智治国，国之贼也。不以智治国，国之德也。知此两者，亦稽式。常知稽式，此谓玄德。玄德深矣，远矣，与物反矣，乃至大顺！"[65]的说教中，"知（智）"竟然反复出现了5次之多，而且老子还把

"以智治国"斥为"国之贼",把"不以智治国"赞为"国之德",并把这两种截然对立的认识观和治国术根本对立起来,强调"知此两者",就掌握了"稽式"——自然的法则,它既是恒道的规律,也是恒道社会的模式和实现恒道理想的途径。而只有长久地知晓并运用这一"稽式",才算真正弄懂了深广,远大,精微的"玄德",才可能"与物反矣,乃至大顺。"达到自然美好的恒道理想境界。可见,老子对"知"的认知、宣教、贯彻、"稽式"作用的极端重视。然而,也正是出于对老子这句话的理解的巨大歧义,使老子蒙受了极大羞辱,让他不恰当地获得了反知识、反智论的愚民政策主张者的不雅称号——如余英时先生就在其《反智论与中国政治传统》一文中,将《老子》归入"反智论"的阵营,认为"老子讲'无为而无不为',事实上他的重点却在'无不为',不过托之于'无为'的外貌而已。故道家的反智论影响及于政治,必须以老子为始作俑者。"(见余英时:《历史与思想》(台北:联经出版事业公司,1976年9月初版,1979年7月第5次印行,第10-11页。)这就需要我们很好地去辨识老子真知真意了。

问题之三、老子认为"真知"需要学习吗?

实际上,老子之所以被误解为否定真知的反智论者,主要是由于他独特的学习方法和主张所造成的。如前所述,老子谈"知"之处很多,却又歧义纷繁,为求真解,我们可以先从最简便的角度和方法切入,那就是看老子是如何论"学"获"知"的。因为"学"是"知"的前提,"学"与"知"的关系最为密切,弄清了他的"学"也就明白他所要的"知"了。在老子的《道德经》一书中,谈"学"之处只有4章5次,其意较易领悟。这就是"绝学无忧。"[19]"故强良者不得死。我将以为学父。"[42]"为学者日益,闻道者日损。"[48]以及"是以圣人欲不欲,不贵难得之货。学不学,复众人之所过,以辅万物之自然,而不敢为。"[64]等四处。其大意是,从学恒道修玄德的角度看,甘愿学习别人所不愿学习的似乎是无用的真知识("学不学"),善于从反面教材中得到深刻的教训与启迪("强良者不得死。我将以为学父"),时时减损对学道识德有害的杂乱知识("为学者日益,闻道者日损"),甚至弃绝那些无用无益的知识,就可以无忧无虑了("绝学无忧")。所以说,老子并不是绝对地反对学习知识,他所主张的是通过正确有效的途径,获得最高最善最大的真知识——恒道而已。

问题之四,老子的"真知之士"以什么为标准?

从学习必须服从恒道,增长玄德的目的出发,老子为"真知之士"确立了明确的标准，这就是"上士闻道，勤而行之。中士闻道，若存若亡。下士闻道，大笑之。不笑，不足以为道。故建言有之：'明道若昧，进道若退，夷道若类。上德若谷，大白若辱，广德若不足。建德若偷，质真若渝。'大方无隅，大器晚成。大音希声，大象无形。道隐无名。夫唯道，善始且善成。"[40]从学有所成的角度看，这句话的意思就是以对待"道"的态度和取舍，来划分上士、中士与下士。那些闻道勤行的，是最聪明的真知之士；那些闻道似懂非懂的，是中等才智的学士；那些闻道之后大笑不顾，毫不理解，自以为是的所谓"聪明人"，才是下等学士。由此可见，那些自以为学得多，见得广的高明人士，并不是老子所要肯定的有道之士，真知之才，他对真正人才的学与知的标准是以道为准，与众不同的，因此才招致了不少学者的误解。

我们知道，以"学而时习之"（论语·学而篇）为乐的孔子，也曾经把"学"与"知"和是否人才的标准做了仔细划分，这就是"生而知之者上也，学而知之者次也；困而学之，又其次也；困而不学，民斯为下矣。"（论语·季氏篇）由此可见，类似于孔子以及他所请教过的老子这样的大学问家，以及先秦时期的不少学者都认为，就知识的获得而论，有快慢先后之分，有不学而知，有学而后知，有困学而后知，有困而不学不知的四类人。而不学而知，或"生而知之者"，是普遍的，本能的，上等的，也是最简捷的，最有实效的。过去，我们经常把"生而知之者"与"唯上智下愚不移"联系起来，做阶级论的理解。其实，"生而知之者"与"学而知之"、"困而学之"，"困而不学"并没有截然不同的阶级的鸿沟，"生而知之者"一方面可以作为"聪明人物"解释，一方面还可以理解为这是他伴随着自己生命和生活的过程，在社会大环境和社会总关系的综合作用下，自然而然地了解了他所应接受的知识，所应尽的义务，包括统治者与被统治者的子弟对其身份、地位与职责、特权有无的了解和认同等。即使就前一意义而言，统治阶级里固然有"生而知之者"，但也有许多"学而后知"，"困学而后知"，"困而不学"的人；而许多好学有知之人，甚至似乎是有奇技巧智的"生而知之者"，也往往出自民间百工百业之间。所以，对先秦诸子尤其是道家学派与儒家学派的创立者来说，"学"只是一种手段、形式、过程、渠道，而"知"才是目的、内容、要求、归宿。

问题之五，老子认为获得真知要以何种态度？

如上所述，老子对"学"之方法的探讨，包括众说纷纭，我们还可细加研讨的"玄监"法，"稽式"法，"执一"法，"减损"法，"母子"法，

"塞兑闭门"法,"大器晚成"法,等等,只是他对认识"道"的一种手段、方式、形式、过程、渠道的探讨,而最终如何"知"——"道",才是他的真知观的目的、内容、要求与归宿。明乎此,我们才能进一步理解老子所说的许多正言若反的话,如"绝学无忧。"[19]如"为学者日益,闻道者日损。"[48]如"天下有始,以为天下母。既得其母,以知其子。既知其子,复守其母,没身不殆。塞其兑,闭其门,终身不勤。开其兑,济其事,终身不救。见小曰明,守柔曰强。用其光,复归其明,毋遗身殃。是谓习常。"[52]从学习与认知的途径的角度应如何理解。事实上,老子关于"绝学无忧","得其母以知其子,知其子复守其母"的说法的原意,都是一种对求道的最有效的学习方法与途径的探讨,都是为闻道、得道即获得"真知"——对恒道的真正了解并付诸实践服务的,而不可能是一种欺众惑国的愚民政策。因为在老子看来,对"道"的理解应该是也极可能是人们与生俱来的本性,本能,本知,是"生而知之者"所自然而然就可领悟的,是只可意会,难以言传的知识精华,故用不着过多地花费心思,去做违反自然获知规律的事情,从外部强制性地灌输给人们。特别是对那些自以为是的"下士",强制的灌输只能是适得其反,招来笑骂与强烈的抵触情绪,反不利恒道的宣教施行。老子的这一特殊的学道悟道方法,影响深远,尤其是与中国化佛学,反对死读经书,认为人心中本有佛性,坚持"明心见性"的顿悟法是相通的。

此外,从真知的主体差异与接受知识所要经受的考验看,也往往会出现孔子所说的情况——"君子不可小知而可大受也;小人不可大受而可小知也。"(论语·卫灵公)由于"恒道"与"玄德"本身的神秘幽深,高远超绝,不见头尾,我们需要根据不同接受对象的标准去衡量学习与获取"真知"的效果,还要考虑闻道者与教育者本身对道的理解是否深透,等等。若不分资质,一味由水平见地高低不同的灌输者用歧义语言去描绘"道",用各种学说去宣讲"道"理,效果不但有限,可疑,恐怕还会把简单的事情复杂化,弄得人人不知所措了。这也正是老子所担心的情况——"蠢蠢呵!鬻人昭昭!"[20]它与孔子所担忧的,由于"知德者鲜矣"的现实存在,其不当宣讲反而会造成"巧言乱德"(论语·卫灵公)的不良后果也如出一辙。一向认为"就有道而正焉,可谓好学也已。"(论语·学而)十分熟悉学习规律的古代大教育家孔子曾说:"知之者,不如好之者;好之者,不如乐之者。"(论语·雍也)就老子所认为的获得真知的传道学习方法而论,其实也是同一个道理,即他们都认为获得真知的正确态度,甚至于是否获得真知的标志,不是为"知"而去"学",而是爱此而不疲的"乐"。这种发自内心自然而然的对"道"与"德"的由衷喜爱,欣然接受和乐于施行,也正是老子所肯定的获取真知的态度,也只有具备这种态度的人,才是"闻道,勤能行之"的"上士"——具有真知与高尚玄德的恒道人才!

问题之六,怎样才是获得真知的途径?

如上所述,老子的真知以明道为标准,以"闻道,勤能行之"的上士的态度为上品。然而,"道"是大象无形和不可言说的真实存在,具有老子所说的:"视之而弗见,名之曰微。听之而弗闻,名之曰希。搢之而弗得,名之曰夷。三者不可至计,故混而为一。"[14]的特性。按照庄子后来的理解,这样的道"自本自根,未有天地,自古以固存。神鬼神帝,生天生地,在太极之先而不为高,在六极之下而不为深,先天地生而不为久,长于上古而不为老"(《庄子·大宗师》),所以具有无始无终无边无际的至上性和超越性的一面。因此,老子所要真知的"道"就统摄了人的学问的全部意义,真知的最高原则,以及人的生命精神的最高境界。而人们要获得真知的第一步,就是要掌握适当的方法,遵循正确的途径,以避免南辕北辙的失败。其具体方法是——

1. **天人合一,超越是非**

"天人合一"从真知观角度看,是一种心灵境界和认识途径。由于"道"是自然无为的,是"无状之状,无物之象"[14],是不可闻、不可见、不可言的,所以人们不可能直接直观地把握"道",或通过语言把对它的认识传达给别人,这就是所谓的"道可道,非常道"。因此,必须通过自己在解除了世俗规范的系缚,打破了世俗价值观的障碍,使人从有限的世俗经验世界中超拔出来,进而获致天空海阔的精神自由,与天合一后,才可以从"人法地",深入了解厚德载物的大地开始,进而通过对"天法道"的观察体悟,了解其效法的"道"本体的最高价值,获得全面的发展与最大的自由。因此,根据老子的真知观,如果我们今天还仅仅局限于有限的社会经验和普通知识的积累堆砌,就会被这些知识爆炸所产生的垃圾信息淹没,非但不能真正认识"地",也不可真正了解"天",更无法把握"道",从而自然而然的平和生活。这也正是所谓"大道废,有仁义。智慧出,有大伪。"[18]的原因。因此,要使人复归于道而臻于"天人合一"的境界,就要从"天人合一"的学道过程中,超越现实的境界和是非观念,以"天法道"的超越的智慧去认识和实现恒道。

所谓要"天人合一"而超越人本位的是非观念,就是要从人的诈智巧饰中超脱出来,不是把知识和技术作为牟取人类一族私利的工具,而是按照

"天人合一"的恒道逻辑，来判定人类向自然大肆求索的活动的是与非，重新判断人类在主客二分时所确立的价值观，以及在这一价值观控制下的是非之辩所带来的负向价值。这就是老子所说的："天下皆知美之为美，斯恶已；皆知善之为善，斯不善已。"（《老子》第二章）"善之与恶，相去若何？"[20] 在老子看来，"少则得，多则惑。"[23] 相对于"独立而不改"的永恒无限的恒道来说，学道者只有把自己的精神状态与道的本然状态合二为一，紧紧"执一"即抓住"道"的核心，站在"执一以为天下牧"，即"天人合一"的法地法天法道的立场上，与"道"同一，与玄德同一，根据恒道与玄德的标准去观察和检验世间的是非，按照"道者同于道，德者同于德，失者同于失"[23]。才能知道什么是绝对的价值，解析是非、善恶、美丑等相对性的因素。

2. **虚极守静，观复察变。**

在老子的真知观看来，要达到识"道"的超越境界，就要在对道观照的时候，保持宁静虚己、淡泊无欲的澄明空灵之心境，从而提升学道者的精神人格力量。众所周知，善于察时观变的《易经》，专门辟有复卦，以"一阳来复"，周而复始，来了解和解释世界运行的规律和现象。老子在精研易理的基础上，也有所谓的"致虚极，守静笃，万物方作，吾以观复"[16]的见解。其要义正是通过"涤除玄鉴，能无疵乎"[10]，达到一种内心的高度虚静的状态，使主体与客体在道中自观其复，自察其变，达到超然物外，心清洞明的悟道境界。在某种意义上，这是一种"同道合德，专气抱一"的直觉式的内心体验的思维方法，是返朴归真的审美观照，是用全身心来把握道本体对象的情感体验、价值判断和审美过程的统一。其目的是通过"载营魄抱一"、"抟气至柔"等方法，以合道合德的自身与心灵，透过世间万象去认识其本质，再"以身观身，以家观家，以乡观乡，以国观国，以天下观天下。吾何以知天下然哉？以此。"[54] 最终求得对"道"的体验和对人的终极关怀，为人生和社会创设一整套活动原理和规则。

3. **正言若反，逆向思维。**

老子的哲学智慧具有"正言若反"[78]的否定性特点。这可以从他关于"信言不美，美言不信。知者不博，博者不知。善者不多，多者不善。圣人不积，既以为人，己愈有。既以予人，己愈多。天之道，利而不害。人之道，为而不争。"[68]的真知观里，清楚地看出来。这也是他善于通过否定而实现肯定，通过否定性思维、反向思维、逆向思维达到肯定的结果。如他所说的"天下万物生于有，有生于无"[40]，以及"常无，欲以观其其妙；常有，欲以观其徼"[1]等，就是通过对"无"的否定和观察，从反面呈现出"道"的本性的。而他所说的恒道与玄德的表现,无论是"大成若缺,其用不敝。大盈若冲,其用不穷。"[45]的特性,还是"大直若屈,大巧若拙,大辩若讷"[45],以及他所论证的"曲则全,枉则定,洼则盈,敝则新,少则得,多则惑"[22]的学习方法等,都具有"正言若反"的同一特性。从事物的反面、否定的方面了解其应该肯定的方面,往往比仅仅从肯定方面了解它更为深刻,这是老子典型的以反为正,以反求正的哲学智慧。

事实上,不仅在"道"的建构和对"道"本体的认识与描述上,老子都是通过对现存事物的否定来实现的,就是他所讲的"自然"与"无为",也是对世上人为的反自然的行为的批判,是否定君主专制主义和文明发展所导致的文化价值失落和各种异化现象的。

天下之至柔，驰骋于天下之至坚。出于无有，入于无间。吾是以知无为之有益。

五、老子的无为观

不争无尤

学界多有共识，即儒家是用肯定的方法确定人生的价值，并以立德、立功、立言来超越个体自然生命的有限性，以实现精神生命的永恒价值，老子及其道家则喜欢用否定的办法，通过对现实社会的批判和人生问题的透析，寻找人生的价值。这是很有见地的。但必须强调的是，老子所用的否定办法，不仅见于对现实社会的批判和人生问题的透析即"真知"察世上，而且见于其为建立恒道理想国，以实现人类精神生命的永恒价值的特殊实践——"无为"的不懈努力上。

综观《老子》全书九观八十一章，《无为》篇的确占有特殊重要的地位，可以说是老子学说的行为观。如果说第一篇《恒道》是开宗明义的"起篇"，第二、三篇《玄德》、《清静》虽将"道"引进了社会领域，但还未离开形而上学的玄学，属于承前启后的"承篇"话，那《真知》和《无为》则是"转篇"。它从谈道、论德、说静，转向学以致用，虚而化实，一放一收，在全书中起到重要的转折和桥梁的作用，将老子最为抽象的理论基础，最具原则性的总纲即一、二、三篇，转向了全书最具体、最实际的"合篇"，即全面推行老子恒道玄德哲学的四个方面。它包括了第六篇《贵身》、第七篇《安民》、第八篇《用兵》和第九篇《治国》等等。

从后四篇的基本内容看，主要是以"恒道"、"玄德"、"清静"为指导思想，以"真知"为认识方法，以"无为"为行为准则，在"贵身"、"治国"、"安民"、"用兵"等方面的社会实践和理论总结，均属于"有为"的范畴。而"无为"照字面理解，却有"不作为"的意思，似乎与儒家的"仁"所强调的主体对命运的抗争的"有为"相反。那么，应该如何理解"无为"是老子的行为观，是恒道实践的桥梁和行为准则呢，"无为"到底是主张实践还是拒绝实践呢？如果说它主张的是实践，它提倡的明明是无所作为的"不为"，如果说它不主张实践，又如何解释它所说的"无为而无不为"，以及老子其后关于"贵身"、"治国"、"安民"、"用兵"的一系列有为论述呢？显然，要揭开老学的这个谜底，只能根据他的"反者，道之动",[41]的理论思维方式,从他全书的哲学观系统去找,切忌断章取义,不顾全篇。

以电子软件遍查老子全书,"为"字共出现了105次,其基本含义有"作为"(以万物为刍狗[5]),"主宰"(将欲取天下而为之[29]),"为了"(为腹不为目[12]),"实行"(古之善为道者[15]),"做到"(能为雌乎？[10])等等,除了少量介词外,大多是指有所作为的动词,只不过动作的具体所指,随上下文的含义而有所变化而已。既然如此,我们如何理解老子所说的"无为",即"不要有所行动",以及它的具体所指呢？要而言之,那就是循道无为,贵德无为,清静无为,真知无为,无为而贵身,无为而慎兵,无为而安民,无为而治国。用文子引述老子有关"无为"的话来解释,那就是："无为名尸,无为谋府,无为事任,无为智主",其大意为,不要作虚名的僵尸,不要作计谋的灵府,不要作杂事的主任,不要作巧智的主人。也就是说,不要去作一切违反自然,操心劳碌,绞尽脑汁,为虚名浮利卖命的无益之事。这就是串联了老子九观的无为主旨。

显然,老子的"无为"论所要否定的,是种种不符合恒道与玄德的行为,这些行为是如此之多,以至于老子不得不专论强调。事实上,无为与道和德的关系是非常的密切,所谓"反者,道之动","反者也道之动也","天地之道,无为而备,无求而得,是以知其无为之有益也。"所谓"至德无为,万物皆容"(文子转引老子),都说明了与"有为"相反的"无为"之于恒道玄德的重要性。而在人类没有探知理想的解决问题方法时,制止胡为,暂缓有为的老子之法也许不失为最佳选择,它至少可以避免出现类似世界核大战、文化大革命、地球温室效应那样的灾难。特别是出现章太炎"俱分进化论"所说的"道高一尺,魔高一丈"情况的时候,更是如此。因此,老子一书论及无为之处,远不止本篇中所选九章,而是散见它章。故可说,老子的无为观既是批判宗法制度、名教礼仪、帝国君权的利器,也是阐述其高瞻远瞩,雄才大略的"人君南面之术"的心得。不了解老子的"无为",就无法真正了解和推行他的恒道与玄德,就无法贯彻他的"清静"、"真知"、"贵身"、"安民"、"用兵"、"治国"主张。总之,"无为"是为了"有为",只有有所不为,才能有所为,"无为"与"有为"是辨证的统一,这正是伟大哲学家老子强调"无为"的原因。

有些研老者往往看不到老子的这一真义,在突出"无为"在老子哲学中的地位时,却又把他主张的"无为"当成了消极无为的倒退哲学、懒惰哲学、庸人哲学、没落奴隶主贵族的反动哲学等,真是差之毫厘,谬以千里！须知,盲目的有为,不但控制不了人所想控制的一切,反而还会使人受到它们的反控制！这与精研现象学的德国哲学家海德格尔关于"人控制物越厉害，人受物的反控制也越厉害"的发现，是一致的。

然而有人却可能不服气，老子不是明明说过："居无为之事，行不言之教。"[2]"损之又损，以至于无为。"[48]"为无为，事无事"[63]吗？怎么能否认他的"无为"主张就是无所作为呢？对此，罗尚贤先生别出心裁地将"无为"解释为"无违"，指不违反恒道的行为，可谓透过字面抓住了其中要义（参见《老子通解》，广东高教出版社，罗尚贤著）。但"为"字的含义是既然是"作为"，偏要让人把它理解为"违"，毕竟拐了个弯，许多人都未能认可。其实，"无违"与"无为"之间的等号，只是就意义相通推论之后而言，而"无为"的真义，其实是而且也只能是"无妄为"。因为"无妄为"才能"无违"，"无违"是引申，"无妄为"才是老子"无为"的本义。"无妄为"可以与"无为"同义与"有为"相对，内含如果是对的事情就可以做的意思；而"无违"只能与"不违背"同义与"有违"相对，只是内含不做的意思，显然不符合老子本意。

那么，什么叫"无妄为"？这可从《易经》中的"无妄"卦中得到启示。"无妄"卦的卦德就是"无妄为"。即"无妄"的卦辞所揭示的："无妄，元亨利贞。其匪正有眚，不利有攸往。"其大意为"无妄为，是非常亨通有利而正确的。如果谁不坚守正道，就会盲目妄动，这就不利于顺利前进了。""妄"在汉语里通常是指超离常规，荒谬不合理的胡作非为，或不着边际的胡思乱想。如胆大妄为，轻举妄动，狂言妄语，妄自尊大，妄念狂想，妄图、虚妄、愚妄，等等。对老子说来就是指背离恒道玄德的一切错误行为。而"无妄"则正好相反，它是指不超离常规，不荒谬怪诞，不胡作非为，不胡思乱想，依恒道玄德正轨行事的正确行为。在老子充满辩证法思想的智慧头脑看来，只有堵死"妄为"的路，削减"妄为"的志，作到"无为"即"无妄为"，才能实行"有为"的道。因此他要在展开论述治国、安民、用兵等"有为"方面的施政大计之前，精心设计地论述另一面"无为"即"无妄为"的重要性。

只有这样，《老子》才成为正反兼论、完备严谨的大著；也正因为这样，无为观才在分量上有了与后四观相反相成的重要作用，而这也正是"无为"思想在老子思想中极为重要，贯穿始终的原因。不破不立，不塞不流，不止不行。这历来是中华文化具有悠久历史的辩证法思想传统，不独老子。而在强调意志自由和个人主义的西方，哲学家如叔本华，也看到了一味放纵欲望和意志的悲剧，不得不在可怕的痛苦的意志面前，退缩到理性主义的盔甲中。

可惜的是，有些关注老子的哲学研究者，往往忽略了这一点，把"无为"思想等同于"无所作为"。如有人在解老时就断言："老子虽然认识到了对立面互相转化的规律，但他却没有找到掌握这一规律、运用这一规律去推动事物发展的方法，相反却被这一规律所局限，只能采取消极的办法去对待事物。例如他看到了成功与失败转化的必然，为了防止败和失，他说：'无为故无败，无执故无失。'……这完全说明老子只能采取消极态度去对待对立面互相转化的规律，认识不到对立面的转化要有一定的条件，没有一定的条件，对立面的双方就不会转化。"（张清华主编，张焕斌副主编《道经精华》，时代文艺出版社1995年版，第9页）人们很难想象，像老子这样充满睿智，能够在两千多年前就发现了恒道幽眇的规律，并在诸如"将欲翕之，必固张之。将欲弱之，必固强之。将欲废之，必固兴之。将欲夺之，必固予之。"[36]等一系列战略制定方面，也体现出光辉辨证思想的的东方哲人，竟会幼稚到连对立面的转化要有一定的条件这样的简单问题也一窍不通。

事实上，这些误解在于只孤立地抓住了老子"无为故无败，无执故无失。"的一句话，而没有将这句话与老子的思路和整个体系联系起来，没有看到"古之善为天下者，无为而无不为也。"（文子引老子）老子的"无为"其实是"无妄为"，是为了实现"有为"以致"无不为"的前提。因为人们只有不妄为，才能不四处碰壁，才能不徒耗精力甚至搭上生命，才能更有效、更有节、更迅速、更有利的实现"有为"，实现"无不为"，取得恒道大业的光辉胜利。这也正是老子大道之邦的最高境界——"我无为也，而民自化。"[57]——建设一个太平无事，风正民富，和谐淳朴的理想社会！也正是在这一意义上，老子不仅不是一个消极无为的懒汉和愚人，而且是一个积极有为的勇者和智者！

对于进入当代文明社会的人们说来，智虑聪明，所欲甚多，所需要的往往不是要哲学教会他们去取得什么，而是要教会他们不要去妄取什么。这正是老子无为思想的精髓。正如老子告诫那些野心勃勃，妄图称王称霸的王公贵族那样："要想夺取天下而妄为，我看他不可能办到。天下是神圣不可侵犯的重器，是不可胡作非为的，强行夺取天下者将会失败，妄图执掌天下者会丧失它。"[29]这不仅是人类社会的普遍规律，已经由蒙古帝国、罗马帝国、拿破仑帝国以至于大日本天皇帝国、希特勒帝国的覆灭所证实，而且是恒道的普遍规律。"万物或主动前行或被动追随，或哈气温暖或风吹清凉，或细心培植或堕落毁坏。因此圣人要去除狂热过度，去除好大喜功，去除浪费奢侈。"[29]只有这样，正义事业才能不断推进。

从古人所推崇的黄帝、尧、舜、禹等明君的统治时期看，这些圣人确实没有像后世帝王尤其是暴君昏君如纣王、隋炀帝那样有过度膨胀的野心、好大喜功的胃口，以及豪华奢侈的生活。因此老子借圣人之口说："我无为而民自化，我好静而民自正，我无欲而民自朴。"〔57〕如果能作到这一点，上层无为，人民自化，"虚其心，实其腹。弱其志，强其骨。常使民无知无欲，使夫知不敢弗为而已。则无不治矣！"〔3〕那就没有什么治理不好的。这就是老子主张"自化"而批判儒家"教化"的无为观。

也许有人要问，统治者过分贪求，野心膨胀，开边拓土，固然不好，难道连倡导美、善、仁、义这些正面的品德行为也不需要了吗？老子毫不含糊地回答，只要抓住恒道，连这些表面文章的所谓仁政措施其实也是大可不必的。因为，"天下的人如果都知道，"美"是美好的和有价值的，那令人恶心的丑恶就已经成为事实了。天下的人如果都知道什么是"良善"，这已经就是不善的缘由了。"〔2〕如果统治者不是从"无妄为"的恒道出发，而仅仅是把"美""善""仁""义"作为一种宣传的手段和迷惑人的幌子，使其成为某些投机者猎取功名利禄的捷径，那"美"和"善"就变味了。试看东施效颦，王莽篡汉，以及文革时期四人帮打着学雷锋的旗号，让人们甘当他们御用的没头脑的螺丝钉和马前卒，不都是这一类的历史丑剧吗？

从万物自然生长，美丑自然淘汰，善恶自然消长的现象看，"存有和虚无互动而生，困难和容易相对而成。长的和短的比较成形，高的和低的上下倾斜。发音和声响互相应和，先前和后来互相追随。这些都是事物的永恒规律。所以圣人平时安居无为不作无益的事，推行不讲空言废话的以身作则的身教。让万物自行运作而不去人为启动它们，顺其自然而不凭主观意志去强制它们，成就了大功业而不居功自傲。因为只有他自己不居功自傲，别人才不可能夺去他的功劳。"〔2〕从老子此处为圣人即社会的英明领导人的精心设计看，他们平常应该安居无事，放手由职能部门代理具体政务，自己则依靠一种"无为而治"的开明政治方法管理国家，关爱人民，推行"不言之教"，即无须花费空言虚话的以身作则的身教，达到教育群众的目的。眼下，为什么一些官员声嘶力竭地教育别人，推广美德善行，却收效甚微呢？不正是他们没有以身作则，反而言行不一，腐败堕落吗？

老子对这些统治者违反恒道的做法很是不满，并启发他们说："天之道漫长，地之道恒久。天地之道之所以能够如此漫长而且悠久，是因为它不为自己而生存，所以能长生不老。因此圣人谦卑退让而能身先于天下万民，置身于度外而能保存自身。这不正是以他的大公无私吗？所以能实现他的私人弘愿。"〔7〕如果所有的统治者都能有天地圣人这样厚德载物，无私为公的精神，他还有什么个人心愿不能实现呢！

正因为如此，老子强调圣人以及所有谦守为公的统治者，都要做一个"为无为，事无事"的自然无为者。这样虽很可能会遭到一些埋怨，甚至受到一些总是怂恿别人去妄为，以便自己从中渔利却不得逞的人的怨恨。但这并不可怕，对付他们的最好对策是，"做一个清静无为者，从事看似无用的事，品味极其平淡的哲理。无论烦心事的大小多少，都以善良德行来报答怨恨者。天下的难事常常从容易处开始，天下的大器往往从细小处着手。这就是圣人始终不自以为大，而能成就他伟大事业的原因。那些轻易向别人许愿的，必定很少会守信用；总是志向变易不定的，必定会碰到重重困难。所以圣人总是预先就谋划好那难办的事，到最后反而没有什么困难了。"［63］对于坚信恒道的人来说，天大的困难也不难克服，只要出言必行，由小作起，持之以恒，肯定有成功的一天。而为了恒道的实现，要勇于和善于团结那些反对恒道的怨恨者，这点后来由毛泽东发展为要团结所有可以团结的人，包括那些反对过自己后来被实践证明是错了的人的光辉思想。

由此看来，有些人把老子的"无为"作为消极避世的代名词，确实失之武断和简单化了。因为在老子看来，无为不仅有利于圣人自己的修养，而且有利于吸引弱小和强大的同盟军，一起建设恒道的大业。这就是所谓"恒道泛滥咆哮啊，它可以左右一切。大道成就丰功完成了事业而不留名，是因为它包罗万有！万物归附而来道却不主宰它们，那就永久地消除了贪欲，这可以说道是多么厚朴多么小。万物归附而来道却不主宰它们，这又可说明道是多么的伟大！因此圣人之所以能成就伟大事业，是由于他从不妄自尊大，所以能成就道的光辉大业！"［34］这一大道之邦宏伟事业的成就，是老子用无为的对社会现实批判的否定的方法实现的，这是它与儒家用有为的对上层统治肯定的方法确定人生价值，及其立德、立功、立言的途径的不同之处。

对于老子说来，要达到这一圣人的境界，实现道家的人生价值，就要有水样的玄妙善德。用他的话说就是："最伟大的善行就如同水一样。水非常良善地利益众生而安静无争，居住在众人所厌恶的低下坑洼处，这就接近于恒道了。居住善于选择合适的地方，心情善于保持深渊般恬静，施予善于像天一样自强不息。言论善于坚定信守诺言，公正善于平和治理。做事善于讲求效能，行动善于顺应时机。只是因为不与万物争利，所以不会有过错怨尤。"［8］这正是中国人熟知的水利万物，才能受利于万物的深刻道理。而为什么水会成为"上善"？不就是由于它安静无为，不好争利，具有择居善地，心情恬静，施予宽厚，信守诺言，公正平和，求实能干，顺应时机等七大美德吗?正是由于它具有老子所看重的"无为"的品行,所以能作为"天下最柔弱的水,驰骋于天下最坚硬的物体中。看似无形的却能进入毫无隙缝的刚硬物体之间,我因此而深知,无妄为是多么的有益啊!不用多余语言的身教,清静无为的丰厚收益,这是天下人很少能达到的高妙境界。"[43]

应该说,老子的"上善如水"的无为观,培养了中华民族明势应时,逆来顺受,吃苦耐劳,忍辱负重,宽厚善良,坚韧不拔的品德,是有积极意义的。它战胜自然界和社会上强横势力的方法,不是正面抵抗,而是以柔克刚,无为自化。用王弼的解释,那就是上德之人才能有德,无为而无不为,反之,"凡不能无为者,皆下德也,仁义礼节是也。"(《老子注·三十八章》)当然,这确也给人以某些消极的印象。因此不仅在现在难以被力欲主宰世界的强权政治家、军事家所接受,就在当年推行实力外交,连横合纵,战伐斗狠,血流飘杵的诸雄争霸时期,也是与时世格格不入的。有鉴于此,老子不由得在出关避乱前叹息道:

"古时善于尊崇推行恒道的高人,思虑微妙而精深通达,几乎深不可测。正因为他深不可测,所以我为他赞颂道:"慢慢小心啊,就像冬天涉水过河川;周密谋划啊,就像畏惧四周的强邻;俨然恭敬啊,就像悉心招待的贵客;涣然冰释啊,就像病愈般满心欢畅;愚钝敦厚啊,就像原木般粗朴;混沌深沉啊,就像泥塘般污浊;宽旷深广啊,就像幽深的山谷。"谁能使浑浊的平静下来?将会渐渐地使它澄净清澈。谁能使安滞的逆向行动?将会徐徐地激发它的生机。保留坚守此道的人,不会追求盈满。只有虚心而不追求盈满,才能自甘幽敝而不急于求成。"[15]这就活画出伟大哲学家在科学研究,哲理思考,修身养性,成功立业时勤奋深思,兢兢业业的敬业精神,表现了中华民族谦虚谨慎的敬畏无妄观,这又哪有半点消极主义的庸人哲学呢?

在学习与实践恒道方面,老子倡导的无为态度,与好高骛远的态度也是不同的。它表现为不贪多,不淫志。"学习的人要天天增益知识,明道的人要天天减损心志,不断地减损淫志贪欲,以至于达到自然无为的境界。只要不违反自然胡作非为,自然就能无所不为。要想取得天下,就永远不要生事惹祸。等到一旦生事胡为时,那又不够格取得天下了。"[48]即使只是想在某一领域、某一方向、某一技能方面名列前茅,也不要多惹事,多生事,多招事,而要时时减损多余的心志与贪念,集中精力于某一目标,以求得重点突破和独创伟构。

而在目标有限的十分必要的学习过程中,也要有高清晰度的分辨能力和选择力。因为知识领域往往是如老子所说,"可信的真理不美妙动听,华美的谎言不可以相信。知识专攻的人不广闻博学,博学的通才不懂专门知识。良善的精品数量不会太多,多而滥的东西从来无好货。圣人不会过多地存积,他一切都为了别人,自己拥有的反而更多了;他尽其所有献给人类,自己获得的反而更多了。天下的恒道,是造福而不是危害万物,人类社会的正道,应该是有所作为而不好争强夺。"[68]当世界已经进入文化创意经济时代,文化创意产品已经在知识产权的保护下,在人类财富中占有越来越大分量的时候,回顾一下老子在知识和财富上的无为态度,也是很有益处的。对拥有全球巨额知识产权的亿万富翁说来,保护知识产权固然是必要的,但只要自己的文化创意产品能用于人类的正义和幸福事业,是不是也能像艾滋病抗体药品的发明人那样,给予穷困的需要者一些施予,而少一些市场份额、商业利润、劳资福利等等的争强抢夺呢?这自然是在恒道指导下的无为态度才能作到的。

无为篇

【一】

天下皆知美之为美,	天下的人都知道"美"是美好的有价值的,
恶已。	那令人恶心的丑恶就已经成为事实了。
皆知善,	天下人都知道"善"是什么和它的价值,
斯不善矣。	这已经就是不善的缘由了。
有无相生,	存有和虚无互动而生,
难易相成。	困难和容易相对而成。
长短相形,	长的和短的比较成形,
高下相倾。	高的和低的上下倾斜。
音声相和,	发音和声响互相应和,
前后相随,恒也。	先前和后来互相追随,这是恒道规律。
是以圣人居无为之事,	所以圣人平时安居无为不作无益的事,
行不言之教,	推行不讲空言废话的以身作则的身教,

万物作而弗始也，　　　让万物自行运作而不去人为启动它们，
为而弗恃也，　　　　　顺其自然而不凭主观意志去强制它们，
成功而弗居也。　　　　成就了大功业而不居功自傲。
夫唯弗居，　　　　　　因为只有他自己不居功自傲，
是以弗去。　　　　　　别人才不可能夺去他的功劳。

【第二章】

【注释】

天下皆知美之为美：楚简本、帛书乙本和王弼本皆如此，但楚简本句后多一也字。帛书甲本作"天下皆知美为美"，缺一之字。美：指美本体。之：之所以。为美：在人们心目中是如何的美好，指人所认识的美的价值，此指市场价值而非审美价值。

恶已：楚简本、甲本如此。恶：丑恶，令人厌恶，双重意义都有。已：动词，止，完结，已然，已矣。王本此句为"斯恶已"。

皆知善：楚简本、甲乙本皆如此。知善：知道善是什么，善的价值，行善可以获得什么。王本此句作"皆知善之为善"，与前句相对应，当为后来所加。

斯不善矣：乙本如此。善：良善。楚简本作"此其不善已"，意同。王本作"斯不善已"，甲本作"訾不善矣"，"訾"指说人坏话，此处当为"此"，与斯意同。故乙本为是。

故有无相生：王本如此。有无：甲本作"有无之相生也"，有"有无"两字；楚简本作"有亡之相生也"。以亡代无。亡：亡失，灭失，意同无。相生：在互相作用下同时或先后生成。

难易相成：王本如此。相成：在互相作用下促成。楚简本、甲乙本作"难易之相成也。"

音声相和：王本如此。相和：在互相作用下互相应和。楚简本、甲乙本作"音声之相和也。"

长短相形：楚简本如此，句末也字据王本省。形：形状，引申为长短形状的比较，王本此句作"长短相较"，可互参，即事物的长短，是在比较中形成的。甲乙本此句作"长短之相刑也。"刑与形通，兼有形（比较）、刑克等含义。楚本形音同"倾"，押韵可取，比王本用"较"更佳，有古意古韵。

高下相倾：王本如此。倾：倾覆、倾倒；相倾：互相倾斜乃至高下颠倒，如易经"城覆于隍。"甲乙本作"高下之相盈也。"相盈：在互相作用下盈亏消长。倾盈两字音近，意义亦可并存互参。

前后相随：王本如此。楚简本、甲乙本此句作"先后之相随也。"前后多指位置，先后多指时间，此处可互参。相随：在互相作用下你跟我随。

恒也：甲乙本如此，随写作隋。恒指永恒规律，也指恒道。

是以圣人居无为之事：甲乙本如此，但圣字写法有误。居：居，平居，常时，动词兼名词。其二，居有"居摄"之义，动词，指君王年幼由臣下代为处理政务。曹植《画赞》"成王即位，年尚幼稚，周公居摄，四海慕利。"其三，居：通据，指依靠，实行，与下文的"行"相对，为动词。居，王本等作"处"，与平居意义相同。老子此处可能三种含义都有，指圣人常时安居无事，放手由职能部门代理具体政务，自己依靠这种"无为而治"的开明政治方法去管理国家，关爱人民。无为之事：无所作为的事，指不刻意妄为，不胡作非为。罗尚贤先生将"无为"解释为"无违"，亦可参。

行不言之教：诸本等如此。行：推行。不言之教：不用空言虚话的教育，指重于言教，以身作则的身教。

万物作而弗始也：楚简本如此。作：自行运作，乙本"作"写为"昔"，通"错"，"错""作"此处音义相近，指万物交错纷杂的发生。始：人为的启动，肇始。王本此句作"万物作焉而不辞。"

为而弗恃也：楚简本如此。王本作"为而不恃"。为：顺其自然的作为。恃：依赖，恃强凌弱。甲本此句作"为而弗志也"，乙本作"为而弗侍也"。志：意向，志趣，欲望，强志，动词，指以主观意志去规范强制，意思与恃相近。乙本侍字当为恃字之误。

成功而弗居也：甲乙本如此。居：居功自傲。楚简本此句作"成而弗居"，王本作"功成而弗居"。

夫唯弗居：乙本王本如此。楚简本句末多一也字，甲本漏一弗字。

是以弗去：甲乙本如此。去：夺去，剥夺。楚简本句末多一也字。

【二】

望呵，	远远瞭望啊，
其未央哉！	黑暗似乎还没有个尽头！
众人熙熙，	众人你来我往熙熙攘攘，
如享太牢，	就像是饱餐盛大祭宴的酒席，
如春登台。	春天里兴奋地登上高高楼台。

我泊焉未佻，	我沉静淡泊啊一点也不轻佻，
若婴儿未咳。	就像还不会咳嗽发声的婴儿。
累呵，	我困乏劳累啊，
若无所归。	就像无家可归。
众人皆有余，	众人都高兴而有余兴啊，
而我独若遗。	唯独我好像遗忘了自己。
我愚人之心也，	这是因为我有一颗愚人之心哟，
蠢蠢呵！	多么地愚蠢啊！
鬻人昭昭，	那巧取豪夺的富商自以为精明，
我独昏昏。	我独自一个人像昏了头。
鬻人察察，	那卖官售爵的权势者明察秋毫，
我独闷闷。	我独自一个人闷闷不乐。
忽呵，	那恍恍惚惚潜藏深微的大道啊，
其若海！	就像无穷无尽的大海！
望呵，	远远望去啊，
若无止！	就像是漫无止境！
众人皆有以，	众人都有作为和做事的准则啊，
我独顽似鄙。	独有我顽劣似鄙陋。
我独异于人，	我独立特行有别于他人啊，
而贵食母。	而注重那如衣食父母般的伟大恒道。

【第二十章】

【注释】

望呵：乙本如此。望：远远的瞭望，乙本写作"朢"（wàng），音义同望。王本作"荒兮"，乙本为是。

其未央哉：王本如此。其：黑夜。未央：未完，夜未央。乙本此句作"其未央才"，才通哉。

众人熙熙：王本如此。甲乙本熙熙用异体字，熙熙：熙熙攘攘，很热闹。

如享太牢：今本如此。王本作"如享大牢"，乙本作"若乡于大牢"。乡：通飨，享的假借字，指享受祭品。大牢：古时关牲畜的栏圈，以及古代举办重大祭典活动所需要用的牛、羊、猪三牲等大型祭物，都称大牢。大牢为古代祭祀的最高等级，又称"太牢"。为避今人常用"关入大牢"之误解，采用太牢。

如春登台：王本如此。春：春天。登：登上。台：高台。甲乙本作"而春登台。"

我泊焉未佻：甲本如此。泊：淡泊，闲静。佻：轻佻，兴奋。王本作"我独泊兮，其未兆"，误也。

若婴儿未咳：乙本如此。未咳：咳，咳嗽，出声。王本作"如婴儿之未孩"，孩为咳之笔误。

累呵：甲乙本此句用繁体"纍呵"。纍（léi）：隶变后写作累，其意为堆积的丝织品，后有绳索、捆绑、累积、疲累等意。王本此句作"儽儽兮"，儽（lěi）：疲劳，通累，劳累，困乏。

若无所归：王本如此。归：归宿，回家。乙本作"似无所归"。

众人皆有余：王本如此。余：有余，满足。

而我独若遗：王本如此。独：独自。遗，遗忘，迷失。我：我自己，本我。

我愚人之心也：乙本如此。王本写作"我愚人之心也哉"，多余一哉字，可删。

蠢蠢呵：甲本作"惷惷呵"。惷惷（chǔn）：愚蠢，可用俗字"蠢"替代，乙本此句写作"渍渍呵"，意同甲本。王本作"沌沌兮"，沌（dùn）：混沌，朴沌。其义不如甲乙本。

鬻人昭昭：甲乙本如此，可从。鬻（yù）：（1）卖。鬻人，买卖人，生意人，富商；（2）盗取。如：鬻事（盗取事名）；鬻权（弄权），此处专指弄权受贿，卖官售爵的权势者。昭昭：清楚，明白，自以为精明。王本此句作"俗人昭昭"，不如甲乙本针对性强。

我独昏昏：王本如此，昏昏与昭昭相对。乙本作"我独若昏"。独：独自。若：好像。昏：头昏，昏迷。

鬻人察察：乙本如此。察：明察。王本此句为"俗人察察"，义不如甲乙本。

我独闷闷：王本如此。闷：闷闷不乐之意，傅本作"闵闵"：闵，昏昧，糊涂。乙本闷作"闻"，误。

忽呵：甲本如此。忽：恍惚，道深藏不露貌。乙本作"汩呵"。汩：一读（mì），潜藏貌。一读（wù），音与"物"同，即"汩穆"，深微貌。无论读音如何，此处的潜藏、深微貌，都指的是"物"的形状，故译为"物"也可通。王本此句作"澹兮"，可参。

其若海：乙本、王本如此。

望呵：甲乙本如此。王本作"飂兮"。飂（liù）：高风，风疾速的样子。

若无止：王本如此。止：止境。甲本作"其若无所止"，乙本作"若无所止"，均繁复不取。

众人皆有以：乙本王本如此。以：①以，为，行为，行事。《论语》："视其所以。"②以，论，表示论事的标准。《左传·宣公四年》："以贤，则去疾不足；以顺，则公子坚长。"此处两义皆备。众人都有自己的所为，或众人都有自己论事的标准，皆通。但老子在这里使用的是反义，即表面赞扬众人的"有为"，有"准则"，以其和自己的"顽以鄙"对比，自贬，实则对众人的所为所论大不以为然。因为老子主张的是"无为"，论事的标准和众人也大不相同。

我独顽似鄙：景龙碑本、司马本如此。顽：顽劣。似：似乎。鄙：鄙夫，鄙陋（鄙，甲本作"悝"）。王本，河上本作"而我独顽似鄙"，乙本作"我独顽（异体）以鄙"古代以、似通用。

我独异于人：王本如此。独：独立，独立不偏。异：不同，不同于，有别于。人：指愚人、鬵人、众人。甲乙本此句作"吾欲独异于人"，更强调欲望主观性，可互参。

而贵食母：诸本如此。贵：珍贵，注重。食母：衣食父母，指恒道。此外，此处的"母"，也暗含老子对母系社会无私圣母的尊崇。

【三】

善行无辙迹，	善于潜行的不会留下痕迹，
善言无瑕谪，	善于雄辩的不会留下话柄，
善数不用筹策。	善于算数的不用筹码统计。
善闭无关楗而不可开，	善于关闭的没有什么门闩打不开，
善结无绳约而不可解。	善于打结的没有什么绳结不能解。
是以圣人常善救人，	由于圣人一贯善于挽救人，
故无弃人。	所以不会抛弃有用的人才。
常善救物，	一贯善于挽救财物，
故无弃物，	所以不会丢弃有用的物料，
是谓袭明。	这就叫作"追随光明"。
故善人，善人之师。	因此善良的人，是好人的老师。
不善人，善人之资。	不善良的人，是好人可用的资源。
不贵其师，	不尊重自己的老师，
不爱其资，	不爱惜自己的资源，

| 虽智大迷！ | 虽好似智慧其实非常迷惑！ |
| 是谓要妙。 | 这就叫作精要的奥妙。 |

【第二十七章】

【注释】

善行无辙迹：王本如此。善行：善，善于。行，行动。无辙迹：无，没有，不留下。辙迹，痕迹。甲本如此，乙本作"达迹"，译为"走过的痕迹"，不如甲本。

善言无瑕谪：王本如此。善言：言，言说，引申为雄辩。瑕：瑕疵，毛病。谪（zhé）：责备，指摘，缺点，过失，引申为话柄。王本"谪"字写作"讁"，甲乙本"谪"字写作"適"，均应为"谪"字。

善数不用筹策：王本如此。善数：数，计数。不用：不需要，不使用。筹：古人计算所用的筹码。甲乙本筹写作梼（chóu），古同筹。策：计算。

善闭无关楗而不可开：王本如此。闭：关闭，封闭。关：门闩。楗（jiàn）：竖插在门闩上使闩拨不开的木棍。开：开启，打开。乙本此句写作"善闭无关籥而不可启也"。籥（yuè），通鑰，钥的繁体字，即开锁的钥匙。

善结无绳约而不可解：王本如此。善结：结，打结，作结。绳约：绳索。解：解开。乙本此句写作"善结者无纆约而不可解也"。纆（mò）约即绳索。

是以圣人常善救人：王本如此。常，恒，一直，一贯。救，挽救。甲乙本常字写作恒，意同。

故无弃人：王本如此。无：不会，没有。弃人：弃置、抛弃人才。甲乙本此句为"而无弃人"。

常善救物：王本如此。甲乙本缺此句。

故无弃物：王本如此。弃物：无用的废物。老子认为凡物料都不应视为废物，都可以回收和利用。甲乙本此句作"物无弃财"，财指可用、可回收的废料，亦可参此意。

是谓袭明：王本如此。袭：因袭，有趋向、追随之义。明：光明。乙本作"是胃曳明"。曳：牵引，拖，拉，引申为抓紧，追随。

故善人，善人之师：乙本如此。善人：善良的人。王本此句作"故善人者，不善人之师。"师：老师。王本此句作"故善人者，不善人之师。"

不善人：乙本如此。王本此句作"不善人者"，者字可省。

善人之资：王本如此。资：资，资源，人力资本，可教化的可用之材，此处表现了老子关怀全人类的博大胸怀与远见卓识。乙本此句作"善人之资也",也字可省。

不贵其师,不爱其资:诸本如此。贵:尊贵,看重,尊重。爱:爱惜,珍爱。

虽智大迷:王本如此。虽:即使,虽然。智:聪明。大:非常,很。迷:迷惑,迷惘。乙本此句写作"虽知乎大迷。"知:通智。乎:语气词。

是谓要妙:王本如此,要:要诀,精要,纲要。妙:微妙,精妙。甲乙本此句写作"是胃眇要",意同。

【四】

将欲取天下而为之,	要想为夺取天下而妄为,
吾见其不得已。	我看他不可能办到。
天下神器,	天下是神圣不可侵犯的重器,
不可为也,	是不可胡作非为的,
为者败之,	强行夺取天下者将会失败
执者失之。	妄图执掌天下者会丧失它。
物或行或随,	万物或主动前行或被动追随,
或歔或吹,	或哈气温暖或风吹清凉,
或培或堕。	或细心培植或堕落毁坏。
是以圣人去甚,	因此圣人要去除狂热过度,
去大,	去除好大喜功,
去奢。	去除浪费奢侈。

【第二十九章】

【注释】

将欲取天下而为之:甲本王本如此。为之:为达到不良目的而妄为。

吾见其不得已:王本如此。已:停止,结束,完成。不得已,不会得到满足。

天下神器:王本如此。神器:神圣的重器,中国古代周朝的九鼎,曾经是天下神圣的重器,是周取得天下的象征。此处的"神器"指天下是神圣的伟大器物,非一般不识恒道,不修玄德的人能染指。

不可为也:王本如此。为,主宰。乙本此句作"非可为者也",意同不取。

为者败之:甲本王本如此。败之:失败。

执者失之：甲本王本如此。失之：丧失。

物或行或随：甲本如此。行：行动。随：追随，随从。王本作"故物或行或随"。

或歔或吹：王本如此。歔（xū）：哈气使温暖。乙本作"或热或䂳"，甲本作"或炅或…"。炅（jiǒng）：日光，引申为"日晒"，与"风吹"相对。吹：吹风、吹气使之凉爽，与歔之加热相反。或歔或吹：王本如此。歔（xū）：哈气使温暖。乙本作"或热或䂳"，甲本作"或炅或…"。炅（jiǒng）：日光，引申为"日晒"，与"风吹"相对。吹：吹风、吹气使之凉爽，与歔之加热相反。因甲乙本损毁严重，故以取王本为佳。又，王本此句后还有"或强或羸"一句。强：强盛，使之强大。羸：胜利，战胜之，与强相反。全句可译为"或被增强壮大或被彻底战胜"。但通观甲乙本并无此句，从老子喜欢用三，后文的对应措施也是三条看，这第四种现象当为王本所增，非老子本意，故可删。

或培或堕：乙本如此。培：乙本假作陪。指培植，培养，扶植等。堕：堕落，损堕，损毁。王本此句作"或挫或隳"，甲本作"或杯或撱"。从前三句和本句看，老子用的是对比法。故王本有挫折，挫败，销毁等意义的"挫"字，当为乙本的培字、甲本的杯字的误用。杯、陪与培同音，培养与毁堕刚好相反，挫折与毁堕同义故不可取。王本的隳（duò），有毁坏，崩毁之意，与甲本的"撱"应为同一个字，而以取乙本常用的堕字为是。

是以圣人去甚：乙本、王本如此。甚：过度，过分。

去大：甲乙本如此。大：贪大，好大喜功。王本大写作"泰"。泰此处指大，与大义同。

去奢：王本如此。奢：奢侈。甲本此句写作"去楮"，乙本写作"去诸"，皆应为奢字。

【五】

大道泛兮，	恒道泛滥咆哮啊，
其可左右。	它可以左右一切。
成功遂事而弗名，	它成就丰功完成了事业而不留名，
有也！	是因为它包罗万有！
万物归焉而弗为主，	万物归附而来却不主宰它们，
则恒无欲也，	这样就永久地消除了贪欲，
可名于小。	道啊可以说是"朴"多么的小。

万物归焉而弗为主，	万物归附而来却不主宰它们，
可名于大！	道啊可以称之为多么的伟大！
是以圣人之能成大也，	因此圣人之所以能成就伟大事业，
以其不为大也，	是由于他从不妄自尊大，
故能成其大！	所以能成就道的光辉大业！

【第三十四章】

【注释】

大道泛兮：王本如此，泛：大水漫流，淹没，形容道的无处不在和磅礴力量。王本泛原写作氾（fàn），音义同"泛"，他本或作"汎"。乙本此句作"道渢呵"。渢（fēng）：泛滥，涨溢，巨大的水声，风声。

其可左右：王本如此。乙本此句多一也字。其：指道。左右：操纵。

成功遂事而弗名：据甲乙本复原。成功：成就事业的功劳。遂：完成。弗名：不出名，不争名。甲本缺成功二字，乙本缺事字，可参互补。王本此句为："万物恃之而生而不辞"，费解不取。

有也：甲乙本如此。有：包罗万有。一般注者将其与上句相连，断句为"成功遂事而弗名有也"，意思混杂不明，不取。王本此句为"功成不名有"，难解。

万物归焉而弗为主：甲乙本如此。归：归附，归随。主：主宰。主：主宰。王本此句作"衣养万物而不为主"，衣养，以衣服遮体养育，指荫庇照料。

则恒无欲也：甲乙本如此。恒：永久。无欲：没有贪欲。王本此句作"常无欲"。

可名于小：甲乙本王本如此。可以说很小。名：称名，称谓。小：渺小，指朴，老子说，朴虽小。此外，"名于小"也可借指有道强者可以扬名于弱小一族，因为他不恃强凌弱，所以获得弱小一族的拥护。

万物归焉而弗为主：乙本如此。王本作"万物归焉而不为主"。

可名于大：甲本、王本如此。乙本此句为"可命于大"。可名于大：可以说很大。此外，大也可指大事业、大族、大国。指有道之人可以在大的事业上取得成功，在强大一族中扬名立德。

是以圣人之能成大也：甲乙本如此，王本缺失此句。能：能耐，能力。成大：成就伟大的事业。

以其不为大也：甲乙本如此。不为大：不自视过高，不自大，不作好大喜功的事。王本作"以其终不为大"。

故能成其大：王本如此。其：指圣人。甲乙本此句为"故能成大"。

【六】

天下之至柔，	天下最柔弱的水，
驰骋于天下之至坚。	驰骋于天下最坚硬的物体之中。
无有入于无间，	它看似无形无力却能进入毫无隙缝的刚硬物体之间，
吾是以知无为之有益。	我因此而深知，无妄为是多么的有益。
不言之教，	不用多余语言的身教，
无为之益，	清静无为的丰厚收益，
天下希及之。	天下人很少有达到这一高妙境界的。

【第四十三章】

【注释】

天下之至柔：诸本如此。至：最，极。至柔：最柔弱的，一般指水。

驰骋于天下之至坚：甲本如此。甲本句前缺损一驰字，据王本"驰骋天下之致坚"补。至：极，极致。至坚，天下最坚硬的物体，岩石等。甲本至假作致，通至。乙本此句为"驰骋乎天下"，乎应为于字，王本缺于字，应据甲本补。

无有入于无间：甲本如此。无有：一无所有，空无，此处指水这样没有任何固定形状，看似柔弱无力的物体。入：进入，潜入。间：间隔，隙缝。无间：毫无隙缝，密封严密。此句王本作"无有入无间"，缺于字；他本又作"出于无有入于无间"。出于：甲乙本无，据傅本、范应元本以及《淮南子·原道训》所引之文补。

吾是以知无为之有益：王本如此。甲本作"五是以知无为益"，吾误作五，乙本缺损。

不言之教：王本如此。不用语言的教育，身教。

无为之益：王本如此。无为：无妄为；益：益处，好处。

天下希及之：王本如此。希：希，通稀，很少。及：达到。甲本此句作"［天］下希能及之矣"。

【七】

为学日益，	学习的人要天天增益知识，
为道日损。	为道的人要注意天天减损，
损之又损，	只要不断地减损淫志贪欲，
以至于无为。	就可以达到自然无为的境界。
无为而无不为。	不胡作非为自然就能无所不为。
取天下常以无事，	取得天下者平常不会惹祸生事，
及其有事，	等到他胡作非为生出种种事端，
不足以取天下，	就不够格也没力量取得天下了，

【第四十八章】

【注释】

为学日益：王本如此，楚简本作"学者日益"，为学指行为，学者指人，但此处意思相同。即学者就是为学者，治学者，为学泛指学习的人，做学问的人。日：天天，益：增益，补充。

为道日损：王本如此，楚简本作"为道者日损"，为道指行为，为道者指人，但此处意思相同。为道所指，就是推行、实践大道者。日损：日日减损。乙本此句作"闻道者日云"，闻道者指听到了恒道的人，此处与为道者近似，指学道、得道、明道的人。云：说，人云亦云。从乙本下句以"云之有云"取代"损之又损"看，云当为损字假借。

损之又损：王本如此。又损：损后再损，不断减损。又：乙本作有，通又。楚简本此句作"损之或损"，意同，均指不断减损。

以至于无为：王本如此。至：达到。楚简本此句为"以至无为也。"

无为而无不为：王本如此。无为：没有作为，指不采取违反自然的行为，即不违背自然的作为，亦即不妄为。无不为：无所不为，从心所欲，因不妄为而达到的从心所欲而不逾矩的更高境界。楚简本此句作"亡为而亡不为"，以亡代无，意思句式都一样。但此句之后，楚简本还有"绝学亡忧"一句，且没有后面"取天下常以无事，及其有事，不足以取天下"几句，直接以"绝学"和章首"为学"呼应。以往"绝学无忧"一句长期被错简放入其它章节，语气并不连贯，而从全章语境看，老子先讲为学日益，再讲为道日损，最后归结为绝学无忧，以学与为的关系为论述中心，条理连贯，主旨分明，"绝学"在此两意皆备，指减损伪学，承续道学，当可无忧。

取天下常以无事：王本如此，乙本此句作"取天下恒无事"。取天下：

其意有二：1. 要想取得天下，2. 已取得天下的人，此处两种意思都有。恒：通常，永远。无事：不生事，不闯祸。

及其有事：王本如此，乙本句末多一也字。及：等到。其：他。有事：出事，胡为。

不足以取天下：王本如此。不足以：没资格，没能力，没力量。

【八】

为无为，	做一个清静无为者，
事无事，	从事看似无用的事，
味无味。	品味极其平淡的哲理。
大小多少，	无论烦心事大小和招致怨恨有多少，
报怨以德。	都以善良德行来报答怨恨者。
图难于其易，	谋划困难的事情要从容易处着手，
为大于其细。	成就伟大的事业要从细微处着手。
天下之难作于易，	天下的难事常常从容易处开始，
天下之大作于细。	天下的大器往往从细小处着手。
是以圣人终不为大，	这就是圣人始终不自以为大，
故能成其大。	而能成就他伟大事业的原因。
夫轻诺必寡信，	那些轻易向别人许愿的，必定很少会守信用；
多易必多难。	总是志向变易不定的，必定会碰到重重困难。
是以圣人猷难之，	所以圣人总是预先就谋划好那难办的事，
故终于无难。	到最后反而没有什么困难了。

【第六十三章】

【注释】

为无为：诸本如此。为：作。为无为：作自然而然，清静无为的事情。

事无事：诸本如此。事：从事。无事：无所事事，似乎无用的事。事无事，指做看起来似乎无用的事。与"为无为"同义。

味无味：王本如此。味：品味，动词。后一个"味"，指味道，名词。无味，没有味道的东西，借指看似平淡的哲理。味无味，品味无味的东西，引申为品味平常清淡，枯燥艰深的哲理，这是老子提倡的抽象的哲学思考方法。甲本味写作未，应为味。

大小多少：甲本王本如此。联系下文，指或大或小的冲突与或多或少的种种怨言。

  报怨以德：甲本王本如此。已成成语，指以善良德行报答恨怨自己的人。

  图难于其易：王本如此。图难：图，意图，图谋，指报怨以德这类事情。难：困难，难以作到。易：容易。

  为大于其细：王本如此。为大：为，作为，行为。大：伟大。细：细小。

  天下之难作于易：甲本如此。王本作"天下难事必作于易。"

  天下之大作于细：甲本如此。王本作"天下大事必作于细。"

  是以圣人终不为大：乙本、王本如此。终：始终，从头至尾。

  故能成其大：王本如此。

  夫轻诺必寡信：王本如此。轻诺：轻易许诺，许愿。寡信：不守信用。

  多易必多难：乙本、王本如此。多易：时常变易，不稳定；又指看起来容易的事情，即这山看来那山高。多难：困难很多，不好办。

  是以圣人猷难之：楚简本与王本如此。猷：义同犹，谋划之意。难：很难完成的事。

  故终于无难：甲本如此。无难：没有什么困难，很容易。

【九】

其安易持，	那些安稳的容易维持，
其未兆易谋。	那些还没有先兆的容易谋划。
其脆易泮，	那些脆弱的容易破碎，
其微易散。	那些细微的容易消散。
为之于未有，	着手于事情还没有发生的时候，
治之于未乱。	治理在局势还没有混乱的时候。
合抱之木，	双手才能合抱的大树，
生于毫末。	由那细小的幼芽长成。
九成之台，	雄伟壮观的九重楼台，
作于累土。	垒起于一筐筐的泥土。
千里之行，	漫长艰辛的千里行程，
始于足下。	从脚下的第一步开始。
为者败之，	妄为的人将遭到失败，
执者失之。	固执不改的人会损失。
是以圣人无为故无败，	因此圣人不妄为，所以不会失败；
无执故无失。	不固执地坚持错误，所以不会失利。

民之从事，	民众在做事的时候，
恒于其成事而败之。	经常是当事情一成功就毁败了它。
慎终若始，	所以终结时还谨慎如开始时一样，
则无败事。	就不会有失败的事发生了。
是以圣人欲不欲，	因此圣人甘愿做别人不愿做的，
不贵难得之货。	不看重那难得的货物。
学不学，	学习那些常人所不愿学的恒道之理，
复众人之所过。	修复和补救众人所犯的过失。
以辅万物之自然，	以此来辅助万物自然而然地发展，
而不敢为。	而不敢胡作非为。

【第六十四章】

【注释】

其安易持：王本如此。安：安稳的。易：容易。持：维持。楚简本甲本作"其安也，易持也。"

其未兆易谋：王本如此。未：没有。兆：先兆。谋：谋划。楚简本作"其未兆也，易谋也。"

其脆易泮：王本如此。脆：脆弱。判：分离，破开。泮（pàn）：散，解，通"判"，分离，如泮合（判合，两半相合），泮坼（碎裂），楚简本此句作"其脆也，易判也"，王本的泮字当从同音判字转来。甲本此句作"其脆也，易破也"，遂州本作"其脆易破"。破：破损，破碎，与判泮同义，但不押韵难记。

其微易散：王本如此。微：细微。散：散开，消散。甲本作"其微也，易散也。"楚本作"其幾也，易散也。"今从王本，散判合韵。

为之于未有：王本如此。为：着手，动手。其：各种将要发生的事物。未有：还没有发生之时。楚简本此句为"为之于其亡有"，王本省其字。

治之于未乱：王本如此。治：治理。其：各种有乱象前兆的事物。未乱：还没有开始混乱之时。乱散押韵。楚简本此句为"治之于其未乱"，王本省其字。

合抱之木：王本如此。合抱：张开双手围抱。

生于毫末：乙本、王本如此。生：生长。毫末，极其细小的幼芽。

九成之台：楚简本与乙本均如此。九成：犹九重，言极高。《吕氏春秋·音初》："有娀氏有二佚女，为之九成之台。"《文选·马融〈长笛赋〉》："托九成之孤岑兮，临万仞之石磎。"李善注："郭璞曰：'成，亦重也。'言九者，数之多也。"王本此句作"九层之台"，义同。

作于累土：乙本原意如此。此句版本各异，乙本为"作于蔂土"，王本为"起于累土"，甲本为"作于羸土"，楚简本仅余一"作"字。综合研判，"作于累土"四字当存。作：三古本皆取，此处指垒土的工作。累：积累土石，垒土筑台之义。乙本的"蔂"指装土的泥筐，意同"累"，即用一筐筐的泥土累积成高台。

千里之行：王本如此，较流行，且深入人心。甲本作"百仁之高"，乙本作"百千之高"，应为"百仞之高"。仞：七尺。高：高崖，高台。老子此三句，一讲（树）大，一讲（台）高，一讲（路）长，较为全面。如第三句还是讲高，会与第二句重复，故取王本。

始于足下：乙本、王本如此。始：开始。足下：脚下，楚简本也有足下二字。

为者败之：王本如此。为：妄为，反其道而作为的。败：失败。楚简本、乙本作"为之者败之"。

执者失之：乙本、王本如此。执：抓紧不放，指抓牢不应抓的东西，即坚持自己的错误。失之：失掉，损失。

是以圣人无为，故无败：王本如此。无为：与"为"相反，指不妄为，不作傻事。无败：不会失败。楚简本作"圣人无为"。

无执，故无失：王本如此。无执：意为不坚持错误。失：失手，失利，失策。甲本作"无执也，故无失也"，意同。

民之从事也：甲乙本如此。从：作。事：事情。王本此句无也字。

恒于其成事而败之：甲本如此。王本此句为"常于几成而败之"。恒：经常。其成事：指事情刚成功不久就遭到毁败，与事情的"几成"即几乎成功含义不同。如大一统的秦朝、隋朝刚建立不久即亡国等，这比洪秀全建都南京尚未一统、李自成进京差一点就成功即毁败的"几成而败之"更令人惋惜。这也就是易经"既济"卦后紧接"未济"卦暗含的道理。老子强调这一点，实际上是把巩固刚刚取得胜利的事业，作为"成事"不可分割的重要组成部分，这是非常有见地的。它比以为凡事情一获得成功，就可高枕无忧者要高明得多，对所有执政者都是深刻警示。

故慎终若始：甲本如此。故：所以。慎：谨慎。终：结束。若：好像。始：开始。

则无败事：王本如此。则：那么。无：没有，不会。败：坏。

是以圣人欲不欲：楚简本、王本如此。欲：想做，甘愿做。不欲：别人不愿做的。

不贵难得之货：楚简本、王本如此。贵：看重。货：货物，财物。

学不学：楚简本丙书、王本如此。学：学习。不学：别人所不愿学的，指恒道之理。在楚简本甲书重复的本章中，"学不学"又作"教不教"。教：教育、传授。指圣人为教化、引导民众，用常人所不知所不教的高深恒道去教育众人。此说亦合老子原意，故存参。

复众人之所过：乙本王本如此。复：修复，补救。所过，所犯过失。楚简本作"复众之所过"。

以辅万物之自然：王本如此。辅：辅助，促进。自然：顺应自然的发展。乙本作"能辅万物之自然"。王本字义较顺。

而不敢为：王本如此。为：妄为，胡作非为。楚简本、乙本又作"而弗敢为"。

老子无为义探——

为。

无为。

无为无不为。

正言若反的老子无为。

它所引发我们要深入思考的——

问题之一，老子的"无为"是什么意思？

老子的无为是人们谈论得最多的话题之一，但一直很难得到确切的解释，可谓众说纷纭。据电脑统计，"为"字一词与"无为"一词，在《道德经》全书中，分别在累计47章和累计7章里，各出现了105次和9次，"为"在字数上远比"无为"多，只是略少于在全书中出现的"天"字的111次，在章数上则多于有"天"字的46章。可见老子对"为"的论述之多与重视程度，远超过对"无为"的论述次数与重视程度，这也是符合一个想有所作为，认真研究如何作为的，积极的哲学家的实际情况的。但还是有很多人将老子的"无为"断言为消极哲学。其实，老子的"无为"正言若反。如果将两个字分开来解析，本来十分简单，"无"表示"不"、"没有"，表示否定；"为"表示"做"、"作为"、"有为"，表示肯定。离开了这一基本判断的任何解释，都是偏离老子原意，不得其解，不得要领的。因此，老子的"无为"就是不妄为，不做不该做的事意思，这是明明白白，毫无疑义的。

问题之二，老子的"无为"源头在哪里？

要想说清楚老子的"无为"是指不要做什么，还要从他这一"无为"思想的源头说起。老子的"无为"思想源头，不是来自别处，就是来自《易经》，来自《易经》的"无妄"一卦。"妄"字的本意已经有"为"的意思，只不过是特定意义的"为"，就是妄为、妄动、胡作非为的意思。如《左传·哀公二十五年》："彼好专利而妄"，就是说那人喜欢妄为，喜欢做不法、不宜、不道、不该做的事情。因此，古人的用词习惯，"妄"就是指妄为，"不妄"就是指"不妄为"，也就是"无妄为"。因此，"不妄为"的意思，在《易经》里，就用"无妄"的卦名来表示，而无须用"无妄为"来表示。明乎于此，我们就不会以为《易经》的"无妄"卦少了一个"为"字，因为《易经》的"无妄"本身就是"无妄为"、"不妄为"的意思，用不着再加"为"字，画蛇添足了。

同样的道理，老子的"无为"，其实也就是"无妄"的意思，为了明了，我们也可以按照现代汉语的习惯，加上"为"改写成"无妄为"，意思是完全一样的。那么，我们是否可以将"无为"解释为"无违"呢？其实也是可以的，因为无妄，无妄为，不胡作非为，其实也就是"无违"，不要做违反自然规律，恒道规律的事情的意思。不过，比较而论，因为"违"是"违背"的意思，是一个及物动词，需要有一个宾语，这个宾语要具体起来很容易复杂化，而"为"是"做"的意思，"不违背"显然不能直接等同于"不做"，而且古人又早已有用"无妄"指"无妄为"及"无为"的习惯，因此，按照老子"无为"论的源头，以比"无违"更简捷明了的词句，把"无为"解释为"无妄"或者更符合现代汉语习惯更清晰的"无妄为"，应该是最接近老子原意的。

问题之三，老子的"无为无不为"是一个过程吗？

有人以为，老子的"无为无不为"无论是一对对立的概念还是一对统一的概念，都是非此既彼，或彼此彼此的。这就是说，如果你要想做到"无为"，就没法"无不为"；或者刚好相反，只要你一做到"无为"，马上就可以"无不为"了。这两种看法都没有理解老子的真意，把"无为"与"无不为"当作互不相干或完全同一的概念。实际上，"无为"与"无不为"是一对看似含义完全相反，其实却有着紧密内在联系，可以通过一个漫长过程无限接近但又永远不能完全重合的一对概念。这是什么意思呢？它的意思就是，无为，则无以为。无为就是不妄为，不胡作非为，就是通过"损之又损，以至于无为。"在最大程度不做蠢事，不做坏事，不帮倒忙，不开倒车的前提下，减损贪欲心志，减损偏见谬误，为无为，事无事，味无味。大小多少，报怨以德，以天下之难作于易，天下之大作于细的苦干执著精神，居无为之事，行不言之教，最终实现恒道社会里人人心想事成，"能成其大，终于无难"的"无不为"的宏愿。

由此可见，"无为"与"无不为"并不是水火不容的两极，但也不是一跨而越的小沟。任何人都可以通过"无为"来实现自己"无不为"的梦想。但这是一个要花费一个人毕生精力去努力追求的生命过程，一个你在追随恒道，无为无不为时，自然而然的成长、成熟和精神升华的过程——"无为无不为"的过程。在这个过程中，你将意识到你必须舍弃，必须无为的一切，真正做到我们时常说的"有所为有所不为"，这才能抓住你真正想要，真正需要，真正对你和所有人都有益的一切，实现你的人生价值，进入心想事成的"无不为"的生命之谷。

问题之四，老子的"无为无不为"是对人的最高要求吗？

老子的"无为无不为"是对修道人的最高要求。与佛家用"四大皆空""空即是色"，"色即是空"，"空空如也"的终极理论，来抹平人心的浮躁、不平，妄念，回归空灵，祥和，静穆的境界不同；与儒家用个体服从群体，服从上尊下卑的法制和国家民族的利益，以立德、立功、立言来扬名立万，实现人生价值而为后世永久怀念为荣不同；与基督教让人相信自己与生俱来的罪孽，需要向上帝做一生的忏悔恕罪，在惟一的上帝的引领下解除精神的枷锁，走向生命的彼岸，进入美好天堂不同；与伊斯兰教奉真主为最高天神，以他制定的清规戒律，在多妻多子的大家庭里，经济互补，融合教徒之间的关系，不容异教徒不同，老子的"无为无不为"原则，把人生的自主权交给知"道"的人自己，只宣称人要按照"自然而然"的恒道玄德的最高原则行事，却不主张理会违反自然的时过境迁的过多繁琐的清规戒律，更讨厌制定和执行那些违反自然矫揉造作的繁文褥礼，同时主张和光同尘的大道趋同。因此，只有老子，只有老子"无为无不为"的学说，才具有将各类学说与教义整合为一的潜在可能。当然，要真正实现这一可能，本身就是一件"无为无不为"的巨大工程。

问题之五,老子的"无为而无不为"是对统治者的忠告吗?

老子的"无为而无不为"思想,不仅是针对一般个体而言的,他还有一个更直接的目的,就是要忠告当时和以后的统治者,让他们不要主观臆断,好大喜功,强民所难,有为而治,更不要贪欲膨胀,肆意妄为,横征暴敛,穷兵黩武,侵国夺城,置人民于水深火热之中。在老子看来,"无为而无不为",无为故无败,无执故无失,慎终若始故无败事。这就是说,守恒道法自然才能无过,"无为"是统治者"取天下"和"治天下"的手段。而儒家积极推行的"以德治国",法家的主张的"忠臣治国",其实都是"有为"的表现,后果堪虑。这也正是他所指出的:"大道废,有仁义。智慧出,有大伪。六亲不和,有孝慈。国家昏乱,有忠臣。"因此,只有实行"无为而治",才可能"无为而无不为"。

老子的"无为无不为"思想,亦即对统治者而言的"无为而治"的思想,对以后的统治者和统治术都有相当的影响。就连一贯主张礼治的孔子也曾说过:"无为而治者其舜也与?夫何为哉?恭己正南面而已矣。"(论语·卫灵公)这就把他心中的圣君作为"无为而治"的典范了。回顾战国汉初的黄老学派,正是道家的一个支派,它融合道、法,主张"清静自定",适应了汉初休养生息、稳定政治局势和恢复发展经济的需要,得到统治阶级的重视而极盛一时。据《史记·乐毅传赞》记载,战国末期至汉初黄老学派的传授关系是:河上丈人——安期生——毛翕公——乐瑕公——乐臣公——盖公——曹参,直到汉文帝、汉景帝及窦太后。他们与《史记》中提到的陈平、田叔、司马季主、郑当时、汲黯、王生、黄生、司马谈、刘德、杨王孙、邓章等,都尊奉黄老之学。从 1973 年在长沙马王堆三号汉墓出土的帛书《老子》乙本看,卷前还有《经法》、《十六经》、《称》、《道原》四篇古佚书,都是战国黄老学派的作品(参见《中国思想史·上册》245 页)这一学派的共同特点,就是从《老子》原著出发,全力研究人类社会的成败、得失、祸福,熔铸道、法,兼采儒、墨、名家、阴阳家的一些成分,形成自己的政治、哲学、军事思想体系。汉初与认老子为先祖的唐初的兴盛事实证明,托名黄帝,实际上以老子"无为而治"思想为核心的黄老学派,正属于道家学派一流。其学风特点和社会历史贡献,正如司马谈在《论六家之要指》中所评述的那样:"道家使人精神专一,动合无形,赡足万物。其为术也,因阴阳之大顺,采儒墨之善,撮名法之要,与时迁移,应物变化,立俗施事,无所不宜,指约而易操,事少而功多。(参见《史记·太史公自序》)这也正是我们今天继续思考老子无为思想的意义——以老子无为而治的方法，实现"治大国如烹小鲜"，如庖丁解牛，游刃有余的统治管理的至高境界。

问题之六，老子的"无为无不为"还有现实意义吗？

老子的"无为无不为"思想，不是一种西方哲学意义上的知识体系，而是一种中华民族的生命哲学智慧，一种基于他的"恒道"与"玄德"学说的行为论和实践论。它的宗旨和意义，不在玄远不可企及的未来彼岸世界，而在全球的、国家的、民族的，个人生活的伟大现实实践之中。对于个体生命而言，它是安身立命，实现人生价值的最佳途径；对于国家与民族而言，它是一种强盛不衰，保境安民的高明战略；对于世界和人类而言，它是实现万邦和谐，天人合一，与万物自化的恒道的理想追求。因此，虽然老子的"无为而无不为"看起来"玄之又玄"，似乎让人不着边际，但只要深入研究其中奥妙与精华，其中的悲世悯人，珍爱生命，济世情怀，却值得反复体味。其对于人类的一切事务，包括现代管理在内，都具有深刻的启示意义。

问题之七，老子的"无为而治"具有管理学意义吗？

当今的世界，文化的作用越来越重要。一定的文化，尤其是具有价值观意义的哲学和道德文化，越来越成为管理科学的核心理念，在政治管理、经济管理、文化管理、社会管理、企业管理等领域里，发挥着越来越大的作用。如老子的"无为而治"的管理学意义，就打破了某些现代人认为老子的"无为"管理是一种消极管理无效管理的偏见。许多成功的事例与企业的实践都证明，管理哲学与管理科学属于不同的思想领域，具有不同的思想视野。积极的有生命力的管理哲学，旨在提供一种哲学思维方法，创造广阔的知识空间，而不是像见物不见人，见人不见脑，急功近利，僵化死板的管理哲学与管理科学那样，限制管理者与被管理者的思想空间与行动自由，以营造僵硬划一、机械单板的社会秩序或创造有限的少数人独占的物质财富为目的。老子的"无为而治"管理哲学属于积极生命的哲学。它重视恒道的巨大精神感召力，最大程度地将人的自由精神和创造力发挥出来，将科学的有效的有为管理，变成人们主动创造并自觉接受的无为管理，实现人的最大价值和创造力，为恒道理想服务。

随着近代科学的发展，人所周知，哲学与科学已经互相分离，各自占有不同的思想领地，并实现着更高层次的的互通合一。在管理领域，泰勒的管理方法在现代西方科学理性的支配下，把管理变成了一门精密计量的科学，但他终究因为把人作为机械人,与其他把人当作经济人、单向度的扁平人的各种所谓"丛林管理科学"一起,被进入了哲学高度的企业文化的新管理学所取代。以往赖韦伯所谓近代的工具理性的发展以产生的管理思想的基础,在信息化高度发展的创意经济时代的今日已经不复存在。正如许多管理学者都已经越来越清楚地认识到的那样,管理哲学的重要任务之一就是总结和探索管理实践中的最高智慧。这一智慧来自对生活实践的观察,也来自于先哲们的真知灼见。从先哲那里获得灵感,寻找社会生活包括管理实践的智慧,是管理科学升华为管理哲学的法门。老子,就是一个精神长存在我们生活当中的伟大先哲。他的"无为而治"的管理哲学思想,对于现代管理科学依然有着积极的指导意义。以老子为代表的高度重视人的主动性、自由精神和创造性的"无为而治"的理念,已经构成了现代管理哲学的革命化运动的一个组成部分。这也正是在科学技术发展日新月异,人的自由和独立创造性越来越重要,已经成为经济发展最重要的增长点和无限财富涌流的源泉的今天,哲学在管理中存在的越来越高的价值所在。

　　要而言之,管理哲学所要思考和解决的管理实践中最为根本的问题,就是管理中的有为与无为,纪律与自由,兴趣与服从等,这是任何一个需要管理的地方、单位、企业、部门所普遍存在的矛盾,它归根结底是管理者和被管理者的矛盾,它的解决手段是约束和制度化的控制,内在动力与矛盾是利益分配的级差、潜在冲突与管理组织所希望达到的既定目标。为此,如何调整其中的"有为"的管理的基本内容,将周密的制度设计,极其细致的行为规范与发挥人的主动性统一起来,将内在利益的矛盾冲突化解于共同的目标追求的实现中,使得管理者与被管理者的界限日趋模糊而互为作用,使得每个人都能在组织这一台大"机器"中的法制化政策、法规、法律的功能制度安排下及其伟大目标驱使下,实现自己的自由和生命的最高价值。这就是我们领悟老子的管理哲学智慧,在"有为"中实现"无为"的管理哲学。

故贵以身为天下，若可托天下；
爱以身为天下，若可寄天下。

六、老子的贵身观

守柔知常

  身体是革命的本钱，这句名闻四海，常被人用来劝告那些狂热亢奋，透支体力、精力和生命，拼命干活，兴业图利的工作狂的话，这一教导他们首先要学会保重身体，珍惜生命，然后才可能更好地更长久的为人民为祖国工作的浅显而又深刻的道理，其思想的源头，实出自老子。

  正是在老子"长生久视"，贵身为民的思想影响下，人本主义的养生之道和生命观在中国得到了广泛流传。特别是道教的建立，更是把养生得道成仙作为教派的鲜明特色，而区别于同样在中国传统文化中居于主流地位的佛教与儒教。如明孝宗很早就有"以佛治心，以道治身，以儒治世"的说法（参见明胡谧《三教平心论》）。道安所著的《二教论》，也很早就明示了"佛忘身而济物，道服饵而养生"的两教区别。再从明代碑刻《少林寺混元三教九流图》的"佛家见性，道家保命，儒家明伦"图文看，也宣示了儒家是谈人际关系的学问，道家是说养身保命的道理，佛家是讲见识真心的智慧。这些都是我们理解老子贵身观深旨的宝贵启示。

  从老子具有中国特色的"贵身观"的内涵看，又可称为贵生观，养生观，养身观，保身观，保命观，生命观，等等。它是老子对人生命的关怀，是老子哲学思想的重要组成部分，它与儒家的舍身求仁，佛家的舍身饲虎，与杨朱派认为贵生就是恣情纵欲固然不同，与庄子的"无己"也是异趣的。从消极的一面看，它可以明哲保身，避祸远害，"苟全性命于乱世，不求闻达于诸侯"。司马迁说"老子隐君子也。"就是这个意思。而从积极的一面看，它洁身自好，养生拒腐，治身修德，自我完善，积极保全，可以珍惜性命，留存实力，从而更好实现贵身为民，恒道治国的理想。如"文子问治国之本。老子曰：本在于治身。未尝闻身治而国乱者也，身乱而国治者未有也。故曰：修之身，其德乃真。"（见《文子》）从科学的方面推而论之，它还可以和人们的身心观，健身观，长寿观，修德观以至于生命观、行为观、世界观等联系起来，从道教的宗教文化方面来看，也可以和洞天福地，内丹外丹，修炼成仙，得道飞升，长生不老等神秘观念联系起来。这也正是老子

被尊为道教始祖的理论根据之一。

老子贵身观及其哲学思想意义，是与其实现恒道理想国的伟大目标的重要作用所决定的。"夫唯无以生为者，是贤贵生。"[77]在生死线上挣扎的广大人民是最珍惜生命的。历史上有人攻击道教的"贵生"之人是"守尸鬼"，是只知道守着"臭皮囊"，对于社会没有任何贡献的人，是很不恰当的。可以说，人及其生命是世界上第一个可宝贵的，人本必贵生，这个生命价值意义的发明权属于老子。它与鼓吹"不成功，便成仁"，"杀身以成仁"，重伦理价值轻生命价值的儒家思想，与重视六道轮回不重皮囊之身的佛家思想判然有别，与文革时期那喊得震天介响的"不怕杀头，不怕坐牢，不怕离婚"的极左口号格格不入，与当年煽动神风突击队飞行员与敌军同归于尽，重天皇如天神轻生命如粉尘的日本军国主义分子更是大相径庭。

在诸子百家中，没有一家像老子这样把"身体是恒道的本钱"的辨证道理阐析得如此深透，把身体和事业的关系处理得如此和谐的。法家主张的推行者和集大成者商鞅、李斯、韩非等，不是被车裂就是被下监狱赐死。儒家虽承认身体发肤，受之父母，不敢毁伤，但似乎缺少具体对策，就连其祖师爷孔子和卫道者韩愈等，也都不是困于陈、蔡，惶惶如丧家之犬，就是因劝谏迎佛骨而险些掉脑袋。墨家主张摩顶放踵，粉身碎骨，在所不辞，身体本来就无足挂齿。兵家研究战争，虽强调保存自己，但面对"杀人一万，自损三千"的流血惨剧，也无可奈何，安之若素。杨朱拔一毛利天下而不为，完全将自己外在于社会，否定了诸子各家奉献社会的积极意义，也不可取。至于后来尊奉老子的道教，虽也有黄巾军、五斗米教那样的支派，不惜舍身奉教，举兵起事，造成了人员重大伤亡和社会动乱，但那是社会高压所迫，并非老子贵身观原意。正如庄子所说："生者，德之光也；性者，生之质也。性之动谓之为，为之伪谓之失。"（《杂篇·庚桑楚》）其意为，生是德的光辉，性是生的本质。性的活动叫作为，行为虚伪叫作失去本性。这就说明了"为"与"生"与"性"的关系。也就是说，宝贵的生命是玄德的灿烂光辉，只有无伪即无妄为的行为，才是符合生命本性的律动，不离恒道玄德的行为。这倒是十分接近老子无为观与贵身观实质的合理阐析。

那么，应该如何看待老子的保全自身的贵身观呢？一言以概之，老子的贵身观是诸子百家中最有人道主义思想光辉的以人为本的先进观念，是保证恒道玄德于人类无为境界中完全实现的实践论，是指导人类身心健康的宝贵经验的总结和生命观，也是道教依照老子"道法自然"的说教实现人生价值的理论基础。老子的贵身观如恒道观、玄德观、无为观一样贯串于全书，有些话即使主要是针对其他问题所说，抽取出来也可作为贵身观的有机组成部分,因此,中国土产的唯一宗教——道教的养生家选择老子思想作为修身养性,得道成仙的古老经典,总结出导引术、内功法、外功法、房中术、自然虚静法、形神抱一法、涤除玄览法、虚心实腹法、冲气去同法、抟气致柔法等等,以达到养神、守精、合气、强形而又归于"一",即"得一""守一"的养生长寿目的,绝不是偶然的。20世纪80年代在湖北江陵县出土的中国目前最古老的古代导引术专著——《引书》,就引入了老子的语录来阐述导引术原理。

值得注意的是,老子的贵身观在文化价值取向上,以注重个体的贵生,贵虚,贵明,贵善取代只注重群体的功利主义,在文化控制上以自化取代教化,在文化理想上以反朴归真取代繁文缛礼,在手段上则注意"曲则全"和"功成身退",把自己的生命价值建筑在对恒道的体悟,对玄德的修养以及对无为观的遵循上。他说:"通达至虚妙境,就达致身心和谐的极点;坚守中道清静无为,就可忠诚厚重笃实。身旁的万物刚刚开始运行动作,我就仔细观察它们的生息反复,天象道体浑圆回环周旋,万物都复归各自的根本。复归根本就叫作虚静,这就是所谓复归本命。复归本命是恒常的天道,知道恒道才是明白人。不知道恒道的太愚妄,妄作非为会带来凶险!知道恒常之道就能心地宽容,心虚容广于是能公正无偏。公正无偏于是能治国,治国于是能顺天行事,顺天行事于是能合道。合乎恒道于是能长久,终身都不会有什么危险。"[16]由此可见,只有以客观冷静的不带偏见和狂热的观察,在社会实践、生产实践和科学实践中,先了解了万物如何复归本命,即按照恒常的天道运转的根本道理,才可能作到胸怀宽广,心容天下,公正无偏,与旁人建立友好的合作关系,顺应恒道行事,化险为夷。

在名与身,财与身的关系上,鹖子很早就说过:"知其身之恶而不改也,以贼其身,乃丧其躯。"但从古至今依然有很多人分不清轻重,甚至宁可为了名和财而不顾一切,毁德灭身。中国古代"二桃杀三士"的故事,"人为财死,鸟为食亡"的格言,都道出了个中的教训。特别是时下中国进入改革开放后,有多少不法奸商为了牟取暴利而弄虚造假,铤而走险,身败名裂?有多少贪官为了贪赃吞财而枉法徇私,坐监丢命?就是在世界范围,为求财争名而挑起战端,前腐后继,巧取豪夺,剽窃盗版,作奸犯科,运毒贩人,盗窃情报,背叛祖国,坑害人民,最后倒毙亡命,身陷囹圄,处以极刑的,每年又有多少?这不是要财要名不要身和命吗?老子沉痛地发问:"名声与身体哪个更可亲,身体与财货哪个更重要,获得与失去哪个有危害?过于酷爱贪求的花费必定多,过多聚藏财宝的损失将更大。知足不贪的就不会受到羞辱,知道适可而止的就不会有危险,可以平安长久。"[44]

这一重德贵身，知足长安的名言，与曾子关于"富润屋，德润身，心广体胖"（《大学》）的说法意思相同。可惜，伟大哲人的话，如今真能记在耳边的能有几人？

对于那些争名夺利，贪财失德的极端分子说来，人们在其覆灭之时，所最爱提起的一句话，那就是"天网恢恢，疏而不漏！"而这句震惊世人的名言，正出自于老子。他的原话全文是："勇于胆敢妄为的就会被杀掉，勇于不敢妄为的就可以存活。这两类"勇敢"或有利或有害，上天所厌恶的那种愚蠢蛮勇，有谁能知道其中的缘故呢？上天的道法自然而然：它不好战而善于取得胜利，它不巧言而善于得到响应，它不召唤而追随者自会来，它从容不迫而又善于计谋。铺天盖地的天网广大而恢弘，网眼疏空却绝不会有任何漏失！"[75] 可以说，这一章集中表达了老子守道贵身的"英雄观"。世界上有两种"勇者"或者说"英雄"，一种是勇于妄为胆敢乱来的人，会被杀掉。一种是勇于不胡作非为的人，可以存活。这两类"勇者"，谁是真正的"勇敢"呢？那些明知法网在前，天网在上，还硬要拿自己的脑袋和国民的生命财产往上碰，与党纪国法，国家和平和世界潮流作对的狂妄之徒或耀武扬威的鹰派领袖，最后都落了个身首分离，颓然倒台，惨不忍睹的下场，又能怨谁呢？如果能放弃诸如混世魔王、全球霸主、世界警察一类的虚名，不做那些违逆民心，天怒人怨的坏事，而是做勇于不胡作非为的人，不是可以存活更久更好吗？

在老子眼中，世界上凡是敢于胡作非为的人，都是不知道恒道为何物，更不知道恒道从何而来的人。从恒道出发的贵身观看，"天下有了大道之初始，它就成为天下万物的母亲。既然得知万物母亲这一根本，那就可以知道这根本的产物。既然知道了这根本的产物，就要再牢牢守住它的根本，这样才能终身不危险。"[52] 具体的做法是，自觉抵制社会上不良意识的侵袭，牢牢地"堵塞口鼻眼耳等孔窍，关闭接触外界的门户，就能终身不受其毒害。"[52] 反之，如若"开启口鼻眼耳等孔窍，济助放纵那奢欲之事，那就终身无药可救了。"[52] 所以说，"看见细小的叫做明白，坚守柔弱的叫做强大。借用大道之光，复归恒道光明之路，不要遗留下伤身致命的祸殃。这就叫学习与沿习常规正道。"[52] 有的人往往脱离老子恒道观、玄德观和贵身观的整体系统这一大前提，仅仅抽出这句话，再联系其他的只言片语，就武断认定老子是否定知识，闭耳塞听的反知识、反审美主义者，这是十分片面的。因为这实际上否定了人们对信息毒药、文化垃圾和声色诱惑的合理拒绝。

老子被屡遭批判的有关原话是这样的："五颜六色使人眼花目盲，五音

缭绕使人头晕耳聋,五味佳肴使人口爽贪吃。跃马驰骋到田野打猎,使人心贪婪发狂。难得的财宝货物,使人的行为受阻遭创伤。因此圣人对国家的治理,是为人民吃饱肚子而不是为了目前面子好看。所以要去浮华而取务实。"[12]其实这段话的意思跟上面一样,只是对"塞其兑,闭其门"的对象说得更具体了。在物质贫乏的古代社会,有谁能整天跑马打猎,享受五味佳肴、五音缭绕的声色之乐呢?当然是王公贵族。把老子从贵身观的角度对他们奢侈生活的耐心劝谏,从恒道玄德观高度对他们进行的严厉指责,看成是老子对人类艺术文明、饮食文化的反动,这无论如何是张冠李戴了。

对于王公贵族遭受批评后的仇视,以及争名贪财者遭贬斥的怨恨,甚至痛骂他为不肖之徒的谰言,老子似乎早已经有了充分的思想准备。对此,他以一种曾在无为观中所提倡的以德报怨的宽容态度回答了他们,"天下人都说我高深博大,高深博大而又'不贤能'。其实惟有'不贤能'我才能成长壮大,如果'贤能'那也许早就细微弱小了。我一直拥有三件宝贝,始终护持并珍爱它们:第一个叫'慈爱',第二个叫'俭朴',第三个叫'不敢为天下先'。慈爱才能无畏勇敢,俭朴才能博大宽广。不敢抢先做那时机未到的天下的事情,才能成就伟大的事业而维持长久。今天抛弃了慈爱姑且冒险蛮勇,抛弃了勤奋俭朴姑且暴夺广敛,抛弃了谦让居后姑且蛮干争先,那就必然灭亡了。以慈爱之心去战斗则能胜利,以慈爱之心去坚守则能稳固。天下将建设大道理想之国,你要以慈爱之心去护卫她。"[69]

这段话,可以视为老子贵身观的核心宣言。它分为三层意思:

一,回击论敌的攻击,为了恒道的实现,哪怕是被人诬陷为"不肖之徒"也在所不辞。这表现了老子在捍卫恒道立场上,有为而且坚定勇敢的一面。在事关原则的大是大非面前,贵身观并不是要人们软弱退缩,鲜明表现正义立场是允许而且必要的,老子的言论就已经作了诠释。

二,向全人类包括不明正道的论敌献上自己所珍藏的三件宝贝。这样做,不是有意哗众取宠,而是根据老子关于"为无为,事无事,味无味。大小多少,报怨以德。"[63]的一贯思想进行的。这三件宝贝,就是"慈爱","俭朴","不敢为天下先"。"慈爱"是恒道之本,玄德之魂,有爱才有恨,才有勇敢。"俭朴"是修德之要,保身之纲,是避免声色诱惑,节约社会资源,增广渊博学识,保证身心健康与社会和谐的秘诀。所谓"治人事天莫若啬。夫唯啬,是谓早服。早服是谓重积德,重积德则无不克。无不克则莫知其极!莫知其极,可以有国。有国之母,可以长久。是谓深根固柢,长生久视之道。"[59]"不敢为天下先",是拒绝名利,否定好胜逞强,脚踏实地,循序渐进,得以成就和从事长久伟业的保证。它与佛家唯识宗关于在"我慢心"所产生的四种心态中，好善心全善，好美心无善无恶，好真心半善半恶，好胜心全恶的理论可以互参。老子认为，"天下莫柔弱于水，而攻坚强者莫之能胜，以其无以易之也。"[80]"天下之至柔，驰骋于天下之至坚。无有人无间，吾是以知无为之有益！不言之教，无为之益，天下希及之。"[43] 不敢抢先于天下，看起来既无为又柔弱畏缩，其实是后发制人，以柔克刚，自然比莽撞轻敌，犯险冒进要好得多。

三，再次从反面说明了若抛弃这三件宝贝，将会造成的蛮勇冒险，广征暴敛，抢先逞强的严重后果，号召人类保持人道主义、人本主义即慈爱的精神，掌握贵身观的精髓，反对冷酷残忍的兽性兽行，为恒道理想国的实现而勇敢奋斗！反观世界上一些口口声声爱国爱民的鹰派政治家，却又狠又贪又莽撞，这怎能不碰得头破血流呢？

对于生活在统治者身边的实权派、务实者即各级官吏，老子善意告诫他们要"宠辱皆惊"，这恰好与后世名人的"宠辱皆忘"相反，但含义同样是积极的。这就是说，"不论得宠或受辱，都如同受到惊吓，这就叫做重视大祸降临自身。什么叫做'得宠受辱，如受惊吓'？宠爱是上边对下属而言的，得宠犹如受到惊吓，失宠也如受到惊吓，这就叫做'得宠受辱，如受惊吓'。什么叫做重视它就如大祸降临自身？我之所以害怕有大祸患，是因为我有自己的身体，等到我没有了自身与杂念，还有什么可忧患的呢？所以珍爱身体而为了天下的，你可以将天下希望寄托于他。爱惜自身健康而为了天下的，你可以把天下重任托付给他。"[13] 在这里，老子不仅为天下爱戴的圣人贤者提出了忠告和民选标准，实际上还打破了臣君名分，大胆号召自爱自警，有志于恒道的臣子向昏庸贪暴的主子造反了！不是吗？对主子即君王的宠辱，臣子是要加倍小心的，免得在形势不利时就遭受灭顶之灾，这是贵身之道。而懂得这一道理，爱惜自身而又愿意献身于天下恒道伟大事业的，你就可以鼓动天下人民都追随他，就可以把天下的希望寄托在他身上了。这样的人，如果历史上真的出现过，那很可能是指周朝的奠基者周文王。不正是他巧妙地应对了商王的施加的宠辱，积蓄力量最终推翻了纣王违反恒道的统治，建立起开明繁荣的新国家吗？由此可见，老子的贵身观是为恒道服务的，他主张的是"退其身而身先，外其身而身存。"[7] 是坚持为了恒道实现的爱身与舍身的辨证统一。他的贵身重生不是贪生怕死，而是保命为人民，惜命为天下。试想，如果一个人毫无自爱之心，甚至连命都不要，或整日花天酒地，狂饮滥嫖，腐肠伐性；或甘当要钱不要命的贪官和赌徒，或为了争名排位勾心斗角而孤注一掷，身心俱损；或为了逞一时之快，图个人虚名而盲目冒险，铤而走险，人民能放心的将天下的希望和重要职务交给他吗？

　　从贵身保生的立场出发，老子还告诫人们，"所持过多还不断地充盈它，还不如适时及早的停止了。捶打器物让它过于尖锐，将不可能永久的保存。金玉堆满了屋室，不能永远守住它。显贵夸富而骄横，自己种下了祸根。事业成功抽身隐退，是天下自然的道理。"[9]一些企业家和有钱人在事业上取得成功后，不知道回报社会，广做善事，广结良缘，只知道斗富炫财，狂敛无度，灯红酒绿，烧钞票，建豪宅，包二奶，结果惹祸上身，遭抢被盗，财失命丧，不得善终。这种事情屡见报端，能不醒乎？所谓"天之道犹张弓也。高者抑之，下者举之，有余者损之，不足者补之。故天之道损有余而益不足，人之道损不足而奉有余。"[79]"余食赘行，物或恶之。故有欲者弗居。"[22]"执大象，天下往。往而不害，安平泰。乐与饵，过客止。"[35]意思就是说，只有循道行事，爱民贵身，细水长流，损余益少，才符合人的生理和心理要求，如果一味逆天行道，轻死贱生，暴食暴饮，多欲淫志，透支精力，只能早亡。而不过分享乐和饱食，珍惜生命，就可以来往无害，平安祥和。在老子看来，广大人民从来都是善良而爱惜生命的，不得已铤而走险实出无奈。"人民的看轻死亡，是因为他们上面的统治者太贪图生活享受，所以人民才轻视死亡。只有那生活艰难的不穷奢极欲贪生的人们，才是贤良的珍惜生命者。"[77]

　　为了让更多的人知道贵身之理，老子在他书中还处处留下了许多可从贵身养生角度去理解的名言。如"天长地久。天地之所以能长且久者，以其不自生，故能长生。是以圣人退其身而身先，外其身而身存。不以其无私与？故能成其私。"[7]，就可以帮助指导我们正确处理好事业与长生的关系。另如"道生一，一生二，二生三，三生万物。万物负阴而抱阳，冲气以为和。……强梁者不得其死，吾将以为教父。"[42]这句话前两句，就已经与《易经》、《黄帝内经》的阴阳学说一起，成为中医的理论和调理人体阴阳平衡，治病救人的根据，而后一句则成为循道贵身的教训。再看下面这三段老子名言也是如此：

　　"载营魄抱一，能毋离乎？抟气至柔，能婴儿乎？修除玄监，能无疵乎？爱民治国，能无知乎？天门开阖，能为雌乎？明白四达，能无为乎？"[10]

　　"常德不离，复归于婴儿。"[28]

　　"含德之厚者，比于赤子。蜂虿虫蛇不螫，攫鸟猛兽不搏，骨弱筋柔而握固，未知牝牡之会而朘怒，精之至也。终日号而不嗄，和之至也。知和曰常，知常曰明。益生曰祥，心使气曰强。物壮则老，谓之不道，不道早已。"[55]

这三句话给人们包括道教和神仙家以强身健体，返老还童的生动启示。从健康角度看，儿童的心理，生理和抵抗力等方面确有许多成人不如的地方，这使得一些人产生了采补、生精、延寿的念头，而更多的人们则萌发了通过养心，练功，锻炼，修身，运气从而达到身心健康的合理愿望，并在实践中积累了五禽戏，太极拳，大雁功一类行之有效的锻炼方法。另如道家道医的内丹外丹修炼，去粗取精后，也有调节身心和化学实验的积极作用。而那种把男女双修养身引向损人利己的"采补修炼"，把锻炼塑身引向损己娱人牟利歧途的极端化的"健身"乃至"变性"法，经老子"物壮则老，谓之不道。不道早已"的批评影响，在国内也很少有市场，如日本培养的早夭的相扑士，泰国的人妖等，在中国流传不开就是一例。

在个人贵身修养方面，老子坚信"人之生也柔弱，其死也坚强。万物草木之生也柔脆，其死也枯槁。故坚强者死之徒，柔弱者生之徒。"[78]"重为轻根，静为躁君。"主张通过"居善地，心善渊，予善天。言善信，正善治。事善能，动善时。"[8]"虚其心，实其腹，弱其志，强其骨"的修炼方法，进入清净勿躁，损志无为，"塞其兑，闭其门。锉其兑，解其纷。和其光，同其尘。"的心境，实现"躁胜寒，静胜热。清静可以为天下正。"的目的，避免"轻则失本，躁则失君。"的后果。这些主张都要求人们尤其是统治者切勿轻举妄动，而要持重稳静，最后达到"善建者不拔，善抱者不脱"的理想境界。

对于老子贵身养生主张中所谓"深根固柢，长生久视"，"盖闻善执生者，陵行不避兕虎，入军不补甲兵，兕无所揣其角，虎无所措其爪，兵无所容其刃。夫何故？以其无死地"[50]的说法，道教曾加以神秘化的解释，但这并非老子原意。其实，老子重视的一贯是人事而不是鬼神。用他的话说，那就是："天道无亲，恒与善人。"[81]"以道立天下，其鬼不神。非其鬼不神也，其神不伤人也。"[60]其意思很清楚，只要坚守恒道，修养玄德，成为善良之人，天道人间自然相亲示爱，社会自然和谐平安，再灵验的"神鬼"也无奈人何了。这也正是"道者万物之注也。善人之宝，不善人之所保。"[62]的恒道贵身规律所决定的。老子笑言的这种鬼神也不会不畏人的态度，正是中国人在神乃至上帝的面前不像西方人那样诚惶诚恐，反而能加以利用，以神制神，以鬼治鬼，甚至敢于挑战神权的原因。且看中国的老君庙之多，以及那吒、孙悟空之英勇，就可以明白老子关于"以道立天下，其鬼不神。"[60]的说法，在民间流传之深远了。这对人们循道贵身，防止误入邪教，舍命修炼，也是极好的教益。

"谷神不死，是谓玄牝。玄牝之门，是谓天地之根。绵绵呵！其若存！

用之不堇。"[6] 从贵身观看，老子的这句话可理解为，只要掌握了生命生生不息的秘密，人类的生命之源就将用之不竭。这正是老子贵身观最积极的乐观预言！

老子今译

贵身篇

【一】

天长地久。	天之道漫长，地之道恒久。
天地之所以能长且久者，	天地之道之所以能够如此长久，
以其不自生也，	是因为它不为自己而生存，
故能长生。	所以能长生不老。
是以圣人退其身而身先，	因此圣人谦卑退让而能身先于天下万民，
外其身而身存。	置身于度外而能保存自身。
不以其无私与？	这不正是他的大公无私吗？
故能成其私。	所以能实现他的私人弘愿。

【第七章】

【注释】

天长地久：诸本如此。长：长远，恒久。久：久远，长久。此句后来成为道教修道成仙的宗旨。

天地之所以能长且久者：乙本如此。王本中间少一之字，今从乙本补。

以其不自生也：甲乙本如此。不自生：不人为的强制性生长。王本句末无也字，应补。

故能长生：诸本如此。长生：长久的生存。

是以圣人退其身而身先：甲本如此。退其身：在私利面前主动谦让退谢。身先：身先万民。王本作"是以圣人后其身而身先。"此处退与后意义相同。

外其身而身存：甲本王本如此。外其身：在危险面前置身于度外。身存：保存自身。

不以其无私与：乙本如此，但与——舆，写作舆。无私：无私为公。

故能成其私：诸本如此。成其私：成，达成，满足。私：高尚的私人弘愿，指天下大同，功德圆满，乐在其中。

【二】

持而盈之，	所持过多还不断地充盈它，
不如其已。	还不如适时及早的停止了。
揣而锐之，	捶打器物让它过于尖锐，
不可长保。	将不可能永久的保存。
金玉满堂，	金玉堆满了厅堂，
莫能守也。	不能永远守住它。
贵富而骄，	显贵夸富而骄横，
自遗咎也。	自己种下了祸根。
功遂身退，	事业成功抽身隐退，
天之道也。	是天下自然的道理。

【第九章】

【注释】

持而盈之：王本如此。持：持有，据有。楚简本持写作柴，恐为笔误，甲乙本写作揳，义同。盈：使其盈满，动词。

不如其已：王本如此。已：停止。乙本作"不若其已。"

揣而锐之：景龙碑、遂州本如此。揣：捶打，冶炼。锐：使变得尖锐，锋利。锐：甲乙本假作"兑"，王本误作"挩"（zhuō），木杖，短柱。楚简本此句作"湍而群之"，费解不取。

不可长保：王本如此。保：保存，保留。甲乙本作"不可长葆也"。葆：通保。

金玉满堂：王本如此。满堂：堆满厅堂屋室。甲乙本作"金玉盈室"。盈室：同满堂。

莫能守也：郭店楚墓竹简本如此。守：保守，留住。帛书甲本作"莫之守也"，乙本作"莫之能守也"，王本作"莫之能守"，均不如楚竹简本简要精准。

贵富而骄：楚墓竹简本、甲乙本如此。贵富：由贵而富，权力腐败，这是贵族官僚社会的一般规律，后世所谓"三年清知府，十万雪花银"也。贵富他本传为"富贵"，一字之移，失老深意矣！

自遗咎也：楚简本、甲乙本如此，与前句排比。遗咎：遗，留下。咎：过错。遗咎，留下隐患，种下祸根。

功遂身退：楚简本、乙本如此。功遂：功成，功德完成。身退：离开官场、名利场。

天之道也：楚简本、乙本如此，与前句排比。

【三】

五色令人目盲，	五颜六色使人眼花目盲，
五音令人耳聋，	五音缭绕使人头晕耳聋，
五味令人口爽。	五味佳肴使人口爽贪吃。
驰骋田猎令人心发狂，	跃马驰骋到田野打猎，使人心贪婪发狂；
难得之货令人行妨。	难得的财宝货物，使人的行为受阻遭创伤。
是以圣人之治也，	因此圣人对国家的治理，
为腹而不为目。	是为人民吃饱肚子而不是为了目前面子好看。
故去彼而取此。	所以要去浮华而取务实。

【第十二章】

【注释】

五色令人目盲：王本如此。五色：青、赤、白、黑、黄五种颜色。目盲：眼盲，看不见。

五音令人耳聋：王本如此。五音：宫、商、角、徵、羽等五个音阶，中国古代音乐所定。

五味令人口爽：王本如此。五味：酸、苦、辛、咸、甘等五种味道。口爽：爽滑，爽甜，好吃。

驰骋田猎令人心发狂：王本如此。甲乙本此句为"驰骋田臘使人心发狂"。驰骋：纵马奔弛。田：指田野。王本假作"畋"。猎：王本用繁体"獵"，甲本假作"臘"。田猎：指在田野打猎。畋（tián），其意有二：1. 打猎。2. 古同"佃"，耕种。畋在此处应为田之同音假借或误记。因为如指猎，即同义重复；如指耕种，则其义不通。故此处应据甲本改为田。令：甲乙本用"使"字，义同。今综合甲本王本优点改，各句次序也按王本逻辑关系排列。

难得之货令人行妨：王本如此。行：行为。妨：（1）拖累；（2）阻碍；（3）伤害，有害。甲本妨写作方，乙本写作仿。方有违、逆之意，如方命，即违命。仿有效仿之意，王本为是。

是以圣人之治也：乙本如此。治：指治理国家。王本缺此句，意义大打折扣。

为腹而不为目：乙本如此。为腹：吃饱肚子。王本此句作"是以圣人为腹不为目"，过简不取。

是以圣人为腹不为目：王本如此。为腹：吃饱肚子。乙本作"是以圣人之治也，为腹而不为目"。

故去彼而取此：乙本如此。王本作"故去彼取此"，少而字。

【四】

唯与诃，	应诺赞成与诃责反对，
相去几何？	相互距离有多远呢？
美与恶，	美善与丑恶，
相去若何？	相互区别像什么呢？
人之所畏，	凡人所畏惧的一切，
不可不畏。	我们不可以不敬畏。
宠辱若惊，	无论得宠或受辱，都像受到惊吓一样，
贵大患若身。	这就叫做重视大祸降临自身。
何谓宠辱若惊？	什么叫做"得宠受辱，如受惊吓"？
宠为下也，	宠爱是上边对下属而言的，
得之若惊，	得宠犹如受到惊吓，
失之若惊，	失宠也如受到惊吓，
是谓宠辱若惊。	这就叫做"得宠受辱，如受惊吓"。
何谓贵大患若身？	什么叫做重视它就如大祸降临自身？
吾所以有大患者，	我之所以害怕有大祸患，
为吾有身，	是因为我有自己的身体，
及吾无身，	等到我没有了自身杂念，
吾有何患？	我还有什么可忧患的呢？
故贵以身为天下，	所以珍爱身体而为了天下的，
若可寄天下。	你可以将天下希望寄托于他。

爱以身为天下，　　　爱惜自身健康而为了天下的，
若可托天下。　　　　你可以把天下重任托付给他。

【第十三章】

【注释】

唯与诃：甲本如此。唯：唯唯诺诺，指答应，应诺，赞成。诃：诃责。乙本诃作呵，呵：呵斥。郭店楚简本诃字写作"可"，解作"诃"或"呵"均可，均为斥责、反对的声音，与"唯"相反。王本作"唯之与阿"，不妥。柯按："唯与诃，相去几何？美与恶，相去何若？人之所畏，亦不可以不畏"一句，甲乙本、王本均放在在20章。结合本章上下文可见，此句因错简被误植入20章显得突兀而武断，不仅打断了原来经文的语势，也毫无内在逻辑关系。今据楚简本将此句回归13章则合情合理，语气连贯而主旨鲜明。

相去几何：楚简本、王本如此。相去，离去，相距。几何，多远，多少。甲本作"其相去几何？"

美与恶：甲本如此，恰与"唯与诃"相对押韵。王本作"善之与恶。"

相去若何：王本如此。若：像，好似。何：什么。楚简本此句作"相去何若？"甲乙本作"其相去何若？"，意思相同，唯王本押韵可取。

人之所畏，不可不畏：王本如此。意思指凡是世人所畏惧的一切，我们都不可以不畏惧，如同宠辱若惊一样，否则将受到自然规律、社会规律的无情惩罚与嘲弄。老子于此强调了社会中人应畏所当畏的世情通则，肯定了人的敬畏心理与从众心理的合理性，具有社会普遍意义。楚简本此句做"人之所畏，亦可以不畏人"，语意重复；乙本此句作"人之所畏，亦不可以不畏人"，意思与通行本相反。今据王本，可见老子真义。

宠辱若惊：王本如此。宠：得到宠爱。辱：受到侮辱。惊：惊吓，震惊。此句暗含"人应该做到宠辱若惊"之意，本章通篇围绕此旨展开。楚简本此句前多一人字，删之无碍。此句甲本宠误作龙，乙本误作弄，王本为是。

贵大患若身：诸本皆如此。贵：尊贵，宝贵，重视。大患：大祸患，大忧患。若：及，到，降临。

何谓宠辱若惊：王本如此。甲本何写作苛，乙本谓写作胃，今从王本。

宠为下也：楚竹简本如此，王本为"宠为下"，甲本误作"龙之为下"，乙本误作"弄之为下"，皆不妥。宠：宠爱，专宠，指受到君主、上司、长辈的重用、提拔、赏赐、眷顾等。为下：指上级对下级宠爱。

得之若惊：诸本皆如此。得：得到，受到。

失之若惊：诸本如此。失：失去，失宠。

是谓宠辱若惊：王本如此。甲本此句误作"是胃龙辱若惊"，乙本误作"是胃弄辱若惊"，皆不妥。

何谓贵大患若身：乙本、王本如此。乙本谓写作胃。

吾所以有大患者：诸本皆如此。

为吾有身：楚简本、王本如此。为：因为。有身：有这个身体。

及吾无身：甲乙本、王本如此。及：等到。无身：没有了自身。楚简本作"及吾亡身"。

吾有何患：王本如此。患：忧患。乙本作"有何患"。

故贵以身为天下：王本如此，比较好记。甲乙本作"故贵为身于为天下"，繁复难记。贵：珍贵，珍爱。贵以身，以身为贵，指爱护身体。这是老子最明确地论述"贵身"思想的一段话，可谓其贵身观的点睛之笔。

若可寄天下：王本如此。若：你。寄：寄托。天下：此处指关乎天下的希望和事业。楚简本此句作"若可以寄天下矣"，乙本此句作"女可以寄天下矣"，甲本无矣字，均放在后。女：汝，你。

爱以身为天下：诸本如此。爱以身：爱惜自身。

若可托天下：王本如此。托：王本写作託，同托。楚简本、甲乙本此句在前，甲本托写作"迈"，乙本作"橐"，楚简本作"乇"，皆同"托"，为假借字。它本也均作"托"，意为托付，委托等。

【五】

希言自然。	大自然很少说话，很少有人会问它。
飘风不终朝，	狂风不能刮一个早上，
骤雨不终日。	急雨也下不了一整天。
孰为此?	谁能刮大风下暴雨呢？
天地。	是广阔的天地啊。
天地尚不能久，	天地尚且不能长久地整天刮风下雨，
而况于人乎!	何况是人呢！
故从事于道者同于道，	所以从事于大道事业的人要志同道合，
德者同于德，	有德之人要同尊道德，
失者同于失。	失道之人会同失道德。
同于德者，	一同尊奉道德的人们，

道亦德之，	大道会德化养育他们；
同于失者，	混同于失道败德的人，
道亦失之。	大道会无情地抛弃他。

【第二十四章】

【注释】

希言自然：诸本如此。希，寡，少。言，言谈，谈论。自然：大自然，自然无为。老子一向言简意赅，此句主语不详，包含了多重意义和不同的解读法。(1) 少言寡语是很自然的。(2) 少言寡语是自然的属性。(3) 很少有人去谈论自然（的道理）。此处当三义皆备。

飘风不终朝：甲本如此。飘风：狂风。终朝：整天，甲本终假借作冬。朝：白天，指一天。王本此句"故飘风不终朝"，故字可省。

骤雨不终日：王本如此。甲乙本此句作"暴雨不冬日"，意思相同。

孰为此：甲乙本如此。孰：谁。为：作。此：指刮风、下雨。

天地：王本如此。甲乙本省此句。

天地尚不能久：王本如此。久：持久，维持长久。乙本作"天地而弗能久"，其义相同。

而况于人乎：王本如此。况：何况。甲本作"又况于人"。

故从事于道者同于道：甲乙本如此，只是于写作而，今据王本改。从事于道者：指在各条道上，从事于各行各业的人。同于道：志同道合。此句指依从恒道的人，都坚持同一信仰，共同尊奉同一种道理。甲乙本此句原作"故从事而道者同于道"，"而"字应为"于"字。

德者同于德：诸本如此。德者：修德者。同：同一，共同，统一，归依。

失者同于失：诸本如此。失者：失道者，失德者。

同于德者，道亦德之：乙本如此。同，依从，共同尊奉、修养。道，恒道。德，德化，德助，德育，动词。王本此句作"同于德者，德亦乐德之"，繁复不取。另王本在此句前还有"同于道者，道亦乐得之"，而甲乙本并无此句，句式亦有别，故应去掉。

同于失者，道亦失之：乙本如此。同：混同，与…为伍。失：失德，失德者。道亦失之：失：抛弃、遗弃。王本此句作"同于失者，失亦乐得之，信不足焉，有不信焉"，错简不取。

【六】

名与身孰亲？	名声与身体哪个更可亲？
身与货孰多？	身体与财货哪个更重要？
得与亡孰病？	获得与失去哪个有危害？
甚爱必大费，	过于酷爱贪求的花费必定多，
多藏必厚亡。	过多聚藏财宝的损失将更大。
知足不辱，	知足不贪的就不会受辱，
知止不殆，	知道适可而止就无危险，
可以长久。	可以平安长久。

【第四十四章】

【注释】

名与身孰亲：楚简本、甲本、王本如此。名：名声。身：身体，性命。孰亲：孰，谁。亲：可亲，重要。

身与货孰多：楚简本、甲本、王本如此。财货。多，分量多，多者重。

得与亡孰病：诸本皆如此。得：获得。亡：失去。病：生病，引申为危害。

甚爱必大费：楚简本如此。甚：太，过多。爱：贪爱，酷爱。大费：花费很多。王本句首多"是故"两字，可删。

多藏必厚亡：王本如此，约定俗成，可从。多：过多。藏：收藏，聚敛。厚：重、大。亡：失去。楚简本此句作"厚藏必多亡"，意思相同。

知足不辱：王本如此，楚竹简本与甲本句前有"故"字，可省。知足：知道满足，不贪多。

知止不殆：诸本如此。知止：知道适可而止，不冒进。用孟子的话说，那就是"养心莫善于寡欲"。又，易经有艮卦，专门谈艮止之理。殆：危险。

【七】

天下有始，	天下大道有了初生开始，
以为天下母。	它就成为天下万物的母亲。
既得其母，	既然得知万物母亲这一根本，
以知其子。	那就可以知道这根本的产物。

既知其子，	既然知道了这根本的产物，
复守其母，	就要再牢牢守住它的根本，
没身不殆。	使得终身不险不痴呆。
塞其兑，	堵塞口鼻眼耳等孔窍，
闭其门，	关闭接触外界的门户，
终身不勤。	就能终身不奔波受害。
开其兑，	开启口鼻眼耳等孔窍，
济其事，	济助放纵那奢欲之事，
终身不救。	那就终身无药可救了。
见小曰明，	看见细小的叫做明白，
守柔曰强。	坚守柔弱的叫做强大。
用其光，	借用大道之光，
复归其明，	复归恒道光明，
毋遗身殃。	不要遗留下致命的祸殃。
是谓习常。	这就叫学习与沿习常规正道。

【第五十二章】

【注释】

天下有始：诸本皆同。始：初始，指恒道。

以为天下母：诸本皆同。以为：以其成为。天下母：天下万物的根本。人类母系社会的最高主宰。

既得其母：诸本皆同。

以知其子：诸本皆同。知：知道，了解。子："天下母"即大道的产物。

既知其子：乙本、王本如此，甲本无此句，应为脱漏。

复守其母：：诸本皆同。守住万物的根本。

没身不殆：甲本、王本如此。没身：终身。不殆：不危险。乙本写作"没身不佁"。佁（yǐ）：（1）静止；（2）痴痴呆呆。（3）佁（chì），停滞不前，犹豫不决。如从养生角度取（2）解释为，守住万物的根本即道就可以终身不痴呆；从事业角度取（3）解释为，守住万物的根本即道，就终身不会不停滞不前，可谓至理名言。

塞其兑：楚简本、王本如此。塞：堵塞。兑：洞穴，指口耳鼻眼等孔窍，佛教说的"六根"。甲乙本此句用其它字，不取。

闭其门：诸本如此。门：门户，门窗，认识外界的窗口。

终身不勤：王本如此。勤：勤劳，操劳，忙碌。楚简本此句作"终身不堥"。(1) 堥（máo）：古同"旄"，旄丘，即前高后低的土山。(2) 堥（wù）：通务，勤务，意同勤。甲乙本此句做"终身不堇"：堇：(1) 一说"堇"通"勤"，"不堇"即不勤，终身不勤指只要闭目塞听，就可以终身不劳碌奔波。(2) 堇（jǐn）：指紫堇类的有毒植物，引申为药物，有毒药物，毒害，"不堇"指无须用药，不被毒害。

开其兑：王本如此。开：打开。楚简本、甲乙本开作启。兑：楚简本亦用兑，甲本"兑"作"闷"，指欲望不满足时的苦闷，困惑。帛书乙本"兑"字加土旁，当为假借字。

济其事：甲本、王本如此。济：济助，帮助，引申为迎合、放纵。乙本济写作齐，楚简本写作赛，不取。

终身不救：王本如此。救：楚墓竹简本写作"逑"，其义通"救"。甲本缺，乙本误作"棘"。

见小曰明：乙本、王本如此。明：明察，目光明锐。

守柔曰强：甲本、王本如此。守柔：坚守柔弱无为的立场。

用其光：甲本、王本如此。用：借用，借助。其：大道。光：光明。

复归其明：甲本、王本如此。复归：复，再次，归，回归。

毋遗身殃：王本如此。毋：不，它本一作无，同义。遗：遗留。身殃：危害身体的祸殃。甲乙本殃假借作"央"。

是谓习常：王本如此。习：沿习。甲本作"袭常"。袭：因袭，同沿习。指遵守常规正道。

【八】

江海所以能为百谷王者，	浩瀚的长江大海之所以能成为河谷之王，
以其善下之，	是因为它善于处在千百条河谷的下游，
故能为百谷王。	所以能成为千百条河谷的主宰。
是以欲上民，	因此要在人民之上成为引导者，
必以其言下之，	他必须以谦下的言辞尊崇人民；
欲先民，	要站在人民之前引导他们，
必以其身后之。	他就必须谦虚地站在人民身后。
其在民上也，	他高居于人民之上，
民弗厚也。	人民也不会觉得负担沉重。
其在民前也，	他站在人民的前列，

民弗害也。	人民也不会害怕而伤害他。
是以天下乐推而不厌。	因此天下人都乐于推戴他而不讨厌他。
以其不争，	由于他不与人争夺，
故天下莫能与之争。	所以天下没有人能与他相争。

【第六十六章】

【注释】

江海所以能为百谷王者：王本如此。百谷王：百谷，千百条河谷。王：主宰。楚竹简本此句为"江海所以为百谷王"，甲本为"［江］海之所以能为百浴王者"，浴假作谷，王本为是。

以其善下之：甲本、王本如此。下：处于下方，处在众多河谷的下游。楚简本此句为"能为百谷下"。

故能为百谷王：王本如此。楚简本此句为"是以能为百谷王"，甲本作"是以能为百浴王"，王本较佳。

是以欲上民：王本如此。欲上民：欲：想。上民：居于人民之上，治理统治人民。此句楚简本作"圣人之在民前也，以身后之"，甲乙本作"是以圣人之欲上民也。"大意皆同，王本简明，所指更广。

必以其言下之：乙本如此。以：用。言：言辞。下：谦下，表示尊崇对方。王本此作"必以言下之。"楚竹简本作"以言下之"，乙本可取。

欲先民：王本如此。

必以其身后之：甲乙本如此。以其身后之：自觉地站在人民之后，不去抢先争名夺利。楚简本此句为"以身后之"，王本作"必与身后之"，大意皆同。从老子原意看，"身后之"应是圣人的自然所为与结果，而非达到先民目的的刻意为之。参见侯才说。

其在民上也：楚竹简本如此。其：圣人。民上：站在人民之上，领导他们，成为他们的表率、榜样。

民弗厚也：楚竹简本如此。厚：厚重、沉重。弗厚：不感觉负担沉重。王本此句作："是以圣人处上而民不重"。处上：高处于于人民头上，处于上层统治地位。甲本"处"写作"居"。重与厚意义相同，楚竹简本为是。

其在民前也，民弗害也：楚竹简本如此。不害：不害怕，不伤害。王本此句简化作"处前而民不害"。处前：站在人民的前列。甲本"处"写作"居"。楚简本为是。

是以天下乐推而不厌：王本如此。推：推戴，拥护。厌：厌，厌恶，讨厌。楚简本此句作"天下乐进而弗厌"，甲本作"天下乐隼而弗猒"，乙本

作"天下乐谁而弗猒",进与推同,王本较佳。

以其不争:王本如此,简洁明了。楚竹简本作"以其不静也",甲本作"非以其无静与",乙本作"不以其无争与",意同王本而以反问强调。与:通欤,语气词。

故天下莫能与之争:楚竹简本与王本如此,简洁明了。甲乙本此句残缺。

【九】

天下皆谓我大,	天下人都说我高深博大,
大而不肖。	博大高深而很不贤能。
夫唯不肖,	其实惟有"不贤能",
故能大,	我才能成长壮大,
若肖细久矣。	如果"贤能"的话,那也许早就细微弱小了。
我有三宝,	我拥有三件重要宝贝,
持而宝之。	始终护持并珍爱它们。
一曰慈,	第一个叫"慈爱",
二曰俭,	第二个叫"俭朴",
三曰不敢为天下先。	第三个叫"不敢为天下先"。
慈故能勇,	慈爱才能无畏勇敢,
俭故能广。	俭朴才能博大宽广。
不敢为天下先,	不敢抢先做那时机未到的天下的事情,
故能为器长。	所以才能成就伟大的事业而维持长久。
今舍慈且勇,	今天抛弃了慈爱姑且冒险蛮勇,
舍俭且广,	抛弃了勤奋俭朴姑且暴夺广敛,
舍后且先,	抛弃了谦让居后姑且蛮干争先,
则必死矣。	那就必然灭亡了。
夫慈以战则胜,	那以慈爱之心去战斗的则能胜利,
以守则固。	以慈爱之心去坚守的则能稳固。
天将建之,	天下将建设大道理想之国,
以慈卫之。	我们要以慈爱之心去护卫她。

【第六十九章】

【注释】

天下皆谓我大:乙本、景福本、河上本如此。大:博大高深,形容词,乙本此句原作"天下[皆]胃我大"，胃即谓。王本作"天下谓我道大"，多一"道"字。

大而不肖：甲乙本如此，只是"不肖"假作"不宵"。不肖：不似，不贤能，不肖之子，不贤良者，宵小之徒。这里要加引号，反其意而用之，是老子回击别人攻击他是"不肖之徒"的话。王本此句作"似不肖"，漏字。

夫唯不肖，故能大：乙本如此。大：成长壮大，引申为壮大恒道事业。王本此句作"夫唯大，故似不肖"，重点在大，意思不同。

若肖细久矣：甲本如此。若：如果。肖：甲本原作"宵"，通肖。细，细弱微小；久：很早。乙本、王本此句均作"若肖，久矣其细也夫。"意思相同而文字繁复，故从甲本。

我有三宝：王本如此。宝：宝贝。甲本作"我恒有三葆（宝）"。恒：久，一直。葆：通宝。

持而宝之：王本如此。持：持有，护持。宝：宝爱，爱惜。乙本作"市而宝之。"

一曰慈：王本如此。慈：慈爱。甲乙本慈写作兹。

二曰俭：王本如此。俭：俭朴。甲乙本写作检。检：检束，收敛之意，与前后文不符。

三曰不敢为天下先：乙本王本如此。为：做，成为。先：抢先，先列，先手。天下先：先于天下，指做条件还未成熟，还不到该做的时候的天下诸多事情。

慈故能勇：王本如此。乙本慈写作兹。

俭故能广：王本如此。广：宽广，广博。俭：俭朴，甲乙本俭写作检。

不敢为天下先：诸本如此。不敢为：不敢成为。

故能成器长：王本如此。成器：成就大器，指大的事业。长：长久。乙本此句作"故能为，成器长"，器与事此处意义相近，参见"大器晚成"。甲本此句作"故能为，成事长"，能为：能有作为。事：事业，意为"成就事业而能维持长久"。

今舍慈且勇：王本如此。舍：舍弃，抛弃。勇：蛮勇，冒险。

舍俭且广：王本如此。广：广采，暴敛。

舍后且先：王本如此。后：不为先，谦让，退守。先：争先，好强，好出头。

则必死矣：甲本如此。王本作"死矣"，乙本作"则死矣"，均不及甲本语气坚决，今据甲本改。

夫慈以战则胜：王本如此。

以守则固：诸本如此。

天将建之：甲乙本如此。建：建设。之：此处指合乎恒道的理想国。王本此句作"天将救之"，意不如甲乙本。

以慈卫之：王本如此。卫：保卫。甲本此句作"女以慈垣之"。女：通汝，你。垣：城垣，引申为护卫，可参。

老子贵身新探——

  身。
  贵身。
  功遂身退。
  没身不殆的老子贵身。
  它所引发我们要深入思考的——

  人为何要贵身，为何要功遂身退，怎样才能做到没身不殆？老子的贵身教诲，的确是发人深省的。它所引发我们要深入思考的——

问题之一，老子的贵身就是贵生吗？

  老子贵身观所面对和要解决的问题，是身体与生命、事业、玄德、恒道、养生的关系问题。在他以及我们的眼中，身体是人的形体，是鲜活生命的储存罐。身体与生命一样，都是人类个体的有机存在形式。但身体要依靠生命的运动才能维持自己的新陈代谢和自由运动，而生命也要有机存在于身体之中才能存活与延续。在没有特殊保护条件下，没有生命的身体只是一个速朽的躯壳，无法承担养育生命实现人的价值的自身价值。只有积极养生，保护身体，珍爱生命，才能为事业的开创，玄德修养，恒道探索和生命价值的实现提供阵地。这就是老子贵身观的真谛。在这个意义上可以说，老子的贵身就是贵生。

  既然如此，为什么用"贵身"而不是"贵生"来为老子本篇命名呢？首先，这主要是从尊重老子的原著和原意考虑的。老子对于贵生的阐述大多属于民生问题，这些部分可以归入安民、用兵、治国等篇里详论，而老子原著中本来就有"故贵以身为天下，若可寄天下。爱以身为天下，若可托天下。"[13]的提法，因而本篇也主要从老子的"贵身观"来阐述。其次，正如坚持"汉语思想奠基于贵身论"的学者所论[1]，贵身是在杨朱的思想、老子的思想、孔子的思想中反复强调的本体论命题，它强调身体存在的本体性、价值性，要人们敬畏生命。这个观念具有重要的现代价值。

因此，从贵身论出发，我们可以进一步丰富人道主义思想，提高当代社会的人道主义水平。贵身论的首要命意是：以身为天下贵。杨朱坚持"不以天下大利，易其胫之一毛"，意思是，"身"是天下最贵之物，"身"是自然世界中唯一以自己为目的事物，"身"不是"利天下"的工具，相反，天下应该以"身"为利。《道德经》第十三章"故贵以身为天下，若可寄天下。爱以身为天下，若可托天下。"说的也是此意。在此基础上，我们如果真正理解孔子"仁者爱人"的"仁政"思想，便可以知道，汉语言始原思想在贵身论上是统一的。先秦思想家杨朱坚持高调提到"身体"，意思是"身体"因其个体性、实在性而在伦理学上具有优先地位。这种贵身论的思想，在中国思想的始原处并不是异端，相反贵身论是中国先秦思想的基石之一，是中国思想的最重要出发点。这对我们认识老子贵身观的哲学价值是有启发的。

一般认为，先秦诸子对身体的认识，当从古人对"人"的认识开始。从甲骨文中的"人"字标划看，是一个人的身体侧站的形状，这也就意味着，汉语中的"人"字的书写，是从"人的身体"的象形意义而来的。这不仅符合汉字的象形造字规律，而且也说明"人"字是最早的字根之一，是中华民族对人的身体与思维的探索的开始。当然，"人"字由最初的简单的字源意义，向汉语"概念"的复杂意义的转化过程，是极其复杂的人的思想进化过程。孔子创立完整的儒教学说，为"人"赋予"仁"的道德文化意义，是在表示单人旁的人字旁边，增加表示两个人的关系的"二"字开始的，正确处理人与人的关系，做到仁者爱人，就实现了"仁"。《说文·人部》指出："仁，亲也，从人、二。"《论语》中有时将"仁"直接假借为"人"，这就是朱熹所说的："有仁之仁当作人。"其例子就是《论语·雍也》："虽告之曰：'井有仁焉'其从之也？"另一种说法是，"仁"从"心"、从"身"，其本义当是"心中想着人的身体"，与从"心"从"人"表示"心中思人"的"爱"字造字本义差不多，孔子以"爱人"来释人是不错的。（参见葛兆光《中国思想史·第一卷》，上海，复旦大学出版社，1998年．179～180页）

有学者认为："身"在汉语思想中至少有三个层面的含义：第一层面的"身"为躯体，无规定性的肉体、身躯；第二层面的"身"是身体，它是受到内驱力作用的躯体；第三层面的"身"是身份，它是受到外在驱力（社会道德、文明意识）作用的身体——这种"身"观念，坚持人的"身/心"

二元论，而且把"心"看成了"身"的主宰。②孔子伦理道德思想的核心是"己所不欲勿施于人"，"人"在他眼中是有肉身有欲望有实践的实体，而不是精神虚体。孔子有所谓"行有余力，则以学文"的说法，他实际上是把能修身能"行动"的人，放在学文"求知"之人前面的。杨伯峻说："论语没有一个'理'字，而朱熹的集注处处都是'天理'，'理'诸字；孔子已经认识到人类社会的物质生活的重要意义，才有'先富后教'的主张，可是朱熹的集注到处是斥责人欲的词句。"（杨伯峻《论语译注·导言》，北京，中华书局，1958年，8页）这就是说，孔子的"仁"是和"身体之人"结合在一起的，是与身体密切联系的。有学者据此认为："贵身论中的'身'在先秦思维中处于从实体论的'身体'向虚体论的'自身'转化之中。哲学上的'自'概念实际上在老子和孔子的时代尚没有产生，因为'自'在哲学中的出现意味这一个非常重要的思维飞跃：它意味着人类把自我作为主体性从对象世界抽离出来，意味着超越实在论，以虚在论为基础的主体论思维的确立。显然，在老子和孔子的时代，他们的思维是实体论的，作为代用品，他们还只是用'身'来指代自我。"③

应该指出的是，这里把老子、孔子都当作"只是用'身'来指代自我"的先秦思想家，是不确切的。在老子的《道德经》中，"人"的概念是身心合一，知行合一的生命体，共在40章中出现了82次，除了与其它名词结合成为众人、愚人、善人、鸷人、人主、圣人等一些专有名词外，大多数时候都是指具有普遍意义的身心结合的"人"，而且是人的各种行为的关联者和承受者，如伤人、知人、教人、治人、畜人、事人、予人、用人等。这些"人"与"身"的意思互相关联，却又并不等于同一的概念。"身"字在全书共计9章中出现了23次，比人字出现的次数少很多。另外一个值得注意的情况是，在以上列举的9章之中，除了第1章外，没有一章是"身""生"并用的。由此可见，老子对"生"的意义和"生"的保护的重视，不仅仅体现在对身体的重视上，还涉及了更广泛的领域，这说明老子对"身"的所指是非常明确的，就是指承载了人的生命的肉身，一个可能因为人的心志欲求过度而被忽略的实体。这正是我们在下面的进一步分析中，所首先要明确的。

事实上，老子与实际上已经开始了悬设和"身"对应的"道"、"德"、"心"、"志"的精神虚践概念的孔子一样，尝试用这些概念来展示其对"身"的不同侧面的认识，这确实也许为后世的汉语思想形成身心二元论，形成重道贱身的思想提供了某种隐约的思想线索。但这并不是老子思想中"贵身观"的本意，也不是它成了一个被后世汉语思想主流遗忘了甚至是否定的命题的原因。有学者说得好,"贵身论"是汉语思想的一个起点。它能否成为汉语始原思想的一个根本性信念,关键要看汉语始原思想是否建立了一种身体本体论的哲学,"即不仅要坚持身体是存在的本源,还要反对身体和意识的二元论,反对意识高于身体、独立于身体的观点。"④而老子就是这样做的,他不仅视身体为生命存在的本体与前提,还认为恒道和玄德的重要性在一切知识之上,对于人来说,减损无用的知识,是保证身心健康的重要的手段。他提出的"虚其心,实其腹,弱其志,强其骨。"就是要强化人的腹骨即身体,开阔和虚化人的心志,使人从被物欲所异化的状态中解放出来,获得身与心的同步健康发展和完美结合。这也是他贵身观的精髓。

因此,老子看似有"心志"之"神"与"腹骨"之"身"对立的思想,但他并不主张身心二元论,而是坚持了"贵身"为本,"恒道"为先,"玄德"为重,虚心实腹,弱志强骨的"贵以身为天下"的一元论思想。《老子》中一系列关于"身"的思想,本书在"贵身观"选用了九章,其中包括可以从"贵身观"角度来理解的"退其身,外其身"的〔7〕,谈"身退"的〔9〕,谈"腹"的〔12〕,谈"有身、无身、贵为身、爱以身"的〔13〕,谈人的〔24〕,谈"名与身、身与货"的〔44〕,谈"终身"的〔52〕,谈"身后之"的〔66〕,谈"不敢为天下先"的〔69〕章等。未选而分入其它各观的还有谈"没身"的〔16〕,谈"身轻"的〔26〕,谈"观身"的〔54〕等等。与老子这些谈及"身"的各章和《论语》中有关身体的论述加以对比。可以看出老子与孔子对身体重视程度及其各自贵身观的差别。据有的学者统计,《论语》中出现"身"的句子有14处,其中13处是指"身体"、"本身"、"本人",只有一处是用做量词,"身"可谓《论语》思想的一个核心指向和核心问题。与阐发了身体本体论思想和丰富的社会学、伦理学观念的《论语》相比,《老子》的"身"是《老子》全书的"九观"之一,是构成老子哲学体系以致于道教养生理论的重要组成部分,数量上也更丰富。

与孔子直接谈身不同,老子对人身的处置,有时是通过"人"来表现的,如伤人、畜人等。但老子对"身"的用法更丰富,决不亚于孔子。"身"在老子那里可以"终"、"救"、"殃"(没身不殆。……终身不勤。……终身不救。……毋遗身殃——〔52〕),可以"轻"(若何万乘之王,而以身轻于天下——〔26〕);可以"贵"、"有"、"无"、"爱"(何谓贵大患若身?吾所以有大患者,为吾有身,及吾无身,吾有何患?故贵以身为天下,若可寄天下。爱以身为天下,若可托天下。〔13〕);可以退、先、外、存(退其身而身先,外其身而身存——〔7〕);可以"后"(其欲先民也,必以其身后之——

[66]）；可以"观"（以身观身——[54]）。而孔子的"身"则可以"杀"（杀身成仁——《论语·卫灵公》），可以"致"（事君能致其身——《学而》），可以"忘"（一朝之愤，忘其身——《颜渊》），可以"辱"（降志辱身——《微子》），可以"省"（三省其身——《学而》），可以"正"（其身正，不令而行——《子路》），可以"洁"（欲洁其身，而乱大伦——《微子》），等等。可见，比起孔子来，老子来对"身"的使用不仅更丰富，而且充满了辩证法。这也是老子的恒道思想远远高于所有先秦诸子的原因。

问题之二，老子的贵身观与事业有关吗？

老子的"贵身"与人的事业有密切的关系。与儒家、佛家的看轻肉身，重视功名，看空物质，重视精神，不惜"杀身成仁"，"舍身饲虎"不同，老子始终把贵身作为实现事业成功的物质前提。因此，他才在第13里强调只有首先珍爱身体的人，才可以把天下的希望托付于他。否则会因其早夭而给人民事业造成无法挽救的重大损失。在某种意义上，诸葛亮早逝对蜀汉统一全国的汉朝复兴大业的夭折，孙中山早逝令国共合作大好局面的消失就是两例。而实行无为而治的圣君，与重视锻炼身体、爱护身体以更有效工作的人民领袖，也正因其长寿而能更好地造福世人。

有学者认为，先秦诸子真正的"贵身论"并不是仅仅坚持"自我的'身'贵"，而是要坚持孔子的"推己及人"，认定"所有人的'身'同贵"的思想，在此基础上，为了"所有人的'贵身'"而舍身就是"贵身"的最高境界和最伟大事业了。因此可以从老子关于"是以欲上民，必以其言下之。欲先民，必以其身后之。[66]"的"后身"观念里（个人的"身"的重要性放在民之众"身"之后），正面推演出老子主张的"舍身"的必然结果。⑤这种说法是有违老子的原意的。因为老子的"后身"观念，只是指在名利、荣誉、地位的面前的自觉主动的谦让，后取，而不是视同无物的完全放弃，舍弃，更不是连自己身体也舍弃不要了。老子认为，只有通过这样的谦让，后取，才能表现出圣人的大公大德，实现人民乐于推戴圣人，让他为上，为先的目的。这与孔子主张无条件地把仁的追求放在贵身之上，坚决主张："志士仁人，无求生以害仁，有杀身以成仁。"是不同的。且不说孔子的"仁"具有无条件维护王权的保守消极意义，即使从孔子的"舍身"高于"贵身"，是为了追求精神价值的"仁"，而不惜让众多的志士仁人舍弃自身去拯救他人的"身"的积极意义看，与老子的"贵身"也有质的不同。老子认为只有"道"才是世界上最宝贵的，尊道贵德才是贵身的目的，而孔子力倡而部分有违"天之道"的"人之道"显然不在此列。道的本质是自然而然的，身作为自然界以道为自身为目的之物，只要保持自然无为就行了，不应当成为任何其他事物包括"仁"或"礼"的工具。

有学者认为，"后世汉语思想，尤其是儒家正统思想，更多地看重心、精、气、志、神对身体的超越和控制，把身心对立二分。从孟子心、气、形三位一体论身体观开始，身体的哲学本体论地位渐渐丧失，甚至后世不仅不再把身体看作存在的本源和根据，相反把它看作是妨碍人的升华，必须经过静心、养气，加以克服的东西。经过这种变化，后世汉语思想中的'身'在哲学上大多已经不是指"身体"，而是指心灵主宰下的外形——或者可以叫做心的外化，荀子直接把身体看作是'心'的'贱形'"。[6]因此，汉语思想从认识到人是肉身实体，是包含着实践驱力的实践者——身体，到后来却在方向上犯了错误，把"身"等同于"身份"，而忘记了更为本源的应当是内驱力作用下的"身躯"。于是"后世儒家只是知道如何研究心、精、气、志、神对身体的超越和控制，把它们当作和"身"对立的身体主宰者，脱离了"身"的长生讲"不朽"，以超越身的有限，追求功、德、言的无限。"，这是很有道理的。但是，遵循老子的尊道贵德的"贵身观"思想的道家，尤其是发明了道医和炼丹的道教，以及数以千万计练功健身以延年益寿的修道者们却不是如此。他们把身体的修炼当成了实现恒道的崇高事业，把"精"、"气"、"神"当作修炼不朽真身的关键所在，把减损"心"、"志"、"欲"等看成是修"身"事业的驱动力。这与孟子说所的："生我所欲也，义亦我所欲也，二者不可得兼，舍生而取义者也。"把"生"视为不如熊掌的外物，从属于代表政治利益之"义"的牺牲，可以为义而舍生灭身；或如佛教所宣扬的那样，把身作为空空如也的幻"相"，可以舍身饲虎以求法成佛是不同的。因此，只有老子和道家、道教，才强调"身"可不朽，"长生不老"。

问题之三，老子的贵身离不开修德吗？

"载营魄抱一，能毋离乎？抟气至柔，能婴儿乎？修除玄监，能无疵乎？爱民治国，能无知乎？天门开阖，能为雌乎？明白四达，能无为乎？生之畜之，生而不有，长而不宰，是谓玄德。"[10]是老子的玄德贵身观的核心命义及现代价值。他此后还有"含德之厚，比于赤子"之说。在老子看来，最有厚德即玄德的人，是体现了道的自然本性的"赤子"，是玄德和不为外物所役的赤裸裸的婴儿无为状态的身体的完美结合。在老子看来，凡是使得人的身体堕入"名"、"货"、"得"、"欲"的在世状态，而拼命追求的"音"、"色"、"味"、"猎物"、"余食赘行"等感官享受，都是妨碍身体自然本性持存的，摧残身体的。所以，老子认为人应该减损心志，知足知止，远离声色之乐，不让这些外界事物和影响危害身体本身，危害人们尊恒道，修玄德。可以说，老子的这一"贵身观"，或者称之为"赤子观"，与孔子孟子的"君子观"是很不一样的。孔孟的"君子观"是"身体发肤，受之父母，不敢损伤"，通过修身，求仁，养心，养浩然之气来达到齐家、治国、平天下的功利目标。而老子则是"贵以身为天下"，坚持循道修德的贵身观。

特别要指出的是，老子的贵身观，与那些只以"身"为自身目的的贵身论完全不同。后者认为既然"身"在伦理学上和"天下"相比具有优先地位，就可以无节制地占有外物、主宰世界，相反，老子的贵身观认为"身"要服从恒道，要修养玄德，要懂得自身的所亲、所爱、所止，一句话，懂得如何调理真身并与他身众身和世界和谐相处，这才可以"知足不辱，知止不殆，可以长久。"[44] 老子的这一长生贵身思想，坚持了"身"贵于天下万物、财货与名声，认定了生命是自然界中最宝贵的事物，明确摆正了生命之身和无生命之物之间的关系，以及生命之身和其他的生命之身之间的关系，这就是"善建者不拔，善抱者不脱，子孙以祭祀不绝。修之身，其德乃真；修之家，其德乃余；修之乡，其德乃长；修之国，其德乃丰；修之天下，其德乃博。以身观身，以家观家，以乡观乡，以国观国，以天下观天下。吾何以知天下之然哉？以此。"[54] 老子认为，要想成为子孙以祭祀不绝的善建者、善抱者，就要修之身，使德真；修之家，使德余；修之乡，使德长；修之国，使德丰；修之天下，使德博。而这一切，又是从"以身观身"开始，通过每个个体的"身"的自观、他观、众观，然后层层推而广之，最后"以家观家，以乡观乡，以邦观邦，以天下观天下"，实行玄德广博，实现恒道目的。这与后来的反对以自我为中心，惟我独尊，为了自己的利益而伤害他人的"身"的先秦诸子，如孔子所说"推己及人""己所不欲勿施于人"，即使在伦理学上要求视他人的身为己身，"身"而平等的真正的贵身论是一致的。

此外，老子的贵身观在玄德修养上还有"贵柔"、"守弱"和"善忍"的特点，它从"上善若水，上德若谷"。水"利万物而不争"，因其"至柔"而能攻天下之"至坚"的上善之德推论而来，为后世大众提供了贵柔善忍，尚雌贵弱的价值取向，形成了以清虚自守和"善忍"为特色的道家玄德修养文化。关于老子开创的道家学派的一贯宗旨是柔弱善忍和谦卑退让，历史文献中有不少记述。如《史记·老子传》说："老子修道德，其学以自隐无名为务"，庄子评论老子为"以濡弱谦下为表"；《吕氏春秋·不二》则断定"老聃贵柔",而《汉书·艺文志》的说法则是:"清虚以自守,卑弱以自持"。此外,属于老子道家学派的,如关尹"贵清",列子"贵虚",宋鈃、尹文"见侮不辱",田骈、慎到"与物宛转,舍是与非"等,都是如此。

问题之四,老子的贵身以恒道为宗旨吗?

老子的贵身观是以恒道为宗旨的生命观。而"恒道"的表述方法又如同老子所说的"道可道也,非恒道也",是说不清,道不尽的。这就使我们有了不同角度去探索的可能。

1. **老子的贵身观:生命和谐之道。**

老子的贵身观的要义是生命的和谐。而恒道正是最完满的和谐。道之体在生,得道则生则繁荣,此乃宇宙和谐的基石。老子认为:"知和曰常,知常曰明"。[55] "和"即和谐,"常"即规律。在自然面前不可以为所欲为,而要做到"至虚极,守静笃。万物方作,吾以观复。天道圆圆,各复其根。复根曰静,是谓复命。复命曰常,知常曰明。不知常妄,妄作凶!知常容,容乃公。公乃王,王乃天,天乃道。道乃久,没身不殆。"[16] 老子的这一说法,说出了一个重要真理,就是人类要明白贵身观的真正含义,就是"身"要至虚守静,知常复命,顺应自然之"道",保持生命的和谐。

2. **老子的贵身观:阴阳和谐之道**

《易经》说:"一阴一阳之为道"。老子据此指出,阴阳两气互相激荡而成为新的生命和谐体,用他的原话来说则是:"道生一,一生二,二生三,三生万物。万物负阴而抱阳,中气以为和。"[42] 老子反对"六亲不和",主张在阴阳的对立中实现"和",包括"音声之相和","和其光"等,在老子看来,"少则得,多则惑。是以圣人执一以为天下牧。[23] 只有抓住了"阴阳之和"这一由"道"演化为万物生命的关键,才能了解人即使作为宇宙的精微,也要遵循"道"的变化的规律。由此可见,老子贵身观的动机和目的,是由万物包括人身的生命的要求,逐步向上推求,推求到作为宇宙根源的处所"道",作为人生的安顿之地。因此,老子和道家的贵身观,可以说是他的恒道哲学的产物,他不仅要在宇宙的根源发现人的根源;并且要以宇宙的根源来决定人生相应的生活态度,并取得人生的安全立足点。所以说,老子思想的根本还在于对人的关注,是以人为本的。

3. **老子贵身观:无为不争的人之道**

老子认为"物壮则老,谓之不道。不道早已。"[55] 他认为:"治人事天莫若啬。夫唯啬,是谓早服。早服是谓重积德,重积德则无不克。无不克则莫知其极！莫知其极，可以有国。有国之母，可以长久。是谓深根固柢，长生久视之道。"[59] 从贵身观的角度看，他认为只有循恒道重积德，才可以深根固柢，长生久视。这与他主张"圣人为腹不为目"，应该高度重视社会外界的影响因素，是相相辅相成的。如他所说："宠辱若惊，贵大患若身。何谓宠辱若惊？宠为下也，得之若惊，失之若惊，是谓宠辱若惊。"[13]。只有真正做到外惊内静，"为腹不为目"，不为外界荣辱乱了心志，才是修德贵身之道。王夫之对此发挥道："众人纳天下于身，至人外其身于天下。夫不见纳天下者，有必至之忧患乎？宠至若惊，辱来若惊，则是纳天下者，纳惊以自滑也。大患在天下，纳而贵之与身等。夫身且为患，而贵患以为重累之身，是纳患以自梏也。惟无身者，以耳任耳，不为天下听；以目任目，不为天下视；吾之耳目静，而天下之视听不荧，惊患去已，而消于天下，是以百姓履籍而不匹倾。"（王夫之：《老子衍》）确是十分精辟。他说明，一般人如果对于自身的宠辱荣患十分看重，或视身外宠辱远远超过自身的生命，以为人活着就是为了名、位、货等身外之物，确实是大错特错了。老子贵身观则认为身体生命远贵于名利荣宠，所以一方面要清静寡欲，不为声色货利之事所动，一方面要重视大祸降临自身，分析宠辱原因，这才可以趋吉避凶，没身不殆。

老子根据循道而行的无为自然的贵身观，还主张"人之道，为而不争。"[68] 他借圣人之口说："我无事而民自富，我无为而民自化。我好静而民自正，我无欲而民自朴。"[57] 又说"孔德之容，唯道是从"[21] 只要人们广德容人，随从于道，不争无为，则德可正，人可化，命可久。这种老子所描述的"守弱、谦下、无为、顺应自然"的行为方式，是一种高明的积极的归真的方式，是身体行为与人的本质，和自然、社会、他人和谐相融的一种理想人格。它使人排除杂思妄念，回归本性，返归婴儿，在出入于"道"中心灵遨游中，体验万物的变化与复归，超越时间、空间的限制，以直觉的心态将万物符合道的本然状态充实于人的心灵之中，体悟"道"之规律与真谛。

4. 老子贵身观：循道向善的天之道

老子的贵身观是人之道的升华，进入了天之道的境界。他认为天之道与人之道有密切的关系：虽然"天地不仁，以万物为刍狗。圣人不仁，以百姓为刍狗。"[5] 但只要做到"以道立天下，其鬼不神。非其鬼不神也，其神不伤人也。非其神不伤人也，圣人亦弗伤也。夫两不相伤，故德交归焉。"[60] 做到"我恒有三宝，持而宝之。一曰慈，二曰俭，三曰不敢为天下先。"做到"圣人恒无心，以百姓之心为心。善者善之，不善者亦善之，德善也。信者信之，不信者亦信之，德信也。圣人之在天下，欲欲焉，为天下浑心。百姓皆属耳目焉，圣人皆孩之。"[49]就可以"天将建之，以慈卫之。"[69]实现"夫天道无亲，常与善人。"[81]他的这些话，从贵身观的角度理解，就是只要以道立天下，人神就可以相和而不相伤，万物和人人也都可以被圣人视为草木一样平等；而只要保持慈善之心，人人向善，人人守信，就会获得天道的护佑而守中，返朴，归真，长生，为实现"损有余而补不足"的"天之道"奉献自己的力量。

问题之五，老子的贵身与养生有关吗？

老子的贵身观最积极的现实意义，是为道家竭力推行弘扬光大的中华养生文化，开辟了广阔的道路。老子原书主要谈道与德，但换个角度即可完全作为悟道修德养生之解释。因此，他直接谈养生之道的地方看似不多，却字字珠玑，妙含玄机，充满哲理，给人以余味无穷的丰富启迪。其主要的养生之道有：

1. **道法自然法。**

老子主张"人法地，地法天，天法道，道法自然。"[25]中华养生文化也认为人类生来就有充盈的精气，只要修炼好道德，效法天地万物的自然规律，如"太极拳"、"五禽戏"、"大雁功"等，就可以学会用"精"、"气""神""力"实现对身体的操控，让身体活动在生命的自然状态里，就可以达到养生的目的。像老子所说的那些"善执生者"一样，"陵行不避兕虎，入军不被甲兵。兕无所投其角，虎无所措其爪，兵无所容其刃。夫何故？以其无死地。"[50]在自然而然的"无为自化"的"无死之地"实现生命的价值。

2. **抟气至柔法**

老子的抟气至柔法，一连提出了六个问题："载营魄抱一，能毋离乎？抟气至柔，能婴儿乎？修除玄监，能无疵乎？爱民治国，能无知乎？天门开阖，能为雌乎？明白四达，能无为乎？生之畜之，生而不有，长而不宰，是谓玄德。"[10]按照老子这六问去实践，想方设法将魂魄合而为一，实现互不分离；聚结精气以达到柔和温顺，使之能像婴儿那样纯洁质朴；将心中杂念洗净淘空，做到一尘不染，明澈如镜；努力爱民治国，实现无为而治；将天门（对应脑门之一处）开阖，使之能遵从万物之母（道）；明白四达，做到无知无为，不用心机，从而实现灵魂的净化与守一，自然扫除杂念，身柔体健，自然安康。在老子看来，婴儿的状态，是贵身观抟气至柔法追求的"赤子"之"身"的理想状态，他没有经过世俗精神和制度文化的浸染，不

受情感波动利益声色诱惑保全了"自身",而抟气至柔的"修身"才能使人返老还童恢复婴儿般的生命状态。

3. 抱一专神法

心专神聚气定则万事成。"营魄"的解释之一,即先天之气"营"与后天之气"魂"之合称呼。而老子所说的"载营魄抱一",就是说灵与魂做到和谐同一的问题。具体来说就是要减损心志,控制情欲,知足贵身、制性制欲。老子认为,"知足不辱,知足不殆,可以长久",不知足,不知止,便会危亡倾覆,走向自己愿望的反面。他的抱一养生法,强调"不失其所者久,死而不忘者寿也。"[33]要按"抱一"的要求来修身和制性制欲,包括控制自己的情欲和外界声色影响。这就是要注意"五色令人目盲,五音令人耳聋,五味令人口爽。驰骋田猎令人心发狂,难得之货令人行妨。"[12]的危害,做到"为腹而不为目"[12],通过气守丹田,达到运气,聚气,化气,生精,专神,健康,长寿的目的。

问题之六,老子贵身论可以进行现代意义的转化吗?

在老子之书里,"人","身"与"生"的意思互相关联,却又并不等于同一的概念。"生"在全书共计16章中出现了34次,远远比"身"字在全书共计9章中出现了在23次要多。其中的"生"有时作为民生解,有时可以作为对"身"的生养、刺激、锻炼解。如"道生之,德畜之。物形之,势成之。是以万物尊道而贵德。道之尊,德之贵,夫莫之命而常自然。道生之畜之,长之遂之,亭之毒之,养之复之。生而不有,为而不恃,长而不宰,是谓玄德。"[51]就是如此。生命的个体包括其身体,只有按照道的规律,接受生命的考验,才能不断发展壮大,延长寿命。

在这方面,中医学经典《黄帝内经》也有相有论述,我们可以看到其中一脉相承的全道养生的思想:"黄帝曰:余闻上古有真人者,提挈天地,把握阴阳,呼吸精气,独立守神,肌肉若一,故能寿蔽天地,无有终时,此其道生。中古之时,有至人者,淳德全道,和于阴阳,调于四时,去世离俗,积精全神,游行天地之间,视听八达之外,此盖益其寿命而强者也,亦归于真人。其次有圣人者,处天地之和,从八风之理,适嗜欲于世俗之间,无恚嗔之心,行不欲离于世,被服章,举不欲观于俗,外不劳形于事,内无思想之患,以恬愉为务,以自得为功,形体不蔽,精神不散,亦可以百数。其次有贤人者,法则天地,向似日月,辩列星辰,逆从阴阳,分别四时,将从上古合同于道,亦可使益寿而有极时。"(参见《黄帝内经·素问·上古天真论篇》)由此可见,从《老子》到《黄帝内经》,从中医学、武术气功、养生学到风水学，中华文化贵身观的养生健身内容是十分丰富的，它是对佛学强调身相为空色，只注重以行、住、坐、卧等身姿来禅悟涅槃成佛，却不注重肉身健康的做法的修正，是世界人民追求身心和谐的宝贵养生财富。

然而，也有学者如葛红兵等不无道理地认为，后世中国人已经不够重视"身"。[7]在东方思想的圣殿之中，当"存天理，灭人欲"的主张一度盛行时，人的"身"被驱逐了。它的原因是东方思想的整体性欠缺。当哲学家们以蔑视和践踏"身"为荣耀的时候，当代中国思想界完全有必要进行一场认真的反思，重新回到汉语言始原思想的发生处，体会它神秘玄远的哲音。而先秦诸子的"贵身论"，尤其是老子的涉及恒道、玄德、事业、养生等领域的"贵身观"，无疑是非常重要的文化资源。在先哲那里，身将自身作为目的，无约束地实现身体自身，自由是在这个意义上说的自由。当然，此一自由并非纵欲。身体本体论作为哲学命题要重新回到人们的视野，必须完成多方面的价值转换。事实是，它也的确拥有广阔的理论前景：贵身论和现代生态哲学、贵身论和人权中心主义的现代国际政治伦理、生命质量为中心的生命意识等等都有着某种逻辑暗合。正如老子所说，当其无有，视有身为无身，才是治身的最高境界，也才是身体本体论关于自由的最高境界。

【注解】

①②③④⑤⑥⑦见葛红兵. 身：中国思想的一个原初立场 [DB/OL]. http：//www. scuphilosophy. org/ScholarsLibrary_ display. asp? userid = 782&art_id = 4505.

民不畏威，则大畏将至矣！毋闸其所居，毋厌其所生。

七、老子的安民观

慎终若始

老子安民观的核心纲领，基本由育民法、治民法、抚民法三部分组成。它与他的治国观、用兵观相辅相成，鼎足而立，是其哲学体系依据恒道观、玄德观、清净观在政治、文化、军事领域的政治纲领和社会实践论，同时贯串了其无为观、贵身观的思想内核。

老子安民观中的育民法，即教育民众的基本方法，主要有两个重点。一是虚心实腹，弱志强骨，二是绝智弃偏，见素抱朴。所谓虚心实腹，弱志强骨，用老子的话就是"不崇尚欺世盗名的'贤良'，使人民不争名夺利。不看重难得的货物，使人民不去当强盗。不炫耀刺激物欲的东西，使人民不贪婪动乱。所以圣人实行的天下治理法，是以谦虚阔容内心，以食粮来充实肚腹。弱化人的贪狠之志，强健人的体魄筋骨。长久地使人民不狡诈不贪欲，使他们都知道不敢胡作非为而已。这样天下也就不会治理不好了。"[3] 从人类社会的实践经验看，老子的这一见解是非常深刻的。它的要义是，不鼓吹虚名，不炫耀财宝，不激发人民的贪念，让人民口中有食，肚里有料，心无贪欲，志气平和，身体强健，淳朴无为，自然会天下太平。

可惜的是，在现实社会中，人们往往是反其道而行的多。有时还常巧立并提倡各种名目、荣誉称号，诸如什么"勇士"、"骑士"、"功臣"、"英杰"、"之星"、"勋章"、"爵位"之类，让人们毕其一生甚至赔上命去努力争取，导致不少逐利贪欲、弄虚作假的事情发生。有的商店和传媒如电视台、报纸等则大搞"有奖销售"、"百万富翁"、"彩票抽奖"之类的活动，用五花八门的丰厚奖品，撩起人们追求物欲的强烈愿望，以至造成了夫妻反目，父子成仇，朋友义断等种种不良社会影响，这都是人们熟知而难以改变的事实。

老子育民法的另外一个重点，是绝智弃偏，见素抱朴。老子认为："弃绝狡智与偏激，人民利益将百倍增加；弃绝取巧与贪利，盗贼们将会从此消失。弃绝伪善与私虑，人民将恢复孝敬慈爱。这三句话啊，写成文章还嫌不足，所以还要有所论述。体现素心爱质朴，减少私念与贪欲，倡导道学灭绝伪学无烦忧。"[19] 应该说，老子主张的这一育民法，是他遭到最多非议的一个观点，也是最容易引起人们误解的一个观点。这也难怪，一个如此聪明的老子竟然主张抛弃智慧，消灭知识，这岂不是要把人类拉向倒退吗？

其实，老子所说的"绝智弃偏"，"绝巧弃利"，"绝伪弃虑"，是达到"绝学无忧"，"见素抱朴"，"少私寡欲"的手段，最终还是为了实现恒道社会的"民利百倍"，"民复孝慈"，"盗贼无有"的安民目的。这是因为，在老子看来，"大道废，有仁义。智慧出，有大伪。六亲不和，有孝慈。"〔18〕，"故失道而后德，失德而后仁，失仁而后义，失义而后礼。夫礼者，忠信之薄而乱之首。前识者，道之华也，而愚之首也。"〔38〕正是由于人类背离了恒道，背离了人之所以成为人的根本，即人道主义，人文精神，才演绎出德、仁、义、礼、法等一套不如一套的清规戒律，才导致了社会的混乱和失控，才有了"朱门酒肉臭，路有冻死骨"一类骇人听闻的，"损不足以奉有余"的反天道反人道的倒行逆施，才有了"罪莫大于甚欲，祸莫大于不知足，咎莫大于欲得。"〔46〕以奇巧淫技制造假冒伪劣产品，金玉其外，败絮其中，牟取暴利的无底贪婪，才有了为这一切违反恒道准则做无耻辩护的伪学、伪知识，偏激行为、诡诈技巧，以及为维护这一违反恒道的社会秩序而制定的礼制、法制和吏治。这也正是老子主张"绝智弃偏"，"绝巧弃利"，"绝伪弃虑"的时代背景和目的。

在老子看来，也只有把统治者这一套表面看来是鼓吹道德仁义，智慧聪明，奇巧淫技，实际上为了维护残酷统治，满足无穷私欲的说教和极端做法通通去除，人民才可"绝学无忧"，不受这一套假仁假义的奴役哲学的欺瞒，才能"见素抱朴"，回复到"少私寡欲"的原始公产社会公正无私，按需分配，其乐融融的理想境界。

当然，老子的这一"三绝三弃"主张，似乎没有看到人类社会今天的创意经济和高科技生产力发展和合理性，尚未找到实现恒道理想社会和人类文化创意伟大成就之间的最佳结合点，这自然是他所处时代的文化视野局限造成的。但老子对反人道的伪道德、伪知识和过度贪欲、极端偏激做法的猛烈抨击，对理想恒道社会的设计蓝图，却是远见卓识，极富创意的。联系当前社会由知识经济到文化创意经济的提法的转变，内中正隐含着老子当年对离经叛道科学工具理性的警惕和对人文关怀与人道主义的希望。

也正是在这个意义上，老子才认为，在教育人民的纲领上，最重要的是不偏离恒道，切忌把人民训练成偏激狡智、贪婪诡诈的好斗之徒。"远古推行恒道的人，不是靠什么让民众变明白，而是要以道来淳朴化他们。民众之所以难治理，是因为他们狡智太多自以为是。因此靠玩弄狡智权术治理国家，是国家的盗贼。不靠玩弄狡智权术来治理国家，才是国家的美德。知道这两种教化的相反结果，也就核查知晓了自然的法则。永远明白自然的法则,这就叫作玄妙美德。玄德真深奥啊,真悠远啊!它携万物反归于恒道啊,终于进入了畅顺和谐的大美境界!"[65]如果说,老子在教育实践上,稍逊弟子三千,贤人七十二,主张"学而不厌,诲人不倦"的孔子的话,那么,他在教育思想上强调修养玄德,循道安民,反对旧教育的根本失误——维护反人道的奴役制度方面,却作出了更大的贡献!

治民法,是老子根据恒道理想所提出的遵循恒道,未兆先谋,慎始慎终,小国寡民的安民之法。它的要义在于使人民既没有被统治的痛苦感觉,也没有追求物欲富贵的贪婪欲望。

在回顾人类政治起源并探讨社会治乱规律的过程中,老子得出了如下结论:"政治初创昏昧怜悯时,人民生活虽艰难而淳朴浑厚。政治过于明察苛刻时,人民会缺少自由和衣食。灾祸啊正是幸福所倚赖的,幸福啊正是灾祸所降伏的。谁能知道其中奥秘的极致吗?那就是事物的变化没有绝对的正邪。公正被颠覆就变成了诡奇,善良被颠覆就变成了妖孽。这些都是人们所最迷惑的,它发生的日子确实很久远了。所以要方正伟大不要偏私分割,要兼容并蓄不要伤人尖刺,要循道正直不要受缚越度,要光明正大不要自我炫耀。"[58]在这里,老子所说的古代社会的"其政闷闷",其实指的就是人类原始的和谐政治形式。"闷"的意义至少有三层:一是怜悯,二是昏昧,三是深远貌。老子的"其政闷闷"三义皆有,属于模糊概念,指的是原始社会那种看似沉闷、昏昧、深远,实则怜悯体恤人民的政治状态。这正是老子心向往之的古代圣人所实行的以人为念的政治。在这一政治条件下,必然产生"其民淳淳"的抚民效果。"淳"在乙本帛书中写作"屯"。"屯"在易经中意为生活艰难的初始阶段,形义又近沌,纯,可引申为混沌、纯朴之义。故"屯屯"可解释为在古代圣君的统治时期,政治宽容,人民生活虽艰难却淳朴浑厚,安闲自在,没有勾心斗角,尔虞我诈的事情发生,这也正是老子向往的理想抚民政治。

老子所说的"其政闷闷"与当年和现代"智者"的"其政察察"形成了鲜明对比。"其政察察"指的是过于明察苛责的严酷统治,其结果是造成"水至清则无鱼,人至察则无徒"的消极被动局面。在某种意义上,正是由于为政者的过分检察、监察和行政过于繁琐苛求,人民动则获咎,不堪忍受,才被迫铤而走险,造成"其民缺缺"——刚猛的苛刻残暴政治对柔弱民众的无情侵害的恶现状,这当然是老子坚持恒道的抚民政治所要反对的。在他看来,若论政治文明的理想状态,恒道玄德远胜严法苛刑!

根据国家的长治久安和循道治民的政治需要,老子不仅反对在现实生活中对人民的过度苛察,而且建议英明的统治者要未雨绸缪,防患于未然。他指出:"那些安稳的容易维持,那些还没有先兆的容易谋划。那些脆弱的容易折断,那些细微的容易消散。着手于事情还没有发生的时候,治理在局势还没有混乱的时候。"[64]在安抚人民的经济文化建设方面,老子强调要遵循恒道,切忌妄为,更要慎始慎终,避免一般人常犯的虎头蛇尾,半途而废的错误。他说:"妄为的人将遭到失败,固执不改的人会受到损失。因此圣人不妄为,所以不会失败。不固执地坚持错误,所以不会失利。民众在做事的时候,经常是当它刚取得成功时就毁败了它。所以终结时也要谨慎如同开始时一样,这样事情就不会失败了。因此圣人甘愿做别人所不愿做的,不看重那难得的稀有货物。学习那些常人所不愿学的恒道之理,修复补救众人所犯的过失。以此来辅助万物自然而然地发展,而不敢胡作非为。"[64]能洞察出事物往往毁于刚刚成功的一刻,是老子政治智慧的过人之处。那些金戈铁马一统中华的煌煌天朝——秦朝,隋朝等,不是在取得政权不久,就因背离了安民政策而毁于一旦吗?

在立法监控和行政执法的关系上,老子的治民法反对统治者的任意妄为和直接干预,即所谓的"人治",主张立法司法独立,由专门的执法人员去执行国家制定的法律。他说:"如果民众不怕死,用杀头恐吓他们又有什么用呢?如果民众向来都怕死,而出现作乱的人,我将抓获并杀了他,那还有谁敢再犯法呢?如果民众向来怕死,就会设置司法官吏掌管刑杀。那些代替司法官吏去杀人的,就是代替木匠去砍伐。那些代替木匠去砍伐的,很少有不砍伤自己手的。"[76]这就是说,任何人包括最高统治者都没有超越法律的权力,直接去决定人民的命运。人民中有人犯了罪,应该由主管刑杀的专职官吏,根据法律量刑和执行,如果不这样,人民就会反抗,使凌驾于法律之上的权力者受到惩罚。在当今各国,有的统治者超越法律去践踏人权;在国际舞台上,强蛮的霸权主义者不是尊重联合国宪章或主权国当事各方的意愿,依照国际法并结合各国的法律,由该国的司法执法人员去执行法律,惩治犯罪,而是用直接插手、干涉、制裁、轰炸甚至派兵占领别国的方法,去强制实现自己单方面的政治意图和人权标准,这又哪能不受到害人害己,被刀砍伤手脚的严厉惩罚呢?

抚民法,是老子反对统治者挑起战争,涂炭生灵的扩张主义和霸权主义的安民政策。他主张"缩小国家机器,减少民众的贪念。将几百人用的大型兵器法物闲置不用,使人民看重生死大事而远离迁徙远征。即使有大车巨舟也无须乘坐,有盔甲兵器也不必陈列动用,让人民仍然像从前一样结绳记事。以家常饭菜为甘甜食物,以朴素的民族服装为美。安住在自觉舒适的居所里,以享受家乡淳朴的风俗为乐。邻国的村庄互相可以对望,鸡犬的叫声也能互相听见,居民长寿快乐至老死,也不你争我夺地相往来。"[67] 长期以来,一些人尖锐攻击老子的这一"小国寡民"的安民思想,却没有很好考虑老子说过的"毋闸其所居,毋厌其所生。"[74],坚决反对隔离人民、压制人民的话,更没有考虑它的锋芒所指,主要是那些不顾人民的利益和宝贵生命,拼命开疆扩土,不惜烽火连天,血流成河的帝王公侯;也没有考虑它的文化意义,正是要从当时的周朝天下"一统化"的僵化礼仪文化体制中打开缺口,保留东西南北各地人民"甘其食,美其服,安其居,乐其俗"的自由和民俗文化个性,以避免中华文化的单一抽象和苍白乏力。这对我们借鉴欧盟抵抗美国文化,在倡导欧洲一体化的同时,保留各小国的民族文化特色的经验,正确对待当前以超级大国为核心,以美国文化主导世界经济文化方向的"全球化",在加入WTO后继续保持国家和民族文化的独立自主性,不是也很有参照意义吗?

老子的抚民法敢于反抗高压政治暴力。对于那种违背人民意愿,强制人民按照自己的意愿行事,甚至不惜以流血恐怖相威胁的强权统治者,老子严正的警告说:"人民一旦不再害怕恐怖和威胁,那非常恐怖的事情就要发生了。所以不要限制人民栖息的居所,不要压榨人民使其了无生趣。只有不做人民所厌恶的限制民生的事情,人民才不会厌恶你。因此圣人有自知之明而不喜欢自我表现,自尊自爱而不自以为高贵。所以我们应该去除自大保留自知自爱。"[74] 可惜的是,不仅当年的诸多暴君,对老子的警告置若罔闻,就连当今已经翻译了许多版本的老子著作的西方各国,对老子的这一至理名言也毫无领悟。试看霸权主义者处处干涉他国内政的蛮横作为,就可知一二。在某种意义上,国际上的恐怖主义,正是民间地下非法恐怖组织,利用战略对峙、南北对立、贫富悬殊、种族冲突的不合理国际格局和社会现象,对强权政府明目张胆的恐怖镇压的隐蔽性流血报复。对此,用西方霸权主张的唯我独大,以暴易暴,以牙还牙的西医外科手术方法,去解决巴以冲突一类的国际争端,只能是治标不治本,泼油灭烈火。因此,只有用老子倡导的不让人民讨厌的安民方法,根据易经阴阳和谐原理,取上医治国、固本培元的中医之术,运用辩证施治,扶正去邪的方法,才可奏效。

老子说得好:"如果民众向来不怕死,用杀头恐吓他们又有什么用呢?如果民众向来都怕死,而出现作乱的人,我将抓获而杀了他,那还有谁敢再犯法呢?"[76] 这正是老子所主张的恩威并用,以刑治乱的治民方法。看起来,用刑杀的方法来治国,似乎和老子一贯的无为、贵身、阴柔、安民的主张相违背。其实不然。因为依法治国,以刑除乱,正是为了国家的长治久安和人民的根本利益。它和偏离恒道,一味迷信立法,造成"法物滋彰,盗贼多有"[57]"的滥罚苛法现象是根本不同的。所以,把老子的"无为"视作无所作为,把老子的"贵身"视作苟全性命,把老子的"责法"视作取消法治,把老子的"抚民"视作放任自流,是完全错误的,与老子的恒道相去甚远。还有人将老子的这一主张当作他站在人民对立面,主张统治者杀掉造反者的反动行为,这也是文不对题的。因为老子在前面已经说过"民不畏死,奈何以死惧之"的话,他完全懂得统治者不可能以镇压人民的反抗取胜。因此,他这里所说的"为畸者",只能是那些扰乱社会治安的极少数为非作歹者。这类人,以扰乱社会和平稳定,浑水摸鱼为目的,在任何一种现实社会制度中都会出现。老子所说的,自然是指这类危害恒道大业,为和谐社会与广大人民所不容者。

  老子以真知察世的如炬眼光,清楚地看到,人民的激烈反抗和冲破现成法律秩序的"罪行",其实正是统治者不顾人民生死,胡作非为,苛刻盘剥所造成的。"人民的悲惨饥荒,是因为他们上面的统治者吞食的税赋太多,所以人民才忍饥挨饿。人民之所以很难治理,是因为他们上面的统治者好大喜功的妄为,所以人民才难以治理。"[77]这就是说,制止贪官污吏的巧取豪夺,轻徭薄赋,才是抚民恤众,国富民安的正确途径。世界上本来并没有什么天生不怕死的乱民贼党,相反,大多数人民都是善良而爱惜生命的。"民众的看轻死亡,是因为他们求生的厚望很强烈,这样他们才轻视死亡。只有那求生而不得的人,才是最贤良而珍惜生命者。"[77]这就堵住了所有把人民当成天生暴民和冷血恐怖分子,把别国一概当成"无赖国家"的强权独裁政治家的口,高扬起正义、民安、国治的伟大恒道旗帜。

老子今译

安民篇

【一】

不尚贤,	不崇尚欺世盗名的"贤良",
使民不争。	使人民不争名夺利。
不贵难得之货,	不看重难得的货物,

使民不为盗。	使人民不去当强盗。
不见可欲，	不炫耀刺激物欲的东西，
使民不乱。	使人民不贪婪动乱。
是以圣人之治也，	所以圣人治理天下的法则，
虚其心，	是以谦虚阔容人心，
实其腹，	以食粮来充实肚腹，
弱其志，	弱化人的贪狠之志，
强其骨。	强健人的体魄筋骨。
常使民无知无欲，	长久地使人民不狡诈不贪欲，
使夫知不敢弗为而已。	使他们都知道不敢胡作非为而已。
则无不治矣。	这样天下也就不会治理不好了。

【第三章】

【注释】

不尚贤：王本如此，甲乙本作"上贤"。尚：崇尚，通"上"。贤：贤良，贤人。

使民不争：乙本王本如此。使，使得。争，争夺，争抢。

不贵难得之货：乙本王本如此。贵：珍贵，看重。

使民不为盗：乙本王本如此。

不见可欲：乙本王本如此。见，表现，炫耀。可欲，可以刺激物欲的东西。

使民不乱：王本此句作"使民心不乱"，甲乙本均无"心"字。乱：心中烦乱，骚动不安。

是以圣人之治也：乙本如此。

虚其心：乙本王本如此。虚，谦虚，空虚，引申为去除贪欲。

实其腹：乙本王本如此。实，充实。以食粮充实肚腹，包括精神粮食如才学、学识等。

弱其志：乙本王本如此。弱，弱化，与强化相反。志，好斗贪得之志。

强其骨：乙本王本如此。强，强健，增强。骨，筋骨，身体。

常使民无知无欲：王本如此。乙本作"恒使民无知无欲也"，常：通恒，持久地。使，促使，坚持。无知：没有知识，引申为天真淳朴的样子。无欲：没有贪欲、奢望。

使夫知不敢弗为而已：乙本如此。使夫知：使其知道，懂得。不敢：不敢乱来。弗为：无为，不妄为。王本此句作"使夫智者不敢为也，为无为。"繁复不取。

则无不治矣：乙本如此。治：治理。

【二】

天地不仁，	天地不讲仁义，
以万物为刍狗。	将万物当作草狗。
圣人不仁，	圣人也不讲仁义，
以百姓为刍狗。	把百姓当作草狗。
天地之间，	天地之间，
其犹橐籥乎？	就像是大风箱吧？
虚而不屈，	内部空虚而不穷竭，
动而愈出。	愈鼓动它风出得愈多。
多闻数穷，	所见所闻太多，反而没有办法和出路了，
不如守中。	还不如坚守中正之道。

【第五章】

【注释】

天地不仁：诸本如此。不仁：不讲仁义，不遵循仁义的说教行事。

以万物为刍狗：诸本如此。刍狗：草狗，古人用草扎成的狗，祭祀之用，用后即弃，用指轻贱之物。

圣人不仁，以百姓为刍狗：王本如此。

天地之间：乙本王本如此。

其犹橐籥乎：王本如此。犹，犹如，好像。橐籥（túo yuè）：古代风箱。楚简本、乙本乎写作与。

虚而不屈：王本如此。虚：空虚。屈（jué）：竭，穷尽，穷屈。甲乙本屈写作淈。淈（gǔ）：穷竭，尽，与屈义相近。

动而愈出：楚简本、王本如此。动：拉动，鼓动，指使用风箱。愈：更加。

多闻数穷：甲乙本如此。闻：耳闻，听到，引申为学到。王本等此句作"多言数穷"，言作说解，误。数：一指方术、技艺，引申为解决问题的办法。《孟子·告子上》："今夫弈之为数，小数也。"二指气数，即命运，引申为出路。刘峻《辨命篇》："将荣悴有定数，天命有志极。"此处两种含义兼有，指听多了各种说教，却不会分析，遇到问题反而不知所措，毫无办法，走投无路。穷：穷尽，如黔驴技穷。"多闻数穷"与"多歧亡羊"意同，都是指所闻和路径太多，反而不知何去何从。参见老子真知观。

不如守中：王本如此，比甲乙本"不若守于中"更简洁。守，坚守。中，中正不偏，不左不右，中空而不盈满的无为状态。指坚持恒道。甲乙本如此。

【三】

绝智弃偏，	弃绝狡智与偏激，
民利百倍。	人民利益将百倍增加。
绝巧弃利，	弃绝取巧与贪利，
盗贼无有。	盗贼们将会从此消失。
绝伪弃虑，	弃绝伪善与多虑，
民复孝慈。	人民将恢复孝敬慈爱。
此三言也，	这三句话啊，
以为文未足，	写成文章还嫌不足，
故令之有所属。	所以还要对它有所论述。
见素抱朴，	体现素心爱质朴，
少私寡欲，	减少私念与贪欲，
绝学无忧。	绝弃谬说与伪学，绝妙道学更无忧。

【第十九章】

【注释】

绝智弃偏：从楚竹简本"绝智弃卞"而来。绝：绝灭。智：智识，此处指狡智、伪知识等，老子深恶之，有"故以智治国，国之贼，不以智治国，国之德"［65章］之说。弃：抛弃。卞：有急、法、乐、偏等多重含义，需综合理解才准确全面：(1)《集韵》："躁疾也。"指卞急；(2)《玉篇》："法也。"指法规、法度；(3)《尔雅·释诂》："乐也。"读音"般"；(4) 通偏，卞将军即偏将军。如楚竹简本老子31章就有"是以卞将军居左，上将军居右"之句。由此推论，"弃卞"此言可指老子反急躁、反法、反乐与反偏等，从他主张清静守中，主张"法物滋章，盗贼多有"，主张"乐与饵，过客止"，反对五音五色之烦扰的观点看，均不无根据，但主要还是反偏离正道即反偏激。卞与偏音同，躁疾与卞急、偏激相通，故"卞"本有偏激之义，与"中"相反，所指当为主张"守中"的老子所反对的不合道法的一切偏激行为，如余食赘行、淫乐烦扰、法物滋章之类的过分行为。有学者将"卞"解释为"辩"，以为老子反对雄辩，离题甚远。还有学者认为"弃卞"即老子反对法治，开历史倒车，殊不知他反对的是法物滋章之法物，而非道法自然之道法，两者绝不可混为一谈。因此，如果我们将"弃卞"解为"弃法"，那该法也只能是偏激、偏私的"人之道"，而非"天之道"。甲乙本与王本此句作"绝圣弃智"。圣：睿智，通达，通晓，或指圣人。从老子多处引用圣人之言看，"绝圣"并非其本意，当为后世道家者流为儒道斗法需要所强改，而弃智与绝智意同，故此句应据老子古意，以"绝智弃偏"表达"绝智弃卞"的真意为好。

民利百倍：楚竹简本、乙本、王本均如此。民利，人民获得的利益。百倍，百倍增加。

绝巧弃利：楚竹简本与甲乙本、王本均如此，但次序不同。巧，投机取巧。利，私利，暴利。

盗贼无有：楚竹简本、甲乙本、王本均如此。无有，消失，绝迹。此句据楚竹简本提至第二句。

绝伪弃虑：楚竹简本如此。伪：伪善。虑：焦虑、忧虑，多虑，私虑，谋虑，指过度地营私谋算，裘锡圭疑此字为诈。甲乙本、王本此句写作"绝仁弃义"，后人以此为老子批判儒家背离恒道的道德说教的根据，或老子比孔子晚出的根据。从楚简本看，此说均不成立。从老子最古本真意看，他并没有笼统地一概否定社会道德的"仁义"，而是否定那绞尽脑汁，欺诈狡智，伪善营私的假仁假义。

民复孝慈：王本如此。复：恢复。孝：孝顺，孝敬。慈：慈爱，甲乙本写作兹，通慈。楚竹简本此句原作"民复季子"。

此三言也，以为文未足：甲乙本如此。三言：指上述三句话。以为文：以此三句话为文章。未足：还不够。楚竹简本此句作"三言以为使不足"，王本作"此三者，以为文不足。"均不如甲乙本贴切。

故令之有所属：甲乙本如此。令：让。之：指三言。属：撰著，属文，属稿，引申为论述，阐述。王本此句少了"之"字，所指不明，楚竹简本此句作"或命之，或呼嘱"，意繁不取。

见素抱朴：楚竹简本、乙本王本如此。见：体现。素：朴素，素心。抱：怀抱，抱持，坚持，引申为热爱。朴：老子的重要哲学概念，指万物原始的朴素本质。

少私寡欲：楚竹简本、乙本王本如此。少：减少。寡：减少。私：私念。欲：欲望，贪欲。

绝学无忧：乙本王本如此。绝学：（1）名词：指非常绝妙高明而面临失传绝境的学问。如宋儒张载所说的"为天地立心，为生民立命，为往圣继绝学，为万世开太平"。要之，"绝学"从正面意义讲，指道学，内含倡导、保存之意。(2)动词：绝灭，减损，与"损之又损"呼应。指绝灭伪学，即违反大道的多闻数穷之学。忧：忧虑。故绝学无忧，两意皆存，指弃绝伪学承续恒道绝学才能永无忧患。此句世传本放在20章前。楚竹简本此句放在第48章之末，即"学者日益，为道者日损。损之或损，以至无为也。无为而无不为，绝学无忧。"学与道和"为"相对而论，可参。

【四】

企者不立，　　　　踮脚的人不可能稳稳站立，
跨者不行。　　　　双腿并列叉开的人无法行走。
自视者不彰，　　　自视高明者难得显身扬名，
自见者不明。　　　喜欢自我表现者不明事理。
自伐者无功，　　　好自夸者得不到功劳，
自矜者不长。　　　自高自大者很难长进。
其在道曰，　　　　这些行为对恒道而言就是，
余食赘行，　　　　吃得太饱又做得太过，
物或恶之。　　　　万物大概都讨厌他们。
故有欲者弗居。　　所以贪欲太多的人都不能长久。

【第二十二章】

【注释】

企者不立：王本如此。企：踮着脚看。立：立业，立身，建树。甲乙本此句作"炊者不立"，指埋头吹火煮饭者不会站在那里，也可参。

跨者不行：王本如此。跨：本义为双腿分列在马身两边，这样是不能行走的。甲乙本无此句，因此句与前句对应，符合老子论述习惯，故存之。

自视者不彰：王本如此。自视：只看见自己，多指优点方面。彰：彰显，甲乙本写作章，通彰。此句与下句的次序据甲乙本调整。

自见者不明：王本如此。见：出现，表现。明：明白。

自伐者无功：诸本一致。伐：夸耀。功：立功，功劳。

自矜者不长：诸本一致。矜：持，自大。长，长进。

其在道曰：甲本如此。其，这，这类行为。其在道曰，即这事就道而言，从道的角度看。乙本王本此句作"其在道也曰"，也字可省。

余食赘行：王本如此。余食：多余的食物，吃得过多。赘：多余，累赘。赘行，做得太过，太多。此句引申为奢侈浪费，胡作非为的社会现象。

物或恶之：王本如此。恶之：讨厌它。

故有欲者弗居：甲乙本如此。有欲者，有贪欲的人，指上句所说的奢侈浪费，胡作非为者。弗：不能。居：停，住，维持长久。王本此句作"故有道者不处。"意为有道之人不会这样做，一正一反，可互参。

【五】

其政闷闷，	政治初创昏昧怜悯时，
其民淳淳。	人民是多么浑厚淳朴。
其政察察，	政治过于明察苛刻时，
其民缺缺。	人民会缺少自由和衣食。
祸兮福之所倚，	灾祸啊正是幸福所倚赖的，
福兮祸之所伏。	幸福啊正是灾祸所降伏的。
孰知其极？	谁能知道其中奥秘的极致吗？
其无正邪。	那就是事物的变化没有绝对的正邪。
正复为奇，	公正被颠覆就变成了诡奇，
善复为妖。	善良被颠覆就变成了妖孽。
人之迷，	这些都是人们所最迷惑的，
其日固久矣。	它发生的日子确实很久远了。
是以方而不割，	所以要方正伟大不要偏私分割，
兼而不刺，	要兼容并蓄不要尖刻刺激，
直而不绁，	要循道正直不要受缚越度，
光而不耀。	要光明正大不要自我炫耀。

【第五十八章】

【注释】

其政闷闷：王本如此。乙本此句政字作正，正通政，指政治。闷闷，指昏昧混沌状，老子用来形容古代政治原始初创时期的朴实状态，与政治成熟后的"清明苛察"状态相对。乙本"闷"字"门"内为"系"，意义同闷、阂。傅本此句闷作阂。闵（mǐn）：同悯，其意有三：（1）通悯，怜悯；（2）昏昧；（3）深远貌。此处三义皆有，是属于模糊概念，指原始社会那种看似昏昧、深远，实则怜悯体恤人民的政治状态。老子所向往的古代圣人所实行的宽容政治。

其民淳淳：王本如此。淳：义近沌，纯，乙本此句作"其民屯屯"。

屯：屯为易经诸卦之一，意为初始阶段，生活艰难，即屯难。屯形义又近沌，纯，引申为混沌、纯朴、淳朴、浑厚。综合诸义，可解释为古代人民生活艰难而淳朴浑厚，这正是老子向往的理想政治。

其政察察：王本如此。乙本政写作"正"，政：苛政。察：明察。察察，重复检察，过分监察，此句指为政过于繁琐苛察。

其民缺缺：王本如此。缺缺：指人民文化上受到诸多禁忌，缺少自由，物质上受"人之道"盘剥，缺吃少穿，较易理解，可存。甲本此句作"其邦夬夬"。邦：国家。夬（guài），通决，指大坝被大水冲决。夬为易经诸卦之一，意为刚决柔。其邦夬夬，此处借"刚决柔"指刚猛的苛刻残暴政治对柔弱民众的侵害。有人将"夬夬"的决堤义引申为国家大坝被毁于过分明察的政治，也算合理的推理。如与王本互参，可见老子对此民缺缺邦夬夬社会现象的批判。

祸兮福之所倚：王本如此。祸：灾祸。福：幸福。倚，倚赖，倚靠。甲本无兮字，祸写作"旤"（无字下加心）。

福兮祸之所伏：王本如此。伏：降伏，埋伏。

孰知其极：乙本王本如此。孰：谁。极：极致。

其无正邪：邢玄、庆阳、磻溪、楼正、孟颊、邵、司马、苏、志、易玄、彭耜、焦竑诸本如此。其：指事物及其发展变化等。正：正确，正路，引申为准则，正轨。邪：错误，邪路。此句乙本作"无正也"，王本作"其无正"，缺字不取。

正复为奇：王本如此。正：公正，正当。复：又，再次。复：归复，又通覆，颠覆。为：变为，成为。奇：奇怪，怪异，诡奇，不正。

善复为妖：王本如此。善：善良。妖：妖孽。

人之迷：王本如此。迷：迷惑。甲本缺，乙本迷写作"茫"，通迷。

其日固久矣：乙本如此。其：这类事情。日：时日。固：本来，确实。王本此句末无矣字，补后合韵。

是以方而不割：乙本如此，王本句前有圣人二字，应省，老子此处是对所有悟道之人提出玄德修养的要求。方：方正，指大方无私的伟大品格。老子《四十章》"大方无隅"，可参，此处指悟道之人品行非常方正，没有伤人的棱角或阴暗的角落。割：分割，偏私。

兼而不刺：乙本如此。兼：兼容，兼收。刺：讥刺，刺伤，用尖刻偏激的语言刺激别人。王本误作"廉而不刿"，费解不取。

直而不绁：乙本如此。直：正直，垂直，直行。绁（yì）：原意为绳索，束缚，引申为越度。王本此句作"直而不肆"，肆：肆意妄为，亦有越度之忧,此处肆与绁意思接近,均押韵。

光而不耀:王本如此。光:光明正大,光芒四射,指悟道之人的道德光辉。耀:耀眼,炫耀。乙本作"光而不眺"。眺:斜眺,斜视。不眺,指光芒逼人而惊颤不敢正视,意思与王本同,王本为是。

【六】

小国寡民。	以道治国,简政减税,缩减人口和贪欲。
使十百人之器不用,	把几百人用的大型器物闲置不用,
使民重死而远徙。	使人民看重生死而远离长途迁徙。
有车舟无所乘之,	即使有大车巨舟也无须乘坐,
有甲兵无所陈之,	有盔甲兵器也不必陈列动用,
使民复结绳而用之。	让人民像从前一样结绳记事。
甘其食,	以家常饭菜为甘甜食物,
美其服。	以朴素的民族服装为美。
安其居,	安住在自觉舒适的居所里,
乐其俗。	以享受家乡淳朴的风俗为乐。
邻国相望,	邻国的村庄互相可以对望,
鸡狗之声相闻,	鸡狗的叫声也能互相听见,
民至老死不相往来。	居民长寿快乐至老死,也不你争我夺的相往来。

【第六十七章】

【注释】

小国寡民:乙本王本如此。小国:甲本原作"小邦",乙本王本避刘邦讳而改为"小国",今从通行本便于诵读。老子的"小邦"总体指的是以道治国,具体涉及"邦"的多个领域和不同的"小"法,需结合具体语境来解释。(1)邦道,邦理(国家的治道)。"小邦"指以小朴(道)治国,即老子说的"朴虽小,而天下弗敢臣,侯王若能守之,万物将自宾。"[32章](2)邦赋(国家财政)。"小邦"指减少民众赋税。老子认为:"人之饥也,以其取食税之多也,是以饥。"[77章](3)邦政(国家军政),"小邦"即缩小国家机构,即精兵简政;(4)邦法(国家大法)。"小邦"有减少繁杂苛酷的邦法之意,老子认为:"法物兹章而盗贼多有。"[57章]。(5)邦域(疆土;国境;区域);邦场(邦国疆界);邦甸(古代王都郊外之地);邦邑(封地,政区;地区);邦土(国土)。"小邦"指缩小诸侯的邦域都邑,反对其贪欲的侵略扩张。(6) 邦器（礼乐之器及宗庙祭器），"小邦"有缩小邦器之意，参见本章"使十百人之器毋用"条。寡民：寡，（1）减少；（2）寡欲，减少贪欲；这里表面是强调控制人口的合理数量，深层是指使民众寡欲不贪。参见老子："不见可欲，使民不乱。"[3]

使十百人之器毋用：甲本如此。使：使得。十百人之器，足够数十至百余人使用的器物，指为战事或祭祀准备的特大武器、祭器、容器如巨锅大鼎、攻城用的大型器械之类。毋用：不用，闲置。王本此句作"使有什伯之器而不用"，少一"人"字，语义不通。

使民重死而远徙：甲乙本如此。重死：看重死生即生命，不轻易去送死玩命。远：远离，离开，此处作动词用。徙：迁徙，指民众为谋生之长途远行，颠沛流离，不顾生死；不远行则不用乘坐舟车，下句与王本此句"使民重死而不远徙"均可参。

有车舟无所乘之：甲本如此。车：车马。舟：舟船，甲本用周字通假。无所：没有地方，引申为没有必要。乘：乘坐。王本此句为"虽有舟舆，无所乘之"。甲乙本较简洁。

有甲兵无所陈之：乙本如此。甲：盔甲。兵：兵器。陈：陈列，备用。王本此句为"虽有甲兵，无所陈之"。甲乙本较简洁。

使民复结绳而用之：乙本如此，王本民写作人，意思相同。复：又，像从前一样。结绳：原意指古代没有文字时采用的结绳记事方法，老子借指一种不要巧技伪饰的古朴技艺和知识。

甘其食：诸本一致。甘：觉得甘甜，喜欢吃。食：食物，饭菜。

美其服：诸本一致。美：觉得美，喜欢穿，形容词作动词。服：服装，衣服。

安其居：诸本一致。安：安心，安住。居：居所，住所。

乐其俗：诸本用词一致。乐：感到欢乐，愿意从俗，形容词作动词。俗：风俗。此句甲乙本位于"安其居"之前，从王本改为居后，不仅合乎安居方能乐业乐俗的逻辑，也更和韵易记。

邻国相望：王本如此。邻国：相邻的友好国家。相望：互相可以望见，对望。

鸡狗之声相闻：甲本如此。鸡狗：甲本、范应元本、敦煌庚本、景龙、景福、顾欢、河上诸本均如此。王本、乙本此句作"鸡犬"，今从甲本。闻：听见。

民至老死不相往来：乙本王本如此。往来：交往，你来我往，此处指互相算计争夺。

【七】

民不畏威，	人民一旦不再害怕恐怖和威胁，
则大畏将至矣。	那非常恐怖的事情就要发生了。
毋闸其所居，	不要限制人民栖息的居所，
毋厌其所生。	不要压榨人民使其了无生趣。
夫唯不厌，	只有不做人民所厌恶的事情，
是以不厌。	人民才会不厌恶你。
是以圣人自知不自见，	因此圣人有自知之明而不喜欢自我表现，
自爱不自贵，	自尊自爱而不自以为高贵，
故去彼取此。	所以我们应该去除自大保留自爱。

【第七十四章】

【注释】

民不畏威：王本如此。畏：怕，畏惧，害怕。威：威胁，乙本写作"畏"，恐怖可怕的事情，指统治者残酷镇压的恐怖场面。威古通畏。民不畏威，即人民不害怕统治者的威严、威胁和镇压。

则大畏将至矣：乙本如此。王本此句写作"则大威至"。大畏：与大威同义，均指非常可怕的事情。至：发生。今取乙本原句。

毋闸其所居：甲本如此。毋：不要。闸：关闸，关闭，隔绝。居：居所，精神家园等。王本此句作"毋狭其所居"，乙本"狭"写作"伸"，字义相同，指不缩小人民的生存空间。

毋厌其所生：甲乙本如此。厌：厭，写作"猒"，通壓，壓即压塞，压抑，压榨，压迫。生：生计，生路，生活。此句或可解为：不让人民（因遭到残酷统治而）厌烦他们的的生活，失去生趣。

夫唯不厌：王本如此。唯：唯有，只有。厌：甲乙本作"猒"，通厭，指厌恶，憎厌。

是以不厌：诸本如此。

是以圣人自知不自见：王本如此。自知：自知之明。不自见：见，显现，显示。不自见，不自我表现。甲本毁损，乙本此句为"是以圣人自知而不自见也"，语气较和缓。

自爱而不自贵：王本如此。自爱：自我珍惜。自贵：自大。甲本此句存末尾五字字。乙本此句为"自爱不自贵也"。

故去彼取此：王本如此。去：去除。彼：指自大。此：指自爱。

【八】

民不畏死，	如果民众不怕死，
奈何以死惧之。	用杀头恐吓他们又有什么用呢!
若使民常畏死，	如果民众向来都怕死，
而为畸者，	而出现作乱的人，
吾将得而杀之，	我将抓获并杀了他，
夫孰敢矣？	那还有谁敢再犯法呢？
若民必畏死，	如果民众向来怕死，
常有司杀者杀。	就会设置司法官吏掌管刑杀。
夫代司杀者杀，	那代替司法官吏去杀人的，
是代大匠斫。	就是代替木匠去砍伐。
夫代大匠斫者，	那些代替木匠去砍伐的，
则希不伤其手。	很少有不砍伤自己手的。

【第七十六章】

【注释】

民不畏死：王本如此。乙本作"若民恒且畏不畏死。"若，如果。恒，常，向来。且，无。乙本多一畏字，可以解释为"如果民众向来都害怕那些不怕死的"（指领头闹事者），也可参。

奈何以死惧之：王本如此。奈何：用反问来表示没有办法，意同"怎么办？"乙本作"奈何以杀惧之也？"以杀，用杀头的办法，同"以死"。惧：恐吓。之：人民。"民不畏死，奈何以死惧之？"老子的这一名句，已经成为有识之士告诫统治者或霸权主义者的传世名言。

若使民常畏死：王本如此。甲本作"若使民恒且畏死。"词义相同，难读。

而为畸者：乙本如此。为：作。畸：畸形，为畸，即作乱。畸通奇。王弼注："诡异乱群为之奇。"王本此句作"而为奇者"，意同。

吾将得而杀之：甲本如此。得：能，得以，得到，指捕获。杀之：杀了他，指作乱者。王本此句作"吾得执而杀之"，执：抓住。

夫孰敢矣：甲乙本如此。孰敢：谁还再敢，指做犯法的事情。王本作"孰敢"，过简。

若民必畏死：甲本如此。王本无，今据甲本补。

常有司杀者杀：王本如此。常：一直。司杀者：主管司法刑杀的官吏，司：主管，司法。杀：刑杀。乙本此句作"则恒又司杀者。"又：有。

夫代司杀者杀：乙本王本如此。代：代替，取代。

是代大匠斫：乙本如此。大匠：木匠，实指司法大臣。斫（zhuó）：砍伐，杀头。甲乙本写作斲。王本作"是谓代大匠斫。"多余一字。

夫代大匠斫者：王本、甲本如此。甲本以伐假作代。乙本作"夫代大匠斫者。"

则希不伤其手：乙本如此。希：很少。伤：砍伤。其：自己。王本此句作"希有不伤其手矣"。

【九】

民之饥，	人民的饥饿受冻，
以其上食税之多，	是因为他们上面的统治者强征吞食的税赋太多，
是以饥。	所以人民才忍饥挨饿。
民之难治，	人民之所以很难治理，
以其上之有为，	是因为他们上面的统治者好大喜功的妄为，
是以难治。	所以才难以治理。
民之轻死，	愚民的轻生找死，
以其求生之厚，	是因为他们太贪求生活的丰厚享受，
是以轻死。	所以才轻生寻死。
夫唯无以生为者，	只有那些即使生活艰难也不贪欲妄为的人们，
是贤贵生。	才是贤良的珍惜生命者。

【第七十七章】

【注释】

民之饥：王本如此。饥：饿，饥荒。甲乙本此句作"人之饥也"。

以其上食税之多：王本如此。其上：指贵族统治者。食：吞食，收取。税：税收。甲乙本此句作"以其取食税之多"，可参。

是以饥：诸本如此。因此就忍饥挨饿。

民之难治：王本如此。治：治理。甲本作"百姓之不治也。"不：难，无法。

以其上之有为：王本如此。以：由于。上：上司。有以为：有妄为之举。乙本此句作"以其上之有以为也"，均指其上有妄为之举。

是以难治：王本如此。甲本作"是以不治"。

民之轻死：甲本、王本如此。轻：轻视，不怕。甲本"輕"写作"巠"，少"车"旁，意同；乙本此句末多一"也"字，不取。

以其求生之厚：王本、河上诸本均如此，甲乙本句末多一"也"字。其：指一味贪图物欲生活享受的愚昧之人。求生：求得生活所需要的一切。厚：丰厚，厚财。此句指贪图丰厚生活享受的人们，不惜追财逐利，铤而走险，丢掉性命，至今依然具有深刻的社会批判意义。傅本此句作"以其上求生之厚"，把人们的轻生厌世简单归于"其上"即统治者，反而降低了改造国民性的批判力，故从王本、河上本为宜。

夫唯无以生为者：诸本一致。唯：只有。无：无法。以：得以。生为：即为生，厚生。无以生为，有两层意思，一是指无法求生，生存艰难的人，即社会下层的老百姓；一是指不以贪生享乐为念的人，即不把厚生贪生放在首位的人，他就是老子所赞美的无为无欲的圣人。

是贤贵生：甲乙本如此。贤：贤良，崇尚，重视，珍惜。贵：珍惜。生：生命。贵生：其义与贵身基本相同。王本此句作"是贤于贵生"，多一于字，不取。有关"夫唯无以生为者，是贤（于）贵生"的解释很多。主要有：1. 指统治者恬淡无为要比强取豪夺高明得多。2. 只有以无为自然之法养生，才是真正的厚生、贵生、长生之计。3. 只有不去为生的贤人，才是真正贵生的。从全章老意看，此句是对无求生之厚的贪念，善养身心的人们的赞美。

老子安民略探——

民。

安民。

见素抱朴。

无为自化的老子安民。

它所引发我们要深入思考的——

问题之一，安民观在老子学说里的地位如何？

老子学说中的"安民观"所占有的地位，是和"民"在他心目中的重要地位紧密相联系的。"民"字在老子书中累计在15章里出现了33次，已经超过了我们分篇所需要的9章的分量。这还没有计算与"民"的意义紧密相关的"人"字,在老子全书累计40章里出现的82次。因为即使不计"众人"这一可以直接与"民"挂钩同义之词,其实很多时候在老子书中单独出现的"人",其意义也是完全可以跟"民"字的意义等同的。如老子的"人多伎巧,奇物滋起。"[57]以及"大国不过欲兼畜人,小国不过欲入事人。"[61]等句里的"人多伎巧"和"兼畜人"里的"人",换成"民"字也是可以的。在先秦尤其是老子还没有使用"人民"的概念的时候,从这些带人带民的章句的大量出现,我们可以看到民包括众人在老子全书中的重要分量。以"安民"作为老子学说的重要成分,应是完全可以成立的。

问题之二,老子安民观看来,"王"大还是"民"大?

在老子眼中,与"民"对立的是"王"。这是由"王"的统治者地位和"民"的被统治者地位所决定的。老子全书中"王"包括"侯王"共在9章里出现了14次,在次数上不及"民"字出现次数的二分之一,也不到"圣人"出现在24章里共28次的章数一半,只是比"君子"出现的2章3次略多。由此可见,在老子推行的恒道安民治国事业中,"圣人"的地位最为重要,"王"或"侯王"次之,而儒家所推崇的"君子"则是最无足轻重的。再细观其中的一句:"重为轻根,静为躁君。是以君子终日行,不离辎重。虽有环官,燕处超然。若何万乘之王,而以身轻天下?轻则失本,躁则失君。"[26]。君子其实指的就是"王"。只有另一章中,有时也可以指广义的君子,即王之外掌握实权的权臣或大将等:"夫兵者,不祥之器也。物或恶之,故有道者不处。君子居则贵左,用兵则贵右。"[31]老子认为,"道大,天大,地大,王亦大。国中有四大,而王居其一焉。人法地,地法天,天法道,道法自然。"[25]这就是说,王作为"人"中的一员,在国中的"四大"里,占有其一的地位,但排在"四大"最后,要通过效法地、天、道来实现自己作为一"大"的价值。而"王"的重要性是与他有无"民"所决定。如果没有民的拥护和爱戴,"王"就失去了存在的依据、价值和意义,成了真正的孤家寡人,一无用处了。可见,老子之承认"王"的地位和作用之大,是以"民"也就是"人"在宇宙万物中的地位和巨大作用所决定的。所谓"王"和"民"的区别,在社会的系统里只是社会分工和角色的不同而已,两者都属于"人"的范畴。目前有的老子版本中"王"字写做"人",将人与天、地、道合称为"四大",其实并不一定合乎老子的原意。因为我们遍查老子全书,尚没有单独将"人"列出来作为一"大"加以论述的章节,但却有许多涉及统治者即"王"应该如何行事,如何成大业的段落。如"知常容,容乃公。公乃王,王乃天,天乃道。道乃久，没身不殆。"［16］"道恒无名。朴虽小，天下弗敢臣。侯王若能守之，万物将自宾。"［32］"道常无为而无不为。侯王若能守之，万物将自化。"［37］等等。可见，从老子对治国主体统治者作用的看重，从他将"民"作为治国者的下属、作为被治理的客观对象看，他所说的可与天、地、道合称为"四大"的，只能是"王"，而不是被其治理的对象"民"或包括王自己的"人"。

如此说来，并非要把老子归入重视"王"的"英雄史观"而非重视"民"的"人民史观"的哲学家，以贬低其学说的价值。因为由于时代的局限，人民当时限于物质基础和思想水平，还没有以整体的自觉行为登上历史舞台，老子当时也还不可能有人民创造历史推动历史前进的唯物历史观，他把安抚百姓，培育百姓，造福百姓的历史重任，寄托在在人类文明史发展的必经阶段，凭借制度的权威，一呼百诺的统治者"王"的身上，是十分自然的。而老子的许多安民思想，也不仅仅是对"王"才有用，对今天的国家治理者，以及已经凭借民主制度当家作主了的人民大众，也有很好的借鉴作用，这是我们在探索老子安民观思想的进步意义时，所首先要明确的。

问题之三，"使民不争"是老子安民观吗？

前面在总论与译注时已详述过，老子"安民观"的核心纲领，基本由育民法、治民法、抚民法三部分组成。它与他的治国观、用兵观相辅相成，鼎足而立，是其哲学体系依据恒道观，玄德观、清净观在政治、文化、军事领域的政治纲领和社会实践论，同时贯串了其无为观、贵身观的思想内核。在研究老子"安民观"的许多论述中，也有不少学者得出了自己的独特理解。如有的学者就有将老子的安民措施归纳为十五个方面的，其中包括：1. 不尚贤，贤，谓世俗之贤。辩口明文，离道行权，去质为文也。不尚者，不贵之以禄，不贵之以官。2. 使民不争，不争功名，返自然也。3. 不贵难得之货，言人君不御好珍宝，黄金弃于山，珠玉捐于渊。4. 使民不为盗，上化清净，下无贪人。5. 不见可欲，放郑声，远美人。6. 使心不乱。不邪淫，不惑乱也。7. 是以圣人治，说圣人治国，与治身同也。8. 虚其心，除嗜欲，去乱烦。9. 实其腹，怀道抱一，守五神也。10. 弱其志，和柔谦让，不处权也。11. 强其骨。爱精重施，髓满骨坚。12. 常使民无知无欲。反朴守淳。13. 使夫知者不敢为也。思虑深，不轻言。14. 为无为，不造作，动因循。则无不治。15. 德化厚，百姓安。这15点归纳虽然略嫌琐碎，有的理解也略有偏差，但总体看还是比较全面的概括。

老子安民观的第一大特色，就是在上述老子安民观概述中，所提炼出来的"使民不争"的观点,若用老子的另一句名言,就是"人之道,为而不争。"[68] 其在15条中主要包含了:第二条、使民不争,就是让人民不去争功名,返回到自然的状态里去。第三条、不贵难得之货,不抬高稀世珍宝的价格;第四条,使人民不为强盗,上层阶级自化清净,下层百姓没有贪婪敛财之人;以及第十条,削弱人民的好斗好争好抢之志,提倡和柔谦让,不依仗和利用权力牟取私利等。这几条其实是互相联系的,即不仅仅是说王、侯王、人君不要太贪好珍奇宝贝,要把黄金抛弃山野,把珠玉捐于深渊(老子本无此句),而且也是针对普通人以及统治者说的,即让他们不要为了物质利益而抛弃一切,背离恒道,追逐权力,腐蚀权力,贪图功名利禄与财货之类。且不说文化大革命以阶级斗争为纲时,人为挑起争斗的恶果,只看今天一些地方在市场经济的利益驱动下强化人为之争,或者以GDP为政绩的惟一标准,非科学片面发展,抬高物价,囤积居奇,以次充好,以假乱真,画地为牢,设置贸易壁垒,放出虚假信息,制造供货紧张气氛,牟取暴利等等怪象,就是值得深加检讨的。

老子的"使民不争"的出发点是好的,有利于人性的反朴归真,道德的完善和社会的和谐稳定。当然,人类社会从不争到争,再从争到不争是一个漫长的不可避免的历史过程,没有现代市场竞争所带来的社会生产率的极大提高和物质财富的极大增多,以及在公正公平合理制度的保障下对人民合理的基本需求的尽量满足,就难以为将来的"不争"创造必要的物质基础和历史前提。

而从人的需求不可遏止和难以满足,以及随时代进步会日益增多的社会发展趋势看,老子所说的"不争"在任何时候都是需要的,它是我们对乱争现象的有力批判和反拨。关键在于统治者要根据人民意愿和社会实际去划定合理的"争"与"不争"的界限,即什么可以争,什么不可以争,什么该争,什么不该争,以及可以争、该争的范围的公平竞争条件和标准,以及如何合理合法的去争等等,使得该争的争,不该争的不争,该上的上,该下的下,该发的发,该荣的荣,使社会充满活力,充满朝气,而又不违规失控。

问题之四,"无为自化"是老子安民观吗?

老子说:"以正治国,以奇用兵,以无事取天下。吾何以知其然也?夫天下多忌讳,而民弥叛。民多利器,国家滋昏。人多伎巧,奇物滋起。法物滋彰,盗贼多有。故圣人云:'我无事而民自富,我无为而民自化。我好静而民自正,我无欲而民自朴'。"[57] "无为自化",可谓老子安民观的第二大特色。他所主张的"无为自化"里的"无为",即《易经》所专卦提倡的"无妄",有着丰富的社会内涵和智慧,是去除无道恶行,保证人民能循道修为,安居乐业的实践论,这点我们已经在前面专篇详论。

结合前面所引述的 15 条看,作为老子的行为观,"无为"的具体要求可以见于第一条、"不尚贤",就是不要去人为树立什么"贤人"、"贤能"、"贤士"、"贤良"一类的榜样。因为这些都属于"世俗之贤",在评选推荐中,很容易被一些人操纵利用,背离大道而暗箱操作,失去推荐贤能的本质而成为玩弄花架子。只有"不尚贤",不以利禄和做官来引诱人民,才能打消一些人以此谋私利的念头。当然,联系老子的全书思想看,他对圣人、为道者和大德者还是十分敬仰推崇的。他的"不尚贤",只是针对当时社会的弄虚作假现象而言,不可做取消一切榜样的偏狭态度来理解。同时,他的这一忠告也至今还有其振聋发聩的现实意义。

第五条所谓"不见可欲,放郑声,远美人"其实并非老子本意,老子只是说"五音使人耳聋","五色使人目盲"而已,郑声作为优美民歌的组成部分,天生美人等,既不危害社会,也不必非要远离。第六条"使心不乱。即不邪淫,不惑乱"。这是任何正教包括佛教、伊斯兰教、基督教等都共同主张的普世教条。第八条"虚其心,除嗜欲,去乱烦",这是对老子治心之术的解释,原意可以见于"不见可欲,使民不乱。"[3] 第九条"实其腹,怀道抱一,守五神",这是将老子重视民生的具体措施扩展到思想领域了。不过从先满足人民的物质需求,丰衣足食,然后再追求精神充实的角度看,也可以自圆其说。

第十一条"强其骨。爱精重施,髓满骨坚",这是从贵身观与性角度对"强其骨"健身法解释,离老子原意大致不远。值得注意的是老子在使民"无为"方面,大多数用语都是否定性的,劝止性的,但也不是绝对没有主动追求的部分,如"强其骨",就属于一种自觉的主动的健身,这与老子的"贵身"和"无为无不为"的主动进取精神,是完全吻合的。它也证明,老子的"无为"与人民的"自化"、"自朴"等,都并非什么都不为的消极态度,而是一种正言若反,在否定中追求肯定,在化民、正民、安民中追求社会稳定和谐的积极方略。

同时,我们也应该看到,老子所说"无为",不仅仅是人民的自发自化的行为,其实也包括了对统治者本身的严正要求和道德改变,他们正是老子寄托了推行"无为自化"的安民主体阶层。其作用见于第七条"是以圣人治,说圣人治国,与治身同也。"用老子引圣人的话来说就是:"我无为而民自化。我好静而民自正,我无欲而民自朴。"即将圣人作为安民的智慧主体,通过他治国治身的榜样,使第十二条"常使民无知无欲。反朴守淳",第十三条"使夫知者不敢为也。思虑深,不轻言",第十四条"为无为,不造作,动因循。则无不治";第十五条"德化厚,百姓安"等等,一一实现,最终完成安民、富民、正民的"自化"过程。

问题之五,"愚民政策"属于老子安民观吗?

老子安民观最基本的核心理念,是一个通过"我无为,我好静,我无事,我欲不欲"的统治者的无为而治,而实现"民自化,民自正,民自富,民自朴","德化厚,百姓安"的"自化"、"自安"、"自乐"的自进化自然过程。问题在于,老子所说的这一套安民政策,是否属于愚民政治呢?如果不是,我们又怎能否定老子说过的这句话:"古之为道者,非以明民,将以愚之也。民之难治,以其智多。故以智治国,国之贼也。不以智治国,国之德也。"[65]否定这白纸黑字,铁板钉钉的事实,否定老子这分明带有"愚民"观点的表述呢?我们应该如何理解他话里话外的深刻含义,评价其正面意义与历史价值呢?

我们知道,孔子也说过类似的"民可使由之,不可使知之"的话,即使人们不用新的断句法,改成"民可,使由之;不可,使知之"的句式为他开脱,也并不会抹杀他作为中国古代大教育家的地位。这从当今世界各地由我国支持的孔子学院的遍地开花就可以略知一二了。因为我们对孔子在教育史上的地位与功绩的评价,主要是从他的完整的教育思想,从他的众多弟子的心得体会与成长,从他为中华民族文化的创新所做出的重要贡献里得出的,而不是只凭他的只言片语。

同样的道理,我们对老子的"愚民政策"也应该如此解。即使我们不为老子的这句似为"呈堂罪供"做特别辩解,我们也应该把"古之为道者,非以明民,将以愚之也。"这句话,放到他的整个理论体系里,从实现恒道理想的角度去看问题。其实,老子所谓"愚民",主要是为"为道者"着想的,"非以明民,将以愚之也",只是为了通过"不以智治国"的安民教育政策,去除不良知识的负面影响,实现恒道的手段。而对人民而言,他所反对的是"智慧出,有大伪。六亲不和,有孝慈。"[18]所希望的是"爱民治国,能无知乎?"[10]是"知常曰明。"[16]使人民富裕,快乐,正直,朴实,强健,长寿,聪明("不自见故明,不自视故彰。"[23]),不受外界不良风气的腐蚀,不再使用笨重的武器与家什,不再遭受战争的动乱流离之苦,不再陷于"出生入死。生之徒十有三,死之徒十有三,而民生生动皆之死地,亦十有三。"[50]的悲惨境地。试想,对于一个明确指出:"民之饥,以其上食税之多,是以饥。民之难治,以其上之有为,是以难治。"[77] 坚决反对对人民横征暴敛,实行多税害民政策的伟大思想家,如果他从不想通过愚民政策来榨取民脂民膏,可耻地为贪婪的统治者的残暴罪行涂脂抹粉而分一杯羹,而是一位勇敢地以"损有余而益不足"的天之道,批判"损不足而奉有余"的人之道的伟大人道主义者,一位为民众利益不倦奋斗的伟大智者,我们又何必要斤斤计较,揪着他为了实现恒道而采取的"不以智治国"的具体手段不放呢?

这,也就是我们主张既不一叶障目,不见泰山,全盘否定老子富有许多真知灼见的安民观思想,也不故为圣哲讳,把他本来确有的愚民政策轻轻勾销的原因。

善为士者不武,善战者不怒。
善胜敌者弗与,善用人者为之下。

八、老子的用兵观

柔弱胜强

老子主张"君子重于道德,不重用兵"(文子转引)。所以,老子的用兵观,即他的战争观,主要包括了恒道和平主义的战争观,无为不争,以柔克刚,以退为进,哀兵必胜,后发制人的军事战略观,以及积德克敌,玄德贵身的无敌观等,三个组成部分互相联系,以前者为立场,中者为战略,后者为手段,言虽简而意深重,值得仔细品味。因为它是东方战争观的精华,是整个东方文化的和平主义基石,对维护世界和平,同享恒道幸福,具有深远的启示意义。

老子站在恒道和平的人民立场,向往的是"小国寡民。使十百人之器不用,使民重死而远徙。有车舟无所乘之,有甲兵无所陈之,使民复结绳而用之。甘其食,美其服。安其居,乐其俗。"[67]的和平世界。对所有以实力为后盾妄图称霸掠夺的非正义战争,首先表示了坚决反对的立场。他在"用兵"的开篇中明确提出:"要以恒道辅佐治国者,不要以武力强霸天下。"[30]脱离了和平恒道,恃仗武力强大先发制人,巧取豪夺以暴易暴,今天的发起侵略者,明天就会被人反攻;今天的占领者,明天就会被赶走。从"日不落"帝国的开始奴役印度,到最终在香港降下骄横的米字旗,从二次世界大战期间,德国法西斯的包围莫斯科,到柏林的被占和统一,从日本发起东亚战争到战败接受投降,从美国误判伊拉克有大规模杀伤性武器而悍然入侵,到国内外一片反对而悄然撤离,历史的演变都说明了并将继续说明这一强弱转化,攻守势易的真理。

从战争的反复性和所造成的严重后果看,好战和贪得是兵家大忌,越是炫耀武力强大就会越早衰亡。所以,"天下事喜欢周而复还,军队驻扎过的地方,往往会荆棘遍地丛生。大军厮杀过后的战场,必定会有灾荒的凶年。善用兵的仁善统帅,取得了成果就适可而止,不敢以武力去逞强。取得成果而不骄横,取得成果而不矜夸。取得成果而不好战,取得成果而不贪得。做到这些就可叫做,取得成果而不逞强。事物壮大极盛必定败亡衰老,这就叫作不守恒道。不守恒道就会提早衰亡。"[30]

老子论兵，高瞻远瞩，与单纯的谋略性、技术性的兵书不同。他是站在大道立场上，从反战的和平主义出发的。老子明确指出："兵器与军队，是不吉祥的国家利器啊。万物或许都不会喜欢它，所以尊奉大道的人都不穷兵黩武。君子平时安居时尊贵左位，用兵打仗时才会尊贵右位。"〔31〕这就是说，在和平时期，有理智的君子，所注重的应该是所谓"左阳道，朝祀之事"，即光明正大的朝廷国家大事，而不是所谓"右阴道，丧戎之事。"君子只有在万不得已非要使用武力时，才把通常需要在隐蔽阴暗中进行的，与丧事兵戎密切相关的军事行动，放在国家的重要位置。这就是君子平时贵左战时贵右的含义。从这一意义看，再有借口的用兵行为，再锐利的杀伤性武器，在恒道和平主义者眼中也是丑恶的，所以"兵器是不吉祥的杀人利器，不是君子的最好武器。万不得已的时候才用它，还要尽力保持恬淡平和的心态，千万不要去赞美兵器精良。如果赞美兵器精良，那就是以杀人为乐。那些杀人为乐的人，不可以实现天下的大志啊！所以吉庆的事要以左为贵，丧事才以右为尊。因此偏将军居于左位，上将军反而居于右位，这是说要以丧礼来看待用兵。杀人遍野，要以悲哀的心情亲临战场观察。战斗获得了胜利，要以丧礼的仪式来对待。"〔31〕以丧礼庆贺胜利，这种东方式的凯旋仪式，具有多么深广的悲天悯人的人道主义胸怀！它表现出中华民族及其哲人老子，对战场人我双方牺牲者的人性同情和尊重，与今之某些冷血麻木的杀人狂欢恰成为鲜明对比。

正是针对当时"春秋无义战"——各国统治者为填饱私欲，连年征战而造成人民伤亡惨重的悲凄情景，老子从厌恶战争的人道立场出发，深深感叹道："天下实行恒道，太平无事，就卸下军中跑马，以马粪肥田。天下失去恒道，战乱频繁，战马的小驹竟然生到了荒郊外。罪恶没有比极贪欲更大的了，惹祸没有比不知足更大的了，过错没有比贪得无厌更惨的了。所以说，知道满足的满足，永远都能满足啊！"〔46〕在这里，老子以锐利的眼光，一下子抓住了战争的罪恶本质，就是人的贪欲。当这种贪欲蒙住了人们的双眼，使之只看到利益的诱惑，功名的显赫，而看不到人民的流血和惨痛，不惜舍身相搏时，战争就爆发了。然而，这种妄图取得天下所有资源的战争，能满足霸权主义的胃口吗？不能！老子认为："将欲取天下而为之，吾见其不得已。天下神器，不可为也，为者败之，执者失之。"〔29〕而要告别战争，就应该如老子所说，学会"知足之足，常足矣"〔46〕和"知止所以不殆"〔32〕的道理，遏止贪欲，回归和平。

如何实现和作到这一点呢？老子借用圣人的话："我无事而民自富，我无为而民自化。我好静而民自正，我无欲而民自朴。"〔57〕如果统治者都能以古时的圣人为楷模，达到他们的极高思想境界，好静不争，自止奢望，不无事找事，人民自然会正直无私，淳朴敦厚，富裕幸福起来，又何须战争怪物用兵呢？"是以圣人无为，故无败。"［64］

正是从这一坚持恒道，止贪息战的和平主义战争观出发，老子建立起中国道家无为不争，以柔克刚，以退为进，哀兵必胜，后发制人的军事战略思想。他认为"夫唯不争，故天下莫能与之争。"［23］并极力主张："善于谋划的高士不会崇尚武力，善于作战的将士不不受骗而暴怒，善于克敌致胜的将领不给敌人可乘之机。善于任用人才的要以谦下的态度待人，这就叫作无争的玄德。这才叫作善于用人，这才叫作配合天道运行，它是古人的极高境界啊。"［70］

应该说，这种不尚武，不动怒，善于用人，配合天道，不战克敌的军事思想，正是坚持"以正道治国，以奇谋用兵，以清静无为取得天下。"［57］的道家战争观的表现。老子认为，这种坚守恒道方向，灵活运用兵法的军事战略，是唯一正确的治国用兵之道。他说："我以什么来知道这一点呢？天下有许多的禁区忌讳，民众就会日渐贫穷反叛。民间越是收藏更多的尖端武器，国家就会更加昏乱无度。民众过多玩弄诡诈技巧，奇巧器物就泛滥成灾了。法规越繁琐显赫法器越多越贵重，盗贼就会越来越多。"［57］与法家主张严刑峻法，奖罚分明，开疆扩土，墨家主张敬鬼和兵家主张研制兵器，攻城掠地不同，道家的祖师老子明确反对"民多利器"——民间自制凶器，"奇物滋起"——民间滥制扰乱人心的奇巧器物，"法物滋彰"——大量制定烦琐严酷的法律条文的反恒道作法。特别是包括各类军规军法在内的法律条文的大量制定，其结果，不是把战士弄得手足无措，就是将他们一步步地训练成只知道盲目服从长官的战争杀人机器。从西方小说中所刻画的荒谬绝伦的"第二十一条军规"看，老子的批评，绝不是空穴来风！

在具体的战略战术方面，富有辩证法智慧的老子，也提出了许多可以说是最精明的军事家也未必想得到的高招。这就是，"想要收敛它，先姑且扩张它。想要削弱它，先姑且增强它。想要废除它，先姑且振兴它。想要夺占它，先姑且送予它。"［36］在军事实践中，这种欲擒故纵的方法，又被称之为诱敌深入的方法，它以土地、城池、人员、武器、粮草等军事要地和物资人员等的"放弃"，"充实"并麻痹敌人，使其产生获胜得利的轻敌思想，然后再利用"特洛伊木马"之类的内应条件和敌人兵力分散的弱点，重点打击，各个击破。老子认为，懂得这一道理，"这才叫作稍明事理。"而他关于"柔弱胜过刚强，鱼儿不能脱离藏身的深渊，国家的利器不可轻示外人。"［36］的忠告，则是要战争的指导者不可离开对自己有利的地形，不可过早暴露自己强大的致敌死命的秘密武器,以造成对敌人的强大心理震慑力,防止因敌人觉察防备而失去应有的威力。从老子的军事思想建立在无为柔弱,又处处为柔弱后发制人者着想的战略意图看,其对战争开始时处于守势的弱者一方,如中国等和平反战国家,确系生死攸关,不可掉以轻心。

从保卫和平,哀兵必胜,后发制人的用兵观出发,老子借善于用兵者之口说:"我不敢主动挑战而宁可被动防守,不敢抢先前进一寸而宁愿后退一尺。"老子用他深奥而充满想象力的哲理性语言说:"这就叫作采取无形的行动,举起无形的有力臂膀,拿起无形的战斗兵器,于是就能无敌于天下了。"[71] 乍一看,老子在这里所说的"行无行,攘无臂,执无兵,乃无敌矣"很不好理解,什么叫做"采取无形的行动,举起无形的有力臂膀,拿起无形的战斗兵器"呢,这是不是在玩弄字眼,搞什么文字游戏或主观唯心的神秘主义呢?要打通这里面的极难点,关键是对老子"无"字的准确理解。

老子对"无"的说法很多,如"道常无为而无不为。侯王若能守之,万物将自化。化而欲作,吾将镇之以无名之朴。无名之朴,夫亦将知足。知足以静,天下将自定。"[37] 又说"反者,道之动。弱者,道之用。天下万物生于有,有生于无。"[41] 这是从恒道高度阐明了"无"的原始初创地位。此外,他还对"无"的具体的实质而神奇的功用,作过如下的解释:"三十辐共一毂,当其无有,车之用。埏埴以为器,当其无有,器之用。凿户牖以为室,当其无有,室之用。故有之以为利,无之以为用。"[11] "善行无辙迹,善言无瑕谪,善数不用筹策。善闭无关楗而不可开,善结无绳约而不可解。"[27]

这一切都说明,无形的力量,才是最大的力量,无形的行动,才是最有效的行动,无形的武器,才是最厉害的武器,无言的雄辩,才是最有说服力的雄辩。如我们今天所说的国际正义、道义德望、文化影响等让人信服佩服赞同的"软实力"等,它有时甚至比那些外在的暂时的军力兵力武力经济实力等硬实力更强大。这也就是老子所说的"行无行,攘无臂,执无兵,乃无敌矣"的真意所在。而对依靠有形力量,有形武器即硬实力去占据无敌地位的梦想,老子则不屑一顾,嗤之以鼻。他说:"灾祸没有比轻敌自大的更大了,轻敌自大几乎丧失我的宝贝啊。所以对抗双方的兵力相等时,悲愤的哀兵一方必定取胜!"[71]

哀兵必胜的原因,在于其作为受害者和被侵略者而勇敢复仇的伟大的道德力量,在于其坚持恒道的正义性。它形成了老子以德克敌,玄德贵身,攻心为上的无敌观。老子认为,"重积德则无不克。"[59] 用文子转述他的话说,这是因为"上德者天下归之,上仁者海内归之,上义者一国归之,上礼者一乡归之。无此四者民不归也,不归用兵,即危道也。""心服于德,不服于力。德在与,不在求。……故与之为取,后之为先,即几于道矣。"这就是说,上德才能服人,积德才能无敌不克,仁慈才能奠定胜利基础。"夫慈以战则胜,以守则固。天将建之,以慈卫之。"〔69〕慈爱和平的力量是无穷的,有德者不乱树敌因而也无敌,仁慈的统治者胜于残暴的独裁者。"朝甚除,田甚芜,仓甚虚。服文采,带利剑,厌饮食,财货有余。是谓盗夸,非道也哉!"〔53〕非道者,战必败,利剑再多也没用。而遵循恒道,修养玄德,维护正义的人,则往往并不需要炫耀武力就可凝聚人心,克敌取胜。所谓"天之道,不争而善胜,不言而善应,不召而自来,繟然而善谋。"〔75〕就是这个意思。

用兵和战争必然导致重大伤亡,其所引发的生死观,是人类所无法逃避的。对此,坚持"贵身观"的老子有其独特的看法。他清醒地看到了生死一线之间既矛盾又统一的辨证关系,这就是贪生怕死的容易送命,勇敢面对危险的反而得到生存。用他的话说那就是:"人一出生就遇到死亡的严重威胁。侥幸生存的十人中只有三个人,难逃死路的十人中少说三个人,而民众拼命求生最终还是难逃死路的,十人中也有三个人。这是什么缘故呢?这是因为人生来的贪生欲念太强。"〔50〕人类自出生以来,三分之一死于非命,三分之一难逃死路,只有三分之一得以幸存!这是多么可怕的现实,而这一战乱背景正是春秋战国时代五霸七雄你争我夺,杀人掠地的悲惨结果。在这场浩劫中,只有贵身自好,执着生命,坚持恒道的勇士,才能永生吧?老子以诗意的语言说:"我听说那些善于执道养生的人,上山不躲避犀牛猛虎,入阵不披挂盔甲兵器。暴怒的犀牛无处撞击它的尖角,凶恶的猛虎无处飞舞它的利爪,锋利的兵器无处容纳它的刀刃。这是什么缘故呢?因为他不受死亡之地的威胁!"〔50〕面对不死之地的善执生者,实际上是老子对具有玄德,敢于蔑视反人道战争的正义之士的一种力量和人格的肯定,他们正是所谓的"含德之厚者,比于赤子。蜂虿虫蛇不螫,攫鸟猛兽不搏。"〔55〕因而能在战争中永生。

至于一般逆来顺受的普通人,则难以逃脱在战场被砍杀送命的悲剧。但那些以杀人为快的强梁者,虽得胜于一时,却终究不会逃脱覆灭的命运,终将被眼下他们看不起的新生的正义的弱小力量所吞灭。历史上这方面的例子不胜枚举:在中国改朝换代的时候,哪一个貌似强大拥有国家机器和优势兵力的腐朽政权,最终不是被看似弱小的起义军所推翻了呢?老子深刻地指出:"人活着的时候是多么的柔弱,待到死后就僵硬了。万物草木初生时也很柔脆，待死亡时也就秃枝落叶枯萎了。因此强硬逞能者属于灭亡一族，谦柔示弱者属于生命力旺盛的一族。军队逞强称霸的往往不会胜利，树木粗壮的就会被砍倒做兵器。所以强大的势力要甘居下方，扶持柔软弱小的安居于上方。"[78]而这就是他在遵循恒道前提下所一贯所坚持的"勇于敢则杀，勇于不敢则活。"[75]"强良者不得其死"[42]的生死观、强弱观、勇敢观、贵身观在战争观中的体现。它与老子主张的"天下之至柔，驰骋于天下之至坚。无有入无间。"[43]"天下莫柔弱于水，而攻坚强者莫之能胜，以其无以易之也。"[80]的尚柔精神是一致的。

老子的上述用兵思想，深刻影响了中国兵家，为东方军事学奠定了基础。在历史上，将老子书作为兵书研究的就不少。如《隋书·经籍志》收录的《老子兵书》一卷，南宋郑樵作《通志略》中收录的《道德经兵论要义述》四卷等。实际上，《老子》一书充满了军事辩证法和方法论色彩，表面柔弱却孕育了无穷的刚强实力，研究者视其为道家兵书是颇有道理的①。其对学界公认的兵圣名典的深刻影响，可见于下图所示②：

《老子》与《孙子兵法》对照表

《老子》	《孙子兵法》《孙膑兵法》
1，以正治国，以奇用兵。[57]孰知其极？其无正也。正复为奇，善复为妖。[58]	凡战者，以正合，以奇胜。《势篇》故善出奇者，无穷如天地，不竭如江河。《势篇》。奇正之变，不可胜穷也。奇正相生，如循环之无端，孰能穷之？《势篇》
2，常使民无知无欲，使夫知不敢弗为而已。[3]	能愚士卒之耳目，使之无知，易其事，革其谋，使之无识。《九地篇》
3，上善如水。[8]天下之至柔，驰骋于天下之至坚。[43]	夫兵形象水。水之形，避高而趋下；兵之形，避实而击虚。《虚实篇》
4，善为士者不武。善战者不怒。善用于敌者不与。[68]	故善用兵者，屈人之兵，而非战也；拔人之城，而非战也；毁人之国，而非久也。《谋攻篇》
5，祸莫大于轻敌，轻敌几丧吾宝。[69]	夫惟无虑而易敌者，必擒于人。《行军篇》
6，故称兵相若，则哀者胜矣。[71]	士卒坐者涕霑襟，偃卧者涕交颐，投之无所往者，诸刿之勇也。《九地篇》
7，夫乐杀人，不可以得志于天	夫乐兵者亡，而利胜者辱。《孙膑·见

下矣。[31]	威王》
8，善数者，不以梼策。[27]	多算胜，少算不胜。《计篇》
9，故天之道，利而不害；人之道，为而弗争。[68]	不战而屈人之兵，善之善者也。《谋攻篇》
10，知人者智，自知者明。胜人者有力，自胜者强。[33]	知己知彼，百战不殆。《谋攻篇》
11，鱼不可脱于渊。国之利器不可以示人。[36]	主人安地抚势以胥。……所谓善战者，便势利地者也。《孙膑·客主人分》
不失其所者，久也。[33]	
居善地，心善渊，予善天。言善信，正善治。事善能，动善时。[8]	善守者，藏于九地之下，善攻者，动于九天之上，故能自保而全胜也。《形篇》
12，勇于敢则杀，勇于不敢则活。[75]	小敌之坚，大敌之擒也。《谋攻篇》
13，天之道，不战而善胜。[75]	以决胜败安危者，道也。《孙膑·客主人分》
	知道，胜。《孙膑·篡卒》
14，水之胜刚也，弱之胜强也。[80]	夫威强之兵，则屈软待之。《孙膑·五名五恭》
15，是以君子终日行，不离其辎重。[26]	故军无辎重则亡。《军争篇》
16，重积德则无不克。[59]	上下同欲者胜。《谋攻篇》
	德行者，兵之厚积也。《孙膑·篡卒》
	将者不可以无德，无德则无力，无力则三军之利不得。《孙膑·将义》

从上图所示的十六个方面，可以看出老子关于奇正，愚民（兵），非战，善变，善战，善藏，善动，不轻敌，弱胜强，哀兵胜，知道胜，积德胜等方面的道家军事思想，所给予中国伟大军事家孙子和孙膑有关兵无常势，奇正变化，沉潜不怒，多谋善断，能攻会守，惜杀慎战，明道积德等方面的积极影响，这也从一个方面说明了恒道哲学的普适性。

【注释】

①邹丽燕.《〈老子〉与〈孙子兵法〉的关系》. 老子与中华文明 [M].西安：陕西人民教育出版社. 1993.

②孙膑兵法. 银雀山汉墓竹简整理小组编 [M]. 北京：文物出版社 1975.（本表除另有注明外均出于《孙子兵法》）

老子今译

用兵篇

【一】

以道佐人主者，	以恒道辅佐君主治国者，
不以兵强天下。	不会企图以武力强霸天下。
其事好还，	天下事喜欢周而复还，
师之所处，	军队所驻扎过的地方，
荆棘生焉。	往往会荆棘遍地丛生。
大军过后，	大军厮杀过后的战场，
必有凶年。	必定会有灾荒的凶年。
善者果而已，	善于用兵的好统帅，取得了成果就适可而止，
不敢以取强。	不敢以武力去逞强。
果而勿骄，	取得成果而不骄横，
果而勿矜，	取得成果而不矜夸，
果而勿伐，	取得成果而不好战，
果而勿得。	取得成果而不贪得。
已居是谓，	做到了这些就可叫做，
果而不强。	取得战果而不逞强。
物壮则老，	事物壮大极盛必定败亡衰老，
谓之不道。	这就叫作不守恒道。
不道早已。	不守恒道就会提早衰亡。

【第三十章】

【注释】

以道佐人主者：楚竹简本、王本如此。甲乙本作"以道佐人主"，今补充"者"字。道，恒道。佐，辅佐。人主：君主。者：此指治国者。

不以兵强天下：王本如此。兵，武力。强，逞强，称霸。楚竹简本作"不谷（欲）以兵强于天下。"

其事好还：王本如此。其：天下。好：喜欢，都会。还：周而复还。楚竹简本此句为"其事好"，在句末，指种种"果而……"的做法很好，是一句归纳性的总结，可互参。

师之所处：王本如此。师，军队。处：甲本作居，军队驻扎的地方。

荆棘生焉：王本如此，甲本写作"楚杋生之"，其意相同。

大军过后，必有凶年：王本如此，甲乙本无此句。

善者果而已：楚竹简本如此。善者，善于作事的人，有善良爱心之人，此处专指用兵的好统帅。果，结果，取得成果。已：而已，罢了。此句甲本作"善者果而已矣"，王本写作"善有果而已"，皆不取。

不敢以取强：王本如此。取强：逞强。甲乙本此句作"毋以取强焉"，楚简本作"不以取强"。

果而勿骄：王本如此。骄：骄横，霸道。勿：此章王本通用之，甲乙本用"毋"，楚竹简本用"弗"。此句王本原在第三，今据甲乙本提前。

果而勿矜：诸本如此，排序不同，今据甲乙本排序。矜：矜夸，傲慢。

果而勿伐：王本如此。伐：攻伐，好战。楚竹简本作"果而弗伐"，次序在前。

果而勿得：甲乙本句式如此，原作"果而毋得"。毋：同勿。得：夺得，贪得。王本此句原作"果而不得已"，今依王本统一用"勿"，排比工整，一气呵成，极显老子雄辩气势。

已居是谓：甲乙本如此。已：已经。居：作到。是：这样，这几方面。谓：可以叫作，甲乙本谓写作胃。"已居是谓"意思是"已经作到了这几方面（指上文的四个"果"）就可以说"。

果而勿强：王本如此。果：这里有两层意思，一是"果敢"，当断则断，勇于果断决策。二是"成果"，引申为取得成果，取得胜利，达到既定的目的。不强：不好强，不逞强。甲本此句作缺损一果字，写作"［　］而不强"。乙本此句作"果而强"，缺一不字，意义相反，应据甲本王本补。此句与前句的断句，无论是"果而毋得已，居是，谓果而不强"，或是"果而毋得已居，是谓果而不强"皆不通。王本因缺"居是谓"三字，断作"果而不得已，果而勿强"，亦不得要领，难以准确表达老旨。现据甲乙本重新断句，统一句式，以明老意。

物壮则老：王本如此。物，万物。壮，壮大。老，衰老，衰败。甲乙本作"物壮而老。"

是谓不道：王本如此。不，不守，不循。道，恒道。甲本作"是胃之不道"。

不道早已：王本如此，甲乙本作"不道蚤已"，蚤，通早。已，结束，灭亡。

【二】

夫兵者，	兵器与军队，
不祥之器也。	是不吉祥的国家利器。
物或恶之，	万物或许都不会喜欢它，
故有道者不处。	所以尊奉大道的人都不穷兵黩武。
君子居则贵左，	君子平时安居时尊贵左位，
用兵则贵右。	用兵打仗时才会尊贵右位。
兵者不祥之器，	兵器是不吉祥的杀人利器，
非君子之器。	不是君子的最好武器。
不得已而用之，	万不得已的时候才用它，
恬淡为上，	并尽力保持恬淡平和的心态，
勿美也。	千万不要去赞美兵器精良。
若美之，	如果赞美兵器精良，
是乐杀人。	那就是以杀人为乐，
夫乐杀人者，	那些杀人为乐的人，
不可以得志于天下矣！	不可以实现天下的大志啊！
是以吉事上左，	所以吉庆的事要以左为贵，
丧事上右。	丧事才以右为尊。
偏将军居左，	偏将军居于左位，
上将军居右，	上将军反而居于右位，
言以丧礼居之也。	这是说要以丧礼来看待用兵。
杀人众，	杀人遍野，
则以哀悲莅之。	要以悲哀的心情亲临战场观察。
战胜，	战斗获得了胜利，
以丧礼处之。	也要以丧礼的仪式来对待。

【第三十一章】

【注释】

夫兵者，不祥之器也：甲乙本如此。兵：兵器，用兵，引申为战争行为。不祥：不吉祥。器：杀人的利器、武器。王本此句作"夫佳兵者，不祥之器"，缺也字，佳字多余。

物或恶之：甲本、王本如此。物：万物。或：或许。恶：厌恶，不喜欢。

故有道者不处：王本如此，诸本多从之。甲本作"故有欲者弗居"。有欲者：此处指有追求抱负，想有所作为者，非指贪欲妄为者。居：居傲，引申为拥兵自重，穷兵黩武。不居与不处同义，指不占有，不拥有军队、武器等。

君子居则贵左：诸本均如此。君子：正直公正的治国者。居：安居，平居，常时。贵：看重。左：与右相对。古时认为："左阳道，朝祀之事。"君子平时所注重的，应该是光明正大的朝廷国家大事，所以贵左。

用兵则贵右：诸本均如此。用：使用，调遣。兵：军队。"用兵"，是老子治国安民思想的重要组成部分。贵右：古时认为："右阴道，丧戎之事。"即君子在万不得已非要用武力时，才把在隐蔽阴暗中进行的，与丧事兵戎有关的军事行动，放在国家的重要位置。

兵者不祥之器：王本如此。兵者：兵，兵器，武力，指用兵，战争。非：不是。器：武器，用器，引申为手段。甲乙本此句作"故兵者非君子之器"。

非君子之器：王本如此。乙本作"兵者不祥器也"。

不得已而用之：诸本如此。

恬淡为上：王本如此。甲本作"铦袭为上"。此句难解，歧义甚多。一说，铦：锋利，袭：触及。铦袭，即武器锋利而容易刺入。二说，铦，通恬，恬静。袭，合，合和。《淮南子天文训》："天地之袭精为阴阳。"铦袭，即恬静，和合，恬淡之意。乙本作"铦㦸"，"㦸"，也解为恬淡。上：上等，指兵器时用此意。上，又通尚，即以其为上，为好，引申为最好（如此），指对用兵的态度。以上两说，一指兵器本身，锋利为好，一指用兵器的人，心里平和恬淡为好，不可浮躁狂热，妄动杀机，故均与老子原意不违，可以在不同场合并存。即就审美意义而言，不可赞美杀人的利器，就政治军事意义而言，务必保持和平心态，不可好战蛮干。又，楚竹简本此句写作"错橄绺"，厉石强弩之意，亦可参。

勿美也：甲乙本如此。勿：不要。美：赞美。楚简本此句写作"弗美也。"王本作"胜而不美"。

若美之：甲乙本如此。楚简本此句写作"美之"，王本作"而美之者"。

是乐杀人：楚简本、王本如此。是：那就是。乐：喜欢，以…为乐。甲乙本此句作"是乐杀人也"。

夫乐杀人者：王本如此。甲乙本此句作"夫乐杀人"。

不可以得志于天下矣：甲乙本如此。得：实现。志：志向。王本句前多一则字。

是以吉事上左：甲本如此。吉：吉庆。上：尚，上位，尊重。

丧事上右：楚竹简本与甲本如此。王本作"凶事上右"。

偏将军居左：王本如此。楚简本、乙本写作"是以偏将军居左"。偏将军：辅佐的将军，楚竹简本写作"是以卞将军居左"，卞通偏。居：位居，处于。今"是以"据王本省。

上将军居右：楚简本、甲本、王本如此。上将军：主帅，主将。居，

言以丧礼居之也：楚简本、甲乙本如此。言：这是说。居：看待，与处同义。王本作"言以丧礼处之"。

杀人众：甲本如此，杀人数量众多，杀人如麻。王本作"杀人之众"。

则以哀悲莅之：楚竹简本如此。哀悲：悲痛哀伤。莅：1、到，2、视，走到近处察看，3、与"涖"同义，罗运贤亦解作"涖"。王本此句作"以哀悲泣之"。泣：哭泣。甲本作"悲依立之"，悲依意同悲哀。立：站立默哀，立碑纪念，乙本也作立。另有周生春将"立"解为"成就"者。从句意看，以悲哀的心情走进察看敌人尸体当是老子本意，要求为之哭泣恐非老子原意。

战胜，以丧礼处之：王本如此，楚竹简本作"战胜，则以丧礼居之"。战胜：战，战争。胜，取得胜利。丧礼：举行丧礼的仪式。处：对待，指庆贺胜利的事情。

【三】

将欲翕之，	想要收敛它。
必固张之。	先姑且扩张它；
将欲弱之，	想要削弱它，
必固强之。	先姑且增强它；
将欲废之，	想要废除它，
必固兴之。	先姑且振兴它；
将欲夺之，	想要夺占它，

必固予之。　　　　　　先姑且送予它。
是谓微明。　　　　　　这就叫明白精微的道理。
柔弱胜刚强，　　　　　柔弱胜过刚强，
鱼不可脱于渊，　　　　鱼儿不能脱离藏身的深渊，
国之利器不可以示人。　国家的利器不可轻示外人。

【第三十六章】

【注释】

将欲翕之：景龙碑本、顾本、傅本、范本均如此。将：将要。欲：想，计划。翕（xī）：收敛，合，聚，与"张开"相对，即"翕张"，一吸一张，作为鸟的飞翔动作，正好与老子下句的"必固张之"相合。翕字河上本作"噏"，王本作"歙"，乙本作"㧷翕"，音形义均与"翕"同。甲本写作"拾"，亦取合义加提手旁。

必固张之：王本如此。必：必定，首先要。固：固然，通姑，姑且。甲乙本固原作"古"，古通固，他本均作"固"，下同。张：伸张，开张，扩张，壮大，与"翕"之"收敛"刚好相反，成为辨证的对立统一概念。

将欲弱之：诸本一致。弱：削弱。

必固强之：王本、乙本如此。强：增强。

将欲废之：王本如此。废：废除。乙本此句作"将欲去之"。去：除去，铲除。

必固兴之：王本如此。兴：繁体为興，兴盛，兴起。甲乙本此句写作"必古舆之"。繁体"舆"与王本的興相近。与：给与，给予，赠与，赞许，引申为笼络，与和前句"将欲去之"相对。但"与之去之"与后句"予之夺之"意思相近，显得重复。故老子原意应为兴废比对。

将欲夺之：诸本一致。夺：夺占，夺取。

必固予之：甲乙本如此，固假作古。予：给予。王本作"必固与之"。与：给予，意同予。

是谓微明：诸本一致。微：略微，稍许，精深，微妙。明：明智，明白，明显。甲乙本谓假作胃。

柔弱胜刚强：王本如此。甲乙本无刚字，字体略有出入，意思相同。

鱼不可脱于渊：王本如此。脱：脱离。渊：深渊。鱼不脱渊，这也是老子的"贵身"方法之一。甲本此句亦用"脱"字，乙本以"说"假借"脱"字，意思相同。

国之利器不可以示人：王本如此。利器：利害的武器。示：展示，显

示。人：不相干的人，尤指敌人，老子认为这样做可以保留国家秘密武器保卫和平的威慑力量。甲乙本此句无之字。

【四】

天下有道，　　　　　天下实行恒道，太平无事，
却走马以粪。　　　　就卸下军中跑马，以马粪肥田。
天下无道，　　　　　天下失去恒道，战乱频繁，
戎马生于郊。　　　　战马的小驹竟然生到了荒郊外。
罪莫大于甚欲，　　　罪恶没有比极贪欲更大的了，
祸莫大于不知足，　　惹祸没有比不知足更大的了，
咎莫大于欲得。　　　过错没有比贪得无厌更惨的了。
故知足之足，　　　　所以说，知道满足的满足，
常足矣！　　　　　　永远都能满足啊！

【第四十六章】

【注释】

天下有道：王本如此。有道：实行恒道，与无道，即违反恒道、失去恒道相对。

却走马以粪：王本如此。却：退，引申为卸下。走马：指军中的跑马。以：用。粪：马粪，肥料。

天下无道：甲本王本如此。

戎马生于郊：诸本一致。戎马：战马。生：生产。郊：城郊，荒郊野外。

罪莫大于甚欲：罪：罪恶，罪过。莫大于：没有比…更大的。甚：极，非常。欲：贪欲。甲本此句原作"罪莫大于可欲"，楚简本作"罪莫厚乎甚欲"。两相比较，用"大于"可上下统一，较"厚乎"为佳；"甚欲"指极其膨胀的贪欲，"可欲"指可以满足的欲望，甚欲的罪更大，故用"甚欲"较"可欲"贴切。王本缺此句，今综合楚简本、甲本补。

祸莫大于不知足：甲本、王本如此。祸：灾祸，乙本存一"祸"字，甲本作"旤"（无下有心），通祸。楚简本此句作"化莫大乎不智足"，化当为祸，智当为知。

咎莫大于欲得：王本如此。咎，过错。欲得，贪得，什么都想得到。楚简本此句写作"咎莫憯乎欲得"，甲本作"咎莫憯于欲得。"憯：从心，暂

(cǎn)声，本义指悲痛，憯痛，哀痛等，同"惨"，指万分悲怜，惨痛，凄惨。

故知足之足：王本如此。知足：知道适可而止，不贪求，懂得如何合理的满足。足：满足。楚简本此句作"智（知）足之为足。"意思相同。

常足矣：王本如此。常：久，永远。甲本作"恒足矣"，恒通常。

【五】

出生入死。	人一出生就遭到死亡的严重威胁。
生之徒十有三，	侥幸生存的十人中只有三个人，
死之徒十有三，	难逃死路的十人中少说三个人，
而民生生动皆之死地，	而民众拼命求生最终还是难逃死路的，
亦十有三。	十人中也还有三个人。
夫何故？	这是什么缘故呢？
以其生生之厚。	这是因为人生来的贪生欲念太强。
盖闻善摄生者，	我听说那些善于执道养生的人，
陵行不避兕虎，	上山不躲避犀牛猛虎，
入军不被甲兵。	入阵不披挂盔甲兵器。
兕无所投其角，	暴怒的犀牛无处撞击它的尖角，
虎无所措其爪，	凶恶的猛虎无处飞舞它的利爪，
兵无所容其刃。	锋利的兵器无处容纳它的刀刃。
夫何故？	这是什么缘故呢？
以其无死地。	因为他不受死亡之地的威胁。

【第五十章】

【注释】

出死入生：王本如此，甲乙本残缺。出生：出，脱离，逃出。生，获得生存。出生，也可理解为人的出世。二义皆通。入死：入，进入。死：死地，危险之地。入死，也可理解为人的死亡。二义皆通。

生之徒十有三：王本如此，甲乙本残缺。生之徒，获生的人，生存者。十有三，十人中有三人，即三分之一。

死之徒十有三：王本如此，甲乙本残缺。死之徒，赴死的人，遇难者。

而民生生动皆之死地：甲本如此。生生：拼命求生，尽力谋生。韩非《解老》所引，"而民之生生而动，动皆之死地，亦十有三。"可参。动：行动。皆：都。之：走，走向。死地：危险境地，死路。王本此句作"人之生动之死地"，乙本作"而民生生僮皆之死地"，"僮"为"動"之误，故甲本为是。

亦十有三：韩非《解老》，王弼本，傅本，范本，徽本、邵本，彭本均如此。他本或无"亦"字。甲乙本此句作"之十有三"，字不同义同。

夫何故：王本如此，甲本作"夫何故也？"何故：什么原因。也字可省。

以其生生之厚：王本如此。生：养生，生命。生生：前一个生是生来，后一个生是求生，此处指人生来具有的贪生本能，生生之厚则指过于注重养生，过于贪生惜命，反而不利于生命的自然进程，因为人养生的条件过于优厚，即容易耽于安逸享乐，反而自寻死路，这是老子所极力反对的。可参见老子第12章："五味使人之口爽，五音使人之耳聋。"第22章："余食赘行，物或恶之。"甲本此句作"以其生生也"，乙本作"以其生生"，语义均不如王本清晰，故从王本。

盖闻善摄生者：王本如此。闻：听说。善，善于。摄：拿，保养，治理，控制。甲乙本摄写作执。执：掌握，坚持，实行。执生，执道而为，维持生命，执着生命，保存生命。义同摄。

陵行不遇兕虎：甲本如此，唯兕写作矢。陵，山陵。行，行走，登山。不避，不躲避，不害怕。王本此句作"陆行不避兕虎"。兕，独角兽，犀牛之类的猛兽，乙本的写法"凹"下为"豕"。

入军不被甲兵：甲本王本如此。入军，冲入军阵。被，披挂。甲兵，盔甲兵器。

兕无所投其角：王本如此。无所，没地方，没办法。投，投向，顶去。

虎无所措其爪：王本如此。措，安放，施展。

兵无所容其刃：王本如此。兵：兵器，武器。容其刃：容，容下。刃，刀刃。

以其无死地：王本如此。无：没有，不受到。死地：死亡之地。甲本句末多一焉字，可省。

【六】

善为士者不武，　　善于谋划的高士不会崇尚武力，
善战者不怒，　　　善于作战的将士不受骗而暴怒，
善胜敌者不与。　　善于克敌致胜的将领不给敌人可乘之机。

善用人者为之下，	善于任用人才的要以谦下的态度待人，
是谓不争之德。	这就叫作无争玄德。
是谓用人，	这才叫作善于用人，
是谓配天，	这才叫作配合天道运行，
古之极也。	它是古人的极高境界啊。

【第七十章】

【注释】

故善为士者不武：诸本如此。善为：会做。士：策士，高士，文武皆可，含武士、将士、军士、侠士、谋士、学士、贤士等。"士"当时主要指春秋战国时期统治者出谋划策的知识分子阶层。不武：武，武力，引申为动用武力。

善战者不怒：甲本王本如此。善战者：善于作战的战士、勇士、将帅等。怒：动怒，发火。

善胜敌者不与：王本如此。胜：克敌致胜。与：（1）给与，给予，指给敌人可乘之机，给敌人以资助，所谓运输大队长。（2）干与，干涉，引申为交战。指不跟敌人硬拼。这里两种意义皆可通。

善用人者为之下：诸本一致。用：重用。人，人才。为：对待。之，对方。下，谦下。

是谓不争之德：王本如此。不争：无争，无为。德：即玄德。甲本作"是胃不诤之德"，诤当为争之误。乙本此句为"是胃不争［之］德"。

是谓用人：甲乙本如此，谓假作胃。王本此句作"是谓用人之力"。

是谓配天：王本如此。配：配合，协助，即道法自然。天：天道，即恒道。乙本作"是谓肥天"。肥：壮大。配与肥韵母相同，此句意思接近，指顺其自然，壮大天道。

古之极也：甲乙本如此。古：古人。极：极点，极高境界。王本此句无也字，应据甲乙本补。

【七】

用兵有言，	善用兵者曾经说过，
吾不敢为主而为客，	我不敢主动挑战而宁可被动防守，
不敢进寸而退尺。	不敢抢先前进一寸而宁愿后退一尺。
是谓行无行，	这就叫作采取无形的行动，

攘无臂，	举起无形的有力臂膀，
执无兵，	拿起无形的战斗兵器，
乃无敌矣。	于是就能无敌于天下了。
祸莫大于轻敌，	灾祸没有比轻敌自大的更大了，
轻敌几丧吾宝。	轻敌自大几乎丧失我的宝贝啊。
故抗兵相若，	所以对抗双方的兵力相等时，
则哀者胜矣。	那悲愤的哀兵一方必定取胜。

【第七十一章】

【注释】

用兵有言：王本如此。用，调动，部署。兵，兵力，军队，引申为打仗。"用兵"，在这里指善于用兵的人，兵家或兵书等。有，有过。言，言论，论述，名词。甲本此句作"用兵有言曰"，曰可省。

吾不敢为主而为客：诸本一致。为主：为，采取，实行。主：主动。为客：客：客位，引申为被动，防守。

不敢进寸而退尺：王本如此。进寸：进，主动前进。寸，指很近的距离。退尺：退，后退。尺：寸的十倍，指较远的距离。甲本此句作"吾不进寸而退尺"，吾字重复。

是谓行无行：王本如此。行：采取。无行：无为无形的行动。

攘无臂：乙本王本如此。攘：捋起，举起。臂：手臂。甲本攘作襄，通攘。

执无兵：诸本如此。执：执着，拿起。兵：兵器。

乃无敌矣：甲本如此。乃：于是。无敌：一指无敌于天下，一指不树敌，故没有敌人。老子两义皆有。此句乙本无矣字，王本作误作"扔无敌"，次序也乱了，错放至"执无兵"之前。

祸莫大于轻敌：王本如此。祸：灾祸。无敌：天下无敌，引申为称霸逞雄。乙本此句作"祸莫大于无敌"。

轻敌几丧吾宝：王本如此。几：几乎。亡，失去。甲乙本此句作"无敌近亡吾葆（王呆）矣"，近：接近，与几乎同义，葆（王呆）亦通宝。

故抗兵相若：乙本如此，抗兵：互相对抗的军队。相若：相同，力量相当。王本此句作"抗兵相加"，加指增加，增兵，难解不取。甲本此句作"故称兵相若"，"相若"可取。称：(1) 举，称兵即进兵，出兵。(2) 称：量轻重，衡量，比较。称兵即对比双方的兵力。相若，相等，相仿。三说可互参。

则哀者胜矣：甲本如此。哀者：他本多作"哀兵"，今依帛书古本改。哀：悲哀，悲愤。王本作"哀者胜矣"，少一则字，乙本作"依者胜"。

【八】

勇于敢则杀，	勇于胆敢妄为的就会被杀掉，
勇于不敢则活。	勇于不敢妄为的就可以存活。
两者或利或害，	这两类"勇敢"或有利或有害，
天之所恶，	上天所厌恶的那种愚蠢蛮勇，
孰知其故？	有谁能知道其中的缘故呢？
天之道，	上天的道法自然而然，
不争而善胜，	它不争战而善于取得胜利，
不言而善应，	它不巧言而善于得到响应，
不召而自来，	它不召唤而追随者自会来，
繟然而善谋。	它从容不迫而又善于计谋。
天网恢恢，	铺天盖地的天网广大而恢弘，
疏而不失！	网眼疏空却绝不会有任何漏失！

【第七十五章】

【注释】

勇于敢则杀：乙本王本如此。勇，勇于。敢，果敢，胆敢，妄为。杀：杀掉。

勇于不敢则活：王本如此。活：存活，活下来。他本均如此，其意义与老子《第七十六章》相同。甲乙本活作"栝"，恐为笔误。又，文子所引老子之言，也作"勇于不敢则活"。

此两者或利或害：王本如此。乙本此句作"两者或利或害"。

天之所恶：甲本王本如此。恶：厌恶，憎恨。

孰知其故？乙本王本如此，甲本毁损。故：缘故，原因。此句后王本还有一句"是以圣人犹难之"，甲乙本均无，当为错简混入，故删。

天之道：乙本王本如此。

不争而善胜：王本如此。此句乙本作"不单而善朕"，甲本毁损。乙本单字当为戰字缺笔之误，朕当为勝字笔误。不战：不好战。善胜：善于取胜。王本此句"争"与战意义相同。

不言而善应：诸本一致。不言：不善言语。应：响应。

不召而自来：甲本王本如此。召：召唤。自来：自动前来。乙本作"弗召而自来"。

　　繟然而善谋：王本如此，流传广泛。繟（chǎn）：舒缓。甲本此句作"弹而善谋"。弹之意有：（1）弹劾（tán hé）：指担任监察职务的官员检举朝中官吏的罪状；（2）测定重量，如弹算，弹斤估两；（3）弹压（tán yā）：镇压，制服，指派军队镇压。（4）弹黜，弹正，指罢黜贪官昏官，予以纠正。老子此句应该是多义兼有，结合下文天网恢恢，指的是天眼如炬，善于检举、估量恶人的罪行，给与适当的应得的惩罚。乙本此句作"单而善谋"，误抄繟或弹字为单。

　　天网恢恢：王本如此。恢恢：宽广，弘大。乙本此句用异体字，不取。

　　疏而不失：乙本王本如此。疏：疏空。失：漏。

【九】

人之生也柔弱，	人活着的时候是多么的柔弱，
其死也坚强。	待到死后就僵硬了。
万物草木之生也柔脆，	万物草木初生时也很柔软脆弱，
其死也枯槁。	待死亡时也就秃枝落叶枯萎了。
故坚强者死之徒，	因此强硬逞能者属于灭亡一族，
柔弱者生之徒。	谦柔示弱者属于生命力旺盛的一族。
兵强则不胜，	军队逞强称霸的往往不会胜利，
木强则兵。	树木粗壮的就会被砍倒做兵器。
故强大居下，	所以强大的势力要甘居下方，
柔弱居上。	扶持柔软弱小的安居于上方。

【第七十八章】

【注释】

　　人之生也柔弱：诸本一致。生：生命。柔弱：柔嫩细弱。

　　其死也坚强：王本如此。坚强：此指僵硬。甲乙本作"其死也恒信坚强。"恒，永久。甲本恒字加草头，乙本恒字为骨旁，意义皆同"恒"。信：伸。

　　万物草木之生也柔脆：甲本王本如此。生：初生时。乙本此句为"万木之生也柔椊"。

　　其死也枯槁：王本如此。甲乙本的枯槁两字为异体写法。

故坚强者死之徒：王本如此。坚强者：坚强顽固的好强好胜者。徒：徒众，同类。甲本此句为"故曰：坚强者死之徒也"，乙本为"故曰：坚强死之徒也"，均繁复可简。

　　柔弱者生之徒：王本如此，甲乙本为"柔弱生之徒也"。

　　兵强则不胜：甲本如此。兵：兵力。强：强大，逞强。乙本、王本此句作"是以兵强则不胜"。

　　木强则兵：王本如此。兵：兵器，此句指木头粗壮了就会被砍伐作为兵器。黄茂才据《列子》载老聃言"兵强则灭，木强则折。"解为"木强则折。"甲本此句作"木强则恒"，乙本作""木强则兢"，"兢"，竞争，强劲，意义与恒同，均为长势好而生命力强之意，意思与"兵"相反。周生春说"恒"通亘，穷尽、结束、死亡之意，可参。世传本多作"木强则共。"高明说，"恒"与"兢"音同互假，均为"共"之意，共即"烘"，意即树木强壮粗大了就会被砍伐烘烤。烘烤后做什么？制作兵器，故王本为是。

　　故强大居下，柔弱居上：乙本如此。甲本作"强大居下，柔弱微细居上"。易经有泰卦，强大居下，柔弱居上则安泰，通畅。相反，强大居上，柔弱居下则否塞不通，如与泰卦相反之否卦。大千世界，大地之于草木，大树之于藤蔓，成人之于儿童，强势族之于弱势族，均如此，当由柔软、弱小、轻微、细嫩的居于强大宽厚的之上，方可和谐安泰。老子从易理中归纳出恒道的又一规律。王本此句作"强大处下，柔弱处上"，义近。

老子用兵初探——

　　兵。
　　用兵。
　　积德必克，
　　哀兵必胜的老子用兵。
　　它所引发我们要深入思考的——

问题之一，老子的用兵之道有什么特点？

　　战争是国家之间、利益集团、民族部族之间矛盾不可调和时的超常激化状态，是对和平的威胁与破坏，是流血的政治，是民众的灾难，同时也是治国者和每一个关心治国大计的哲学家所不得不面对和关心的严峻课题。在老子一书中,"兵"字共在7章里出现了13次,"战"字在累计4章里出现了4次;"兵、战"同时出现,重复不计的也有10章17次,超过了老子九观每篇所需要的9章。可见"用兵观"在《老子》一书中独立成篇是言之有据的。实际上,作为古代杰出的哲学思想家,老子对战争的原因以及后果烈度的规律把握,不仅具有深刻的认识,而且在《道德经》里形成了他道德之上和平主义的系统用兵思想,成为他恒道九观哲学体系中所不可或缺的组成部分。

老子用兵之道的第一个特点,就是重视"天道"。这其实也就是他所说的"人法地,地法天,天法道,道法自然"的恒道。这是老子用兵首先重视战争的正义性质,强调"重积德则无不克",反对乐杀人,反对先发制人的主动挑起侵略战争,坚持东方和平主义的基本点。他告诫战争的发起者说:"勇于敢则杀,勇于不敢则活。此两者或利或害,天之所恶,孰知其故?天之道,不争而善胜,不言而善应,不召而自来,繟然而善谋。天网恢恢,疏而不失。"[75] 这就是说,和平发展的天之道,是万众响应,善战善谋,巨网恢弘,绝不失漏的!这是无论道路多么坎坷,但最终将决定人类命运的强大恒道,具有战无不胜的伟大力量。

因此,人类要顺从这种强大力量,就要实行人道主义、和平主义,反战主义,保有老子所说的"三宝"。这"三宝"就是:"一曰慈,二曰俭,三曰不敢为天下先。慈故能勇,俭故能广。不敢为天下先,故能成器长。今舍其慈且勇,舍其俭且广,舍其后且先,则必死矣。夫慈以战则胜,以守则固。天将建之,以慈卫之。"[69] 从老子的用兵思想看,即坚持仁慈的人道主义,无论是建立反战和平主义的战争观,哀兵必胜,优待俘虏的用兵观,还是制定"后发制人","不敢为天下先"的军事策略,或者是反对巨额国防开支,珍惜人力物力,一切从"俭"的国防预算与国防建设方针,都要把握这"三宝"原则,把国家战略重点放在和平发展的基石上,坚决反对大国称霸的穷兵黩武、霸权主义,广交朋友,协和万邦,依循"恒道"的精神与路径,建设一个没有战争,人民安居乐业的和平世界。

从孟子所说的:"仁者无敌","天时不如地利,地利不如人和"看,其仁慈和平思想是与老子之心相通的。韩非在《解老篇》中也说:"慈于子者不敢绝衣食,慈于身者不敢离法渡,慈于方圆者不敢舍规矩。故临兵而慈于士吏则战胜敌,慈于器械而城坚固。故曰:慈,以战则胜,以守则固。"这个评说是符合老子以慈为宝的用兵之道的。

老子持守三宝尊道贵德的用兵观和军事思想影响深远,著名的古代军事家孙子,就在他的《孙子兵法》开篇之首的《计》篇中,谈到了兵之"道"。这就是:"兵者,国之大事,死生之地,存亡之道,不可不察也。"他还警告那些企图以战争谋私利的国君说:"夫兵久而国利者,未之有也"(《孙子·作战篇》),这也就说明,在战争中最重要的是重视其"道",也就是天道,存亡之道,和平之道,正义之道,以及珍惜生命的人道。在《老子》书中,"道"有时候也称为"德",它是统治者"重道"的具体表现。即老子强调的"重积德则无不克。无不克则莫知其极,莫知其极,可以有国。有国之母,可以长久。是谓深根固柢,长生久视之道。"[59]

问题之二,老子用兵之道的硬实力与软实力是什么?

老子用兵之道的第二个特点,就是硬实力与软实力并用。老子除了告诫我们不要轻示"国之利器",以免让敌人夺走为恶之外,从不强调武器装备一类硬实力的重量与能量,甚至主张"使十百人之器不用,……有甲兵无所陈之。"[67] 他也不热心于研发那些杀人利害的超强武器,认为:"夫兵者,不祥之器也。物或恶之,故有道者不处。君子居则贵左,用兵则贵右。兵者不祥之器,非君子之器。不得已而用之,恬淡为上,勿美也。若美之,是乐杀人。夫乐杀人者,不可以得志于天下矣。"[31] 这些都是从他的恒道反战思想出发考虑的。但对于"软实力"的运用,老子只说了一句意味深长的话,那就是:"行无行,攘无臂,执无兵,乃无敌矣。"[71] 那么,究竟如何理解老子所说的采取无为无形的行动,举起无为无形的臂膀,拿起无为无形的兵器,于是就不会树敌而且天下无敌了呢?这还要从当代世界对用兵的"硬实力"与"软实力"的一般理解和认识谈起。

众所周知,目前在分析一个国家综合国力的构成要素时,通常将之分为有形力量与无形力量,即使所谓的"硬实力"与"软实力"。硬实力(hardpower)和通常是指物质力量和国家的经济实力,科技实力、军事实力以及资源实力,包括土地面积、人口、自然资源等。软实力(softpower)则包括了国家的凝聚力、核心价值观以及文化被普遍认同的程度和参与国际机构的程度,发挥的影响力等。通常来说,硬实力是指看得见、摸得着的物质力量,如美国的航空母舰、核武器和飞机大炮,俄国的远程战略轰炸机,中国的潜艇等"硬力量"。"软实力"指的是精神力量,包括政治力、文化力、外交力等软要素,如美国比较具有亲和力和影响力的好莱坞大片、可口可乐、迪斯尼、耐克这样一些具有美国象征的产品,中国制造的文化产品,遍布世界,学习汉语传播中华文化的孔子学院等。它不仅可以为国家带来丰厚的经济利益,也广泛地传播了各国的价值观念,形成了影响世界的软实力。

军事领域的"硬实力"与"软实力"是既紧密联系，又互相区别的两种力量。老子很早就发现了这两种不同的力量，并提议统治者加以区别运用。从现代国际战略关系和战争史看，"硬实力"与"软实力"并不是简单的加减关系，而是相辅相成、相互制约和协调的关系。"硬实力是软实力的有形载体、物化，而软实力是硬实力的无形延伸。"长期以来，强化"硬实力"一直是超级大国和许多国家的国防建设和武力威慑的重点。但这种过于偏重硬武力的倾向，也开始逐渐显示出其严重弊端。如轻信不实军事情报悍然发起伊拉克战争之后，美国的"软实力"开始悄悄地被它的单边主义的美国外交政策所削弱。那种以为在"硬实力"与"软实力"的较量中，实力要"硬"，越"硬"越好，很自然产生地"重硬轻软"，"欺软怕硬"的习性，在新军事变革条件下开始发生了逆转。

正是在这一全球背景下，号称"纵横美国政学两界"、长期任美国哈佛大学肯尼迪政府学院院长并出任过克林顿政府助理国防部长的小约瑟夫·奈，在2002年出版了专著《美国强权的悖论：世界唯一的超级大国为什么不能一意孤行》，明确提出了"软实力"的概念。他认为：实力有"硬实力"和软实力。"硬实力"指军事力量或经济力量，凭借这种力量能"强迫和强制"对方遵从己方的意志；也称"有形力"或"暴力"。而"软实力"则指文化的力量、榜样的力量、理念和理想的力量，凭借这种力量能潜移默化地"影响和制约"对方，也称"无形力"或"柔力"。与此同时，新加坡国立大学东亚研究所的署名文章，也以《中国"软实力"悄然崛起》为题，在论述了中国的"软实力"发展现状后，指出对其不可小视并强调指出："和平崛起理论引导着中国对'软实力'的追寻，而'软实力'的发展正在逐渐充实着和平崛起理论。"[①]

应该说，美国战略专家和新加坡学者对美国与中国硬实力与软实力的作用分析是很有道理的。软实力在改变人的观念，消磨或增强人民与军队的斗志或战斗力方面，在赢得或失去国际的同情支援方面，在扩大或缩小自己的统一战线阵营方面，在最终改变人心和战局最后胜负方面的持久而决定性的作用，日益显示了出来。而这就是两千多年前的老子很早就提出了的方略，采取"行无行"——采取看不见的无为无形的"软实力"的行动，包括强化自己核心价值观、道德观的感召力，增强自己的文化竞争力、外交力、经济规约、国策等"无形力"或"柔力"的强大压力等；"攘无臂"——举起无为无形的"软实力"的臂膀，包括增强自己的民族凝聚力，做好团结战斗的思想准备，扩大同情和支持自己的阵营，广泛挽臂联手团结自己的盟友等；"执无兵"——拿起无为无形的"软实力"的兵器，包括发表战斗宣言，揭露敌人的阴谋并坚决批判，以批判的武器对付敌人的侵略阴谋，采取具有威慑力的文化宣传攻势打击敌人等，于是就不会像美国霸权主义的决策者那样四处树敌，而天下无敌——没有把你当成敌人了。

前已说过，老子对十百人才能搬动的庞大笨重的武器装备之类，是很不以为然的，对涉及国家是否"积德"，安民之类的"软实力"却是重视有加。而以往国际上那些只注意下功夫大抓武器装备建设的"硬实力""硬装备"的"惟武器论"者，如今也开始注意到装备武器的"软件"了。由于信息技术的发展，武器装备只重视硬件，忽视软件列装的时代已经过去了。现代武器装备不仅"嵌满了芯片"，而且"捆紧了软件"。软件成为保证武器装备的正常运行，扩大和提升武器装备的功能，甚至"再造出"全新的、系列的武器装备的高度机密。因此，在武器装备上一直领先全球的美军开始产生了一种观点：新军事革命的本质并不在于科技和硬件，而在于能为作战意图服务的"功能合成"的观念与能力，也就是软件。而所谓"硬能力"与"软能力"的较量，即"软科技"内部，重在掌握某一编程模块的知识，以及对基础知识、基本技能等"硬能力"的培养的"印度模式"，与重在高层次系统分析师、项目总设计师，能制订计划、控制质量、协调资源、总结报告的软件工程师等"软能力"培养的"中国模式"的较量；以及"硬制衡"与"软制衡"的较量，都已经在悄悄开始了。这就是美国《波士顿环球报》的一篇评论所宣称的："'软制衡'时代现在已经开始了。"②

而类似于老子所说的"行无行，攘无臂，执无兵"，以软实力进行"软制衡"的战略是：当弱小国家的"硬制衡"力量不足以和强大国家硬碰硬时，可以通过其他的老子所说的以"天下之至柔，驰骋于天下之至坚。出于无有，入于无间。"［43］的软攻方式，不在硬实力强弱悬殊的时候寻求硬实力均衡，与超级大国的硬实力直接对抗，而是采取柔性措施进行"软制衡"，包括发挥国际机构的约束作用，使用威慑性外交措施限制其自由度，以及运用智谋使其决策失误变得外强中干等等，让超级大国"难以使用"其强大硬实力。

基于这一"软制衡"的理论，使得"美国过去10年的所有军事胜利都是依靠近距离战术空中力量和驻扎在该地区的盟国境内的地面部队取胜的"优势，很可能因为变成"超强"的孤立而失去的前景，小约瑟夫·奈在发生阿布格里卜虐囚丑闻，使得美国的不道败德行为大曝光而威信大大受损后，发表了题为《美国必须重获软实力》的文章，大声疾呼："我们在20世纪40年代举止张狂，但用《马歇尔计划》赢得了爱戴。一般来说，谁的军队取胜，谁就赢得战争。也许如此，但在信息时代的反恐战争中，胜利还取决于谁在说法上取得胜利。而我们即将输掉这场'说法战'。"他还认为：小布什第一任期的特征是推行单边主义，使用军事力量。结果，美国的"软实力"或者说"吸引力"急剧下降了。在其意见的影响下，小布什的单边主义语调已开始变化，国务卿赖斯也在巴黎公开说："我广泛使用'实力'这个词，因为比军事实力甚至经济实力更重要的是思想实力、同情实力和希望实力。"这就说明，即使是世界上惟一的超级大国，美国也充分认识到了老子所说的"道"的威力——那看似"无状之状，无物之象"[14]的软实力、软能力、软制衡的伟大力量！

当前，类似于老子所说的"行无行，攘无臂，执无兵"的软实力，越来越为人们所认识。2004年4月，约瑟夫·奈教授在他的新书《软实力：世界政治中的制胜之道》指出，一个国家的软实力主要存在它对其他国家和人民具有吸引力的文化；它的政治价值观，特别是当这个国家在国内外努力实践这些价值观时；它的被认为合法且具有道德权威的外交政策这三种资源中。从而再度引起人们对21世纪各国的胜负决定于文化的重视。没有传播的文化是僵化的文化，没有文化的传播是无价值的传播。就赵启正委员在前些年两会上发表关于"文化不是化石，化石可以凭借其古老而价值不衰。文化是活的生命，只有发展才有持久的生命力，只有传播才有影响力。只有有影响力，国之强大才有持续的力量"的意见看，21世纪随着中国经济发展和国力增强，以老子、孔子的学说作为中国文化名片，走向五大洲、走进全世界热爱和平的人们中间，当具有深远的意义。③

目前，随着我国国际地位的不断提高和国际交往的日益广泛，世界各国对汉语学习的需求急剧增长。韩国有上百所大学开设了汉语课，学生超过100万。日本的"汉语热"成为第二大外语，学生多达200万。美国公立中小学学汉语的学生2006年猛增到5万多人，英国大学主修汉语课的学生数量翻了一番，法国汉语热更是保持了强劲的增长势头。英语、日语、西班牙语的年增长率是2%~4%，汉语则高达38%。据国家汉办统计：全世界目前平均四天建立一所学汉语的孔子学院，2005年海外有近3万人参加汉语考试，2006年翻了一番，全球学汉语者已超过3000万人。

在信息时代的今天，世界各国之间的政治、经济联系日益密切、频繁，文化交往不断增多，各国对文化传播越来越重视，与中国一样向外推广本国语言已成为文化传播的重要手段，甚至成为国家战略和重要的政府行为。如日本不久前宣布要在国外建100所日语中心，韩国文化观光部宣布要在世界上开办100所世宗学堂，俄罗斯制定了推广俄语的普希金学院计划，印度准备建立"甘地学院"，促进印度文化的国际化，而德国歌德学院、法国法语联盟、西班牙塞万提斯学院等，也纷纷把本国语言国际化作为国家软实力竞争的重要象征。

当然，在中国孔子学院令多国羡慕、赞扬的同时，也有个别评论家本能地感到担心甚至恐惧，甚至说孔子学院是"中国文化威胁"。其实，以老子"行无行，攘无臂，执无兵"和孔子"己所不欲，勿施于人"的尊道贵德思想为核心的中华传统文化，历来具有老子所说的"以道佐人主，不以兵强于天下。"[30]的东方和平主义思想，从来不愿做那些动不动以武力威胁，不惜发起战争的超级大国所做的"不道早已"的蠢事，这从当年郑和满载而去的庞大船队几下西洋，却并非掠财夺地，只是大力弘扬中华文化的壮举就知道了。

问题之三，老子用兵之道的谋略是什么？

老子重视天道，软实力和硬实力兼用的用兵思想和军事原则，已如上述。其丰富而深刻，涉及社会、人生、军事和自然的恒道基本法则，反对侵略、消除战争，维护世界和平，是我们的宝贵精神财富，并由此形成了——

老子的用兵之道的第三个特点，谋略丰富而高超。其谋略之一，是用非战争的手段，化战争于无形，这也就是孙子后来所说的："凡用兵之法，全国为上，破国次之；全军为上，破军次之；全旅为上，破旅次之；全卒为上，破卒次之；全伍为上，破伍次之。是故百战百胜，非善之善者也；不战而屈人之兵，善之善者也。(《孙子·谋攻篇》)根据这一谋略和大国与小国的心理，老子开出了一个消除战争、维护和平的良方："强大的国家处于大河下游，就像天下最柔顺的母牛。天下万物的阴阳交合，雌性常以柔静战胜刚强的雄性。这是因为雌性十分温顺柔静啊，适宜顺从地居于下方。所以大国谦让小国，就可收取小国民心。小国谦卑地顺从大国，就可向大国索取援助。所以或者谦下以收取，或者居下顺从而索取。强大的国家只不过想兼收并畜多一些人民，弱小的国家只不过想归顺大国而服事他人。既然大小国家都能满足各自的欲望了，那么大国自然应该保持谦下的态度。"[61]这真是对国际关系学和国民心理学的绝妙说明。如果我们不是将"归顺大国而服事他人"解为丧权辱国，而是作为一种友谊和文化经济贸易服务；不是将"兼收并畜多一些人民"作为殖民主义，而是作为争取更多民心的工程，那么老子的这一"不战而屈人之兵"的外交谋略，确实是不须动用武力，造成巨大损失的"善之善者"。因为只要大国谦逊地尊重小国，像江海一样卑下自处，像雌性动物那样柔弱自处，就能成为百川汇集之所，像战胜雄性动物的刚强躁动一样，得到小国的信服和拥戴。而小国若能谦虚的尊重大国，也就能够得到大国的尊重和帮助，获得自己所希望的东西。

作为充满智慧的哲学家，老子在确实无法使用非战争的手段时，也有自己的一套行之有效的用兵谋略。其一是运用他的三宝之一，"不敢为天下先"。老子说："用兵有言，吾不敢为主而为客，吾不进寸而退尺。"[71]这就是不先发制人，不主动挑衅进攻，不去贪占对方的一寸土地，宁可退守防卫。如上个世纪我国边界所发生的两起自卫反击战，我军都实际上运用了老子这一谋略，在取得反击侵略的重大胜利后，主动后撤而获得了成功。

其二是防止骄傲，哀兵必胜。老子说："祸莫大于无敌，无敌近亡吾葆矣。故称兵相若，则哀者胜矣。"[71]这就是说，我方任何时候都不要骄傲轻敌，不去主动侵略对方，而是在受到对方侵略而成为悲哀和奋起反抗侵略的一方。老子认为，如果是实力相当的两军对垒，那么，受侵略的一方同仇敌忾，就必然会获得胜利，何况是弱小的国家对强大国家不自量力的挑衅侵略呢？

其三是注意打好心理战。老子说："善为士者不武，善战者不怒。善胜敌者弗与，善用人者为之下。是谓不争之德，是谓用人，是谓肥天，古之极也。"[70]这就是说在战争开始和进行过程中，要始终保持清醒的头脑，不要被敌人的故意挑衅所激怒，乱了自己的分寸，误中敌人的陷阱。这也就是"小敌之坚，大敌之擒"的兵法道理。

其四是"柔弱胜强"，发起"上善若水"的柔性攻势。老子认为："天下莫柔弱于水，而攻坚强者，莫之能先也，以其无以易之也。水之胜刚也，弱之胜强也，天下莫不知，莫能行"[80]，他还举例说："人之生也柔弱，其死也坚强。万物草木之生也柔脆，其死也枯槁。故坚强者死之徒，柔弱者生之徒。兵强则不胜，木强则兵。故强大居下，柔弱居上。"[78]"天之道犹张弓也。高者抑之，下者举之。有余者损之，不足者补之。故天之道损有余而益不足"[79]其意就是说，要像柔性的水一样，善于无孔不入地向敌人发起进攻，最后摧毁敌人的战斗力而达到"水之胜刚，弱之胜强"的目的，避免"兵强则不胜"，受到"天之道损有余而益不足"的战争惩罚。

其五是注意战争的节奏和分寸，做到有理，有利，有节。用老子的话说就是："善用兵的仁善统帅，取得了成果就适可而止，不敢以武力去逞强。取得成果而不骄横，取得成果而不矜夸。取得成果而不好战，取得成果而不贪得。做到这些就可叫做，取得成果而不逞强。事物壮大极盛必定败亡衰老，这就叫作不守恒道。不守恒道就会提早衰亡。"[30]因此，在战争的谋略上要注意—取得胜利成果后就及时把战争停下来，不要因为胜利而逞强骄傲，不要自满得意，炫耀功绩，忘乎所以，成为横行霸道的侵略者。因为物极必反，发起战争过了头，就会违背大道，受到战争自然规律的惩罚。

其六是"以正治邦，以奇用兵，以无事取天下。"[57]意思是在治国方面走正道，在用兵方面用奇招，灵活运用战争的辩证法。如"将欲翕之，必固张之。将欲弱之，必固强之。将欲废之，必固兴之。将欲夺之，必固予之。"[36]"曲则全，枉则正。洼则盈，敝则新。少则得，多则惑。……夫唯不争，故莫能与之争。"[23]等等。它与孙子说的："战势不过奇正，奇正之变，不可胜穷也。奇正相生，如循环之无端，孰能穷之哉？"（《孙子兵法·兵势篇》）可谓见解相同。此外，老子的许多章段，也可以从用兵的角度去解读，而领会其深意。如"知人者智，自知者明。胜人者有力，自胜者强。知足者富，强行者有志。不失其所者久。"[33]就可以理解为"知己知彼，百战不殆"，理解为注意防范敌人的心理战，理解为不要失去对自己有利的藏身之所，以获得长久的平安等等。再如"善行无辙迹，善言无瑕谪，善数不用筹策。善闭无关楗而不可开，善结无绳约而不可解。"[27]也可以理解为善于掩藏自己的行迹，让敌人摸不清自己的底细，以及善战者的克敌高强本领等。

总之，老子的用兵之道，雄浑博大，谋略高深。它不同于对兵道一窍不通，或不屑一顾的思想家；也不同于只知道用兵的奇道诡道，却不知道立国之本、为人正道，更不知道法自然的恒道的一般军事家；它反对给人类带来无限痛苦和巨大灾难的战争，重视以积德克敌的软实力和国之利器的硬实力的有机结合，重视战争的正义性、战争的辩证法和高明谋略，确实是一个高瞻远瞩的古代哲学大家的超绝智慧的宝贵结晶，值得我们很好的研究而广泛地应用于国道、人道、兵道、政道与商道之中。

【注释】

①②陈凡. 军政观察：硬实力软实力以及"软硬兼施"[J]. 中国国防报-军事特刊. 2007-06-11 14：15 中国日报网环球在线消息.

③付志刚. 汉语热全球：孔子学院成中国"软实力"最亮品牌[N]. 光明日报. 2014.9.28.

太上，下知有之，其次亲誉之，其次畏之，其下侮之。

九、老子的治国观

重为轻根

老子的治国观，是在恒道观、玄德观指导下，在真知的基础上形成，包括了清静、无为、贵身、安民、用兵等丰富内容，为实现其恒道理想而推行的施政大纲。其施政主体是明道的圣人、王公与诸侯等。其要义一是遵循恒道，二是修养玄德，三是爱民活国，四是执重守静，五是谦柔无为，六是睦邻通好；其核心则是三"小"，即"小鲜"、"小国"与"小朴"。虽然说，老子的施政纲领及其精神实质，除汉唐盛世期间外，在儒教文化长期主政的封建社会里，未必能获得执政者的深刻领悟和采纳，但却在人类千百年来的政治实践和学术总结中，越来越闪现出伟人的智慧的光芒，成为人类今天追求光辉理想所弥足珍贵的思想财富，值得永久的重视和认真研究。

首先看"小鲜"。老子主张的"治大国若烹小鲜"[60]的治国手段，最突出地表明了他对治理国家的谨慎乐观和高度重视。因为肉嫩骨细的美味小鲜即"小鱼"，在厨师煎炒、翻动、烹制时，是极容易煎糊弄碎的。治理国家也同样如此，它需要小心翼翼地操作，高超的技巧与细致耐心，才能获得国泰民安的理想结果。《汉书·艺文志》很早就指出过，道家学术"此人君南面之术也。"其意为老子之术在很大程度上可以称之为君主统治术。这可以从唐玄宗著有《御注道德真经》，宋徽宗著有《老子注》，明太祖著有《御注道德真经》等史实见到一斑，并已为大汉盛唐所证明。再从千百年后，伟大的革命先行者孙中山还在其论著中，引用了老子"治大国若烹小鲜"这一治国名言看，老子所提倡的修德循道思想，以及谨慎勤政，讲求实效的治国手段，确实是影响久远，深入人心。

其次看"小国"，老子推行的"小国寡民"[67]的治国制度，以及具体的"使十百人之器毋用，……有甲兵无所陈之，……。甘其食，美其服，安其居，乐其俗。[67]"的施政措施，确有许多人不甚理解乃至难以赞同之处。但它实际上却是合理的。因为小国的"小"，一是做动词，即缩小庞大行政机器的规模，属于精兵简政的正确方略；二是仍做形容词，即建立今人肯定的"小政府"，服务大社会，减少奢糜浪费的行政开支，以及各种对人民社会生活的不必要的乃至于有害的干预。试看当今地球村内，也确有瑞士、瑞典、新加坡一类的小国,其富裕安康,平和有序的生活令人羡慕;就是生活在欧盟大家庭里,主权独立而唇齿相依的欧洲小国,以及美利坚合众国实行"邦"联制,那各自拥有小国般独立的立法、司法制度的"州",其在经济发展,文化繁荣,对外交往等方面的突出成就,也给予长期困惑于"中央集权"与"地方自治"的矛盾的国家以许多有益的启示。而如何建设好甘食,美服,乐俗,安居,和平,自治,活跃的"小国"、"小邦",以推动庞大,集权,迟钝,保守而低效的大型国家机器或"欧盟""邦联"之类,更稳健、和谐、正常地运转,确是构建当今世界和谐与和谐中国的努力方向。

其三看"小朴",老子关于"**道恒无名。朴虽小,天下弗敢臣。侯王若能守之,万物将自宾。**"[32]的治国总纲,突出了"道"在其治国观里的核心地位。老子这里所说的小"朴",却与"道"同义。它看起来很小,微不足道,甚至很难察觉,却是统治者治国的根本。掌握了这个看似很小的"朴",问题就可以迎刃而解。社会就可以和谐,国家也就能安定了。在"朴"即"恒道"与治国的关系上,相传曾与周文王论政的鹥子认为,"发教施令,为天下福者,谓之道;上下相亲谓之和;民不求而得所欲,谓之信;除去天下之害,谓之仁。仁与信,和与道,帝王之器。"在教与道,仁与信,和与福等关系方面,是教重于道,两者的关系是"有教,然后有道,有道,然后有理"。这一说法,与老子后来阐发的先有道后有一切,要求先掌握道,再施以教,以遵循恒道和修养玄德作为治国之本的思想有所不同。实际上,教育是否合道,是"教"之成败关键。

所谓遵循恒道和修养玄德,其实是互为表里,密不可分的。老子指出:"大道啊,是万物流注归往的主宰。它是善良人的无价之宝啊,也是不善之人所要珍爱保护的。甜美的花言巧语可以上市赚钱,尊贵的善行可以用来恭维别人。人的这许多不良的劣根性,至今有哪些已经去除了呢?所以要拥立天子,设置太师、太傅、太保等'三公'要职。虽有贵重拱璧放在四马豪车前招摇过市,也不如坐下来进修道德。古时之所以尊崇恒道是为了什么呢?不就因为求道以获得玄德,有罪过也可以得到赦免吗?所以道德成为天下最宝贵的。"[62]在这里,老子以公正无私,万物归往,无价之宝的恒道为最高准则,尖锐的批判了社会中那些背离恒道和玄德准则,所谓"美言可以市,尊行可以贺人"的丑恶现象,并把它视为应该弃除的"人之不善"!所谓"道者万物之注也。善人之宝,不善人之所保。"[62]其所强调的,就是老子治国纲领的根本——循道修德。它不仅是善良人安身立命,维护和谐社会秩序的宝贵准则,也是不善良人应好好保存,以改过自新,脱离苦海的保障。因此,如果谁背离了恒道玄德这一根本,无论搞什么花架子,拿多珍贵的拱璧放在四匹骏马牵拉的大车前,威风八面,鸣锣开道,招摇过市,也绝得不到人民的尊敬和拥护,更何况是那些用金钱换来的政绩虚名美言,出于攀附目的对施政者的恭维阿谀呢?可见,老子向为政者提出的第一要务,不是设置太师、太傅、太保这些古代天子诸侯所最看重的高级官员,更不是为抬高其地位,而给予他们的拱璧美言尊行这类优厚的待遇和令人尊崇的虚名,而是让他们首先明白循道修德的无比重要性,步步不离恒道和玄德的精义。

根据不背离恒道玄德,"爱民活国"[10]的施政大纲,老子十分重视爱惜国力,反对伤害国本,动摇国基,危害民生,为统治者的私欲而进行的征讨侵伐,大兴土木等。他强调:"治理人民,尊奉天道之理,从事天下各行各业,没有什么能像俭朴节啬这么重要的。只有节俭爱啬而不滥用人财物,才能说是尽早地服从了恒道的规律。尽早服从恒道,称之为重视行善积德,重视行善积德将攻无不克。攻无不克那就谁也无法测知他的德行和能力的极限了!不知道他的德行能力的极限,就可拥有强大的国家。拥有了立国的道德根本,就可以长久地维持统治。这就叫深藏根本培固玄德,它是真正的长生久视之道。"[59]这就将吝惜国力,体恤民生,积德行善,上升到了服从恒道,可以"长生久视","有国之母"即立国之本的高度。老子的这一循道事天,修德爱民,深根固柢的治国思想,表明了他并不像有人所攻击他的那样,是否定人类的道德建设,毁仁弃义的哲学家,而是一个以恒道玄德为根本准则的伟大政治思想家。他所看重的是立国之本,长治久安,而不是用美言尊行堆砌起来的虚假道德、虚假政绩和官样文章!

老子深知循道治国的艰难,故谆谆告诫统治者万万不可掉以轻心,偏离恒道,跌入旁门左道。他打了一个常见的比喻说:"治理大国就像小心地烹炒小鲜鱼。以大道的树立标榜推行于天下,那么连鬼都不会神灵了。并非那鬼神不再神通广大,而是他的神通不会再伤害人了。不仅他的神通不伤害人,圣人也不会去伤害人。既然鬼神和圣人之间都互不伤害了,所以人神之德就交融一体而同归恒道了。"[60]在这里,老子虽多次提及鬼神,本意却是在告诫统治者,治理国政时要像翻动烹炒小鲜鱼一样,万万不可妄动酿祸。至于《三十九章》所似乎默认的鬼神的灵验和伤人威力。老子却认为是无须畏惧的。因为只要施政者"以道立天下",就可以"其鬼不神","两不相伤","德交归焉",又何必去耗帑费财,顶礼膜拜,诚惶诚恐呢?这与《三十九章》里关于"神得一以灵,……神无以灵将恐歇"的说法一样,其实都是老子对似乎无所不能的神力的限制。其潜在含意为,哪怕是至高无上的神,也要顺应恒道并保持和谐统一力,而不能为所欲为!这正是老子否定

一味迷信鬼神，以至荒废政务的科学思想，它与后来道教生发的有神论，其实是大相径庭的。

从这个意义看，我们将老子《三十九章》中的"神"解释为"神"而不是"精神"，以和《六十章》中的"鬼神"含义保持一致，并不会给老子戴上"有神论"的帽子而减低其学说的思想价值。反之，如果我们认识到有神论在古代，以至于当今的许多国家和地方所仍然占有的统治地位，承认自老子生活的春秋战国时代，到秦始皇登上宝座，还向海外寻仙求神，以及神道至今存在的历史事实，那就不能不叹服老子关于神也要循道而灵，否则也会因灵验过度而枯竭之说的明智。它在世界哲学史上第一次将人间圣人摆在了神的同一高度，赋予人与神"两不相伤"的平等权力，并由此消解了由原始社会遗传而来的"神道治国观"，奠定了"恒道治国观"影响下，中国由人主宰的人道治国观，影响了整个东方文化圈。

老子治国观的要义是以道为纲，以德治国。所谓"万物尊道而贵德。"[51]"修之国，其德乃丰；修之天下，其德乃博。"[54]就是这个意思。然而，老子主张的恒道德治，却与孔子主张的君尊臣卑，等级森严，非礼莫动的"为政以德"（《论语·为政》）不同。按照老子循道修德的施政纲领，爱惜国力，谨慎从政，鬼神不伤的统治者，不但不需要繁文缛礼，拱璧车马，耀武扬威的高居人民头上，反而应该尽量从社会生活中淡出，使人民察觉不到他的存在。用老子的话说，那就是："最好的主上，是人民仅仅知道他的存在，其次的是都争相亲近赞誉他，再其次的是敬畏而疏远他，最次的是公然侮辱反对他。"[17]

从当今的现实政治生活看，无论国际国内，在老子所划分的这四类政治家中，一般能成为第三种，洁身自好，循规蹈矩，照章办事，即让属下或百姓"敬畏而疏远他"，就已经很难得。而能够以平易朴实的作风，出色的工作，可喜的政绩让百姓爱戴，即所谓能让属下或百姓出于各种目的"争相亲近赞誉他"的第二种，真如鹤立鸡群。而以各种丑闻屡见报端的，则是那些被传媒揭发的人见人憎的第四种，即让属下或百姓"公然侮辱反对他"的贪官污吏之类。至于老子所称誉的"人民仅仅知道他的存在"，却不感到其唱高调、乱指挥、乱弹琴的压力，举重若轻，德高望重，政绩突出，有功不居，功成身退，从来都不事张扬的高尚而高明的政治家，确如凤毛麟角。其原因正如老子所说，"信义度不足而空口许诺，于是才会有不信任的事发生。认真谋划啊，才能言贵如金。成就了功业办妥了好事，老百姓都说我本来就应该是这样的呀！"[17]对比一些时下的某些为官者，事情未开场前先大吹一番，及至到上、下级要求他兑现的时候，当即推诿塞责，草草掩饰收场,留下千疮百孔的胡子工程了事。这种放空炮,大跃进,假标兵,大呼隆似的红口白牙说假话,怎能让老百姓心服口服,由衷赞美呢?至于不声不响为人民干了好事却悄然无言,如老子所说的无名英雄或圣人——如人类始祖伏羲、女娲,古代明君尧舜,当代雷锋式的人物,更是可遇不可求了。

老子的治国观还包括了根据轻重缓急妥善处理国事的哲理,告诫统治者注意在政治天平上衡量轻重,抓住国家、地区和部门的最重要的根本问题,保持冷静头脑,避免急躁失误影响关键性战略决策问题。试看当今一些官员整天热衷于周游考察,轰轰闹闹,就连超级大国的总统,也不惜带着核武器按钮箱,坐着战机护航的豪华专机满天飞,急如星火,疲于奔命,哪有半点时间保持冷静的头脑思考重大政务问题?这也就难免会失本失位了。

在老子看来,遵循重本事天,修德爱民的治国之道,最终将会获得天下一统,四海归"一"的施政成功。但如果就此停滞不前,反而很可怕了。因为它用僵化模式束缚了生命蓬勃自由的发展。为什么会出现这一情况呢,其所潜藏的危险和显示的教训是什么呢?其实,这正是中国古代易经"既济"的卦辞"既济,亨小利贞,初吉终乱"的深刻含义,即"已经济事如愿了,这一亨通只是很小的,它有利于贞固坚守正确的道路,起初会吉祥如意,而最终还是会混乱的。换言之就是说,人们不要以为自己能一统全国平定天下就很了不起了,即使是将来有一天,人类按照恒道理想建立起大同社会了,统治者也万万不可以天下一统,万民一心而骄傲自满,自高自大,忘乎所以。因为如果用静止僵化的标准统一一切,那天也会爆裂,地也会爆发,精神也会停歇或发疯,河谷也会旱渴,连最高统治者也将难免倒下!这就是自然和社会的普遍规律。

"所以要尊贵就需以低贱为根本,要居高就必须以下层为基础。因此诸侯王公都自称为:"孤家、寡人、不谷"。这些称呼的本义都是要自我轻贱的,是赞誉侯王这些自我谦卑的做法啊。所以恒道那至高至广的自然数理啊,是想赞誉也根本无法用语言赞誉的!宁可不要像玉石那样稀少珍贵,也要像粗陋大石那样平凡坚实。"[39] 在这里,老子承接上文一共说了三方面的意思。

一是从哲学的高度,阐明了尊贵与低贱,高升与下层的辩证关系,强调了低贱和下层的人民在治国之道中的根本和基础的重要地位,这是比儒家孟子的重民轻君思想更要早得多的民本思想。

二是从这一思想出发,老子阐明了诸侯王公都自称为"孤家、寡人、不谷",所包含的自我轻贱的政治意义,就在于让统治者承认自己与人民相比,所处于的更孤立、更弱小、更卑微的地位,从而避免发生那种自我膨胀，恃强凌弱，欺压民众，骑在人民头上作威作福，最终被推翻的悲剧的发生。

三是要达到"故至数，与无与！是故不欲琭琭若玉，硌硌若石。"的政治目标。即努力追求最大的自然之理，即虚涵正确的恒道，做一个像粗陋大石那样，平凡坚实而有大志宏图的政治家。这里面，老子所赞许和肯定的虚涵万物的"无"，其实就是他所谓视之弗见，听之弗闻，揎之弗得，复归于无物，"听之不足闻也，用之不可既也。"侯王若能守之，万物将自化的"无名之朴"，即天下万物生于无的那个"无"，也就是"恒道"。

在国际关系的处理上，老子站在统一于周朝版图之内，他所同情的热爱和平的"小国"的立场，从反霸权主义和重视与采纳民众的批评，从而巩固国家政权的目的出发，充分阐发了他的无为柔弱的施政主张。他说，"天下没有比水更柔弱的了，而攻入坚硬强大物体内的，没有什么能超过水，这是因为水以柔克刚的天性是谁也不能改变的。柔软的胜过刚硬的，弱小的胜过强大的，天下没有谁不知道的，却没有能实行的。因此圣人说：接受全体国民质询问责的，这才叫作国家的君主；承受大小国家不祥灾祸的，这才能为天下的帝王。"［80］老子很清楚，自己这些"正确的言论，往往像说反话一样。"［80］故想让自以为强大的大国，自以为是的暴君，甘心以柔弱谦让的态度出现在世界舞台，简直就像是说反话讲笑话一样，是很难得到其理解的。所以，大国及其统治者不仅难以柔弱友好的态度善意的对待小国，更难以自愿承受各国的不祥灾祸，为世界和平作出大国的应有贡献。这也就是当今超级大国宁可冒天下之大不韪，也不愿在"京都议定书"上签字，并执意发展导弹防御系统的原因。由此可见，虽然世界已经处于全球经济文化一体化的时代，但在大国及其领导人没有理解和实行老子的国际和平主义之前，大国和小国关系的改善，还是不可能的。

包括美国学者在内的有识之士均认为，高耸入云的世界贸易大楼，被美制飞机穿击后轰然倒塌，是自恃武力强大，不可一世，事事好为人先，充当世界警察的超级大国结怨于世界各方，终于惨遭恐怖主义者恶意报复的象征。因此，在痛定思痛之际，如何以老子恒道和平思想为基准调整国际关系，改变霸权主义政策，增进文化交流，减少武力摩擦和镇压，确是当务之急。

当然，在和谐世界天下大同实现之前，在当今世界崇尚武力，动不动就任由大国强国强族以制裁、轰炸、出兵、颠覆为外交手段对付小国弱国弱族的国际环境中，要想消除千百年来漫骂争吵、流血冲突所造成的种种分歧、偏见和积怨，谈何容易？然而，正如老子所说："调和天大的积怨，必然还会残留许多余怨未消。这怎么能行善并修成善果呢？所以圣人手拿债权的契约，而从不会责怪别人亏欠自己。有德的执政者以契约的精神来善待人民，无德的主政者只会肆意地收刮残害人民。天道是从来没有偏爱私亲的，它永远善待善良的人。"[81]

这正是几千年前的一位东方老人，在结束其书时留给我们的最宝贵教训。这就是"有德司介"，以建设取代破坏，反对"无德司彻"，以除怨取代积怨，遵循恒道，修养玄德，友好交往，和平发展的全球施政纲领，这就是"天道无亲，常与善人"，深得民心，顺应自然，得道多助的光明之路。

老子今译

治国篇

【一】

太上，	最好的主上，
下知有之，	是人民仅仅知道有他的存在，
其次亲誉之，	其次是大家都争相亲近赞誉他，
其次畏之，	再次的是大家都敬畏而疏远他，
其次侮之。	最次的是大家都公然地侮辱他。
信不足，	信义度不足而空口许诺，
案有不信。	才会有不信任的事发生，
猷乎其贵言也。	认真谋划啊，才能言贵如金。
成功遂事，	成就了功业办妥了好事，
百姓皆谓我自然！	老百姓都说我应该是这样的呀！

【第十七章】

【注释】

太上：甲乙本、王本如此。太：极，最高、最好。上：主上，君主、人主。楚简本作"大上"，大上，即太上。

下知有之：楚简本、甲本王本如此。下：下层，这里指老百姓，他本"下"

作"不",非也。知:知道,了解。有:存在。之:代词,指最好的领袖。

其次亲誉之:楚简本、甲本如此。亲誉:亲,亲近。誉:赞誉,称誉。王本作"其次亲而誉之",而字可删。

其次畏之:诸本皆同。畏:敬畏,畏惧,敬而远之。

其次侮之:楚简本王本如此。甲乙本作"其下母之"。侮之:侮辱他,甲乙本假"母"为"侮"。

信不足,案有不信:甲本如此。信:信誉,守信的程度。不足:不够。案:于是,乃,楚简本、乙本以"安"假借。信:信任,相信。王本此句作"信不足焉,有不信焉。"繁复不取。

猷乎其贵言也:楚简本如此,乙本作"猷呵其贵言也",意同。猷:谋划。贵言:言贵如金,指慎言,寡言,少语。王本此句作"悠兮其贵言","悠"为"猷"的同音错字。

成功遂事:甲乙本如此。楚简本作"成事遂功",王本作"功成事遂",意思相同。成:成就。功:功劳。遂:达到,满足,完成。

百姓皆谓我自然:王本如此。谓:说,夸,甲乙本假借为胃。自然,正常,本来如此,理应如此,自然而然。楚简本此句为"而百姓曰:我自然也",也可参。

【二】

大道废,	大道被社会废弃,
有仁义。	才有人大讲仁义。
智慧出,	狡诈智慧出现了,
有大伪。	才有了极大虚伪。
六亲不和,	家族里六亲吵闹不和,
有孝慈。	才有了孝心慈爱。
国家昏乱,	国家昏暗混乱,
有忠臣。	才有了坚贞忠臣。

【第十八章】

【注释】

大道废:王本如此。楚简本、甲乙本此句为"故大道废"。废:废置,废止。王本此句无故字。"故"原为因果关系句式,楚简本中本章与17章本属于同一章。实际上,从篇幅看18章确实太短,从语义看接17章也十分连贯,"故"字本属可取。今仍从通行本与甲乙本,分为十七、十八章。

有仁义:王本如此,甲本作"案有仁义",意思相同。楚简本、乙本此句作"安有仁义",意思相反,等于说:"大道被社会废弃,哪里还会有什么仁义?"安有:哪里有?疑问句式,如"覆巢之下,安有完卵?""安有"即"哪能有"的意思。今照王本直译,楚简本、乙本歧义亦存参。两种说法从不同角度看各有其理:一个强调的是无道之世,才有仁义志士出来扭转乱局;一个强调的是无道之世哪里会有什么仁义可讲。

智慧出:乙本如此,唯智写作知。甲本作"知快出",知(智)在前,快假借为慧。王本作"慧智出",意义相同。智慧或慧智,联系下文,当指伤天害理,假仁假义的诈智之类。楚简本无此句。

有大伪:王本如此。大:极。大伪:极大的虚伪。甲本作"案有大伪",意义相同。乙本毁损,楚简本无此句。

六亲不和:诸本皆同。六亲:指父、母、兄、弟、妻、子。和:和气,和好、和谐,友爱。

有孝慈:王本如此。孝:孝顺、孝心。甲本此句作"案有畜兹",畜为孝之误,兹通慈,句意与王本相同。楚简本此句作"安有孝慈?"乙本作"安又孝兹?"意思与王本相反。又:有。兹,通慈,慈爱。楚简本、乙本句意可直译为:"家族里面六亲吵闹不和,哪里还会有什么孝心慈爱?"两种说法从不同角度看各有其理:一个强调的是在不和的家庭,才显出孝子的孝心与修为;一个强调的是不和的家庭哪里会培养出孝子来。

国家昏乱:乙本王本如此。昏:政治昏暗。乱:社会混乱、动乱。楚简本作"邦家昏□",甲本作"邦家昏乱"。

有忠臣:王本如此。甲本作"案有贞臣",句意同王本。贞:贞正,坚贞,贞臣即正臣、忠臣。楚简本此句作"安有正臣?"正臣即忠臣。乙本此句作"安有贞臣?"楚简本、乙本句意与甲本王本相反,可直译为:"国家政治昏暗社会动乱,哪里还会有什么正直忠臣?"两种说法从不同角度看各有其理:一个强调的是国家昏乱时,才显出忠臣的肝胆作为,一个强调的是国家昏乱时哪能容忍忠臣出现。

【三】

曲则全,	曲从的可以保全,
枉则定。	屈枉的终会肯定。
洼则盈,	低洼的将会盈满,

敝则新。	敝陋的终将更新。
少则得，	适当减少会有心得，
多则惑。	盲目增多终归迷惑。
是以圣人执一以为天下牧。	所以圣人抓住大道的根本来治理天下。
不自见故明，	不喜欢固执己见所以能明白事理，
不自视故彰，	不自视高明所以能得到彰显，
不自伐故有功，	不好自夸所以立下赫赫功劳，
不自矜故长。	不自高自大所以能茁壮成长。
夫唯不争，	只有不与人相争，
故天下莫能与之争。	天下才没有人能与他相争。
古之所谓曲则全者，	古人所说的委曲求全者，
岂虚言哉？	难道只是几句空话吗？
诚全归之。	确实全部功劳都归于圣人了。

【第二十三章】

【注释】

曲则全：乙本王本如此。曲，弯曲，委曲。全，保全，顾全。

枉则定：甲本如此。枉：屈枉，冤枉。定：肯定，指平反。乙本作"汪则正"。汪：枉字之误。正：复正，即平反。王本作"枉则直"，直：表示正直，复正，即平反。甲本"正"字贴切押韵。

洼则盈：诸本均如此。洼：低洼。盈：盈满。

敝则新：甲本王本如此，乙本敝下加衣字。敝：敝陋，陈旧。新：更新。

少则得：诸本如此。少：减少，少而精。得：心得，获得。

多则惑：诸本如此。多：增多，贪多。惑：迷惑。

是以圣人执一以为天下牧：甲乙本如此。执：紧紧抓住。"一"，老学的基本概念，指事物的和谐统一和根本，即恒道。牧：放牧，牧羊，牧民，牧主，引申为治理。一说"牧"为范式，规范、法式。此处应二义皆备。王本此句作"是以圣人抱一，为天下式。"意近甲乙本，指圣人怀抱大道而成为天下的范式，当从甲本演化而来。

不自见故明：王本如此。乙本作"不自视故明"。自见：限于自己的一孔之见，看问题不全面。

不自视故彰：王本如此。乙本作"不自见故章"，甲本亦彰写作章。彰：彰明。今从王本。

不自伐故有功，甲乙本、王本均如此。伐，夸口。

不自矜故长：王本如此。甲乙本作"弗矜故能长。"意近。为排比顺口，今取王本。

故天下莫能与之争：王本如此。不争：不争功，不好斗，即无为。甲乙本作"故莫能与之争。"

古之所谓曲则全者：王本如此。曲则全者：以曲求全，曲而得全，委曲保全。乙本作"古之所谓曲全者"，少字不取。

岂虚言哉：王本如此，较明白。乙本为"几语才?"几：几个，几句。语：话。才：通哉。

诚全归之：乙本如此。诚：确实。全：全部。归：归属于。王本作"诚全而归之。"字多不取。

【四】

治人事天莫若啬。	治理人民服事上天，没有像俭朴这么重要的。
夫唯啬，	只有俭朴吝惜而不滥用物力，
是谓早服。	才能说是尽早地服从恒道的规律。
早服是谓重积德，	尽早服从恒道，称之为重视积德行善，
重积德则无不克。	重视积德行善，将攻无不克。
无不克则莫知其极。	攻无不克则无法知道他的德多高本领多大。
莫知其极，	不知道他德才能所达到的极高境界，
可以有国。	他就可拥有强大的国家。
有国之母，	拥有立国的玄德根本，
可以长久。	可以长久地统治下去。
是谓深根固柢，	这就叫深藏根本培固玄德，
长生久视之道。	它就是长生久视的恒道。

【第五十九章】

【注释】

治人事天莫若啬：诸本皆同。治：统治，治理。人：人民。治国先治人。事天：事，服事，为其作事。天：上天。莫：没有。若：像。啬：吝啬，此处指吝惜，爱惜。

夫唯啬：诸本如此。唯：只有。

是谓早服：王本如此。服：服从，顺从。楚简本、乙本此句为"是以早服"。

早服是谓重积德：乙本如此，早写作蚤，谓作胃，德字损毁，今据王本补正，王本作"早服谓之重积德。"重：重视。积：积累。德：道德，玄德，指行善。

重积德则无不克：楚简本、王本如此，乙本有损毁。无：没有。克：攻克，克服，打败。

无不克则莫知其极：王本如此，甲乙本有损毁。莫知其极：莫知，没人知道。其：玄德。极：极致。

莫知其极，可以有国：楚简本、王本如此，甲乙本有损毁。有：拥有。

有国之母，可以长久：甲本、王本如此。母：根本，指玄德。

是谓深根固柢：王本如此。楚简本、甲乙本此句有损毁，字义相同。是：这。谓：叫作。深：深藏。根：根本，根基。固：培固。柢：根柢，根基，甲乙本柢均假写作氐，意亦指根本；他本误写作蒂，蒂指花或果与茎相连的部分，与根不类。"根"与"柢"虽都指根，但在古代含义有别。向四周生长的根称为"根"，向下生长的根称为"柢"，此处的"根柢"指玄德。"深根固柢"之修为，后因其长生久视的效果，成为道家极力推崇的养生之法。

长生久视之道：王本如此。久视：看得很久，指活得很长久。道：指恒道。深根固柢，长生久视，是为道家重要思想和道教修道成仙的仙学根源。楚简本、甲乙本此句末均有也字。

【五】

治大国若烹小鲜。	治理大国就像小心地烹炒小鲜鱼，
以道立天下，	以大道为标榜推行于天下，
其鬼不神。	那么连鬼神都不会神灵了。
非其鬼不神，	并非那鬼神不再显示神通，
其神不伤人也。	而是他的神通不会再伤害人了。
非其神不伤人，	不仅他的神通不伤害人，
圣人亦不伤人。	圣人也不会去伤害人。
夫两不相伤，	既然鬼神和圣人两者之间互不伤害，
故德交归焉。	所以玄德就交融一体而同归恒道了。

【第六十章】

【注释】

治大国若烹小鲜：王本如此。治：治理。烹：烹炒，甲乙本误写作"亨"。鲜：鱼。

以道立天下：乙本如此。道：恒道。立：立法，立国，立为标榜，推行于。此处指以推行恒道于天下作为世界大同的根本原则和标榜，妥善处理国内和国际上的各种重大问题。王本立作莅，莅临，意近，指推行恒道的领袖莅临天下，主掌政治。

其鬼不神：诸本如此。

非其鬼不神：王本如此，甲乙本后加也字。鬼，鬼神。神，神灵，灵验。

其神不伤人也：甲乙本如此。神，神通。伤，伤害。

非其神不伤人：王本如此，甲乙本句末多一也字。

圣人亦不伤人：王本如此。甲本作"圣人亦弗伤人。"弗：不，意同。

夫两不相伤：王本如此。两：指神鬼和圣人。相伤：互相伤害。

故德交归焉：乙本王本如此。德：玄德。交：交融。归：归于，归入恒道。

【六】	
道者万物之注也。	大道啊，是万物流注归往的主宰。
善人之宝，	它是善良人的无价之宝啊，
不善人之所保。	也是不善之人所要珍爱保护的。
美言可以市，	甜美的花言巧语可以上市赚钱，
尊行可以贺人。	尊贵的善行可以用来恭维别人。
人之不善，	人的这许多不良的劣根性，
何弃之有？	至今有哪些已经去除了呢？
故立天子，	所以要拥立天子，
置三公。	设置太师、太傅、太保等"三公"要职。
虽有拱璧以先驷马，	虽有贵重拱璧放在四马豪车前招摇过市，
不若坐而进此。	也不如坐下来进修道德。
古之所以贵此道者何也？	古时之所以尊崇恒道是为什么呢？
不谓求以得，	不就因为求道以获得玄德，
有罪以免与？	有罪过也可以得到赦免吗？
故为天下贵。	所以道德成为天下最宝贵的。

【第六十二章】

【注释】

道者万物之注也：甲乙本如此。注：有流注，归往之意，故可以解为道是万物之所向往、归注之所。联系老子关于"江海之所以能为百谷王者，以其善下之也，是以能为百谷王。"［66］的喻道说法，可知"道"为万物所归，引申为万物之主。故此处"注"与"主"之义相通，有"主"，"主宰"的意思，即道为万物之主。王本与世传本"注"字多为"奥"，实际上也有"主"之义。参见《礼记·礼运》"故人以为奥也"，郑玄注："'奥'犹'主'也。"

善人之宝：王本如此。善人：指有德之人。宝：宝贝，此处指道。甲本宝作葆，意同。

不善人之所保：王本如此。不善人：与善人相反，指有毛病，有缺点之人，以及所有不守恒道的无道德之人。保：保障，保护，保存。所谓"盗亦有道"，这句话有两层意思，一指对违反恒道的人而言，"道"也是他们生活的保障，要好好保存。二是指"道"是他们改过自新，重新做人的保障与方向，只有尊道贵德，他们才能得到有效的保护与生命的延续。

美言可以市：诸本一致。美言：甜美的花言巧语。市：市场，引申为出售，赚钱。

尊行可以贺人：甲乙本如此。尊行，可尊敬的品行。贺：恭贺，恭维。王本等传世本"贺"字多写做"加"，误。

人之不善：乙本如此。王本作"人之不美。"乙本为是。

何弃之有：王本如此，甲乙本毁损。何，哪些。弃：抛弃，去除。

故立天子：甲本王本如此。立，拥立。

置三公：王本如此。置：设置。甲乙本作置三卿，三卿，即三公：太师、太傅、太保，古代辅佐天子诸侯的高级官员。

虽有拱璧以先驷马：王本如此。拱璧：需双手环抱的大宝璧。甲本写作"共之璧"：共：通拱，拱手。共之璧，即拱璧。先：前，安放前面。驷马：甲本作四马，即四匹马拉的车。以先驷马指放在四马大车之前。

不若坐而进此：乙本如此。不若：不像，不如。进：进修。此，玄德。甲本作"不善坐而进此"，王本作"不如坐进此道。"意同。

古之所以贵此道者何也？甲本如此。贵：尊崇。此：玄德、恒道。何也：为什么。王本此句作"古之所以贵此者何？"意同。

不谓求以得：乙本如此。谓写作胃，通为，因为。求：求取。得：获得。王本作"不曰以求得。"字序颠倒不取。

有罪以免与：甲乙本如此。免：赦免。与：语气词，王本写作邪。

故为天下贵：诸本如此。天下贵：天下所宝贵的。

【七】

天之道犹张弓也。	天道的运行规律就像张开弓箭。
高者抑之，	高起的压下它，
下者举之，	低下的抬举它，
有余者损之，	多余的减损它，
不足者补之。	不足的补充它。
故天之道损有余而益不足，	因此天道之行是减损有余的来补益不足的，
人之道损不足而奉有余。	人类社会通则却是减损不足的供奉有余的。
孰能有余以奉天下？	那么谁能有富余的财力才智奉献给天下呢？
唯有道者。	只有那有道德的贤人。
是以圣人为而不恃，	因此圣人有作为却从不自恃，
功成而不处。	大功成就而不居功自傲。
其不欲见贤。	他这样做是不想炫耀自己贤能。

【第七十九章】

【注释】

天之道犹张弓也：乙本如此，犹假作酉。天之道：道，运行规律。张弓：张，张开。弓，弓箭。王本此句作"天之道，其犹张弓与"，"犹"字可取，"其"字多余。

高者抑之：王本如此。高：高大，高起。抑：抑制，压下。甲乙本抑误作印。

下者举之：诸本如此。下：低下。举：抬举，举起。

有余者损之：王本如此。余：多余，富余。损：减损。乙本损误作云字。

不足者补之：甲本王本如此。补：补充。

故天之道损有余而益不足：甲乙本合成如此。甲本现存"故天之道损□□□□□□"数字；乙本现存"□□□□云有余而益不足"数字，甲乙本损字皆用异体字。"天之道损有余而益不足"是老子倡导的道法自然的理想社会规律。损：精义见《易经》损卦，损下益上为损，乙本损字假作云。益：精义见《易经》益卦，损上益下为益，乙本明用损益二字，老子继承易经爱民思想之明证，可取。王本此句作"天之道损有余而补不足"，以补代益，经义不如乙本。

人之道损不足而奉有余：乙本如此，损假作云，有假作又。人之道：人类的社会规则，处世之道。甲本毁损。王本此句作"人之道则不然，损不足以奉有余"。然：这样。王本语气断裂，不如乙本流畅。

孰能有余以奉天下：王本如此。奉：供奉。孰：谁。乙本此句为"孰能又余而奉于天者？"甲本此句为"孰能有余而有以取奉于天者乎？"句式过长，可据王本省。

唯有道者：王本如此。唯：惟一，只有。乙本此句为"唯又道者乎？"甲本此句损毁。

是以圣人为而不恃：王本如此。为：作为。恃：自恃。乙本此句作"是以圣人为而弗又"。又即有。有：占有，与王本意思相近。

功成而不处：王本如此。功：功劳。成：成就。处：与居同义，居功。乙本作"成功而弗居也"。

其不欲见贤：王本如此。不欲：不想。见：显现，表现，炫耀。贤：贤能，贤良，贤才。甲本此句损毁仅存"……见贤也"，乙本此句作"若此其不欲见贤也"，繁复不取。

【八】

天下莫柔弱于水，	天下没有比水更柔弱的了，
而攻坚强者莫之能胜。	而攻入坚硬强大物体内的，没有什么能超过水。
以其无以易之也。	这是因为水以柔克刚的天性是谁也不能改变的。
弱之胜强，	弱小胜过强大，
柔之胜刚，	柔软胜过坚刚，
天下莫不知，	天下没有谁不知道的，
莫能行。	却没有能实行的。
是以圣人云，	因此圣人说，
受国之诟，	接受全体国民质询问责的，
是谓社稷主。	这才叫作国家的君主。

受国不祥，	承受大小国家不祥灾祸的，
是为天下王。	这才能为天下的帝王。
正言若反。	正确的言论，往往像说反话一样。

【第八十章】

【注释】

天下莫柔弱于水：乙本王本如此。莫……于……，没有比……更……。

而攻坚强者莫之能胜：王本如此。甲乙本损毁。攻：攻入。坚：坚硬。强：强大。胜：超过。

以其无以易之也：乙本如此。其：水，水的以柔克刚的本性。无以：无法。易：变易，改变形状、性质等。指水性不可改变。王本此句为"其无以易之"，过简不取。

弱之胜强：王本如此，乙本此句在后，写作"弱之朕强也。"朕即胜。弱：柔弱。

柔之胜刚：王本如此。胜：胜过。刚：坚刚，坚硬。乙本此句在前，写作"水之胜刚也。"柔写作水，胜写作朕。

天下莫不知：王本如此。莫：没有，不。知：知道。乙本此句写作"天下莫弗知也。"弗：不。

莫能行：王本如此。莫能行：不能实行。乙本此句损毁，仅余句末一也字。

是以圣人云：王本如此。甲本此句写作"故圣人之言云曰："今取王本。

受国之诟：乙本如此。受：接受。国：全国，引申为全国国民。诟（gòu），古同诟，指询问，责问，也可引申为质询，责怪。"受国之诟"，可理解为统治者要虚心、耐心地接受全体国民的各类咨询，求问，甚至质问，责问，这里反映出古人包括老子朴素的民主主义精神。甲本此句写作"受邦之诟"，王本写作"受国之垢"。邦与国同义，垢与诟同音，王本诟误作垢。或云垢以污垢代指诟骂，责怪，意同诟。他本诟或作"诟"，为诟之笔误。又，诟即质询，意同诟。综上所述，以恢复古本"受国之诟"最符合老子本意。

是谓社稷主：王本如此。是：这。谓：叫作，可以称为。社稷：国家。主：主人，主宰。甲乙本此句写作"是胃社稷之主"，胃为谓的假借字。

受国不祥：王本如此。受：承受。国：国家的复数，可指周王朝统辖的各诸侯国。不祥：不吉祥，指灾祸。乙本此句作"受国之不祥"，甲本作

"受邦之不祥",意思相同。

是为天下王:王本如此。为:成为。王:统治者。乙本此句作"是胃天下之王"。

正言若反:乙本王本如此。正言:正,正面,正确。言:言论。若反:若,就像。反:反面,反话。

【九】

和大怨,	调和天大的积怨,
必有余怨。	必然还会残留许多余怨。
安可以为善?	这怎么能修成善德善果呢?
是以圣人执左契,	所以圣人手拿债权的契约,
而不责于人。	从不会责怪别人亏欠自己。
有德司契,	有德执政者以契约精神善待人民,
无德司彻。	无德的主政者肆意收刮残害人民。
天道无亲,	天道没有偏爱私亲,
常与善人。	它永远善待善良的人。

【第八十一章】

【注释】

和大怨:甲本王本如此。和:调和。大怨:很大很深的积怨。

必有余怨:甲本王本如此。必,必然。有,残留。余,剩余。

安可以为善:王本如此,甲本此句写作"焉可以为善"。安:哪里,怎么,与焉意思相同。为:修成。善:善德,善果。

是以圣人执左契:王本如此,世传本多同之。甲本此句写作"是以圣右介。"以介代契,意即"是以圣人执右契";乙本此句为"是以圣人执左芥","芥"假借"契"。据《礼记·曲礼》云:"献粟者执右契",可知执右契为债权人,执左契为负债人。故乙本王本此句意为,圣人手里拿欠债契约,绝不会以债权人的强势地位去责难别人。但如此一来,则甲本的"右契"与"左契"意思则刚相反。其实不然,因古人的左契右契之分,原无定规,随世演变,故也曾有左契为尊,代表债权人的说法(参见高明著《帛书老子校注》一书)。此外,联系下文对圣人"不责于人"的形象描写,我们可知老子此句原意是:圣人无论是执左契或右契,即无论拿的是欠条还是借条,都一样地大度从容,以德报怨,施恩不图报,不会责难别人向自己追债或欠债不还。因此左契右契两义在此可并存不悖。另，甲本此句"是以圣右介。"也另有新解，即"右"有尊崇，崇尚之义。"介"则指耿介，正直的品性，故此句也可指圣人尊崇耿介，正直的品性。今据通行王本与乙本保留老子古意。

而不责于人：王本如此。责于人：责，责怪。甲乙本作"而不以责于人。"意思相同。

有德司契：王本如此。有德：有道德的人，此指圣人与有德的统治者。司：主持，掌管，负责。契：契约，即上句所说的左契或右契。司契：指有德的统治者，根据借款契约来合理解决政府与民间的各种经济纠纷，不以强势地位苛责债权人或欠债人，妥善处理好税收与债务问题等。甲本此句作"故有德司介"，乙本此句作"故又德司芥"。介、芥此处均与契同义，今取王本。

无德司彻：王本如此。无德：指无德者，残暴的统治者。彻：王本用繁体"徹"，诸家解经分歧很大，有"过、失、辙、治、剥、杀、通、税"等诸多解释。王弼解彻为"过"，认为"彻，司人之过也。"《诗·幽风·鸱鸮》有"彻彼桑土"之句，指剥去，引申为盘剥，毁坏。张焕斌说"彻"为周代税法，"司彻"为掌管税收。可参。甲乙本徹写作劕（chè）。劕下有刀旁，有使用武力之意。劕通彻，亦有剥取意。综上所述，结合前句的"司契"，"司彻"意思当为：寻找人民的过失，肆意盘剥杀害百姓，造成怨声载道，与"有德司契"刚好相反。

天道无亲：王本如此。无：没有。亲：偏爱，私情。甲本此句前多一夫字，可省。

常与善人：王本如此。常：永远。与：给予，援助。善人：善良的人。甲本此句作"恒与善人"，恒通常，意与王本同。

老子治国浅探——

国。

治国。

以正治邦。

虚心实腹的老子治国。

它所引发我们不得不思考的——

问题之一，老子以恒道为治国最高纲领吗？

老子认为，"道"是万物的初始状态，是万物出生的本原，是生化宇宙，统摄世界，具有无限时空和内在精神的最高本体。可以说，老子对"道"的这一发现为和谐世界和治国纲要奠定了哲学基础，充满了精妙深刻，洞察入微的东方智慧。因此，老子治国方略始终不离恒道，他所提出的治国最高纲领也正是"道"。老子在世界哲学史上最早论证了"道"是万物的本原，是认识万物奥秘的根本门径，是细微难辨又无限无际的本体，揭示了恒道至大无比，化生万物，安邦治国的伟大作用。老子之道为人类社会矛盾的化解，描绘出平和纯真的太平世界图，具有现实的政治实用价值和永久的文化价值。他所奠定的这一恒道治国纲领，成为中华和谐治国传统文化的理论基础之一，也是建设和谐世界的宝贵文化资源。

因此，我们只有辨析中西古今治国学说，取精弃粗，择正去误，把老子治国观放入老子九大哲学观的价值体系看，才可能弄清老子道论本意及其和谐治国观的逻辑体系，大致如下："恒道观"作为老子的最高哲学范畴，以至高无上，无所不在的"道"贯串于九观之中[1]，成为老子和谐社会观立论的理论基础。"玄德观"则是恒道观和谐社会化的结果和实践化的准则。它将恒道观引向社会，化为道德规范，圣人楷模，指导作为和谐社会认识论的"真知观"，去认知真理、社会真相和探循正路，最终构成恒道和谐社会的社会论的"清静观"，行为论的"无为观"，生命论的"贵身观"，政治论的"安民观"，"用兵观"，"治国观"的基本原则，形成了一个完整的老子和谐社会治国观的价值体系链。总之，老子的治国纲领，是以恒道玄德的"和光同尘"为手段，通过对自然、社会、人心的细致观测和分析，弄清如何遵循恒道，修养玄德，获取真知，认识社会，重视生命，规范行为，治理国家的道理，以指导和谐社会建设，体现出道祖老子以人为本的生命价值观和治国智慧。

问题之二，老子治国以玄德为道德规范吗？

老子清楚地知道，周代战乱频繁，水深火热，民不聊生，要想让各国统治者成为和谐社会的主宰，就要掌握他们希望统治的稳定长久，人民的安分服从的心理，从约束他们自己做起，消除他们过多的贪欲。而他要求统治者应有的玄德境界和人格价值，归根结底，也是由他实现和谐社会治国方略的恒道观所决定的。为此，老子希望圣人能做到"为而弗恃也，成功而弗居也。"[2]把治国希望寄托在有德之"王"的身上。这虽是他的局限性，却是由当时群众觉悟程度和民主机制欠缺等社会条件所决定的，不能不是他当时惟一的选择。老子认为："'道'是博大无比的，天是高大无边的，地是广大无垠的，统治国家的王也很伟大。国家中有这四'大'啊，而王就占据了其一。人效法地道的治理，地效法天道的运行，天效法恒道的规律，恒道的法则是自然而然。"[25]②从这段话可见，老子承认代表了人类强大统治力量的君王，把他列为四"大"之一，是与他具有君王能够成圣的信念分不开的。这与佛家主张所有的有情（人类、动物，生命体）和无情（山水，天地，无机物）一律平等，主张人佛平等，众生平等，不跪王侯，彻底抹平人类中心主义，显然是有所区别的。但老子并不因此而认为只要是"王"就可以胡作非为。相反，他认为，再伟大的君王，都要依次通过对效仿遵循天的地、效仿遵循道的天、以及道本体的观察效仿，遵循道法自然的法则。这也正是老子治国纲要所坚持的玄德规范，由此生发出统治者不可违反恒道，而要自然无为，垂拱而治，让人民按照淳朴天性全面发展，过各得其所的自由生活的和谐社会思想。

问题之三，老子主张治国者须修养玄德吗？

老子主张治国者须修养玄德，向那些千古传颂，一向以来都没有贪欲私心，以老百姓的心为天地良心，善意地对待一切良善或不良善的人，信任所有守信或不守信的人们。试想，这样大智大德，能与天地合德，与万物协和，与亿民同心，能大度包容各类人的圣人，不正是创立公正平和，自由发展的和谐社会的理想治国者吗？显然，老子心目中的这样的圣人，不同于西方世界里那唯我独尊，非我教派，必除而后快的所谓上帝信徒，也不同于那些以民族文化、宗教信仰、政治见解或意识形态划界，不惜刀兵相见，闹得国家四分五裂的狭隘自私，凶残冷酷的政治家。

值得注意的是，老子之所以主张治国者须修养玄德，是因为他对当时儒家建立起来的一套以血缘区别亲疏的道德规范（有如后来文革时期"老子革命儿好汉，老子反动儿混蛋"的血统论）具有严正的排斥心理。他认为，"化生万物，畜养万物，让万物滋生而不占有它们，让万物成长而不主宰它们，这就是玄妙的道德。"[10]而他尖锐批评的，正是那些"丧失了恒道才讲仁德，丧失了道德才有仁爱，丧失了仁爱才有义气，丧失了义气才有礼仪。"[38]整天把仁义道德挂在嘴边，却从不实行的伪君子。老子痛斥他们假仁假义所制定的，意在维护统治阶级尊卑等级统治的"所谓礼仪，是忠诚信义的所在，是国家动乱的祸首。"[38]可见，老子作为一个反伪道德主义者，所要追求的是安定和谐的社会，所要保留的是纯真诚实，符合人性,赤子之心的"玄德"。这是他对道德的根源、属性、作用、意义作了全面深刻思考,对道德的产生,道德的标准,道德的建设作了独到阐述的结果,而不是一家学派歧见。

老子以纯真人的玄德化的"古圣化",区别于弗洛伊德病态人的悲观主义的"去圣化",而有利于当前健康人的乐观主义的"再圣化"。老子贬斥的是"下德",主张的是玄德,它与恒道相通,是"德之中有道,道之中有德,其化不可极"之大德。从老子对玄德的重视看,无论是谁,要想建立和谐社会,都必须具有和谐的自然心态,善待人民,珍惜生命,做到在治理天下时,"内聚心性,安祥和合,成为天下人的浑厚爱心。百姓们就像是自己耳目一样,圣人把他们都当成孩子来关爱。"[49]有了如此可敬可爱,道德高尚,如慈祥父母的圣人治理天下,人民怎会不心悦诚服,安居乐业,社会怎么能不和谐幸福呢?

问题之四,老子治国离不开真知卓见吗?

在老子看来,治国者要建设和谐社会,首先要由正确的途径获得正确的见解,使自己的精神和谐与社会和谐融为一体。前两者与后两者是互为前提,互为联系,互为因果的。老子说:"集营养精神于一体,能让它们永不分离吗?糅合物质精神至最柔顺的境地,能重新变婴儿吗?清除心中的明镜,能让它毫无瑕疵灰尘吗?爱护人民,治理国家,能不用狡诈的权谋知识吗?闭紧耳朵眼睛鼻孔,能雌服而不逞强吗?聪明通达各种事理,能不通过不良知识的灌输吗?"[10]这里边的六大尖锐问题,实际上开辟了一条治国者从内心和谐走向社会和谐的认知道路,一条可以称为老子的"真知观",与"清静观"、"无为观"和"贵身观"相结合,修养玄德,追寻恒道的心灵健康之路。其要点是让治国者在掌握正确认识论和真理的前提下,集中精力和神思,明白恒道和谐之理,时常清扫有害身心的私心杂念,保持类似禅宗所说的澄明心境,保持谦让而不是好斗的个性,不在花天酒地,声色犬马之中消耗精力,不花心思于揣摩玩弄政治权术,避免邪说败德的危害,以返回人的童真最佳生命状态,获得有益身心与治国的真知,爱护人民,激活国家的蓬勃生机,实现社会的和谐幸福。

由此可见,老子所阐明的治国之道和"真知观",要点在于反对众多的歪门邪说,追求符合恒道的价值标准的真理。他不以意识形态别亲疏,谋私利,推崇具有人民性、人道主义和理想性的"真知"。这就是在和谐国家的思想领域,坚持体悟和贯彻恒道,把它作为所有知识的本始和母体,以识"道"为解决一切问题的正确途径,避免越学越滥,越走越偏,被多余有害的邪说所困。因此，老子力主将不同学说作为借鉴资料，经过批判消化，解构重组，融会在恒道学说之中，达到"玄德大同"那"调和万物争奇斗艳的光芒，使之混同于祥和红尘之中，消弭事物中一切矛盾的敌对锋锐，解决它们的纷争冲突"［56］的认识高度和圆融智慧，不再被类似佛家所说的"我执"所拘囿。在这里，老子的"真知"实际上表明了一种百家争鸣，开放包容的和谐社会的思想文化政策。这就是要在纷争冲突的思想领域，消除门派偏见，一视同仁地吸收各种学说之所长，达到和谐社会的大同境界，实现恒道玄德的治国理想。

问题之五，老子治国需要清静划一吗？

为了替儒家的守成和执政模式提供理论根据，汉代的董仲舒颠覆了道家有关道与天之主次关系的论说，喊出了为历代保守派统治者所津津乐道的名言，那就是所谓的："道之大源出于天，天不变道亦不变。"这实际上是把日升月落、冬去春来，循环往复的"天"，作为维护上尊下卑、一成不变的封建统治之"道"的根据了。这与老子及其道家学派，时刻注意天时形势，主张随时而变，与时俱进是大相径庭的。实际上，老子所坚持的代表真理的道，虽看似万代如"一"，却绝非一成不变的"一"，绝非统治者梦想的至尊无上，高度集权，万世不变的"一"。实际上，哪怕某位英明统治者取得了四海归"一"的皇位与极权，也不可能保持世袭永远不变的一统天下，至多只能维持一朝一代。

从《易经》"既济"卦所宣示的那种不停进化的易理看，没有任何事物是会永远停滞不前的，事物的和谐统一的状态，也不可能无条件地永远存在下去。因此，按照老子烛照千古旷宇的清静观，即使"苍天得到和谐统一就会清澄，大地得到和谐统一就会安宁，神灵得到和谐统一就会灵验，河谷得到和谐统一就会盈满，万物得到和谐统一就会生生不息，诸侯国王得到和谐统一，就会以它为天下准则。"［39］也决不可以用钳制思想来求得和谐统一。因为类似于强推西方民主，大搞全球强势文化输出的统一，在老子看来，其实是不察时变，不解世情，有违世势的。它不但不能求得治国稳定和社会的和谐统一，反而因违反恒道，用僵化的单一文化模式与政治制度，束缚了人类多元文化的生命和蓬勃自由的发展，而碰壁失败。

这正如老子所深察："它一旦发展到统一的极致，天不要太清澄了，否则恐怕将会爆裂；地不要太安宁了，否则恐怕将会爆发；神不要太灵验了，否则恐怕将会停歇；河谷不要太盈满了，否则恐怕将会旱渴；万物不要超生得太多了，否则恐怕将会灭绝；诸侯王公不要太尊贵高傲了，否则恐怕将会被推倒!"［39］这就是说,从对人类社会发展规律的深入观察,从恒道的规律看,治国强求一统,用僵化的规范或制度统一一切,就会天裂地爆,精神停歇,河谷干旱,连最高统治者也难免倒下!这就是老子之后,秦王朝二世而亡,国内所谓"一刀切"政策的失利,美国霸权主义、单边主义的失败,所为我们提示的人类社会的治国规律。也正是基于这一与时俱进的观点,基于对那种"朝廷忙于封官和算计,田地却很荒芜,粮仓更是空虚。贵族们却穿着华丽衣服,佩带长长的利剑,吃饱喝足,家财货物非常富余。"［53］的反恒道、反人道世象的深恶痛绝与强烈批判,老子建立起他向往的治国观。那是在没有贪欲私心的圣人英明领导下,建立起没有巧取豪夺,勾心斗角,尔虞我诈,生活物资能够公平分享,满足每个人的生存需要,甘食美服的淳朴自由的和谐社会。

问题之六,老子的治国离不开贵身理念吗?

老子强调贵身的治国观,对于今天希望既注重生产效益,开掘财富源流,又希望合理分配财富,建立社会人身保障,增进身心健康和幸福指数,促成国家和谐社会的现代人说来,确实是令人向往的。在为实现这一治国理想而设想的身心修养方面,老子主张通过著名的"抟气至柔"的功夫,修成和谐万物,无淫欲无妄为,如同赤子般的"婴儿"心身。那时候就能让狂蜂虫蛇都不蜇咬,凶禽猛兽也不来搏杀,骨软筋柔而握物牢固,精诚专一而不气逆嘶哑,内心自然而平和了。老子认为,修成这种精诚专一,思精虑净的身心状态,就达到了天下无敌,即不树敌也无人以其为敌的高超的"贵身"境界。那样的人就"知道和谐万物的就叫做恒常,知道恒常之道的就叫做明达事理。有益于生命的就叫做祥和如意"［55］这就是老子贵身治国观所主张的治国者应有的身心和谐状态,即我们营造和谐社会所必须首先具有的良好心态和道德境界。

结合古人"以道治身,以儒治世","佛忘身而济物,道服饵而养生"的说法看,为中国道家奠定理论基础的老子的"贵身观",确实体现了对人生命的关怀,体现了他对"治国之本"的看法,那就是"本在于治身。"用老子对文子追问的回答就是:"未尝闻身治而国乱者也,身乱而国治者未有也。故曰:修之身,其德乃真。"要而言之,贵身养生,不禁欲伤身;修身护身,不纵欲灭身,将有利于我们洁身自好,修德存身,明哲保身,养生拒腐,自我完善,更好实现和谐社会理想。

回顾历史,那些纵欲伤身的统治者固然可恶,那些迷信"道服饵而养生",如荒废朝政的明嘉靖帝等也实在昏庸。只有那些"闻鸡起舞","胡服骑射"，内外兼修，积极锻炼的有为之士和有为之君，才可能真正对国家的治理和社会和谐作出贡献。而那些以炼内丹外丹和道医施诊的方式，对社会和谐发展也做出过贡献的道教养生家，选择老子作为修身道的经典，总结出自然虚静法、形神抱一法、涤除玄览法、虚心实腹法、冲气玄同法、抟气致柔法等等，以达到养神守精，合气守一的长寿目的，也绝不是偶然的。它其实是老子贵身治国观的养生文化创新与千年承传。

问题之七，老子的治国方略主张尚柔吗?

在中国圣人谱系中，老子给人的形象一贯是谦卑、柔弱、贵柔的。《汉书·艺文志》说老子："清虚以自守，卑弱以自持"；庄子评论老子"以濡弱谦下为表"；《吕氏春秋·不二》也肯定"老聃贵柔"。这些评议对老子处世治国哲学的特点把握是十分准确的，它的尚柔主谦，以反求正，弱小胜强，来自老子的恒道玄德智慧，深融于民族文化血液，形成了与西方刚性、张扬、强权文化不同的尚柔治国方略。应该说，老子的尚柔治国，使他的治国之术具有浓厚的阴柔特征，其治国理念、管理制度、管理措施，都强调顺应自然，合乎时机，不是单凭主观意念率意为之，而是随着情势的发展，而有所调整改变，这是更符合时下热衷的弹性管理和人性化管理精义的。它形成了道家因时达变，不僵化固守的"道法自然"思想，与法家主张操弄帝王驭臣权术，强力施行严刑峻法，以及儒家主张不成功便成仁，守成保业的尚刚治国方略，恰好形成为鲜明对比，并在封建统治的稳态结构中，成为三足鼎立的起重要调适作用的一"足"。

老子认为，人类推行和谐治国方略，关键在于如何解决好人每天所要面对的不可回避的矛盾，包括人与自然环境，人与社会，人与自己内心的各类矛盾。对于受现代西方强力竞争型主流文化控制，矛盾交集，利益冲突，内心烦躁，压力沉重，执着一端，偏向一极，想要摆脱与化解这些矛盾，却又往往无计可施的当代人而言，出路似乎只有一条——那就是不是你强大起来压倒别人，就是别人强大后压倒你！老子根据自己对道的本质的反复思考，所得出的尚柔结论却并不如此。他称颂天下最柔的，莫过于水，水的柔性和慈爱体现了自己治国尚柔的真谛！老子坚信："上善如水。水善利万物而有静，居众人之所恶，故几于道矣。"[8] 他认为"江海之所以能为百谷王者，以其善下之也"[66]，只有谦柔虚心，甘处人下，尊重任用贤能，才能成就大业，故此他力主"为天下溪，常德不离"[28]，主张"抟气至柔"[10] 和"天下之至柔，驰骋于天下之至坚"[43]，培养谦和柔慈却又积德无不克的坚毅柔韧的性格。他十分称许水的以柔克刚，却又善容万物,利益万物,还结合对恒道的理解说:"大道虚空冲和而运用极广,它无所不有却永远不会盈满。多么渊深难测啊,它就像是万物的宗主!锉去万物的锋芒,化解万物的纷争,融合万物的光辉,趋同世尘大道的生命飞扬!"[4]这就是老子所向往的"和光同尘","渊深明湛",和谐平静而又活泼光明的社会。它以道的统一实现所有矛盾的化解,就像那些貌似不可一世的强大者,也将被几近于道的柔弱处下却无坚不摧的"水"所征服一样!从而形象而深刻地体现了老子尊崇水的大德兼容与柔和本性,主张无为而治,不以强权欺凌弱小,努力建设和谐社会的治国观。

此外,从老子关于"柔弱胜强"[36]以及"强大居下,柔弱微细居上。"[78]的一贯观点看,体现出老子治国尚柔精神的,还可见于他坚信"图难乎其易也!为大乎其细也!天下之难作于易,天下之大作于细。[63]懂得"合抱之木,生于毫末。九成之台,作于累土。千里之行,始于足下。"[64]的道理,重视柔弱细小,从"小"抓起,从小做起,从基础起步,重视"小朴"、"小国"、"小鲜"的一系列治国观点。具体分析,老子治国尚柔之所以重视"小朴",是因为柔弱的"小朴"具有不可轻视的旺盛生命力和强大创造力。老子关于"朴虽小,而天下弗敢臣。侯王若能守之,万物将自宾"的治国法,突出了"朴"即"恒道"在和谐社会治国方略中的核心地位。"朴"看似很小,微不足道,却是做人的天性与准则,是统治者治国的根本。老子治国尚柔所主张的"小国",是因为他认为推行"小国寡民"[67]的治国制度,更有合理性。它把政府管理机构适当划"小",缩小了庞大行政机器的规模,过多的管理层次,建立了服务大社会的"小政府",使其成为独立性强,管理人员少,幅员适度的行政区域"小国"——在周朝一统之下并非地方割据之"国",大大减少了层级别类的行政开支,以及各种对人民生活的不必要干预,属于精兵简政的正确方略,确是构建当今中国和谐社会时乃至未来大同和谐世界所要思考的。老子治国尚柔所主张的"小鲜",是因为那"治大国若烹小鲜"[60]的柔性治国手段,最突出地表明了他对治理国家的谨慎乐观和高度重视。因为肉嫩骨细的美味"小鱼",在煎炒时是极易弄碎的,治理国家同样如此,它需要高超的技巧与耐心和爱心,需要执重守静,谦柔无为,小心翼翼,才能获得国泰民安的理想结果。

问题之八,老子的治国妙义是无为而治吗?

老子的治国法崇尚和谐之道与道法自然,主张实行无为而治。从"天之道损有余而益不足。人之道损不足而奉有余"[79]的天道运行规律看,

自然会减损有余的补益不足的。人类所谓的"民主的平等的博爱的"社会规则，却反而减损不足的供奉有余的，造成社会不公，穷的愈穷，富的愈富，极为反常，自然也就不可能和谐了。因此，老子明确反对过度膨胀的野心、好大喜功的胃口，以及豪华奢侈的生活，并借其圣人口说："我无事而民自富，我无为而民自化。我好静而民自正，我无欲而民自朴。"[57] 在老子看来，"上善若水"。水为什么会成为上善？不就是由于它安静无为，不好争利，具有择居善地，心情恬静，施予宽厚，信守诺言，公正平和，求实能干，顺应时机等美德吗？如果社会上层能保有无为心态和水的美德，人民就将自化而使社会和谐了。

所以老子所制定的和谐社会的治国方略，自然包括了无为而治的妙义。从历史上看，中国之所以能经历春秋战乱，七雄角逐，秦朝暴虐，楚汉之争期间的六百年苦难后，实现汉初人民减负，国库充盈的"文景之治"，正是因为有学士陆贾向刘邦建言："道，莫大于无为，行，莫大于谨敬。"最终得到酷爱老子的窦皇后支持，老丞相陈平、曹参襄助，才使刘邦之子孝文帝得以老子为师，无为顺道，令天下从贪欲躁动复归于恬静休息，国势转强的。

问题之九，老子的治国安民举措有哪些？

"安民"是要建立在治国的统治者与被治理的人民的和谐关系上的。虽然美国《独立宣言》作者托马斯·杰弗逊宣称：人人生而平等，但根据西方的"契约论"，即使是渴望平等的人，也需要选举和委托国家统治者对众人实行治理。主张"不尚贤，使民不争"[3]的老子，尽管反对人为抬高"贤人"而使民不争高位，心中还是始终把治国安民的希望寄托在圣人身上，落实在实实在在的安民举措上的。这点可见于他的安民观，重点之一便是虚心实腹，弱志强骨，绝智弃偏，见素抱朴的"育民法"。正是在回顾人类政治起源并探讨社会治乱规律的过程中，老子根据"政治初创昏昧怜悯时，人民生活虽艰难而淳朴浑厚。政治过于明察苛刻时，人民会缺少自由和衣食。"[58]的历史，得出了重视物质文化，反对空谈误国的"育民法"结论。

其次是"抚民法"。要点是反对隔离人民、压制人民，对违背人民意愿，强制人民按照自己的意愿行事，不惜以流血恐怖相威胁的强权统治者，老子严正警告说："人民一旦不再害怕恐怖和威胁，那非常恐怖的事情就要发生了。所以不要限制人民栖息的居所，不要压榨人民使其无生趣。只有不做人民所厌恶的限制民生的事情，人民才不会厌恶你。"[74] 在某种意义上,国际恐怖主义与一些国家内社会的不和谐甚至流血冲突,都是恐怖组织和黑恶势力等,利用社会贫富悬殊、种族冲突的不合理现象造成的。而要借鉴和切实落实好老子的一系列安民措施,包括育民法、治民法、抚民法,等等,就要把他所倡导的恒道观贯串于他由玄德、清静、真知、无为、贵身、安民、用兵、治国诸观构建的治国战略体系之中,以恒道宇宙观、玄德人生观为治国大纲,将施政安民和和谐社会紧密结合起来,通过道法自然,无为贵身,积德休兵,实现天人合一,国泰民安的治国理想。

问题之十,老子基本的治国用兵原则是什么?

老子学说被誉为是人类精神回归的家园;老子道学文化正愈来愈被誉为一种有着警世、醒世、医世功能的普世文化。这从他发明的如何卫国友邦,休兵息战的"君人南面之术"可以看出来。正是为了维护国家安定繁荣与和谐社会,老子明确反对统治者为私利挑起战争,认为"夫兵者,不祥之器也。物或恶之,故有欲者弗居。……夫乐杀人者,不可以得志于天下矣。"[31]明确反对涂炭生灵、耗费国库的扩张主义和霸权主义。老子对战争决策者和指挥用兵者明确提出:"要以恒道辅佐治国者,不以武力逞强称霸于天下。天下事情都将会周而复还。"[30]如果统治者脱离了人类的恒道,一味恃仗武力强大先发制人,或只懂得以暴易暴,穷兵黩武,今天的侵略者,明天就会被人反攻和惩罚;今天的占领者明天就会被人民赶走。从战争的反复性和严重后果看,好战和贪得是兵家大忌,越是炫耀武力强大就会越早衰亡。所以,老子治国用兵,从不炫耀武力,主动侵略。他在用兵之道上,一是主张"不战而善胜"[75],贵柔守雌,不战制战,以退制进,以退为进,以弱制强,以柔克刚,哀兵必胜,后发制人;二是主张凡事因势利导,无为不争,始终坚持"以正治邦,以奇用兵,以无事取天下"[57]的"道法自然"的和平反战原则。

从恒道和平主义的战争观出发,老子坚持"君子重于道德,不重用兵"(文子转引)主张积德克敌的战略观,主张大国与小国的平等互助,各得其利,并坚持"我有三宝,持而宝之。一曰慈,二曰俭,三曰不敢为天下先。慈故能勇,俭故能广。不敢为天下先,故能成器长。今舍其慈且勇,舍其俭且广,舍其后且先,则必死矣。夫慈以战则胜,以守则固。天将建之,以慈卫之。"[69]明确把珍惜生命关爱生灵的人道主义的"慈",把不在战争中毁灭人类宝贵财富的"俭",把不冒天下之大不韪主动挑起战争的"不敢为天下先",作为胜敌固守,成事保国的三大宝贝,以所谓"夫唯不争,故天下莫能与之争"的高明手段和姿态,取得和平共处,达到"天下将自定"

的目的。

问题之十一，老子的治国理想是要构建和谐社会吗？

老子哲学的自然观、历史观、人生观和价值观，突出地表现在他对治国之道和修身之本等等的阐述中。特别是老子的治国观如一条红线，贯串于他由恒道、玄德、清静、真知、无为、贵身、安民、用兵诸观构建的哲学观体系之中。它不仅形成了老子哲学的独特价值体系和深刻思想，而且奠定了老子建设和谐社会的理论基础，为源远流长，根深花艳的中华和谐传统文化的辉煌成就做出了卓越贡献。在我们总结和创新中华民族和谐治国的基本理论时，除了可以从儒家"和为贵"、"和而不同"的理念，从佛教重视觉悟，普度众人的大乘教义和禅宗的人生智慧中，吸取其所倡导的"人心和善、家庭和睦、人际和顺、社会和谐、人间和美、世界和平"的新"六和"思想营养外，还应该从道教的精神源头老子思想中，领略其建设和谐社会的治国思想。

如我们参照有的学者的提法，强化老子学说的"六和"治国理念，其"生和"，就是重视民生，充分体现对人民生命权的重视，保护人民政治、经济、文化的权利，建设和谐社会的民心基础工程。其"整和"，就是充分调动、发挥政府的协调整和之功能，逐步解决社会中存在的诸如分配不公、贫富差距增大、就业机会不均等诸矛盾，保持社会和谐与发展态势。其"谦和"，即为国家在舆论导向与为人处世方面都推崇"谦和"风尚，宏扬中华传统美德，力戒奢侈、浮夸之风，使"八荣八耻"深入人心。其"中和"，就是恪守"中和之道"，不要忽左忽右，坚持对理想和信念的秉持，将"中国特色社会主义核心价值体系"落实于实处。其"协和"，即协和并调动一切有利于和平发展的国际积极力量，维护世界与人类和平。其"顺和"，就是顺应道家视野中的人之天性，使"经济人"、"政治人"、"法律人"，逐步回归到赤子之心的"文化人"的淳朴德性上来，理顺人与社会、人与自然以及人与心灵之关系，保护自然环境，使社会更为和谐健康和富足快乐。

问题之十二，老子的和谐治国方略的主旨是什么？

总结老子九观哲学体系与和谐治国方略的主旨，一是主张谦虚豁达，得民爱戴的圣人要坚持清静守中，人际和谐，不妄为的"清静观"与"无为观"，以达到思虑清静与舍轻持重，无为与有为的辨证统一；二是主张人们要坚持珍惜生命，明哲保身，养生拒腐的"贵身观"，要寄希望于爱自身并愿意为实现恒道理想而奋斗的人，从而在哲学史上第一次摆正了身体和事业的和谐关系,成为世界上最体现人道主义,以人为本并促进人类身心和谐健康的先进观念;三是主张回到和谐公产社会理想境界的"安民观",使人民淳朴浑厚,安闲自在,"甘其食,美其服,安其居,乐其俗",没有苛察监控,勾心斗角,保留小国寡民的民俗文化个性;四是反对满足人类贪欲的战争,主张无为不争,以柔克刚,以退为进,哀兵必胜,后发制人,积德克敌的"用兵观",为和谐世界奠定和平主义的基石;五是提倡遵循恒道,修养玄德,谦柔无为,睦邻通好的"治国观",强调国家的和谐久安,而不是用美言尊行堆砌起来的虚假道德、虚假政绩!由此可见,老子的和谐社会观,是他恒道观的社会实践化产物,最终以建设人类和谐社会为远大目标和最高价值。

问题之十三,老子道学是中华治国传统文化的核心吗?

老子以恒道、玄德、清静、真知、无为、贵身、安民、用兵、治国诸观构建的哲学观体系,奠定了中国道家文化的政治理论基础。自汉初实行黄老之术和老子无为而治的基本国策以来,在哲学高度、政治实践、文化传承等方面,深刻影响了中华文化的发展,形成了中华民族以儒、道、释三家为核心的传统文化,形成了学术界大都公认,历史上封建王朝大都沿袭的"以儒守成、以道达变、以佛治心"的治国模式和民族核心价值理念。

其中的所谓"以儒守成"的统治模式,要义是通过由儒家制定的"君为臣纲、父为子纲、夫为妻纲"和"仁、义、礼、智、信"等"三纲五常"的封建伦理道德、礼仪规范和等级制度,建立起君君臣臣,层级分明,高度集权的皇权制度,进而以政权、族权、夫权等政治手段贯彻施行于封建帝国的每个角落,保守住祖宗留下的社稷江山,支撑庞大国家机器的正常运转。

所谓"以道达变"的统治模式,要义是根据《易经》"观乎天文以察时变,观乎人文以化成天下"的政治智慧,参照老子道家学派提出的"人法地,地法天,天法道,道法自然。"[25]和"天之道损有余而益不足"[79]的施政原则,不时分析统治阶级和人民之间利益分配的多寡变化,通过民间或明或暗的各类道教组织的平和或暴力的活动,配合统治者自觉或被动的上下呼应,进而在王庭和民间此消彼长、永无休止的对立或磨合的政治力量博弈中,对儒家主流文化影响下,中国社会长达几千年所形成的日趋保守的稳态政治结构加以调整,维护或创制因破损落伍而需要更新的国家机器。

所谓"以佛治心"的辅政教化,要义是通过由佛学基本教义的创立者佛祖,佛教各流派包括禅宗、净土宗等传播的"四大皆空"、"明心见性"、

"普度众生"、"人间净土"的佛法说教,以及佛祖、佛法、佛教僧侣组织等号称佛家"三宝"的宗教文化力量,对统治者自身贪欲与恐惧,以及陷民众于困境所造成的人心痛苦,进行心灵的抚慰和轮回法疗治,用行善拜佛与三世说抹平社会的矛盾冲突,减少国家机器运转时产生的摩擦与震动。

而我们若从善行道者,因地制宜,该变就变,以及"以儒守成、以道达变、以佛治心"这三者的内在关系看,"守成"是妥协,是稳定,是维持现状;"达变"是鼎新,是改良,是和谐社会;"治心"是减震,是向善,是净化人心。其三者中"与时迁移,应物变化"的"达变"和"静作得时,天地与之"的"鼎新",可谓是统治者能否妥协守成,治心减震,维持统治,江山永固的成败关键。

由此可见,正是"以儒守成、以道达变、以佛治心"的统治模式,各以其不可替代的作用,维持与延续了中国社会的和谐发展与长期以来中华文明领先世界的地位。也正是建基在中华易学之上,涵盖政治、经济、文化、哲学、社会、宗教等领域,以老子、庄子、列子、文子等为代表的道学文化,推动了中国社会的发展,促成了以孔子、孟子、程子、朱子为代表的儒学文化,以及以惠能为代表的中国化佛学即禅宗文化的与时俱进,它与墨家、法家、兵家等诸子百家一道,不断改良了中华治国范式,共同奠定了中华民族优秀文化的根基,孕育了中国五千年"自强不息,厚德载物,道法自然"的民族精神,至今仍然有以道立国,应势明变的强大的文化生命力。

【注释】

①柯可. 老子哲学观体系新论,广东社会科学. 2005 年第 1 期.

②本文引用的老子原文或译文,一律用 [ ] 号与数字表示老子通行本的各章名。

余论

老子恒道美学

信言不美,美言不信。知者不博,博者不知。善者不多,多者不善。

——老子

在中国传统文化的儒、道、佛三大板块中,老子的学说是道家文化的核心,而老子的美学思想,则是他博大精深、文约义丰的哲学体系的有机组成部分,它对中华美学思想和文化观的发育、形成和发扬光大起到了重要的奠基作用,在引导中国社会审美实践并创造出灿烂辉煌的民族文化方面,作出了不可磨灭的历史贡献,值得认真研究。

一、恒道玄德的美学观

老子的美学思想从属于他的"恒道"哲学,其精要在于"恒道美"。因此,要窥探他美学思想的深奥精妙,就必须首先要弄清楚他的"恒道观"的底蕴。

在老子看来,道,是看不见,听不清,摸不着的"无状之状,无物之象",它"随而不见其后,迎而不见其首"①,简直是随物赋形,如龙潜影,变化多端,虚无飘渺的。这就是道的"无"。

然而,"道"又是先天地而生,独立而不改的。它"似万物之宗。……象帝之先[4]";作为玄牝之门,天地之根,万物之始,它既是世界的本原,又是万物的复归,可谓"玄之又玄,众眇之门"[1]。总之,它是既可以论说,又永远不可能完全说透的,实实在在存在于宇宙之中,普施万物,用之不竭的,在某种意义上类似于现代哲学家所说的"绝对真理"。老子将它称之为"恒道"。这也就是道的"有"。

似有似无,若隐若现,形无实有的"恒道",在外观及给人的观感上是寂静肃穆,宏大庄严,清澈透明的(萧呵!缪呵!),故又被老子称之为"大象"。所谓有道之人,应该做到"执大象,天下往。往而不害,安、平、大"[35]。正表现了老子主张以大道之象(即"大象")为美的"恒道美"思想。

从执大象,天下往的恒道玄德美学观出发,老子认为音乐与美食等,虽能满足人们的审美需要和生理需要,但一旦过度就会伤身害命,故应该修养玄德,适可而止(乐与饵,过格止[35]),绝不能终日纵欲沉缅于其中。而大道则不然,它是天下至美,执着于它,便可天下归心,平安无事,成就大业,获得真正的美。

老子由衷地赞叹道,恒道美呵,虽有"极广大的方域却没有任何狭小边角,虽迟迟完成却是完美无瑕的大器,虽听而不闻却是最伟大最美妙的音乐,它像天一样崇高广阔却无形无影,受到人们的高度褒奖赞美却难以言说;只有它,不但善于开创万物,而且善于成就万物。"[40])。

值得注意的是老子在此所提出的"大方无隅","大器晚成"的审美创造说,以及"大音希声"和"大象无形"的美学原理。它指的应是基于恒道之美的那种浑然天成的审美过程及其难以言说和把握的审美形式,而且它还是人们解悟大道的重要途径,即所谓"圣人者,原天地之美而达万物之理"②。它由后来道家学说的集大成者、老子美学思想的阐扬者庄子发展为关于"人籁"、"地籁"和"天籁"的完整美学观。

庄子笔下的所谓"人籁",意指人工吹奏的笛子等所发出的声响,它比起风吹环球,松涛海啸,山林间各种竹叶木叶、怪穴奇洞所发出的声响,即所谓"地籁"来,只是稍逊一筹的人为模仿而已,既显做作也少大气。至于"此曲只应天上有,人间能有几回闻"的"天籁"及其所构成的"天乐",更是非高士圣人不能领略的天然仙乐,凡人肉耳岂能闻?正所谓"得至美而游乎至乐,谓之至人"③。

庄子关于"天籁"、"地籁"和"人籁"的不同审美层次的阐述,以及"天地有大美而不言",与天地齐同的"大美"方为最高之美的观点,正是老子提出的"大音希声"和"大象无形"的恒道美学观的具象化表述,它深刻地影响了后世道家美学思想的形成,发展为中国古典美学关于"气韵说"、"意境说"、"澄怀味象","虚实相生"的理论,恬淡古拙的美学范畴,构筑起在中国古代美学殿堂上与儒家美学思想、佛家美学思想(主要是禅宗美学)三足鼎立的格局④,为众多中国古代文艺家拓展了审美表现的广阔天地,在千年流变中形成了民族特殊的审美心理和习惯。

二、虚以致静的审美心境说

中华民族强调美的气韵、虚实、意境的审美心理和习惯,与中国人对"道"的理解有紧密的联系。老子认为,"道"是至大至美,自在自为,化生万物而又用之不竭的。它渊博广厚,就像哺育万物的慈爱女神。为能一睹恒道的大美真容和万物变化归复之美,就必须保持虚以致静的审美心境(至虚极;守静笃。万物方作,吾以观复[16])。只有这样,才能在不懈的美的追寻中,识破假象,消弭事物中一切矛盾的敌对锋锐,解决它们的纷争冲突,调和它们争奇斗艳的光芒,使之混同于大千世界的祥和红尘之中而展现美的光彩,这是多么清彻高远的道呵! 它似乎就存在于这世上呢(道冲而用之,有弗盈也。渊兮似万物之宗。锉其锐,解其纷,和其光,同其尘。湛兮似或存![4])。这就是由老子奠基的著名的道家美学的"和光同尘"的审美理想。它与老子推崇恒道的清虚空灵的美学主张是完全一致的。

长期以来,在强调火热斗争,反对和谐宁静的极左思潮的影响下,人们一直存有某种美学偏见,把老子虚以致静的审美心境说以及"和光同尘"的审美理想,当作一种虚静无为,"不露锋芒,与世无争的消极的处世态度"来看待[5],从而忽略了其中长期积淀于中华民族审美心理深处的那种静观默察,容纳万物,集小美为大美,化异端为一体,趋于大道即天下至美的积极态度和恢宏气魄,这至少是不太公正的。

实际上,虚以致静的审美心境、涵纳万物的审美态度及"和光同尘"的审美理想,是老子倡恒道,消纷争,求至美的大和玄同理想在美学领域里的表现,是他关于"无为"即"无违"哲学思想[6]的组成部分,有着东方文化的博大精深的哲学思想基础。它与西方哲学界、文艺界一些人片面注重人为设置、强化和渲染矛盾,鼓吹争斗,拒绝调和,喧嚣浮夸,只重人为艺术技巧,人工雕琢,不重天人合一、混然天成和自然美的审美理想和创作风格是大不一样的,在美学领域自有其卓绝的贡献。正如中国论者最近所指出:"老子的道论是用哲学谈美学,已经涉及到了美学的本质,对中国美学的发展起到了很大的推动作用。"[7]

正是基于这种崇尚"和光同尘"、"大象无形"、"大音希声"的超功利的和谐自然之美的认识,老子提出了著名的"五色使人目盲,驰骋腊猎使人心发狂,难得之货使人之行方,五味使人之口爽,五音使人之耳聋。是以圣人之治也,为腹而不为目。故去彼而取此"[12]的生命哲学和美学见解。

长期以来,不少学者往往以此言及其它片语为据,否定老子和道家的文化观和美育观,或者认为"道家的主要人物老子和庄子,对文化学术都持着否定态度。他们反对文学、言辞、文采、音乐等"[8],或者批评"老子斥五音,否定了艺术本身,追求一种更原始、古朴的自然状态。"断言"老子的错误在于,他用'无为'否定了'有为',即否定了人类创造性的实践活动这一人类获得自由的途径,并由此滑入文化虚无主义和美育取消主义的泥潭。……实际上是对人的最高价值的否定,是对人性的扭曲、摧残和对人的审美价值的贬低和取消。"[9]这是颇为片面的。

实际上,老子的美学见解穿透了美的表象,是一种力欲使美更锲合大道之行并更富有永恒生命力的真知灼见,它对美的本体论认识已达到了深刻的哲学高度,因而正言若反,往往容易被人误解而已。老子否定五色、五味、五音这些人间美色、美味、美乐,从社会背景看,反对的只是当时耗费民财人力,独占了人间美色、美味、美乐的贵族统治者的荒淫无道,对于那些与"三美"无缘的奴隶和下层士阶层来说,其对贵族统治者追逐声色狗马、豪饮宴乐的反感和批驳是义正辞严的。所以说,老子这一美学见解的根本宗旨,正是反对当时奴隶主贵族阶层穷奢极欲,整日沉缅于酒池肉林、声色犬马之中,逐财掠货,纵欲伤身,殃民祸国的恶行,其立意无疑是积极的,这也是他恒道哲学的重要内容。

另一方面,从人们的真正有益身心的审美需求看,老子反五色、五味、五声所排斥的,也主要是指那些华而不实、矫揉做作,违反自然,超出人类心理和生理承受力的怪异淫糜的色彩、口味和音调。这对现代人如何保持宁静超然的审美心境和健康身心,无疑是很有启示的。试看当下海内外某些电视台所大肆散播的刺激性影视画面及有的传媒铺天盖地压来的令人眼花心狂的广告轰炸,试看一些酒家为了赢利而挖空心思炮制的那些以国家保护的珍稀动物作美味佳肴的酒菜,试听一些歌舞厅里所发出的那震耳欲聋扰民伤身的强大噪音,人们就会明白,老子上述美学见解的深刻道理和现实意义。

作为一位察天悟道,通天人之变,究万物之理的伟大哲学家,老子从万物的生生灭灭中看出,过于燥动、盈满、尖锐之物,往往不可能保持长久,过于坚硬刚强的容易消亡,比较柔弱细微的反而充满生机。人生也是如此,往往是居下的柔弱者最终战胜居上的强大者[9][78]。

因此,老子从保持清虚静穆的审美心境中悟得大道,以柔弱细微的事物为善为美,以安静居下的事物为善为美。他曾以水为例,生动形象的指出:"上善如水。水善利万物而有静,居众人之所恶,故几于道矣[8]";"江海之所以能为百谷王者,以其善下之也,是以能为百谷王[66]"。在他看来,安静内敛,居下利物的水,看似柔弱无力,安静无争,其实正是最强大的。对于水的无穷威力,他以哲人的语言而揭示得相当精采。他说:"天下莫柔弱于水,而攻坚强者莫之能胜,以其无以易之也"[80];"天下之至柔,驰骋于天下之至坚"[43]。在他看来,"天下之交也,牝恒以静胜牡。"雌胜雄,静胜躁,重胜轻,柔胜坚,为世之常见,正所谓"重为轻根,静为躁君。……轻则失本,躁则失君。"[26]这也是他强调要在追求、体验恒道美时应保持虚静无为的审美态度和心境的原因。

老子的上述美学思想,深刻地影响了中国两千五百多年,形成了中国人虚静至远的审美心境,赞美文质彬彬的审美态度,以及崇尚静穆阴柔美的审美理想。

三、超功利的美学追求

与所有强调美的超功利性的西方哲学家一样，老子的美学追求也是超功利的。他认为："天下皆知美之为美，恶已；皆知善，斯不善矣。有无之相生也，难易之相成也，长短之相刑也，高下之相盈也，音声之相和也，先后之相随，恒也"[2]。这就是说，如果天下人都以强烈的功利之心去体认美和善，去刻意追求美和善，从而使高尚的美学追求蜕变成为华而不实的表面文章的话（如庄子所说的效颦丑妇），美就转化为丑，善也就转化为恶了。老子认为：真正的美应该是永远和道融为一体的，是在有无难易，长短高下的相辅相成中，在音声相和，先后相随的艺术的协调发展中实现的恒远大器之美。

然而，老子美学的功利观虽然反对以庸俗的功利来看待美，反对以追求功利的方式来追求美的，但这并不等于他是一位毫无是非观的唯美主义者，他实际上是有自认为正确的合于道的审美功利观的。老子反对的是那种"朝甚除，田甚芜，仓甚虚，服文采，带利剑，厌食而货财有余"的外表的浮华美，并称其为"盗夸"（即炫耀丑行）。他明确表示："盗夸，非道也[53]"，也就是说，非美也——这种不道的行为是不美的，哪怕他把宫廷装饰得再华美洁净，穿戴的锦衣绣服再多，披挂的宝剑再锋利，享用的美食再丰盛，也是如此。

这一观点还可见于老子对具体审美对象的审美价值评价上。他认为："兵者，不祥之器也，不得已而用之。铦袭（甲本如此，指锋利，今通用"恬淡"）为上，勿美也。若美之，是乐杀人。夫乐杀人者，不可以得志于天下矣"[31]。其意思很明显，就是明确反对一些人对杀人凶器的盲目赞美。在老子看来，锋芒毕露的刀剑兵器，固然应以锋利的为上等，但它本身并不值得赞美，如盲目赞美寒光闪闪、锋利尖锐的兵器的"美"，肯定其审美价值，就等于以杀人为乐，而以杀人为乐的人，是不可能得到天下人拥戴而得志的。这就在中国美学史上，第一次明确提出了美的价值是不可能脱离"道"（此处表现为社会道德）的价值评判和道义的束缚而独立存在的美学原理。对于饱受统治者争权夺利连年征战之苦的老百姓们来说，任何以刽子手们的宝剑为美的漂亮言词，都是残忍不道的。

应该说，老子这一站在民间立场上对兵器审美价值有无的判断，前述对追求五色、五味、五音等浮华美行为的批判，以及它所蕴含的合乎人道的审美功利观，确是有其进步意义和现实意义的。他所反对的，只是那种以伤身害心、以杀人为乐、以丑行为美的审美观，和社会上大量存在的那种"美言可以市，尊行可以贺人"[62]的市侩行为，及其消解万物审美价值的庸俗功利主义。

老子对美的功利和审美价值的"有""无"判断，还精妙地集中于他对事物的"有"、"无"的关系的深刻见解里。他曾说过："卅辐同一毂，当其无有，车之用也。然埴之而为器，当其无有，埴器之用也。凿户牖，当其无有，室之用也。故有之以为利，无之以为用"[11]。这就是说，三十根条幅凑集到车毂中，毂的"中空"之状，就成就了车（运转）的功用；把泥土烧制成陶器，它的"中空"之状，就成就了陶器（盛物）的功用；在墙上开凿窗户，墙的"中空"之状，就成就了屋室（通风透光）的功用。所以说，事物使用价值和审美价值的"有"与"无"都是可以互为条件，相辅相成的。

这也就在美学意义上道出了一个常被人们忽略的真理，即艺术上的"空白"、"虚静"和"休止"，常常是"此是无声胜有声"，"此处无景胜有景"，"道是无情最有情"的传神之笔，它往往可以收到引人遐想，言已有尽而意尤未穷的特殊审美效果，此时的"无"的作用，往往是更胜于"有"的。

从美的功利性的角度看也是如此。老子强调美的无功利性，看似主张美的社会功利的"无"，实际上这一"无"也正体现为一种"有"。在某种意义上甚至可以说，美的美感作用和审美功能，正是由于它摆脱了低俗的社会功利性后才实现的，一种真正审美价值的"有"的表现。这恰是那种看似有值实则廉价，"可以市"即可以为金钱所收买的"美言"所永远不可能具备的。

四、返朴归真的审美观

从美的超功利即无功利性思想出发，老子一方面旗帜鲜明的反对乱人心智情性的浮华奢靡的美色、美味和美乐，一方面极之赞扬寰宇世间所有外表朴实无华，却内秀质优的质朴美。这也就是他推崇质朴存真的恒道美的审美观。

老子有一句名言，即"大成若缺，其用不敝；大盈若冲，其用不穷。大直若屈，大巧若拙，大赢若绌，大辩若讷"[45]。它具有古代的朴素辩证法思想，充满了一个古代大哲学家的睿智卓识。其大意可理解为：任何伟大的成就表面上看起来总是有缺陷的，但它的功用不会因此而有严重弊端；极完满充实的事物看起来也像是空虚冲淡的，但它的功用却是不可穷尽的。极正直者看起来就像弯曲的一样，极灵巧美观者看起来就像笨拙粗陋的一样，极富余者看起来就像不足的一样，极善辩者看起来就像迟钝木讷的一样。

从审美观的角度看，老子在这里所阐明的正是关于美好事物即审美对象"大成若缺"、"大巧若拙"的美学思想。这也是他的恒道美思想的重要组成部分。

所谓"大成若缺"或"大巧若拙"，其实就是一种不刻意追求美的外表的完美无缺，重在保持原始天然状态之美，即自然本色的质朴美乃至缺陷美的审美观。老子认为，这种"大成若缺"或"大巧若拙"之状才最符合美的本质，因而也就是最契合道的。这与后来的西方美学家、艺术家关于缺陷美、病态美比虚饰美更具备真实美的论述有着某种相通之处[⑩]。

而老子的"大巧若拙"的审美观，经庄子关于"既雕既琢，复归于朴"（《山木》），"朴素而天下莫能与之争美"和"覆载天地刻雕众形而不为巧，此之为天乐"（《天道》），以及"至乐无乐"（《至乐》）的进一步发挥后，还被中国的美学界和艺术界引申为一种在艺术美的追求中不刻意求工，不过多雕琢修饰的反朴归真的创作方法，它以"清水出芙蓉，天然去雕饰"为至美，善于藏巧于拙，不露声色，不着痕迹（即老子所谓的"善行者无辙迹"[27]），浑然天成，保持美的古拙本色及自然原貌，达到顺天应人、体情达意的最高艺术境界。司空图二十四诗品说中的冲淡、高古、自然、含蓄、豪放、精神、疏野、清奇、飘逸、旷达、流动等均略近之，得其深韵[⑪]，这是一种看似无技巧的技巧，能在似不经意的点染间描画出人间至美，这正是老子和道家自然美学思想的精髓所在。

老子的"大巧若拙"的审美观还以"见素抱朴"为核心，力戒浮辞华章，矫饰虚夸，以文害质。他曾明确指出："信言不美，美言不信。知者不博，博者不知。善者不多，多者不善"[68]。从审美角度来理解这句话，那就是：真实可信的言词外表并不显得华丽动听，而外表华丽动听的漂亮言论往往是不可信的。真知者外表并不显得博学多才，表面博学多才的并非真知者。完善美好者不会贪多求全，贪多求全者不可能完善美好。这是很有见地的。天下事，"得意而忘言，得鱼而忘荃"（庄子《外物》），形式是从属于内容的；所谓"曲则全，枉则正，洼则盈，敝则新，少则得。多则惑"[23]，其说的正是所有审美艺术都贵在少而精和以质胜文的深刻道理。

老子对质朴美的推重，归根结底，来源于他对所谓"朴"的深刻理解。

他认为:"道恒无名。朴虽小,而天下弗敢臣。侯王若能守之,万物将自宾[32]",又说:"为天下谷,恒德乃足。恒德乃足,复归于朴"[28]。可见,他实际上是把"朴"作为"道"的代名词,作为万物归宗的"道"的表现形式和美的根源的,这就将"朴",也包括质朴美的美学意义提高到了极高境界。

在老子看来,万物之美皆源于"朴",也皆不如"朴"之美。这正是他坚决反对所有实质上有害身心有违恒道的"五色"、"五味"、"五音"的华丽浮美的坚实的美学理论根据。同时,这也是他对有益身心的"甘其食、美其服、安其居"[67]的自然无为的审美活动——包括饮食美、服饰美、建筑美的充分肯定。

综而观之,老子的哲学体系包罗万象,博大精深,其美学思想只是其中的一个重要部分,它包含了玄德观、形意观、美丑观、虚实观、言意观,和形神观等中国古典审美观,言简意丰,发人深思,本文的论述仅涉及了其中的主要方面。正如有关美学辞书所指出,老子提出的关于道、气、象、虚、实、味、妙、虚静、玄览、自然等范畴,对中国古典美学体系和特点的形成,是有着极其深刻而久远的影响的,"老子作为道家美学的开创者、奠基者,影响着庄子及其后学对道家美学的丰富、发展,并最终形成中国美学史上与儒家美学潮流相并列的道家美学传统。"[12]

【注释】

①老子."视之而弗见,名之曰微。听之而弗闻,名之曰希。缗之而弗得,名之曰夷"。本文中引用的老子原文参照通行本,均以[ ]号表示章名。

②庄子. 知北游. 张清华主编. 道经精华[M]. 北京:时代文艺出版社. 1995.133.

③庄子. 田方子. 张清华主编. 道经精华[M]. 北京:时代文艺出版社. 1995.133.

④⑫冯契主编. 哲学大辞典·美学卷［M］. 上海：上海辞书出版社 1991（4）：878，（12）：258.

⑤中国社会科学院语言研究所词典编辑室编. 倒序现代汉语词典［M］. 北京：商务印书馆. 1987.675.

⑥罗尚贤. 老子的大和哲学［J］. 广东社会科学. 1996（3）：31.

⑦张智彦. 老子与中国文化［M］. 贵阳：贵州人民出版社. 1996.7.

⑧复旦大学中文系古典文学教研组编著. 中国文学批评史［M］. 上海：上海古籍出版社 1979.3.

⑨徐林祥等. 中国美育史导论［M］南宁：广西教育出版社. 1992.49，56.

⑨柯可. 曹禺戏剧人物的美学意义［M］广州：花城出版社. 1989.28.

⑪司空图、袁枚. 诗品集解. 续诗品注［M］. 北京：人民文学出版社. 1981.3 – 42.

至 美

天下皆知，美之为美，恶已；皆知善，斯不善矣。[2]

五色使人目盲，驰骋田猎使人心发狂，难得之货使人之行方，五味使人之口爽，五音使人之耳聋。[12]

唯与诃，其相去几何？美与恶，其相去何若？[20]

人法地，地法天，天法道，道法自然。[25]

兵者，不祥之器也，不得已而用之。铦袭为上，勿美也。若美之，是乐杀人。[31]

执大象，天下往。往而不害，安平大。乐与饵，过格止。[35]

大方无隅，大器晚成，大音希声。大象无形。[40]

大成若缺，其用不敝。大盈若冲，其用不穷。大直如诎，大巧如拙，大赢如绌，大辩如讷。躁胜寒，静胜热。清静，可以为天下正。[45]

塞其兑，闭其门，锉其锐，解其纷，和其光，同其尘，是谓玄同。[56]

道者，万物之注也。善，人之宝也。不善，人之所保也。美言可以市，尊行可以贺人。[62]

甘其食，美其服，乐其俗，安其居。[67]

信言不美，美言不信。知者不博，博者不知。善者不多，多者不善。[68]

附　录

唯古元典化、唯真现代化、唯美诗意化——"三唯版"

《道德经》

道　经

　　道可道，非常道。名可名，非常名。无，名天地之始。有，名万物之母。故常无，欲以观其妙。常有，欲以观其徼。两者同出，异名同谓。玄之又玄，众妙之门。【第一章】

　　天下皆知美之为美，斯恶已。皆知善之为善，斯不善矣。有无相生，难易相成。长短相形，高下相倾。音声相和，前后相随，恒也。是以圣人居无为之事，行不言之教。万物作而弗始也，为而弗恃也，成功而弗居也。夫唯弗居，是以弗去。【第二章】

　　不尚贤，使民不争。不贵难得之货，使民不为盗。不见可欲，使民不乱。是以圣人之治也，虚其心，实其腹，弱其志，强其骨。常使民无知无欲，使夫知不敢弗为而已。则无不治矣！【第三章】

　　道冲而用之，有弗盈也，渊兮似万物之宗！锉其锐，解其纷，和其光，同其尘！湛兮似或存！吾不知谁之子，象帝之先。【第四章】

　　天地不仁，以万物为刍狗。圣人不仁，以百姓为刍狗。天地之间，其犹橐籥乎？虚而不屈，动而愈出。多闻数穷，不如守中。【第五章】

　　谷神不死，是谓玄牝。玄牝之门，是谓天地之根。绵绵呵，其若存，用之不堇。【第六章】

　　天长地久。天地之所以能长且久者，以其不自生，故能长生。是以圣人退其身而身先，外其身而身存。不以其无私与？故能成其私。【第七章】

　　上善若水。水善利万物而有静，居众人之所恶，故几于道矣。居善地，心善渊，予善天。言善信，正善治。事善能，动善时。夫唯不争，故无尤。【第八章】

持而盈之，不如其已。揣而锐之，不可长保。金玉满堂，莫能守也。贵富而骄，自遗咎也。功遂身退，天之道也。【第九章】

载营魄抱一，能毋离乎？抟气至柔，能婴儿乎？修除玄监，能无疵乎？爱民治国，能无知乎？天门开阖，能为雌乎？明白四达，能无为乎？生之畜之，生而不有，长而不宰，是谓玄德。【第十章】

三十辐共一毂，当其无有，车之用。埏埴以为器，当其无有，器之用。凿户牖以为室，当其无有，室之用。故有之以为利，无之以为用。【第十一章】

五色令人目盲，五音令人耳聋，五味令人口爽。驰骋田猎令人心发狂，难得之货令人行妨。是以圣人之治也，为腹而不为目。故去彼而取此。【第十二章】

唯与诃，相去几何？美与恶，相去若何？人之所畏，不可不畏。宠辱若惊，贵大患若身。何谓宠辱若惊？宠为下也，得之若惊，失之若惊，是谓宠辱若惊。何谓贵大患若身？吾所以有大患者，为吾有身，及吾无身，吾有何患？故贵以身为天下，若可寄天下。爱以身为天下，若可托天下。【第十三章】

视之而弗见，名之曰微。听之而弗闻，名之曰希。捪之而弗得，名之曰夷。三者不可至计，故混而为一。一者，其上不谬，其下不忽，寻寻呵不可名也。复归于无物，是谓无状之状，无物之象，是谓惚恍。迎之不见其首，随之不见其后。执今之道，以御今之有，以知古始，是谓道纪！【第十四章】

古之善为士者，微妙玄达，深不可志。夫唯不可志，是以为之颂。豫乎其若冬涉川，猷乎其若畏四邻。俨乎其若客，涣乎其若怿。敦乎其若朴，沌乎其若浊，旷乎其若谷。孰能浊以静者，将徐清。孰能安以逆者，将徐生。保此道者不欲盈。夫唯不盈，是以能敝而不成。【第十五章】

至虚极，守静笃。万物方作，吾以观复。天道圆圆，各复其根。复根曰静，是谓复命。复命曰常，知常曰明。不知常妄，妄作凶！知常容，容乃公。公乃王，王乃天，天乃道，道乃久，没身不殆。【第十六章】

太上，下知有之。其次亲誉之，其次畏之，其次侮之。信不足，案有不信。猷乎其贵言也。成功遂事，百姓皆谓我自然！【第十七章】

大道废，有仁义。智慧出，有大伪。六亲不和，有孝慈。国家昏乱，有忠臣。【第十八章】

绝智弃偏，民利百倍。绝巧弃利，盗贼无有。绝伪弃虑，民复孝慈。此三言也，以为文未足，故令之有所属。见素抱朴，少私寡欲，绝学无忧。【第十九章】

望呵，其未央哉！众人熙熙，如享太牢，如春登台。我泊焉未佻，若婴儿未咳。累呵，若无所归。众人皆有余，而我独若遗。我愚人之心也，蠢蠢呵！鬻人昭昭，我独昏昏。鬻人察察，我独闷闷。忽呵，其若海！望呵，若无止！众人皆有以，我独顽似鄙。我独异于人，而贵食母。【第二十章】

孔德之容，惟道是从。道之为物，唯恍唯惚。惚兮恍兮，其中有象。恍兮惚兮，其中有物。窈兮冥兮，其中有精。其精甚真，其中有信。自今及古，其名不去，以顺众父。吾何以知众父之然也？以此。【第二十一章】

企者不立，跨者不行。自视者不彰，自见者不明。自伐者无功，自矜者不长。其在道曰，余食赘行，物或恶之。故有欲者弗居。【第二十二章】

曲则全，枉则定。洼则盈，敝则新。少则得，多则惑。是以圣人执一以为天下牧。不自见故明，不自视故彰，不自伐故有功，不自矜故长。夫唯不争，故天下莫能与之争。古之所谓曲则全者，岂虚言哉？诚全归之。【第二十三章】

希言自然。飘风不终朝，骤雨不终日。孰为此？天地。天地尚不能久，而况于人乎！故从事于道者同于道，德者同于德，失者同于失。同于德者，道亦德之。同于失者，道亦失之。【第二十四章】

有物混成，先天地生。寂兮寥兮，独立而不改，周行而不殆，可以为天下母。吾未知其名，字之曰道，强为之名曰大。大曰逝，逝曰远，远曰反。道大，天大，地大，王亦大。国中有四大，而王居其一焉。人法地，地法天，天法道，道法自然。【第二十五章】

重为轻根，静为躁君。是以君子终日行，不离辎重，虽有环官，燕处超然。若何万乘之王，而以身轻天下？轻则失本，躁则失君。【第二十六章】

善行无辙迹，善言无瑕谪，善数不用筹策。善闭无关楗而不可开，善结无绳约而不可解。是以圣人常善救人，故无弃人。常善救物，故无弃物，是谓袭明。故善人，善人之师。不善人，善人之资。不贵其师，不爱其资，虽智大迷！是谓妙要。【第二十七章】

知其雄，守其雌，为天下溪。为天下溪，常德不离，复归于婴儿。知其荣，守其辱，为天下谷。为天下谷，常德乃足，复归于朴。知其白，守其黑，为天下式。为天下式，常德不忒，复归于无极。朴散则为器，圣人用则为官长。故大制不割。【第二十八章】

将欲取天下而为之，吾见其不得已。天下神器，不可为也，为者败之，执者失之。物或行或随，或歔或吹，或培或堕。是以圣人去甚，去大，去奢。【第二十九章】

以道佐人主者，不以兵强天下。其事好还，师之所处，荆棘生焉。大军之后，必有凶年。善者果而已，不敢以取强。果而勿骄，果而勿矜。果而勿伐，果而勿得。已居是谓，果而不强。物壮则老，是谓不道。不道早已。【第三十章】

夫兵者，不祥之器也。物或恶之，故有道者不处。君子居则贵左，用兵则贵右。兵者不祥之器，非君子之器。不得已而用之，恬淡为上，勿美也。若美之，是乐杀人。夫乐杀人者，不可以得志于天下矣。是以吉事上左，丧事上右。偏将军居左，上将军居右。言以丧礼居之也。杀人众，则以哀悲莅之。战胜，以丧礼处之。【第三十一章】

道恒无名。朴虽小，天下弗敢臣。侯王若能守之，万物将自宾。天地相会，以降甘露，民莫之令而自均。始制有名。名亦既有，夫亦将知止。知止所以不殆。譬道之在天下，猷小谷之于江海。[第三十二章]

知人者智，自知者明。胜人者有力，自胜者强。知足者富，强行者有志。不失其所者久，死而不忘者寿也。【第三十三章】

大道泛兮，其可左右。成功遂事而弗名，有也！万物归焉而弗为主，则恒无欲也，可名于小。万物归焉而弗为主，可名于大！是以圣人之能成大也，以其不为大也，故能成其大。【第三十四章】

执大象，天下往。往而不害，安平泰。乐与饵，过客止。道之出口，淡乎其无味。视之不足见，听之不足闻，用之不可既。【第三十五章】

将欲翕之，必固张之。将欲弱之，必固强之。将欲废之，必固兴之。将欲夺之，必固予之。是谓微明。柔弱胜刚强，鱼不可脱于渊，国之利器不可以示人。【第三十六章】

道常无为而无不为。侯王若能守之，万物将自化。化而欲作，吾将镇之以无名之朴。无名之朴，夫亦将知足。知足以静，天下将自定。【第三十七章】

德 经

上德不德，是以有德。下德不失德，是以无德。上德无为而无以为，上仁为之而无以为，上义为之而有以为，上礼为之而莫之应，则攘臂而扔之。故失道而后德，失德而后仁，失仁而后义，失义而后礼。夫礼者，忠信之薄而乱之首。前识者，道之华也，而愚之首也。是以大丈夫处其厚不居其薄，处其实不居其华。故去彼取此。【第三十八章】

昔之得一者。天得一以清，地得一以宁。神得一以灵，谷得一以盈。万物得一以生，侯王得一以为天下正。其致之也，天无以清将恐裂，地无以宁将恐发。神无以灵将恐歇，谷无以盈将恐竭。万物无以生将恐灭，侯王无以贵高将恐蹶！故贵以贱为本，高以下为基。是以侯王自谓"孤寡不谷。"此其贱之本，与非也。故至数，与无与！是故不欲琭琭若玉，硌硌若石。【第三十九章】

　　上士闻道，勤而行之。中士闻道，若存若亡。下士闻道，大笑之。不笑，不足以为道。故建言有之，明道若昧，进道若退，夷道若类。上德若谷，大白若辱，广德若不足。建德若偷，质真若渝。大方无隅，大器晚成。大音希声，大象无形。道隐无名。夫唯道，善始且善成。【第四十章】

　　反者，道之动。弱者，道之用。天下万物生于有，有生于无。【第四十一章】

　　道生一，一生二，二生三，三生万物。万物负阴而抱阳，冲气以为和。天下之所恶，唯孤寡不谷，而王公以自名也。故物或损之而益，或益之而损。人之所教，我亦教人。强梁者不得其死，吾将以为教父。【第四十二章】

　　天下之至柔，驰骋于天下之至坚。无有入于无间，吾是以知无为之有益。不言之教，无为之益，天下希及之。【第四十三章】

　　名与身孰亲？身与货孰多？得与亡孰病？甚爱必大费，多藏必厚亡。知足不辱，知止不殆，可以长久。【第四十四章】

　　大成若缺，其用不敝。大盈若冲，其用不穷。大直若屈，大巧若拙。大赢若绌，大辩若讷。躁胜寒，静胜热。清静为天下正。【第四十五章】

　　天下有道，却走马以粪。天下无道，戎马生于郊。罪莫大于甚欲，祸莫大于不知足，咎莫大于欲得。故知足之足，常足矣！【第四十六章】

　　不出户，知天下。不窥牖，见天道。其出弥远，其知弥少。是以圣人不行而知，不见而名，不为而成。【第四十七章】

　　为学日益，为道日损。损之又损，以至于无为，无为而无不为。取天下常以无事，及其有事，不足以取天下。【第四十八章】

　　圣人恒无心，以百姓之心为心。善者善之，不善者亦善之，德善也。信者信之，不信者亦信之，德信也。圣人之在天下，欲欲焉，为天下浑心。百姓皆属耳目焉，圣人皆孩之。【第四十九章】

　　出生入死。生之徒十有三，死之徒十有三，而民生生动皆之死地，亦十有三。夫何故？以其生生之厚。盖闻善摄生者，陵行不避兕虎，入军不被甲兵。兕无所投其角，虎无所措其爪，兵无所容其刃。夫何故？以其无死地。【第五十章】

　　道生之，德畜之。物形之，势成之。是以万物尊道而贵德。道之尊，德之贵，夫莫之命而常自然。道生之畜之，长之遂之，亭之毒之，养之复之。

生而不有，为而不恃，长而不宰，是谓玄德。【第五十一章】

天下有始，以为天下母。既得其母，以知其子。既知其子，复守其母，没身不殆。塞其兑，闭其门，终身不勤。开其兑，济其事，终身不救。见小曰明，守柔曰强。用其光，复归其明，毋遗身殃，是谓习常。【第五十二章】

使我挈有知，行于大道，唯施是畏。大道甚夷，民甚好解。朝甚除，田甚芜，仓甚虚。服文采，带利剑，厌饮食，财货有余。是谓盗夸，非道也哉！【第五十三章】

善建者不拔，善抱者不脱，子孙以祭祀不绝。修之身，其德乃真。修之家，其德乃余。修之乡，其德乃长。修之国，其德乃丰。修之天下，其德乃博。以身观身，以家观家，以乡观乡，以国观国，以天下观天下。吾何以知天下之然哉？以此。【第五十四章】

含德之厚者，比于赤子。蜂虿虫蛇不螫，攫鸟猛兽不搏，骨弱筋柔而握固，未知牝牡之会而朘怒，精之至也。终日号而不嗄，和之至也。知和曰常，知常曰明。益生曰祥，心使气曰强。物壮则老，谓之不道。不道早已。【第五十五章】

知者不言，言者不知。塞其兑，闭其门。锉其锐，解其纷。和其光，同其尘。是谓玄同。故不可得而亲，亦不可得而疏。不可得而利，亦不可得而害。不可得而贵，亦不可得而贱。故为天下贵。【第五十六章】

以正治国，以奇用兵，以无事取天下。吾何以知其然也？夫天下多忌讳，而民弥叛。民多利器，国家滋昏。人多伎巧，奇物滋起。法物滋彰，盗贼多有。故圣人云，我无事而民自富，我无为而民自化，我好静而民自正，我无欲而民自朴。【第五十七章】

其政闷闷，其民淳淳。其政察察，其民缺缺。祸兮福之所倚，福兮祸之所伏。孰知其极？其无正邪。正复为奇，善复为妖。人之迷，其日固久矣。是以方而不割，兼而不刺，直而不绁，光而不耀。【第五十八章】

治人事天莫若啬。夫唯啬，是谓早服。早服是谓重积德，重积德则无不克。无不克则莫知其极。莫知其极，可以有国。有国之母，可以长久。是谓深根固柢，长生久视之道。【第五十九章】

治大国若烹小鲜。以道立天下，其鬼不神。非其鬼不神，其神不伤人也。非其神不伤人，圣人亦不伤人。夫两不相伤，故德交归焉。【第六十章】

大国者下流，天下之牝。天下之交，牝常以静胜牡。为其静也，故宜为下也。故大国以下小国，则取小国。小国以下大国，则取于大国。故或下以

取，或下而取。大国不过欲兼畜人，小国不过欲入事人。夫皆得其欲，则大者宜为下。【第六十一章】

道者万物之注也。善人之宝，不善人之所保。美言可以市，尊行可以贺人。人之不善，何弃之有？故立天子，置三公。虽有拱璧以先驷马，不若坐而进此。古之所以贵此道者何也？不谓求以得，有罪以免与？故为天下贵。【第六十二章】

为无为，事无事，味无味。大小多少，报怨以德。图难于其易，为大于其细。天下之难作于易，天下之大作于细。是以圣人终不为大，故能成其大。夫轻诺必寡信，多易必多难。是以圣人猷难之，故终于无难。【第六十三章】

其安易持，其未兆易谋。其脆易泮，其微易散。为之于未有，治之于未乱。合抱之木，生于毫末。九成之台，作于累土。千里之行，始于足下。为者败之，执者失之。是以圣人无为，故无败。无执故无失。民之从事，恒于其成事而败之。慎终若始，则无败事。是以圣人欲不欲，不贵难得之货。学不学，复众人之所过。以辅万物之自然，而不敢为。【第六十四章】

古之为道者，非以明民，将以愚之也。民之难治，以其智多。故以智治国，国之贼也。不以智治国，国之德也。知此两者，亦稽式。常知稽式，此谓玄德。玄德深矣，远矣，与物反矣，乃至大顺！【第六十五章】

江海所以能为百谷王者，以其善下之，故能为百谷王。是以欲上民，必以其言下之。欲先民，必以其身后之。其在民上也，民弗厚也。其在民前也，民弗害也。是以天下乐推而不厌。以其不争，故天下莫能与之争。【第六十六章】

小国寡民。使十百人之器不用，使民重死而远徙。有车舟无所乘之，有甲兵无所陈之，使民复结绳而用之。甘其食，美其服。安其居，乐其俗。邻国相望，鸡狗之声相闻，民至老死不相往来。【第六十七章】

信言不美，美言不信。知者不博，博者不知。善者不多，多者不善。圣人不积，既以为人，己愈有。既以予人，己愈多。天之道，利而不害。人之道，为而不争。【第六十八章】

天下皆谓我大，大而不肖。夫唯不肖，故能大，若肖细久矣。我有三宝，持而宝之。一曰慈，二曰俭，三曰不敢为天下先。慈故能勇，俭故能广。不敢为天下先，故能成器长。今舍慈且勇，舍俭且广，舍后且先，则必死矣。夫慈以战则胜，以守则固。天将建之，以慈卫之。【第六十九章】

善为士者不武，善战者不怒，善胜敌者不与。善用人者为之下，是谓不争之德。是谓用人，是谓配天，古之极也。【第七十章】

用兵有言，吾不敢为主而为客，不敢进寸而退尺。是谓行无行，攘无臂，执无兵，乃无敌矣。祸莫大于轻敌，轻敌几亡吾宝。故抗兵相若，则哀者胜矣。【第七十一章】

吾言甚易知，甚易行，天下莫能知，莫能行。言有宗，事有君。夫唯无知，是以不我知。知者希，则我贵矣。是以圣人被褐而怀玉。【第七十二章】

知不知，尚矣。不知不知，病矣。是以圣人不病，以其病病也，是以不病。【第七十三章】

民不畏威，则大畏将至矣。毋闸其所居，毋厌其所生。夫唯不厌，是以不厌。是以圣人自知不自见，自爱而不自贵。故去彼取此。【第七十四章】

勇于敢则杀，勇于不敢则活。此两者或利或害，天之所恶，孰知其故？天之道，不争而善胜，不言而善应，不召而自来，繟然而善谋。天网恢恢，疏而不失。【第七十五章】

民不畏死，奈何以死惧之。若使民常畏死，而为畸者，吾将得而杀之，夫孰敢矣？若民必畏死，常有司杀者杀。夫代司杀者杀，是代大匠斫。夫代大匠斫者，则希不伤其手。【第七十六章】

民之饥，以其上食税之多，是以饥。民之难治，以其上之有为，是以难治。民之轻死，以其求生之厚，是以轻死。夫唯无以生为者，是贤贵生。【第七十七章】

人之生也柔弱，其死也坚强。万物草木之生也柔脆，其死也枯槁。故坚强者死之徒，柔弱者生之徒。兵强则不胜，木强则兵。故强大居下，柔弱居上。【第七十八章】

天之道犹张弓也。高者抑之，下者举之，有余者损之，不足者补之。故天之道损有余而益不足，人之道损不足而奉有余。孰能有余以奉天下？唯有道者。是以圣人为而不恃，功成而不处。其不欲见贤。【第七十九章】

天下莫柔弱于水，而攻坚强者莫之能胜，以其无以易之也。弱之胜强，柔之胜刚，天下莫不知，莫能行。是以圣人云，受国之诟，是谓社稷主。受国不祥，是为天下王。正言若反。【第八十章】

和大怨，必有余怨。安可以为善？是以圣人执左契，而不责于人。有德司契，无德司彻。天道无亲，常与善人。【第八十一章】

2014.6.26　三唯版

《道德经》九观表

道德经

1. 恒道 [1]　[4]　[6]　[14]　[25]　[32]　[35]　[41]　[42]
2. 玄德 [10]　[21]　[38]　[40]　[49]　[51]　[54]　[55]　[65]
3. 清静 [8]　[15]　[16]　[26]　[37]　[39]　[45]　[57]　[61]
4. 真知 [11]　[28]　[33]　[47]　[53]　[56]　[68]　[72]　[73]
5. 无为 [2]　[20]　[27]　[29]　[34]　[43]　[48]　[63]　[64]
6. 贵身 [7]　[9]　[12]　[13]　[24]　[44]　[52]　[66]　[69]
7. 安民 [3]　[5]　[19]　[22]　[58]　[67]　[74]　[76]　[77]
8. 用兵 [30]　[31]　[36]　[46]　[50]　[70]　[71]　[75]　[78]
9. 治国 [17]　[18]　[23]　[59]　[60]　[62]　[79]　[80]　[81]

注：[ ] 号内为通行本《老子》各章章次。

后　　记

老子《道德经》不仅是道家经典，也是中华哲学文化精髓。在中国五四新文化运动以来规模最大影响最深遍及海内外的中华国学热里，重温老子，是构建和谐世界与和谐中国的理论需要。精读老子，人们无不惊讶创立中国纯粹哲学的第一人，思想竟是如此高深奇奥，闪耀着辩证法的光芒，深刻影响了东西方文化几千年！

我发现，借助老子深通的中华神秘数文化，通过版本比较、原著通译，逻辑梳理，归纳重组，典籍印证等方法，以"恒道、玄德、清静、真知、无为、贵身、安民、用兵、治国"等九观为纲，联系国际国情、政经军文各方面，审视今古，展望未来，不仅可将老子原著的智慧珍珠联结成串，构为九篇八十一章的煌煌巨著，更可提纲挈领，明道立德，汇通中西，建构文化，针砭时弊，追索真理，揭示出老子伟大思想的深刻的现实意义。

本书耗时二十年，几经增删，定稿前应编审之约再增了恒道深探，玄德悟探，真知再探，清静秘探，无为义探，贵身新探，安民略探，用兵初探，治国浅探诸节，更为充实后，终告完稿。但由于老子各章的互补性，多义性，特别是恒道观、玄德观的贯穿性，要完全按照九观哲学体系精确划分，细加论述，难度确实很大，今后还当在广泛征求学术界意见的基础上进一步调整。感谢编审们为本书付梓所付出的辛劳，感谢东莞厚街圣贤学校、广州市越秀区汇泉学校对本书出版的大力支持。诚愿此书能为弘扬中华文化优秀传统，构建中国特色社会主义与新世纪的和谐世界而尽绵薄之力！

作者

2014年6月10日于洽乐斋